U0143751

让 我 们 一 起 追 寻

EMPIRE OF THE DEEP: THE RISE AND FALL OF THE BRITISH NAVY

by

BEN WILSON

©Ben Wilson 2013

First published by Weidenfeld & Nicolson,

a division of

the Orion Publishing Group, London

Simplified Chinese edition copyright:

2019 SOCIAL SCIENCES ACADEMIC PRESS (CHINA)

EMPIRE
OF
THE
DEEP

深帝蓝国

英国海军的兴衰
The Rise and Fall of the British Navy

BY BEN WILSON

〔英〕本·威尔逊 ——— 著

沈祥麟 ——— 译

【上】

社会科学文献出版社
SOCIAL SCIENCES ACADEMIC PRESS (CHINA)

凡大事者，靡不有初，直至余晖尽消仍聚其英气不散，方可谓彪炳史册。

　　——弗朗西斯·德雷克（Francis Drake）

献给康拉德

他出生于巴夫勒尔–拉和岬海战期间

并纪念

亲爱的杰米·布里斯托克（Jamie Brigstocke）

目　录

·上·

I　无主之海：至 1603 年

Ⅱ　国家海军：1603～1748 年

·下·

Ⅲ　成就辉煌：1748～1805 年

Ⅳ　称霸、抗争和衰落：1805～2013 年

大西洋

比斯开湾

威尼

热那亚

利古里
亚海
利翁湾　土伦　巴斯蒂亚
里斯本　巴塞罗那　　卡尔维
厄尔
巴岛
科西嘉
马略卡岛　梅诺卡岛　阿雅克肖
马翁港

圣文
森特角　拉各斯

撒丁岛
阿利坎特
加的斯　马拉加　卡塔赫纳　卡利亚里
特拉法加海角
丹吉尔　直布罗陀
萨利　米尔斯克比尔军港　阿尔及尔

突尼斯

北

0　100　200　300　400　500
英里

皇家海军和地中海地区

敖德萨

亚速海

克里米
亚半岛

金伯恩

刻赤

塞瓦斯托波尔

黑 海

拉古萨

卡塔罗

亚得里亚海

君士坦丁堡

斯 塔兰托

加里波利半岛

达达尼尔海峡

布鲁西亚海

爱琴海

斯坎德容

士麦那

雅典

斯帕蒂文托角

赞提岛

塞浦路斯

锡拉库扎

纳瓦里诺

科伦

萨罗角

马塔潘角

他

阿卡

克里特岛

地 中 海

阿布基尔海湾

亚历山大港

苏伊士运河

苏尔特湾

开罗

尼罗河

红海

19世纪不列颠海军基地

北冰洋

波弗特海

巴芬湾

加拿大

美国

北美洲和西印群岛军港

本土水域军港

埃斯奎莫尔特湾

圣约翰

旧金山

华盛顿

波士顿

纽约

哈利法克斯

直布罗陀

大

西

百慕大

安提瓜英国海港

金斯顿

巴巴多斯

特立尼达拉岛

弗里敦

黄金

太平洋

亚马逊河

洋

阿森

圣

里约热内卢

巴拉那河

瓦尔帕莱索

蒙特维多

布宜诺斯艾利斯

拉普拉特河

南美洲军港

福克兰群岛

火地岛

合恩角

1900年不列颠帝国疆土

▲ 不列颠海军基地及燃煤补给站

不列颠军港

北

北冰洋

俄国

白令海

中国

北京 ·

威海卫

日本

东京

南京

上海

冲绳

宁波

广东

驻华军港

圣彼得堡

喀琅施塔得

香港

太平洋

波尔

君士坦丁堡

塞浦路斯

地中海军港

尔木兹

卡拉奇

萨义德港

苏伊士运河

加尔各答

印度

纳闽岛

尼罗河

亚丁

孟买

丕林岛

亭可马里

槟榔屿

马尔代夫群岛

新加坡

桑给巴尔岛

印度洋

爪洼岛

东印度群岛军港

星期四岛

苏瓦

毛里求斯

澳大利亚

布里斯班

乔治国土峡湾

阿德莱德

悉尼

奥克兰

德班

墨尔本

澳大利亚军港

霍巴特

望角

南冰洋

新西兰

前　言

一位乘客如此描述眼前的舰长："他是一个非同凡响的人
物，是第一个令我见过以后就联想到拿破仑和纳尔逊的人……
他对周围所有人都有着惊人的影响力，在见到他之前你怎么都
无法想象，他轻微的赞许和责难对每一个人有着何等的影响。"¹

这位乘客名叫查尔斯·达尔文（Charles Darwin），1831 年年
末随"比格"号（Beagle）出海时 22 岁；他提及的舰长名叫罗伯
特·菲茨罗伊（Robert Fitzroy），时年 26 岁。达尔文目睹了巅峰
时期的皇家海军。"比格"号出海前，达尔文还参观了 HMS①
"卡列多尼亚"号（Caledonia），这是一艘载有 120 门炮的战
列舰，犹如狰狞的海上巨兽。"船舰的身形如此庞大，令人惊
叹究竟是什么样的设计让这一切都井井有条，以及其中的秩序
又是如何实现的。走近她时可以听到阵阵嘈杂声，就像一座远
处的城镇在晚上传来的声音。"²还有一次，他见到 HMS "比
格"号的下层甲板后颇为感慨，那是水手们进餐和睡觉的地
方，他觉得甲板的整洁程度甚至令许多绅士的房子都相形
见绌。

运转有序、号令严明、环境整洁，这些是皇家海军的标
志。船舰就像上了润滑油的机器一样运行无碍。训练和演习让
船员们学会团结协作，像齿轮一样有序运行，将一台复杂无比

---

① Her/His Majesty's Ships 的缩写，意为"女王/国王陛下的船舰"。下文统
一保留 HMS，不再译出。——译者注

的机器变成了一艘可以战斗的船舰。不列颠水手守纪、高效而且强健，统领他们的长官十分专业，船舰运行平稳，这些要素把皇家海军推向了世界海洋霸主的宝座。

16 年前，19 世纪的另一位大人物也登临过不列颠战舰。1815 年 7 月 15 日，拿破仑向 HMS "柏勒罗丰"号（Bellerophon）舰长做了其生命中最后一次投降。"你的战舰有一点最令我佩服，"他一边看着船员们升起小艇、转动绞盘并升起顶帆，一边告诉舰长，"你的船员默不作声，严格按照命令行事；法国的船上所有人都在吵嚷着下命令，吵吵闹闹，跟一群鹅一样。"[3]不列颠水手在进行日常船务时就像上了发条的钟表一样按规矩行事，对下达的命令从不提问、绝对服从，正因如此，他们在血腥狂暴的战斗中依旧能从容不迫地发射一轮又一轮舷炮，比如基伯龙湾（Quiberon Bay）海峡之战、桑特（Saintes）之战、尼罗河（Nile）之战和特拉法尔加（Trafalgar）之战。皇家海军成功的法宝之一，就是在混乱中坚守秩序。

菲茨罗伊舰长生于 1805 年 7 月，3 个月后特拉法尔加战役打响了。他 14 岁成为候补军官、23 岁成为 HMS "比格"号代理指挥官，同时还加入了由一群海军军官组成的兄弟会，他们继了标准严苛的领导能力和航海技术。菲茨罗伊注定会从同龄人中脱颖而出。他身上具备一系列 19 世纪海军武官所应有的优点。他出身名门望族：祖父格拉夫顿公爵（Duke of Grafton）是当时的首相，叔叔卡斯尔雷（Castlereagh）于 1812 年至 1822 年任外交大臣。

菲茨罗伊的身世背景可谓无可挑剔，不过在海军中仅有贵族身份还不够。达尔文眼中的菲茨罗伊是出类拔萃的人物，但其实后者的优秀品质在海军所有舰长的身上都有体现。海军自17 世纪开始吸纳士绅和贵族子弟，这些孩子幼年时（有些年纪小的只有 9 岁）就被带到海上学习实用的航海技术——如捻接缆绳、打绳结、拉绳子、发射火炮——和行船技艺以及海战战术。他们在海上学艺时和格里姆斯比（Grimsby）的渔民别无二致。1677 年以后他们要通过考核才能成为军官——这在当时是一种颇为激进的精英培养理念，因为那个年代统兵之权还被认为是贵族的特权。由此，海军中的领导人物不仅身份高贵，同时还亲历过经年累月的海上生活。菲茨罗伊在皇家海军军官学校（Royal Naval College）获得过数学奖，还是第一个以满分通过副官资格考试的人。人们视其为当时最优秀的海员之一。

　　不过考验他勇气和领导能力的不是海上战斗，而是海上的天气。火地岛（Tierra del Fuego）地处南美洲最南端，海滨条件十分险恶，1828 年，"比格"号舰长在火地岛附近自杀，菲茨罗伊接管了这艘布里格帆船（brig）①。当时有两艘船舰正在南美洲执行水文测量任务，"比格"号就是其一。远航的领头人是 HMS "探险"号（Adventure）的舰长菲利普·帕克·金（Philip Parker King），他早年因探索并测量澳大利亚海岸线而名声显赫。火地岛的测量任务很艰难。之所以进行此类水文调查，是为了搜集航海信息，供海军部制作内容详尽的海图。海上风暴肆虐，温度也在零度以下，金和菲茨罗伊继续带领队伍中的幸存者执行任务。

　　在这些远航探险的磨砺下，海军将士的忍耐力和驾船技艺被推到了新的高度。像菲茨罗伊这样身处远航探险第一阵线的

xxiii

――――――――――
　　①　两个桅杆都配置横帆的双桅帆船。——译者注

军官，推动他们的是探索科学的热情。在部分海军部官员的身上也能看到这种热情。1831 年，海军水文测绘官（Hydrographer of the Navy）弗朗西斯·蒲福（Francis Beaufort）上校建议查尔斯·达尔文随菲茨罗伊一同参与"比格"号的第二次远航。达尔文准备对环球航行途中遇到的陆地进行地质考察。菲茨罗伊的任务是在太平洋和印度洋上进行天文观测，测定同经度设定点之间的子午距。

这些考察活动旨在为海军部的知识库补充重要信息。1815 年之后，征用来保卫不列颠抵御拿破仑侵袭的数百艘小型船舰被改造成测绘船，测绘世界海图，让商船能够安全航行。1815 年至 1817 年，作战上校威廉·菲茨威廉·欧文（William Fitzwilliam Owen）测绘了五大湖（Great Lakes）和圣劳伦斯河（St Lawrence River）上游。金上校绘制了澳大利亚海岸线的海图，搜集了地貌、植物群、动物群、气候以及当地人口的信息。1821 年至 1826 年，欧文上校测绘了 2 万英里的非洲海岸。欧文此行可以说是所有远航测绘中最为艰苦卓绝的，他手下一半的船员和 44 名军官中的 31 人死于疟疾和黄热病。他为海军部带回了 300 张海图，它们对海军抗击奴隶制的战争起到了无法估量的作用，也正是这一讨伐行动激励欧文挺过数年的煎熬。到 1850 年，所有与印度洋搭界的海岸线被全部制成海图，这项始于欧文上校的事业终于彻底完成。

在北极，海军军官约翰·富兰克林（John Franklin）、爱德华·帕里（Edward Parry）和约翰·罗斯（John Ross）率领远航探险队顶着酷寒测绘海图，搜寻西北航道（North-West Passage）。1839 年至 1843 年间，詹姆斯·克拉克·罗斯（James Clark Ross）测绘了南极洲海岸线的地图。海军的水文测绘官还测量了气候环境温和得多的地中海海岸线和群岛。托马斯·格雷夫斯（Thomas Graves）耗费 10 年时间测绘地中海东部区域，并将这一地区的重大考古发现呈现给世人。

所有这些远航带回了途经之地在地理学、植物学、动物学和考古学方面的信息和草图。这些内容不是光靠眼睛粗浅一看就能得来的。1857 年至 1858 年，HMS"阿伽门农"号（Agamemnon）和 USS① "尼亚加拉"号（Niagara）首次英勇地尝试在大西洋海底铺设一条 2000 英里长的电报电缆。电缆断裂之后——第一次尝试时的常见状况——还得从 3200 米深的海底把它捞上来。这次尝试成为全球通信革命的发端，还无意间带领人们发现了海面下的新奇世界。1868 年，海军派出首支海洋学探险队。直到 1872 年至 1876 年，HMS"挑战者"号（Challenger）完成行程 7 万英里、历时 3 年半的远航为止，海洋学才迎来首个重大突破。"挑战者"号进行了无数次的深海测深、温度测量、水文拖曳观测和挖掘，探测世界各大洋的海床，发现大约 4700 种新型海洋生物。爱丁堡（Edinburgh）"挑战者"号办事处出版的科学报告多达 50 卷。

不过从科学史角度来说，所有海军探险中最重要的要数"比格"号探险。达尔文和菲茨罗伊的那趟远航历时 5 年。达尔文途中所做的观测为他日后提出进化论奠定了基础。对达尔文来说，在海上的日子非常煎熬，困在一艘小船里漂行海上的生活令他十分难受。虽然与富兰克林和帕里的北极探险相比，他们的航程还不算特别折磨人，但达尔文的遭遇提醒我们，这

xxiv

---

① United States Ship 的缩写，意为美国海军船舰。下文统一保留 USS，不再译出。——译者注

类远航探测即便在境况良好的时候也是很艰苦的。1815 年至 1914 年，海军没有参与过多少战斗。将士中最能秉承海军英勇气概和精良航海技术传统的就是那些参与测绘的人。他们把科学探索变成了新的海军传统。罗伯特·福尔肯·斯科特（Robert Falcon Scott）的远洋探险最能彰显出扎根于皇家海军军官身上的韧性和领导能力。

19 世纪的远航科学探险展现了皇家海军在巅峰时期的实力。这既是不列颠国力鼎盛的标志，也有宣示威权以及其他很多功用，不过绘制地图是这些功用中最为重要的。地图是所有权的象征，而且部署战略战术都需要用到海图。最伟大的测绘者詹姆斯·库克（James Cook）上校的海洋生涯发端于 1758 年，他在圣劳伦斯湾（Gulf of St Lawrence）担任水道测量官，当时不列颠正与法国为争夺加拿大的控制权而交战。在与拿破仑的战争中，威廉·欧文在布雷斯特（Brest）沿海学会了探测技术。对皇家海军而言，全世界海岸线中最重要的就是这一块区域。不列颠战舰正是从这里开展持续不断的巡逻，并将法国海军困在他们的大西洋港口中。比斯开（Biscayan）海滨礁石林立，风高浪急，还有潜藏的浅滩，乃险恶之处。自中世纪起，这里就一直是不列颠水手的成长之地。它也是维系不列颠全球霸权的一处战略要地。海军对每一处暗藏的锋利礁石以及迷宫一样的航道都极为熟稔，凭此将法国舰队死死封锁，毫无后顾之忧地畅行全世界。

拿破仑时代的战争彻底结束以后，水文学家不再仅仅是军队的象征，他们也是军队的利器。测绘官和他们的船员需要接受战斗训练，驾驶的船多为炮艇。同时，他们在帝国疆域的边界处完成的本职任务亦有巡逻之用。他们打击奴隶贩子，驱逐海盗；不列颠贸易商和外交官在当地遭遇纠纷时依靠他们的帮助维持局面；他们还负责与当地的统治者签订协议。这充分体现了知识就是力量这一格言。海军揭开了世界上神秘未知之处的面纱，开辟出地图上曾经空白的地方供贸易商进入。非洲和南美洲的测绘完成之后，远航队又被派往中国、日本、马来亚（Malaya）、印度尼西亚（Indonesia）和婆罗洲（Borneo）。19世纪中叶，这些地区将被迫与西方世界通商。比如1841年，水道测绘官带领一支海军远征队沿长江溯流而上170英里。通过两种方式，海军测绘队伍使亚洲海域成为可以安全航行的地方：制作海图，并且把炮口对准海盗和几无还手之力的当地官员。水文学家成为贸易商、驻外领事和殖民者的先驱。

他们制作的海图成为海军献给世界的礼物：这些图没有被当作绝密信息保护起来，而是被公之于世，让所有贸易者和任何国家的战舰都能在海洋上安全航行。海军部还发布了非常宝贵的航行指南、灯塔列表和潮汐时间表。

绘制世界地图十分奢侈，只有对本土和海外安全形势都极为自信的国家才乐于做这样的事情。特拉法尔加战役之后，皇家海军成为一支无人可撄其锋的世界性力量。原本守卫疆土、击败敌人所需的船舰和人手被派到了遥远的大洋和地球两极的冰封雪地。海军继续为本国贸易保驾护航——以前是以战争的形式，现在则是科学。

海军有能力把测绘官送到世界上任何一个角落，出于同样的原因它能够设立殖民地、用炮艇扩张本国贸易势力。它掌握全球影响力的唯一原因，就是不列颠已将1000年来无数折磨、困扰自身的海上威胁彻底征服。

为战胜自深海而来的危险而挣扎奋斗，本书所要讲述的就是这一史诗壮举。书中不仅有不列颠曾独霸海上的内容，同样也有霸主地位悲壮地消逝于 20 世纪的内容。本书将始终围绕这篇前言中所列的两条主旨展开。其一，经过一个又一个世纪的训练、战斗和传统的缓慢积累，皇家海军被磨炼成一架所向披靡的战争机器。其二，不列颠克服重重障碍成为具有支配地位的世界海事强国。长久以来，不列颠群岛上的诸王国一直都深受海洋之苦。对这些最后聚集为大不列颠的王国来说，它们在海上的卓越地位绝非不劳而获的。英格兰在历史上很长一段时间内都只是一个财力贫弱的三流海洋国家。完全是靠无数政治上的努力，英格兰及之后的不列颠才得以打造出日后令全世界畏服的海军。这就是相比于绝大多数研究皇家海军全史的历史学家，我对其过往探寻得更深的原因。不了解皇家海军初期发展的历史，就无法全面感受海军在纳尔逊时代的不凡，无法真实了解我们今日的处境。

很少有国家像不列颠对皇家海军这样，对三军的某一军种如此热衷与眷恋。我们现代人应当细心体会海军曾经在国家政治、经济和文化生活中所占据的核心地位。很大程度上来说，正是因为不列颠注定要统治海洋——其缘起已迷失于时间的迷雾之中——这一信念深深根植于人们心中，其预言的情形才会实现。不列颠人的民族认同感很大一部分就是在海上铸就的。如果脱离这个事实就很难理解不列颠的历史。

值得警醒的是，我们自己已经忘记了这一点。自 1945 年起我们就丧失了海洋危机意识。在这个搭飞机旅行或乘车横穿英吉利海峡隧道的时代，我们对自己岛民身份的认同感也已消散殆尽。但是海洋终究会以自己的方式闯入我们国人的生活。

注释

1. Nichols，p. 145
2. Keynes，pp. 9 – 10
3. Cordingly，p. 253

鸣　谢

近几十年中，英国海军历史方面的著作可谓千帆竞发。许多 xxvii 学者令我受惠良多，所以我诚挚希望《深蓝帝国》的读者也能有机会读一读他们的著述，以下仅列举一小部分以飨读者。关于 17 世纪末之前的早期海军历史，我推荐 Kenneth Andrews、Bernard Capp、J. D. Davies、David Loades 和 Susan Rose。对于 18 世纪皇家海军的研究则推荐 Jeremy Black、Daniel Baugh、Michael Duffy、Richard Harding、John Hattendorf 和 Brian Lavery，他们的成果提升了我们对该时期历史的了解。Sam Willis 的新书《胜利时刻》（*In the Hour of Victory*）很值得一读，此书将大英图书馆馆藏资料中发现的大量重要信件呈现给人们，可惜我写作本书时此书尚未付梓，颇为遗憾。新近出版的一些关于纳尔逊的传记和专家研究成果推动纳尔逊研究出现了值得关注的变化，其中尤值一提的作者有 Roger Knight、Colin White 和 John Sugden，其中 John Sugden 的两卷本传记更是无可取代的佳作。关于 19 世纪皇家海军，Andrew Lambert 的一系列新作独领风骚。历史学家当中给海军研究带来彻底改变的人物自然要数 N. A. M. Rodger，他的两卷本（很快将增为三卷本）不列颠海军史著作非常值得一看。

　　私人事务方面，我要极力感谢我的代理人 Clare Conville，以及她的助手 Alexander Cochran。感激 Weidenfeld & Nicolson 公司的所有工作人员，尤其是 Holly Harley、Jess Gulliver 和 Alan Samson 的辛勤付出。编辑 Bea Hemming 的能力无可比拟。最后，这本书能够得以完成还少不了我母亲 Marney 和我的夫人 Claire 对我的爱护和支持。

I

无主之海

至 1603 年

简 介

载他的小艇最多也就小帆船那么大，但艇上配有 8 名桨手。乘船的人亲自掌舵，他 29 岁的年纪，不老也不年轻。973年的某个夏日，乘着游艇平稳笔直地在迪依河（Dee River）上下穿行，无疑是一大乐事。

这位乘客和舵手正是埃德加，他惬意地看着船员们划动船桨。其中一人是阿尔巴国王肯尼思（Kenneth），还有一人是曼恩群岛的国王马格纳斯·哈罗德森（Magnus Haroldson）。和他们一起干活的桨手分别是坎布里亚（Cumbria）国王马尔科姆（Malcolm）、斯特拉斯克莱德（Strathclyde）国王唐纳德（Donald）、格温内斯（Gwynedd）国王雅各·伊德沃尔·弗尔（Iago ab Idwal Foel）。这 8 个人要么是不列颠王国的国王，要么是这些王国的继承人。他们遵照埃德加的召集来到切斯特，许诺成为"他海上和陆地的盟友"，他们已经公开宣布承认他作为英格兰之王的最高统治者地位。当埃德加登岸后走向自己的王宫，他听到随行的侍臣们说"以后他的每一位继承人都能夸耀自己是英格兰之王，同时能够享有众多国王任其调遣的尊荣"。

埃德加之所以能让邻国统治者效忠自己，是因为他的舰队——这支舰队的实力投射范围远至赫布里底群岛，能守御不列颠的疆土安全。船舰是获得权力的关键。埃德加以"和平者"广为人知，不过和平是因为他对不列颠周围的海域毫无秩序状态的警惕。《盎格鲁-撒克逊编年史》有言："之所以能在英格兰任意攫取，既不是因为舰队的荣耀，也不是因为主人有多么强大。"[1]为了维持这种夸耀，埃德加每年都会把舰队分为四支，分驻在海岸线附近，对不列颠形成环绕之势。

500年后，另一位年轻的英格兰国王也亲自指挥船舰。亨利八世异常喜爱巡视自己的战舰队伍，而且喜欢向外国显贵们炫耀这些战舰的大小、新式技术和火力，他希望这些人能将英格兰惊人的海防力量汇报给他们的君王。1514年6月，亨利宣布巨大无比的"主恩亨利"号（Henry Grace à Dieu）进入服役期，此舰是其极为心爱和骄傲之物。随同他一起参加典礼的有其他国家的使臣，这些国家有的想与英格兰结盟，有的想入侵这里。"主恩亨利"号的船体装饰得像一艘华丽的游艇。船帆用的是金色布料，船首斜桅的顶端是饰有一颗宝球和一顶王冠的金塔，装饰的彩带形制巨大，有56码长，至少有100面饰有圣乔治十字和都铎玫瑰的小旗在船桅上飘扬，随处都能看见富丽堂皇的绘画装饰。

这些伴随着喧嚣吵闹表演的船只不再仅仅是普通的木制笨重大船，或者像中世纪那样过时、没有贵族气质以致配不上真正的武士。亨利希望整个欧洲都知道，英国君王就是制海权的代名词。战舰为皇家之物，而国王则是海军的创立者，向其他邦国发号施令，并将权力投射至整个欧洲。为了更为有力地说明这一点，并提醒世人"主恩亨利"号不是一艘皇家小快艇，参观者们在下船登陆时获得舰上所有火炮齐鸣致敬的礼遇。

一年之后，亨利在外国使臣面前宣布一艘新战舰下水，典礼上他更进一步。"亨利的举止行动与领航员无异，"法国大使写道，"而且穿着金布织的水手大衣和裤子，脖子上挂着镂刻有'我权天授'（Dieu et mon Droit）字样的金链子，链子上挂着哨子，他吹哨子的时候跟吹小号似的。"[2]

国家战舰，还有经受住暴风雨考验的领航员一般的君王，这些古老的寓意甚至能追溯到埃德加时代。那时，英格兰国王自诩守卫海洋是自身职责所在时也是如此。不过所有这些表演性行为的背后都有事实支撑。欧洲北方海域凶残野蛮，全无秩序，之后数百年也仍是这副样子。维护海上秩序折磨着每个君王。维系一支由战舰组成的舰队，引得敌人到海上交战，甚至于守卫海岸线和入海口，都超出了中世纪国家和初期现代化国家的能力。皇家海军被强加了许多建军之父——阿尔弗雷德大帝、理查一世、约翰、亨利七世或亨利八世，因人而异。确实，他们都可以宣称自己是海军之父，不过有一件事可能在探寻皇家海军起源时被遗忘了，那就是不列颠群岛史上制海权和王权的结合。

所以，当看到《盎格鲁－撒克逊编年史》的撰写者或者亨利八世的庆典在吹嘘守护海岸线的舰队、赋予海洋以秩序的君王的时候，我们得清楚，这是他们在表达自己的期待，而非表述真实情况。埃德加的传奇、他的浩荡舰队以及他对不列颠海域宣示主权，其声响在之后数百年回响不绝，令无数国王和爱国者心驰神往。人们笃信，英格兰的国王们有统治海洋的天授之权，而且他们有义务以武力守护这项权利。查理一世尊崇埃德加，克伦威尔当着荷兰人的面宣扬埃德加的典型事迹；詹姆斯二世有一个短命的儿子名为埃德加。那是一个影响深远的传说。在英格兰，王权紧紧地和海上控制权联系在一起。很多时候，它对于埃德加的继任者们而言是一种嘲讽，一个不可能实现的梦想。

躲在护城河后面的不列颠不仅并不安全，还会无法抵挡海上的入侵。不论对方只有一艘战舰还是拥有一支舰队，不列颠都是令其垂涎的目标。大海带来的是凶险，而非安宁。

北大西洋那片残酷世界难以平定，不过不久之后，在涉及此地的海盗冲突中，不列颠人会变得得心应手，甚至进而将自己那套独有的暴力模式散布到世界其他地方。

注释

1. *ASC*，975
2. J. S. Brewer（ed.），*Letters and Papers*，*Foreign and Domestic*，*Henry Ⅷ*，vol. II，no. 1113

第 1 部分

岛屿入侵

盎格鲁-撒克逊英格兰及维京人：
878年的形势图

0   50   100   150
英里

北

大西洋

北海

斯特拉斯克莱德

林迪斯法恩
泰恩河

达勒姆
韦尔河

马恩岛

爱尔兰海

伦恩河
里布尔河
乌斯河
默西河
约克
亚耳河
亨伯河

默西河
丹属
麦西亚
林肯
切斯特
特伦特河
诺丁汉

迪依河

巴廷顿
塞文河
布里齐诺斯

威尔士

英吉利海峡

牛津
沃林福德
奇普哈姆
旺蒂奇
爱丁顿
雷丁
泰晤士河
古斯鲁姆
王国
赫特福德
莫尔登
塞特福德
伊普斯维奇
萨顿胡
谢佩岛
舒伯里
萨尼特岛
三明治
唐斯
福克斯通
黑斯廷斯

耶尔河

戴博河

大乌斯河
宁河

里齐
赛顿岛
伦敦
切斯特
威尔德
阿普尔多尔
锡廷伯恩

威克郡
塔维河
塞尔伍德
阿塞尔内
韦勒姆
埃塞河

温彻斯特

普尔
怀特岛

英吉利海峡

日德兰半岛
黑德郡日
鲁昂
塞纳河
莱茵河
瓦尔河
萨河

第 1 章

英格兰 (793 ~ 878 年)

　　我在库克姆船闸（Cookham lock）长大，附近就是垂柳依
依的赛施岛（Sashes Island），泰晤士河由之截断。此地祥和安
宁，夏天的时候，游艇悠然驶往船闸的场景使之更显静谧。可
是自从 10 世纪初阿尔弗雷德大帝为了抵御维京人（the
Vikings）而决定在这里筑城设防之后，这片地处英格兰内陆
的美丽沃土就成了直面海上袭击的前沿阵地。虽然那时的海面
离得和现在一样远，但随着防御工事的成形，危险一下就逼近
了这座小岛。

　　我们现在查看不列颠的地图，会发现上面布满了以粗蓝
线、绿线以及细红线标识的丝带状路网，道路似乎成了区域划
分的界线，也决定了我们在旅途中看待不列颠的方式。但在早
期，人们绘制地图时会着重突出河流的分布，而现代地图很少
将之标示出来。以 13 世纪马修·帕里斯（Matthew Paris）绘
制的著名地图为例，粗大繁密的蓝色触手延伸到了不列颠的中
心地区，整座岛似乎变成了一片群岛。这些粗蓝线看上去不像
河道，倒更像入海的港湾。

　　即使不看地图，我们也能明显感受到 9 ~ 10 世纪的不列颠
境内河流遍布的状况。已经定居岛屿的盎格鲁 - 撒克逊人
（Anglo-Saxons）将河流作为边境线，划分不同邦国之间存在争

议的领土。这些河流既可以在危难时充当防御屏障，也可以作为商业贸易的通道。对于长期生活在英格兰的盎格鲁－撒克逊人而言，岛屿的内陆远离危机四伏的大海，是一片和平繁荣的乐土。

然而，北方水域却有流徙武士在徘徊潜行，他们劫掠成性、蚕食疆土，不列颠的河流不再是商业往来的通途，反而成了外敌长驱直入的门径。繁荣的内陆此时已不能保障安全。维京人使用的长船不仅吃水浅，并且在设计构造上成熟完备：帆行时耐得住海上的风浪，桨行时可以深入内陆。如果航行到了河流尽头，他们可以直接把轻便的长船搬到邻近的其他水域之中。无论多小的河口，维京人的战船都可以钻过去，然后进入不列颠境内的河网。

最先受到波及的是海滨地区。793 年，位于诺森布里亚（Northumbria）海岸不远处的林迪斯法恩岛（Lindisfarne）上的一座修道院遭到攻击。"我们世世代代定居在这片最美丽的土地上，大约有 350 年了，"阿尔昆①（Alcuin）在劫后写道，"不列颠还从未像今天这样，遭受异教蛮夷的蹂躏摧残，从来没想到我们会像今天这样遭遇海上侵袭。"[1]不列颠南部曾经遭遇过袭击，但北海（North Sea）的岛屿遭遇袭击着实出乎人们的意料。如果大海确曾是守卫"最美丽的土地"的屏障，那么此后它却成了维京人入侵的方便之门。维京人的战船适应性极强：既稳固结实，足以承受气候恶劣的海面；又轻捷便利，适合深入内陆。他们往往神不知鬼不觉地忽然出现，如同一支流动作战的孤军，不拘泥于特定的地点，随时可以为了丰

---

① 阿尔昆（735—804）：一作阿尔琴，中世纪英格兰学者。——译者注

厚的战利品或者土地而长途奔袭。有时，他们还会集体行动，变成相互协调呼应的船队。

维京人的战术让防御变得十分困难。他们把避免交战放在首位，这听着可能有些古怪。船只一到目的地，他们会挑选既可以实施突袭又能抵挡当地武装进攻的战略要地，然后建立防御工事。以此为凭靠，他们就可以威慑附近的村庄，并在勒索的钱财全部缴齐后才会离开。

维京人早期的袭击对象是欧洲北部的富裕地区：弗里西亚（Frisia）和现在的德国海岸。但最令其垂涎的还是查理曼大帝（Charlemagne）的法兰克王国（Frankish empire）。查理曼大帝察觉到吸引维京人到海上决战并非海事防御的关键。确实如此。海岸线蜿蜒漫长，要在海上决战是不切实际的，强大而又机动灵活的敌人可以轻易避开任何防御力量转而袭击别处。防御如此难缠的敌人，要义是扼守他们的退路，沿海岸线设立碉堡，筑桥保卫河流，时刻保持警惕。自德国、佛兰德斯（Flanders）至法国北部的河海入口都有专门建造的船只负责把守。打游击需要一条安全的撤退路线，而法兰克人用船只和桥梁封锁了河海入口，让意图劫掠者无从下手。

"虔诚者"路易（Louis the Pious）继承了查理曼大帝的王位后，继续使用这套防御体系。但 840 年他死后，他的儿子"秃头"查理（Charles the Bald）与自己的兄弟争夺王位继承权，法兰克王国因之陷入混乱，海上防御也变得疏忽松散，维京人趁机而动。841 年，他们横渡塞纳河（Seine）后袭击了瑞米耶日（Jumièges）修道院，并大肆洗劫鲁昂（Rouen）。845 年法兰克人支付了 7000 磅银子才使巴黎免于战火。随后几年，维京人活跃于塞纳河、罗纳河（Rhône）、卢瓦尔河

11

（Loire），洗劫和摧毁那里的村庄与修道院。许多年里，法兰克的河流成了他们大肆劫掠的乐土，维京人甚至侵略到了更远的卡马格（Camargue），并沿莱茵河发动攻击。直到秃头查理得以掌控四分五裂的王国并重新启用其祖父建立的防御体系，维京人才转战别处寻找更容易下手的目标。

维京人将注意力放在法兰克王国的年月里，英国海岸只遭受了零星的骚扰。威塞克斯（Wessex）和肯特（Kent）两国漫长的南部海岸线承受了冲击，有几次是皇家船舰主动出击与维京人在海上交战。851 年，既是威塞克斯国王爱格伯特（Egbert）之子又是肯特和萨里（Surrey）国王的艾塞斯坦（Æthelstan）在三明治（Sandwich）沿海与维京战船有过一次遭遇战，"屠尊者以儆效尤……缴获 9 艘战船，余者遣散"。[2]

此役对威塞克斯意义重大，受到大肆吹捧：似乎肯特贵族是盎格鲁－撒克逊人中真正能保护不列颠海岸不受侵袭的唯一一支海上力量。但这场大捷实际上是个圈套。艾塞斯坦的船队确实击退了一支维京船队，但它充其量就是一支小突击队而已。

维京舰队的总量十分庞大。850 年的萨尼特岛（the Isle of Thanet）和 854 年的谢佩岛（the Isle of Sheppey）都曾有规模巨大的船队驻扎过冬。865 年在萨尼特冬营的这帮人就不仅仅是惹人厌烦的过客而已了。当时的维京长船总共有 300～400 艘。寒冬过后，"异教徒大军"（Great Heathen Army）进军东安格利亚（East Anglia）。这是一次联合入侵，意图攻占英格兰并建立殖民统治。866 年诺森布里亚最先陷落，随后 870 年东安格利亚亦沦陷。自斯堪的纳维亚而来的生力军可以从这些地方对英格兰的心脏地带发起有效攻击。维京人顺着特伦特河（the Trent）前进，在 868 年占领了诺丁汉（Nottingham），并继而深入麦西亚王国（Mercian）。他们经由大乌斯河（Great Ouse）、尼恩河（the Nene）、埃文河（the Avon）、德文特河（the Derwent）以及其他水路不断向更广阔的疆土侵略扩张。约克（York）的交易市场是维京人的集散中心，由突击小队配合组成的大部队就是从这里呼啸而出，在英格兰境内大肆劫掠的。

泰晤士河（the Thames）北部的王国相继沦陷，落入斯堪的纳维亚——所谓的丹麦法区（Danelaw）——的控制。

为何威塞克斯认为自己已经掌握南部海岸的制海权只是错觉，原因就在于此。海上不会发生战争，真正的威胁是北方和顺泰晤士河而来的维京长船。伦敦是麦西亚的商业中心，所以维京人掌控此地后就可以自由出入英国河流的主干道，直达威塞克斯的核心地带，这已是最后一个尚未沦陷的英格兰王国。870年维京人开始在泰晤士河上游出没，他们将营地设在雷丁（Reading）。翌年初，双方在伯克郡（Berkshire）和多赛特（Dorset）之间的区域接连发生了几场战役，互有胜负。但国王艾塞斯坦在最后一场战役中阵亡。他年轻的弟弟阿尔弗雷德（Alfred）接掌了已陷入重围的威塞克斯王国。在一场失败的战役之后，阿尔弗雷德可能是以支付赔款的方式与维京人休战，后者继而转战伦敦。

5年后，由丹麦国王古斯鲁姆（Guthrum）率领的维京大军卷土重来。另一支在弗罗姆河（Frome）和皮德尔河（Piddle）活动的突击队加入了古斯鲁姆的队伍，他们从普尔港（Poole Harbour）向威塞克斯发起攻击，并包围了地处弗罗姆河与皮德尔河之间的威尔汉姆（Wareham），但未能将其拿下。阿尔弗雷德得以与之达成休战协议，但这无异于与虎谋

12

皮。维京人在撕毁盟约后杀害人质，并占领了埃克塞特（Exeter），在那里等待另一支侵略舰队的援助。这一次大海转而庇佑阿尔弗雷德。前来支援的船队被一场风暴吹得七零八落，埃克塞特的丹麦人别无选择，只得接受议和并撤退到麦西亚。

丹麦人很快再次来袭。878 年的主显节（Epiphany）[①] 这天，古斯鲁姆以迅雷烈风之势突袭了在切本哈姆（Chippenham）的阿尔弗雷德和他的扈从，那里的西撒克逊人几乎被屠戮殆尽。只有阿尔弗雷德带领着一小队人马逃出，避难于隐蔽在萨默塞特郡（Somerset）平原区的沼泽地中的阿塞尔内岛（Athelney）。维京人几乎征服了盎格鲁－撒克逊人所辖之英格兰全境，只有隐匿于沼泽的阿尔弗雷德和他的追随者们还在顽强抵抗。

注释

1. D. Whitelock（ed.），*English Historical Documents*，I（1979），p. 842
2. *ASC*，851

---

① 基督教的重要节日，为每年的 1 月 6 日，纪念及庆祝主耶稣基督在降生为人后首次在外邦人（即东方三贤士）面前露面。——译者注

第 2 章

海上流徙者（878～901 年）

……

盎格鲁人和撒克逊人自东而来，

苍茫的海域中寻找不列颠之土，

气势昂昂的雄军一路凯歌前进，

占领威尔士，继而征服不列颠。

——《布鲁南堡之役》（937 年）

萨顿胡（Sutton Hoo）地处伊普斯维奇（Ipswich）附近，那里曾发掘出一顶面罩式礼仪头盔，这是一件极具代表性的不列颠历史文物。1939 年它从墓葬遗址出土时就显现出不可估量的考古价值。遗址中掩埋着一艘船头高昂的巨型长船，约90 英尺长的船身可容纳 40 名桨手。这艘颇具王者风范的大船虽然船骨都已不在，但其残体仍然给人以视觉冲击。船骨朽坏之处积满了泥沙，整体轮廓以及细微之处神秘异常，令人过目难忘。

头盔是从大船中一具构造特殊的木棺中发现的，棺中填满了君王才配享有的陪葬品：欧洲各地的钱币、东欧和地中海东部的各式金银珠宝、出自凯尔特人（Celtic）之手的碗、日耳曼人（Germanic）的号角式酒杯、装饰华丽的武器，其他的宝物更是不计其数。人们在发掘时没有发现尸骸，但土壤的分析结果显示似乎有人曾被葬于长船之中。

萨顿胡遗址中的船并非专为墓葬所建造。所有迹象都显示它品质精良，而且上面修补的痕迹表明它曾经服役。《贝奥武夫》（Beowulf）中人们所熟知的关于船葬的描写也因此变得真实可信：死去的国王躺在雄伟富丽的大船中央，四周塞满了生前的财宝和武器，他正驾船驶向永恒水域。只是萨顿胡长船并未像《贝奥武夫》中那样漂流而去，而是被升到了山岭上，在那里坐看德布登河（Debden）的潮起潮落。但两者的象征意义是一致的：这艘船会载着伟大君王以及他们的财宝驶向另一个世界。

14　　人们认为这一切都是为雷德沃尔德（Rædwald）安排的，他是 7 世纪早期的东盎格鲁之王，雄霸盎格鲁 - 撒克逊诸王国的盟主。不仅仅是现代版图中的萨福克郡和埃塞克斯（Essex），几乎整个英格兰都在雷德沃尔德船队的兵力投射范围之内，这让他备受敬畏。

萨顿胡船葬表明，一个有着敏锐制海权意识的民族已经出现。早于雷德沃尔德两个世纪的日耳曼部落，亦称盎格鲁 - 撒克逊人，曾像 9 世纪的维京人一样乘坐长船从海上入侵不列颠，沿着同样的河流征服这片土地。

自古以来，滋生于德意志和斯堪的那维亚的海盗和劫掠者便以欧洲北部水域为盘踞之地。以海为生的日耳曼部落在莱茵河三角洲和北海海岸的沼泽湿地中神出鬼没，让罗马人不胜其扰。公元 82 年驻扎在不列颠的一支由乌斯比部落（Usipi tribe）组成的罗马军队发生叛乱。乌斯比人是熟练的水手。这些叛军偷走罗马人的三艘大船后绕着不列颠劫掠扫荡，最终在日德兰半岛（Jutland）遇难沉没。此次环行是迄今所知的最早一次环不列颠航行。

3 世纪，从莱茵河撤军导致罗马人在欧洲北部的势力一蹶不振，同时日耳曼海盗则变得日益猖獗。与此巧合的是，居住于北海海岸的众多部落因为水位上涨而颗粒无收。大约此时，便是盎格鲁人、撒克逊人以及朱特人（Jutes）第一次以海盗的身份为世人所知。普林尼（Pliny）曾将居住于易北河（Elbe）与日德兰半岛之间的人称为撒克逊人，将来自今日石勒苏益格（Schleswig）地区的人称为盎格鲁人，将日德兰半岛的人称为朱特人。随着海平面的上升以及罗马人势力的日益衰弱，他们迫切地想要开疆扩土。至 4 世纪中期，日耳曼人已开始频繁发动袭击，并为了争夺定居地而驱逐不列吞人。一个世纪后，盎格鲁 – 撒克逊人便掌控了整个英格兰。

盎格鲁 – 撒克逊人是在入侵过程中零零散散进入不列颠的。他们采取的套路是在频繁骚扰海岸后沿河而上发动突袭，继而开始定居并发展殖民地，最终建立统治政权。这样一套在北部水域形成的古老模式正是 500 年后的维京人所依循的做法。《夫君的音讯》（*The Husband's Message*）中描绘了人们为寻找新的家园而坐船离乡的经历，这首诗是一名士兵给他妻子的信息，希望妻子追随他越过大海，到自己刚刚征服的领地与之团聚。

神啊，　　　　　　　　　　　　　　　　　　15
迫于生计他驾船离乡，
孤身穿越汹涌巨浪，
行至陆上，奔波匆匆又惶惶，

> 征战杀伐彼处繁密河网。今日的他
> 已将昔日苦难踩在脚下；良驹珍藏，
> 亦无匮乏。王之女啊，他唯把你苦苦思量！

7世纪，雷德沃尔德正处鼎盛时期，盎格鲁-撒克逊人开辟的众多王国中，百姓殷富，文教昌兴，贵族兴起。他们与欧洲大陆保持着贸易往来，并且基督教的传播越来越广。萨顿胡中的诸多发现便是这一繁盛之世的见证。

这场奢华庆典或许是海上霸主盎格鲁-撒克逊人最后一缕绚烂余晖。到了后世，海战已经只存在于人们的记忆之中。阿尔弗雷德的年代距离雷德沃尔德离世已有200多年，昔日英勇的海上武士已无力与维京人抗衡。海上航行的诸多风俗和高超技艺都在他们定居英格兰后数世纪的承平岁月里被淡忘遗失了。

这片富裕祥和的土地让盎格鲁-撒克逊人备感自足安逸。筚路蓝缕，开疆扩土，他们在立邦定国后即视船舰为冗余而将之裁撤，任其腐朽。农家安土重迁的生活方式对于四处流徙的武士极不可取，《海客》（*The Seafarer*）一诗（其写作时间最晚可追溯到10世纪）就提醒人们大海的残酷：

> 在陆地上安逸栖息的人，
> 怎会知晓，我如何在冰寒彻骨的海上挨过一冬，
> 背井离乡，凄惨惶恐，
> 举目无朋，冰川重重，
> 时而骤降冰雹。轰鸣涌动的海面，
> 除了惊涛怒吼，听不到一丝别的声息。

人们都想逃离大海的控制，最初正是这一点驱使着人们乘坐长船漂洋过海去拼杀。在阿尔弗雷德那个年代，许多到了英格兰的丹麦人拿船换了犁，而且有此意向的人还在不断增加。"异教徒大军"中占领诺森布里亚的那一支就是如此，当古斯鲁姆将目光投向威塞克斯时，他们却"忙于犁田耕地，并以此为生"。其他的维京人则因不列颠的地理位置而对其青睐有加：它恰好位于都柏林（Dublin）至约克郡（York）、塞特福德（Thetford），以及林肯（Lincoln）至莱茵河、斯堪的纳维亚、诺夫哥罗德（Novgorod）和基辅（Kiev）的市场之间畅通无阻的海上贸易网络之中。他们在连接大西洋地区与穆斯林所掌控的地中海和黑海区域的贸易中颇为活跃。

16

不列颠对那些斯堪的纳维亚和日耳曼部落的流徙武士而言充满了诱惑。她没有受到海洋的保护，反而招来这片水域的掌控者们的垂涎。来自斯堪的纳维亚的挪威维京人将兵锋指向塞特福德、苏格兰（Scotland）、赫布里底群岛（the Hebrides）、曼恩岛（Man）、爱尔兰（Ireland），并最终兵临英格兰西北海岸，而丹麦人有入侵爱尔兰海和英吉利海峡的地利。在入侵与殖民不断上演的历史中，盎格鲁－撒克逊时代似乎是一段短暂的和平期。没有哪个殖民者可以一劳永逸：渴望扩疆掠土的东方部族渡海而至，又一轮来自海上的侵略席卷了这片群岛。

这就是阿尔弗雷德退守阿塞尔纳岛时所面临的形势。他极其清楚祖父留给自己的海洋遗产，但也意识到此时海上四处潜伏的危机。

守卫英格兰不受海上侵袭的第一步是要确立一套由内而外的战略体系。在阿塞尔纳岛和遍布沼泽地的萨默塞特郡，阿尔弗雷德从他四散逃窜的臣民中集结起一支军队。古斯鲁姆和与其联盟的国王们在威尔特郡（Wiltshire）的爱丁顿（Ethandun，亦即今日之 Edington）之役中大败亏输，其后因为粮草不继，于切本哈姆俯首投降。古斯鲁姆改信基督并成为阿尔弗雷德的教子。威塞克斯和古斯鲁姆治下的东麦西亚（East Mercia）之间的边界线退回到利河（river Lea）和贝德福德（Bedford）西部的华特灵街（Watling Street）。阿尔弗雷德占领了伦敦和西麦西亚地区。无仗可打的维京人啸聚而去，在富勒姆（Fulham）的泰晤士河上组成一支规模庞大的舰队后前往佛兰德斯一带重燃战火。双方的命运彻底对调。毋庸置疑，正是阿尔弗雷德带领着自己的王国乃至整个英格兰成功抵御了维京人对盎格鲁 - 撒克逊人的入侵。

此后阿尔弗雷德开始实施"纵深防御"[1]的战略。来自维京人的威胁已然缓和，但尚未完全消除。阿尔弗雷德取法查理曼大帝与维京人，在威塞克斯和麦西亚全境设立驻军城镇（又称"山丘堡垒"，burh）以期钳制维京人通过建造要塞来挟制周边区域的战术。此外，他还建造桥梁以及在桥梁两侧的河岸或者岛屿上设立双子式"山丘堡垒"以保卫河运畅通，泰晤士河作为首要防御目标，其沿线的伦敦、赛施岛、沃林福德（Wallingford）、牛津和克里克莱德（Cricklade）都配备了这样的防御系统；驻兵把守罗马人时期的旧制要道；升级港口的守卫力量；密切监视海岸线以阻止维京人的长船登陆。若有维京人出没，地面机动部队会派出步兵或者骑兵驰援这些营垒，使它们彼此呼应连通。

阿尔弗雷德治下的英格兰地区自此免遭劫掠之苦。"纵深防御"战略将维京人所倚仗的快速机动性吞噬殆尽，使其无法再在河道中横冲直撞，如入无人之境。另外，尽管听上去似乎不太合乎逻辑，但这些基于河陆的军事改革对英格兰海军的发展有着巨大深远的影响。

与维京人在海上开战风险巨大。盎格鲁－撒克逊人完全弃置战船的原因之一就是它们无法满足人们从事稳定的农业生产的需要。在"黑暗时代"①，以船为主体的战争极受侵略者而非防御者青睐。船对船的战斗只有在水面平静并且双方都有意交战时才可能发生。希腊人、罗马人以及其他地中海民族建造的，有高高的船舷并由船橹提供动力的船，可以紧贴敌方大舰且与其并排前行。这使得海上作战与陆地作战一般无二，用铁锚钩住敌船后登船，依旧以剑、矛等传统武器开始厮杀。以战船作为作战平台的战斗与陆地战斗的唯一不同之处就是前者是一个空间狭窄的木结构平台，战斗人员极可能落水淹溺。

但是大西洋波涛汹涌的海面让这样的战斗根本无从进行。维京长船的作用在于它能利用自身出其不意、快速、隐蔽的特点带领战士向目标奔袭，其后则会被隐藏或者看护起来，而战斗都是发生在干燥的陆地上。用海军来对付这样的威胁是行不通的。从广袤无垠又危机四伏的海面上啸聚而至的维京人令任何一个国君都无法用严密巡逻的办法予以阻遏。一支防御性的海军在面对如此条件和战船时是无法有所作为的。

打破这种作战方式的唯一出路就是想办法让维京人无法发挥出灵活机动、神出鬼没以及猖獗凶残的特点，阿尔弗雷德进行防御改革时正是照此布局。虽然无法在陆地或者水路上实施拦截，但可以把维京人的力量引向阵地战或者迫使其无法

---

① 欧洲历史上从罗马帝国衰亡至公元 10 世纪的时期。——译者注

烧杀劫掠，此二者是维京人最不愿意看到的。阿尔弗雷德派兵卫戍诸如赛施岛等深处内陆之地的举措，没有正面抗击维京人的海上霸权却将之消弭于无形，从根本上打乱了他们的战术。

885 年，维京人的一队人马进入肯特郡后包围了罗切斯特（Rochester），阿尔弗雷德率领他的常备军前去迎敌。尚未交战的维京人旋即返船驶离。此事大大彰显了新防御战略的功效。

阿尔弗雷德确有在海军方面建功立业的雄心。击退古斯鲁姆后，盎格鲁 - 撒克逊人治下的 9 世纪 80 年代的英格兰所面临的情形与数年前"异教徒大军"尚未攻入东安格利亚时大致相当：受到大量零星的骚扰，但还未出现统一组织的维京军队。881 年，阿尔弗雷德在海上与 4 艘维京战船交战时摧毁了其中 2 艘。885 年，他率领船队来到埃塞克斯的斯陶尔河（river Stour），击败了在丹麦边境遭遇的，一支约有 16 艘维京长船的船队，将敌船悉数收入囊中后他处死了船上的所有俘虏。但是他的船队在驶离河口时遭到一支大规模的维京船队拦截并被其击溃。

在这些战事中，阿尔弗雷德征战于英格兰各地以抗击侵略者，扮演着英格兰盎格鲁 - 撒克逊人的"不列颠共主"角色，表现出其根除维京之患的决心。正如我们先前所知，这是那些急于将手中所握之皇家船队示之于人的威塞克斯国王们的一贯作风。但阿尔弗雷德的征战并非不受限制。在出其不意地突袭河道或者是对抗小规模的维京人这样的有利状况下他还有力一战，可如果是在水面宽阔处遭遇大规模的维京船队，他将毫无还手之力。

抵御那些专事劫掠而非侵占疆土的小规模部队还是很容易的。但是，892 年至 893 年，一支声势浩大的维京军队集结于威塞克斯和麦西亚。另外一支兵力更为雄厚的大军驻扎在肯特郡的阿普尔多尔（Appledore），共有 250 艘船，其余由成名宿将哈施泰因（Hastein）统率的 80 艘船的将士则在米尔顿（Milton）建筑防御工事，那里毗邻泰晤士河口的锡廷伯恩（Sittingbourne）。早在 9 世纪 60 年代，哈施泰因就已投身于维京人的对外扩张事业，主要活跃于佛兰德斯和法兰克等地，年轻时已在地中海立下赫赫凶威。到了 90 年代早期，他在法兰克接连几次遭遇逆转，战况失利。892 年至 893 年，当维京人都像哈施泰因一般携妻提子渡海而来时，岛屿居民的心头升腾起强烈的不祥之感。

维京人此次倾巢出动不再是为了大肆劫掠，而是要攻占英格兰岛并实行全民迁徙。

英格兰岛再次暴露出一无可守的弱点。敌军如果从肯特郡登陆，威尔德峡谷（Weald）的大森林可为其上岸后的隐蔽之所，这片广袤的森林把英格兰岛东南角与岛上的守军完全隔绝开来。任何一处海岸线都有可能成为数百艘敌船突袭的目标，形势危急，与敌人谈判是阿尔弗雷德唯一的选择。岛上的盎格鲁-撒克逊人对于是否进行谈判并没有明确一致的态度，但阿尔弗雷德显然希望以教父的身份与教子哈施泰因达成和解并向其纳贡。然而这个打算纯属痴人说梦。

阿普尔多尔方面的维京兵力中，突袭和劫掠英格兰岛南部的那部分最终被阿尔弗雷德之子爱德华在萨里郡的法纳姆击溃。他们只得渡过泰晤士河移军至科恩河畔，其后又在索尼岛（Thorney Island）遭遇围困，也就是靠近今天的 M4 和 M25 两

19

区的地方。而阿普尔多尔的其余维京支队则乘船至埃塞克斯海岸。他们在丹麦人的庇护之下，依托海岸线和河道针对威塞克斯展开大规模协同作战。面对停泊在威塞克斯沿海的 470 艘战船从东部和德文郡（Devon）发动的攻击，阿尔弗雷德和他的兵马惶然不知所趋。

其后的战局走势表明，阿尔弗雷德率军西进只是徒然之举，维京人只要退回海上就能避开与阿尔弗雷德相遇，继而从容不迫地袭击其他地方。真正的战事发生在泰晤士河口和塞文河（river Severn）。伦敦人出城夺占了哈施泰因在本伏利特（Benfleet）的营地并俘虏了他的妻儿。移军他处的哈施泰因在舒伯里（Shoebury）建造了"山丘堡垒"，东安格利亚和诺森布里亚的维京兵士亦前来驰援。随后哈施泰因一路沿泰晤士河而上，入塞文河后继续行军，抵达威尔士浦（Welshpool）附近的巴廷顿（Buttington）。哈军被困此处后未能顺利突围，其残部逃回埃塞克斯，重整人马后又快速杀回，一路横跨英格兰岛，攻下了切斯特（Chester）。阿尔弗雷德派人捣毁了切斯特附近所有的储粮点——没有粮食，维京人就无法在此熬过寒冬——这一招不费吹灰之力就迫使对方狼狈撤退，经由丹麦法区逃回了舒伯里。

哈施泰因似乎曾试图在西米德兰兹郡（west Midlands）缔造崭新的维京王国。进攻利河上游是他为实现这项丰功伟业所做的最后一次努力。维军把大本营安置在赫特福德附近，阿尔弗雷德率军赶到后在里尔河的下游河段设立了双子式"山丘堡垒"与之对垒。战势逆转，维京人从进攻方变成了防守方，其后他们弃船陆行，撤退到塞文河畔的布里奇诺斯（Bridgnorth）。威武雄壮、煊赫一时的维京舰队仅剩下 5 艘大船，它们离开塞文河转战塞纳河。

　　这场艰苦漫长、波及甚广的战争吞噬了无数财富和生命，双方对峙了很久。通过设立常备军、筑防城镇、围堵河道等一整套成功的防御战略，阿尔弗雷德治下的英格兰让哈施泰因这样的雇佣兵望而却步，不敢造次。阿尔弗雷德在击退维京人后便着手推行保卫威塞克斯的新战略，并如其此前所言，成为盎格鲁－撒克逊人的英格兰君主。他下令建造自己设计的新式长船，此船"比丹麦长船更为迅捷、牢固和高大"[2]。

　　显而易见，建造这些船的初衷是为了在海上作战——它们体型庞大，根本无法参与河流沿岸的战斗。其设计有一部分可能效仿了传统的地中海战船，这种船船身高，足以进行登船作战，体积大，足以震慑来敌。

　　896 年，阿尔弗雷德建造的战船首次出战，于一处不知名 ㉒ 的河口与正在进攻南部海岸的 6 艘维京战船交手。当时 6 艘维京战船中，用于运载士兵劫掠内地的 3 艘已经被拖上了岸，只剩另外 3 艘停泊在水面上。这 3 艘船发现英军船只后立马试图冲出河口，但只有 1 艘载着 5 名残兵的战船逃掉了，其他 2 艘均被缴获，船员被悉数处决。随后英军推船上岸，追击此前已经登陆的维京人。阿尔弗雷德在维京人登陆的那一侧河口布置了 3 艘战船，另外 6 艘则隐蔽在另一侧，准备猛扑敌军。试图登船的维京人与阿尔弗雷德的人马在河岸上展开一番激烈拼杀，最终英军损失 62 人，维京人损失 120 人。幸存的维京人在涨潮时使尽全力离港出海，逃之夭夭。

　　英国人只能待在他们的新式战船里眼睁睁看着维京人离开，因为阿尔弗雷德的船体积更大，要在潮水涨得更高时才能浮起来，而吃水浅的维京船早就逃之夭夭了。但最终是大海断了维京人的后路，他们的战船破损严重，船员十亡其九。有 2 艘走投无路的维京船停泊在了苏塞克斯（Sussex）的海岸，阿尔弗雷德下令将船上的人悉数绞杀。

阿尔弗雷德的船队似乎只能用于在河口和河湾处围困小群入侵者。其首战远远算不上胜利，因为相较于微薄的战绩，英军伤亡太多。新船因为体积太过庞大被困得动弹不得，才让维京人利用涨潮胜了一筹。对付维京人时，阿尔弗雷德战船的首要用途是在最短时间内把兵马运到战场。主要战斗都在陆地上进行，而水面上英军的任务则是对付数量较少的骨干船员，这些守船的人正等待同伴们带着战利品回来。

人们曾称阿尔弗雷德为海军之父，然而毋庸讳言的是，他只是依照西撒克逊（West Saxon）君主们的一贯做法，像使用武库中众多其他武器一样使用船舰。这些船舰远非我们今日所理解的海军。总之，作为防御和攻击的战争武器，船在"黑暗时代"有着完全不一样的含义。阿尔弗雷德的功绩在于别的方面。在他治下，"英格兰"（England）这个概念首次出现，它联合众人抵御共同的敌人，而阿尔弗雷德让这种联合得以真正实现。

注释

1. Abels，pp. 195ff
2. *ASC*，897

第 3 章

必争之地（901 ~ 1066 年）

对英格兰而言最为性命攸关的一片海域，位于邻近东南海
岸线的肯特郡内北海岬（North Foreland）和南海岬（South
Foreland）之间。几个世纪以来，这片名为唐斯（Downs）的
开阔锚地对英格兰及其对手而言都是至关重要的战略要冲。它
附近就是不列颠本土最为接近欧洲大陆的地方。自此向南和向
西可至英吉利海峡（the Channel）与法兰西北部海岸，向东则
是北海与佛兰德斯、日德兰半岛和斯堪的纳维亚（Scandinavia）
的海岸线。它还毗邻南部海岸的港口和泰晤士河的入海口。

但航海者尤为青睐唐斯的根本原因，还在于船只遭遇暴风雨
时可以在此安全停泊。东边有古德温暗沙（Goodwin Sands）——
一片长达 10 英里的流动沙洲——作为屏障，而北边和西边则有
肯特郡的海岸为倚仗。许多船队受古德温暗沙的迷惑而损失惨
重，但熟悉此处地形的掌舵者能带领船只进入安全的开阔锚
地。此外还会有从伦敦、北海以及波罗的海（the Baltic）而来
的航船停泊在此，等到风起时直下英吉利海峡。

唐斯是从泰晤士河出海的英格兰船队的集结地，也是入侵
无险可守的英格兰腹地或者战前集结船舰的绝佳之地。此处战
事频繁，船骸无数，将会在本书中频繁出现。

唐斯是大型船舰理想的避风港，船舰在此处抛锚可以免受

大海的纷扰。11 世纪时，吃水较浅的长船开始停驻唐斯的三明治湾（Sandwich Bay），它是当时航海者的福地。长达 5 英里的三明治海滩（Sandwich Beach）——遍布砾石、满是泥沙，也被看作三明治平原（Sandwich Flats）——和斯陶尔河入海口，极其利于长船登陆上岸。船只也可以抛锚在港湾中，随时待命。

11 世纪的编年史家在书中多次提及三明治湾，它是英格兰版图中一处极其重要的战略要地。只要有一支中队驻扎在这里，就能够密切监视北海与英吉利海峡，随时向被敌人进犯的地方输送兵力。它对入侵者同样重要，他们可以在这里集结，然后攻入泰晤士河，或者袭击南部和东部海岸中防御最为薄弱的地方。谁获得了三明治的掌控权，谁就可能称霸英格兰。

901 年阿尔弗雷德逝世，之后的几十年间，他打下的英格兰一直在持续扩张。到了继承王位的阿尔弗雷德之子爱德华辞世时，英格兰亨伯河（the Humber）以南的地区都被纳入了威塞克斯王朝的版图。阿尔弗雷德的孙子埃塞尔斯坦更是占据了英格兰以北地区，并铸造镌有"rex totius Britanniae"的货币，铭文意为"不列颠全境之王"。

令人畏惧的强大陆军和西撒克逊扩张中日趋完备的行政系统，是爱德华和埃塞尔斯坦手中王权的坚实支撑，其中当然还包括皇家船队。爱德华统率着 100 艘船，曾用它们对付诺森布里亚人（Northumbrians）。到了埃塞尔斯坦时，英格兰已经是欧洲的一支主要力量。他的远征船队一度航行到凯思内斯（Caithness）征战挪威人，还在佛兰德斯海岸支持过路易四世。他曾收到挪威人哈罗德·费尔赫尔（Harald Fairhair，即哈拉尔一世）的赠礼——一艘最新型的维京长船，上面装饰着全金打造的长喙、紫色船帆和镀金的船盾。维京人中功勋与威名最为显赫的罗洛（Rollo），诺曼底公国的征服者和首位公爵，据说亦曾在英格兰招揽水手、维修船只。

埃塞尔斯坦出生时，阿尔弗雷德大帝正遭遇维京人的船队和军队横行掳掠。几十年后，却是维京人的首领向盎格鲁－撒克逊人献上华丽礼船以示尊崇，局面完全扭转。此时的英格兰已成为北大西洋的海上强国。

船队象征着威望。即使没有投入实战，它们也足以威慑意图入侵的劫掠之徒。别国的国王们也因此希冀维持和平，抑或寻求支持。这些船舰使得英格兰成为不列颠的主导国，埃德加（Edgar）对此的认识比任何一个盎格鲁－撒克逊国王都要透彻，因此他下令举办盛大演出来展示自己的海军实力。"'塘鹅之池'（古英语中意为'大海'）中万国皆晓，六合四方的诸侯王……无不尊崇（埃德加）……"

英格兰海事力量的强大与否取决于君主的宏愿与雄心。975 年埃德加辞世后，国家四分五裂。他的儿子爱德华和埃塞尔雷德（Æthelred）为王位继承权争夺不休。曾经的英格兰在长时间里都是强盛而和平的，现在却因为内部的权力争夺和朝纲不振而破碎散乱。几十年未能染指英格兰的维京人察觉到下手的机会来了。

劫掠始于 980 年，到了 991 年形势变得越发糟糕。93 艘船组成的丹麦船队在三明治外的海上集结，攻下福克斯通（Folkestone）后一路征战，上行至伊普斯维奇（Ipswich）沿海。随后挥师向南，进入黑水河（the Blackwater）河口后在埃塞克斯的莫尔登（Maldon）遭遇郡长布理塞洛夫（Byrhtnoth）率领的小规模英军。他们派遣使者向英格兰人索要黄金作为提供庇

23

佑的补偿。

英格兰人拒绝了这个提议，选择应战。但结果是他们输了，并且最终被要求缴纳价值 1 万镑的贡品。维京人并未就此停手，994 年，奥拉夫一世（Olaf Tryggvason）和斯维因·弗克比尔德（Swein Forkbeard）率领舰队从海上攻打伦敦，埃塞尔雷德支付了 22000 磅金银。他召集"不论是何用途的船只"，试图建立一支海军。[1]纳贡只能暂时免受维京人的侵袭。由阿尔弗雷德大帝和爱德华开创、其后继者维系的防御系统被冷落多时，已经摇摇欲坠。

此次维京人的来袭与一个世纪前阿尔弗雷德大帝的遭遇并不相同。这一次的入侵者有明确的劫掠目标，不再是侵吞疆土。维京人的舰队或长久或短暂地停驻在英格兰沿岸海面上，不时发起攻击并索要保护费。

埃塞尔雷德则要不断支付大笔赔款。1002 年，"以停止恶行为条件"，他向维京船队支付了 24000 英镑。[2]但是这些恶行并没有因此停止。到了下半年，英王下令屠杀不列颠境内所有丹麦人，其中就有丹麦（Denmark）国王斯维因·弗克比尔德的妹妹。这一次斯维因回到舰队的领头位置，开始猛攻英格兰西境（the West Country）①，然后是东安格利亚。丹麦人在前进途中遇到了阻拦，但这些阻拦并没有什么实质效用。1005 年的饥荒才是维京人撤退的真正原因。

翌年，他们卷土重来，"伟大舰队"在三明治初展雄风后，以怀特岛（the Isle of Wight）为根据地，肆虐内陆，在"威塞克斯的每一个郡"纵火屠戮。他们直至收了 36000 英镑后才离

---

① 大致为今日的英格兰西南九郡。——译者注

开，转向斯堪的纳维亚。

倘若要挽救邦国于危亡，埃塞尔雷德就必须重振英格兰的海事力量。1008 年，英王"下令英格兰全境全力造船"，以 100 个"佃"（hide）组成的"百户"（the Hundred）为行政管理单位——一佃即养活一家人所需的土地。政策规定 310 佃组成一个"舶保"，每个舶保须提供一艘船和 60 名保丁。

这些指标在一年内都得以达成，"数目之众，在英格兰前所未见"。英格兰各地的船舶和征募的兵丁都聚集到了三明治湾。海国英格兰重新振作了起来。

埃塞尔雷德（Æthelred）被称为"毫无准备者"（the Unready），这其实是人们的误读，源于他当时的绰号"Unræd"。24这个绰号是他名字的双关语。Æthel 意为"高贵"，ræd 意为"管理者"，但是考虑到他在位时期的政绩，将 Unræd 解读为"轻虑浅谋"似乎更为贴切合适。之后，Unræd 又变成了与原意完全相反但又看似贴切的"毫无准备"（Unready）。他在位时的确轻虑浅谋，毫无建树。在三明治，一位贵族的弟弟布雷斯里克（Brithric）指控另一位统帅伍尔夫诺思（Wulfnorth）叛国。伍尔夫诺思带着 20 艘船逃亡，并开始在南部海岸大肆劫掠。布雷斯里克带领 80 艘船在后面追击，途中因遭遇风暴而搁浅。伍尔夫诺思乘机烧毁了追击者的船只。

听闻惨变的埃塞尔雷德弃置了剩余的所有船只，返朝回宫，他的贵族臣子们也随其而去。这是一桩损失惨重、颜面丧尽的祸事。《盎格鲁-撒克逊编年史》中如此描写君王与贵族的离场："他们轻易就将船舶弃之不顾，是那些船中的百姓把船带回伦敦。百姓的血汗付之东流，他们却未曾因此伤心难受。"

代替英格兰船队出现的是"伟岸者"托基尔（Thorkell

the Tall）所统率的声势浩大的维京水师。他的入侵让英格兰陷入前所未有的危急之中。托基尔的大军一路烧杀抢掠，沿途鲜有撄其锋者。身处丹麦的斯维因看到了英格兰极其脆弱的防守。臣子托基尔又听命于他，那为何不干脆占领整个英格兰王国呢？但是他的这个想法遇到了阻碍，而且这意想不到的阻碍竟是托基尔。1012 年，他接管了防御英格兰的事务，并征收"丹麦金"（the Danegeld）作为交换。

斯维因的水师在三明治湾集结后沿着海岸线上行，先后进入了亨伯和特伦特郡。丹麦人横扫了英格兰南境，迫使埃塞尔雷德和托基尔离开王国。斯维因成了英格兰 - 丹麦之王，直至1014 年逝世，他的王位由他的儿子克努特继任。

英格兰再一次处于强大海事力量的保护之下。例如，1018 年，克努特剿灭了一伙有 30 艘船的海盗——谢天谢地，这次对付的是海盗。自此，早年随父亲一同入侵英格兰、不遗余力地摧毁这个王国的克努特，现在成了它唯一的守护者。

丹麦人成为国王可以更有力地抵御入侵。英格兰和丹麦的战船，在克努特重令征伐挪威人以及强力将苏格兰并入版图的战事中，确实做到了并肩作战。不仅如此，爱尔兰海（the Irish Sea）也在他的掌控之下，高卢的（Gallic）众多地区也听其号令，奥克尼群岛（the Orkneys）和赫布里底群岛的维京人也被他抵挡在英格兰国境之外。英格兰税收的一部分用于设立固定建制的水师，其中包括 40 艘船舰。克努特凭借这支水师缔造出强盛威武的北海帝国，并使之长盛不衰。讽刺之处或许在于，战败的英格兰成了帝国的中心，更甚者，对斯堪的纳维亚的侵袭正是这个曾经饱受其蹂躏之苦的国家发动的。

克努特在 1035 年离世，他那生性酷虐残暴的儿子哈德克努特（Harthacnut）继承了王位。此子是最后一位统治英格兰的丹麦国王。在位期间，英格兰水师的规模从 40 艘船扩张到 94 艘船。维持这样一支海上力量完全依赖于严酷地向英格兰人征税。哈德克努特一直活到了 1042 年，后来，他的死把威塞克斯的爱德华（Edward）推上了王座。

爱德华是一个无可争议的英格兰人，他的父亲是埃塞尔雷德——一位因海上失利而为世人所知的国王。然而，11 世纪中期的英格兰已经成为威慑四方的海上强国，爱德华立志要将这样的强盛延续下去。1044 年，他率领 35 艘船在三明治沿海抵御马格努斯一世（Magnus I）的掠夺行动。马格努斯是挪威国王，一心想要继承克努特和哈德克努特的王位，执掌北海帝国。

如今轮到丹麦人眼红英格兰在海上的力量。爱德华受命派遣 50 艘配备大量人手的船去支持他们，但他拒绝服从这个命令。他的船停驻在三明治沿海的最佳位置，既可以威慑英格兰的敌人，又可以援助自己的盟友。1047 年，神圣罗马帝国皇帝（the Holy Roman Emperor）派军进击叛乱的佛兰德斯伯爵鲍德温（Count Baldwin），并要求爱德华守卫海域，阻止鲍德温登船。"因此国王领着浩浩荡荡的水师到了三明治湾，并且停留在那儿，直到罗马皇帝从鲍德温那里得偿所愿。"

可是在 11 世纪，一支庞大的海军犹如一只不讲信义的凶残猛兽。英格兰水师的核心部分是那些由丹麦雇佣兵操控的船舰。爱德华逐步解雇了这些人，到 1051 年时已将他们全部遣散。爱德华终于能够废除让人们深恶痛绝的"丹麦金"——一项曾为英格兰建立起海上霸权的税收。

然而，一个国家的海军也体现了其国内的危机。古德温暗沙正是以爱德华的大臣——威塞克斯伯爵戈德温（Godwin）

的名字命名的。戈德温如同英格兰海事力量的化身，他的海盗父亲伍尔夫诺思曾经在 1009 年击垮过埃塞尔雷德的海军。克努特曾将威塞克斯东部的土地划拨给戈德温。他还掌控着包括三明治湾在内的英格兰南部海岸，曾向海军捐献过 43 艘船。他还是国王爱德华的岳父。

但是到了 1050 年，国王已经谋划完备，要摆脱如此强权的臣下对自己的支配。爱德华指派诺曼人（Normans）在教堂和国家机构中任职，以此向他的姻亲发起攻击。1051 年，爱德华与戈德温家族交手并流放了后者。为了稳住自己的王位，爱德华向诺曼底公爵威廉（William）寻求更紧密的同盟关系。据说后来爱德华以委任威廉为王位继承人作为回报。

戈德温和他的儿子们显然不能忍受这样的侮辱。他们的海上势力非常庞大，和自己家族的创始人伍尔夫诺思一样，有南海岸的海员们向其效忠。爱德华试图在仓促间拼凑出一支船队封锁三明治湾和唐斯，结果却大败亏输。英格兰的海上力量还是掌控在戈德温手中。他和他的儿子们领着声势浩大的船队从波特兰半岛（Portland Bill）开拔，一路浩浩荡荡驶向泰晤士河。爱德华和他的 50 艘船则在伦敦静待他们的到来。

爱德华毫无还手之力，他不得不迎回戈德温及其族人，并遣散自己招来的诺曼人。可是戈德温还没来得及好好享受失而复得的权力就过早离世了。威塞克斯伯爵的爵位由长子哈罗德·戈德温森（Harold Godwinson）承袭。

说到警醒，戈德温的归国提醒人们，英格兰的命运与海洋密不可分。在重要关头，戈德温和他的家族严密掌控着英吉利海峡，据此方能攻袭伦敦。自 1052 年起，爱德华失去了对军队的掌控，他这个国王也成了傀儡。哈罗德接掌海军，于

1063 年挥师入侵威尔士（Wales）。他成了英格兰最具权势的人，只是还没有君王的名号。1066 年，身后无子的爱德华离世，人们对于哈罗德的登基毫不意外。

哈罗德必将用自己建立的威猛强大的英格兰海军，来对付那些冒犯自己权威的挑战者们。第一个就是他的弟弟托斯提戈（Tostig），他企图在佛兰德斯起兵造反。第二个是诺曼底的威廉，他自信自己才是爱德华的继承人，还制订了入侵英格兰的计划，但是他座下的男爵们警示他，这件事风险太大。而书中说哈罗德"号令着庞大的舰队与技艺精湛的水手"。伍尔夫诺思、戈德温和哈罗德等人一手创建的海上大军巨大无比，诺曼人能否与之匹敌？

这个问题切中要害，诺曼底公国根本没有海军。威廉需要至少 700 艘船来运送大约 7000 人的军队。这场仓促间建造巨型舰队的狂热运动，可从贝叶挂毯（Bayeux Tapestry）① 中略窥一斑。

与此同时，托斯提戈把船只攥在手中，开始劫掠英格兰海岸。哈罗德清醒地看出这是一场更为严重的灾难的前兆。他集结船舰，拉起一支英格兰前所未见的浩大船队。与往常一样，船队的目的地是扼守英格兰东海岸与西海岸的三明治。哈罗德的此次动员迫使托斯提戈掉头向北。

此时哈罗德知悉，威廉正于迪沃河（the Dives）河口组建阵容庞大的入侵船队。整个夏天，英格兰南部都处于严密戒备之下。陆军驻扎在岸边，海军则以怀特岛为基地戒备。

他们一等再等。威廉却按兵不动。哈罗德在陆上和海上的

---

① 创作于 11 世纪，长 70 米、宽 0.5 米，现存 62 米，保存于法国下诺曼底的巴约（Bayeux）。该挂毯描绘了整个黑斯廷斯战役。——译者注

威廉建造入侵舰队，图来自贝叶挂毯。

人马无战可战，却不断消耗着所有能找到的补给。9月8日，为了补充补给和人手，船队无奈之下只得返航伦敦。英吉利海峡又一次变得无人守卫。威廉的船队受令开拔，但遭遇风暴，被迫转入索姆（the Somme）河畔的圣瓦莱里（St Valéry）。哈罗德海军在返回伦敦途中遭遇了同样的风暴，损失惨重。

哈罗德还得面对另外一个威胁。挪威的哈罗德·哈德拉达（Harald Hardrader）率领庞大船队，在亨伯河与托斯提戈会合。正当威廉的船队准备出航的当口，哈罗德却被迫将军队迁至北方抗击入侵者。哈德拉达和托斯提戈均在斯坦福桥（Stamford Bridge）战役中阵亡，他们的部队也被击溃。此时，拥有700多艘船的威廉入侵大军未遇一兵一卒就渡过了英吉利海峡，并在佩文西（Pevensey）登陆。他们在此处构筑工事，以防哈罗德的海军攻击他们的船只。

哈罗德迅速回师伦敦，打算立刻迎敌。这个时候出兵风险很大，因为和哈德拉达的交战让他的军队元气大伤，而且补充

贝叶挂毯中，人的尺寸被放大（请注意中间那条船上的马，它的
尺寸更接近真实的比例）。正在掌船和指挥水手调整船帆
方向的舵手也很值得注意。

兵力也需要一段时间。但是，哈罗德的计划是在最靠海的地方
与敌人交战，比如在森拉克山（Senlac Hill）发起进攻，将诺
曼人围困在黑斯廷斯半岛（the Hastings peninsula），另有 70
艘船会从伦敦出发，在他们回撤时断其退路。

　　哈罗德来自熟稔大海和海上作战的世家，他本身就是一个
热衷海战的勇士。1066 年，他在自己的国土上出战——其南岸
线数十年来一直由海盗伍尔夫诺思的后辈们把控。他深信，海
陆结合的作战方略将会像往常一样取得胜利，只是结果却非如
此。威廉这个初出茅庐的海上狂徒，在 1066 年打败了哈罗德。

注释

1. *ASC*，992
2. *ASC*，1002

第 4 章

横渡英吉利海峡（1066～1221 年）

> 曾经，英格兰之王在爱尔兰，继而在英格兰，后来又
> 到了诺曼底；
>
> 如此频繁穿梭，他必是胁生双翼，而非乘着骏马或是
> 舟船。
>
> ——路易七世如此形容亨利二世

如果英格兰继续走斯堪的纳维亚式的海上帝国的路子，那么历史可能会完全变成另一番模样。而诺曼征服（the Norman Conquest）把英格兰带向了迥异于此的另一个方向。

中世纪时，英格兰的海军实力于"忏悔者"爱德华和哈罗德在位时达到巅峰。而英格兰之所以有如此强盛的海上力量，很大程度上和丹麦人有关。依凭自己所掌控的船舰，它拥有足以主宰不列颠群岛（the British Isles）的潜力，而且它的发展方向是建立自爱尔兰岛至波罗的海的海上通途。

结果它却被并入了另一个帝国的版图，一个并不依赖海上力量的帝国。诺曼底和法兰西无可摆脱的强大影响力，意味着像爱尔兰海这样的传统势力范围被忽视。这些区域被割让给不列颠群岛上新崛起的海上势力，他们与维京人、凯尔特人有着深厚的渊源：都柏林的维京人、曼恩岛、盖洛韦（Galloway）、

苏格兰（Scottish）群岛和威尔士。

曾经，间或由英格兰称霸的不列颠，现在变成一盘散沙。实际上，威廉采用了不同以往的海上防御模式：坚壁清野。据《盎格鲁－撒克逊编年史》记载，他在乡村派驻了军队，"将沿海的土地抛荒。这样，敌人就算登陆也无法在短时间内掳掠到什么东西。"[1]

真正紧要的海域是英吉利海峡。两岸都处于诺曼人紧密掌控下的英吉利海峡，成了连接王国两片疆域的重要通道。这条通道被防守得固若金汤。横渡英吉利海峡成了早期的诺曼国王们管理朝政的常规活动。威廉在 21 年间曾 17 次穿行于英格兰岛和诺曼底。威廉二世 13 年间有 10 次，而亨利一世在 35 年间达到 21 次。此外，包括转移钱币、派发急件、传达宫廷谕令等日常事务也需要频繁渡过海峡。另外，有一艘名为"蛇舟"（esnecca）的皇船，它行动迅捷、时刻待命，在两岸间护送皇族成员以及他们的代表。在大量的皇家文献中，亨利一世都没有写下文件签署的地点，而写的是"运输中"（transitus）。

12 世纪时，肆虐劫掠的维京人已成了历史，得益于斯堪的纳维亚的内部纷争，以及由要塞和城堡组成的坚固的英格兰本土防御体系，祸患得以消除。到了 1154 年亨利二世登基时，海面上已经是一片安宁和平。亨利的帝国也进入巅峰时期，他的疆域从北边的福斯湾（the Firth of Forth）一直延伸到南部的比利牛斯山脉（the Pyrenees），此外他还掌控着爱尔兰海、英吉利海峡和比斯开湾（the Bay of Biscay）。他成了基督教王国中最强大的国王。

海上的骚乱平息后，诸多港口又开始活跃起来。到了 12世纪，伦敦古罗马港口的码头得以扩建和翻新，木制护岸延伸进河中，这样船上的货物可以直接卸载到岸上。12 世纪末时，木头做的起吊机开始投入使用。其他的主要港口城镇，诸如金斯林（King's Lynn）、南安普敦（Southampton）和布里斯托尔（Bristol），也改进了码头、仓库和起吊机。当马修·帕里斯（Matthew Paris）在 13 世纪中叶绘制不列颠舆图时，图中用引人注目的蓝色条带标注的河流，已经不再是作战时的行军路线，而是贸易往来的通途大道。12 世纪的人们见证了这片意义重大且持久长存的贸易网络的兴起，英格兰守护着这条连接了波罗的海和欧洲西南部的航线。

假以时日，这些新兴的航线将会改变欧洲南部海上战争的模式。自 11 世纪起发生在欧洲北部的航运革命是另一个影响海战进程的因素。在此之前，北欧唯一一种影响重大的船就是维京长船。它在远海和河流中有着极强的机动性。在欧洲北部海岸，就是相对来说经验没那么丰富的造船师也可以大批量制造这种船只。

其船体设计的核心是长而弯曲的龙骨，船体就是围绕着这根龙骨建造的。安装的第一块木板与龙骨长度相等，其后的木板也是如此。这些木板一块挨着一块，相互之间重叠的边缘用铁制弯头钉固定到位。现在绝大部分的日用桨船仍旧是按照这个方法建造的。船体上长度相同的弯曲木板一排排交叠着，十分醒目。

人们将这种船称为"鱼鳞式"（clinker-built）大船。它以善于抵挡北方的风和海浪而著称。而在风平浪静的地中海（Mediterranean），人们先建造船的骨架，然后依着骨架安装木板，构成船体。这种船与鱼鳞船的样式迥然相异，因此船体两侧也更平坦光滑。它们体积更大，更易操作，却无法像鱼鳞船一样承受大西洋的惊涛巨浪。人们将这种船称为"轻快帆船"（carvel ships）。

在北方海域广为使用的维京式船只，体轻、速度快、适应性强。乘坐它的迁徙者和战士们可以远航至格陵兰岛（Greenland）和纽芬兰岛（Newfoundland），以及地中海和黑海（the Black Sea）。但是这种船也有缺陷，它在风中航行时性能不佳，而且船舱内的空间十分有限。这导致维京人十分青睐贵重又轻便的货品。到了大型运输盛行的年代，维京船暴露出明显的弊端。

自 9 世纪开始，弗里斯兰（Frisian）的船匠们尝试制造一种维京船的变体——柯克船（the cog）。这种船保留了鱼鳞船的构造布局，但采用了平坦的船底和弧度更大的船体，使船舱容量得以扩充。到了 13 世纪，柯克船已经成为欧洲北部贸易和作战的主要船型。它的体积大大增加，货物装载量是最大的维京船的 5 倍。不仅每吨货物的运输成本下降，而且配备的船员规模也缩小了。船舶设计上的突破对转变欧洲经济发挥了作用，柯克船是为代表。

作为散货船，柯克船的优势在贸易往来繁盛的年代迅速凸显出来。作为战船，它又是革命性的。它预示着海战的时代即将来临。从船头到船尾都搭建起设有城垛和箭孔的木制城堡，桅杆上设有瞭望台，士兵们可以凭此向敌船的甲板上投射箭只、长矛、铁条等各类武器。这样的一艘大船为海上的攻防作战提供了平台，而维京长船则完全不能。高度起到了很大作用，近距离海战之激烈与险恶变得完全不同于往昔；容量也很关键，柯克船成为运送大型入侵军队及其马匹与补给的理想工具。

　　哈罗德之后，第一位把船作为主要战斗装备的国王乃是理查一世（Richard Ⅰ）。十字军东征时，在地中海看到的桨帆船给他留下了深刻的印象。返回自己欧洲帝国的途中，他察觉到法兰西正在复兴，法兰西国王有一颗开疆辟土的勃勃雄心。就在理查一世征战时，法兰西的腓力·奥古斯都（Philippe Auguste）和理查的弟弟约翰密谋勾结，对诺曼底发动进攻。进攻的第一阶段是入侵维克森（Vexin），此地毗邻蜿蜒的塞纳河谷，是法兰西与诺曼底的交界线。占据了这个地方，腓力就可以进攻诺曼底，一步步向自己的目标迈进——染指英吉利海峡。

32

　　理查原本会倾其余生重建亨利二世缔造的伟大帝国，而战船是他整个战略的核心。但他与兴造大船的潮流背道而驰，又重新回归吃水浅、以帆桨为动力的船型。这样做是有充分理由的。当时他正在争夺塞纳河谷，尽管造价不菲、射程有限且船员众多，他的桨帆船却是最佳的进攻武器。理查对于把朴次茅斯（Portsmouth）建造成海军基地抱有独特兴趣。其意图很明显：连通英格兰南部海岸和塞纳河及其众多支流，深深揳入维克森，形成进攻通道。理查的船行动迅速，可以立即把人员运输到有需要的地方，为布置在敌方领地上的城堡和军队运送补给，此外还能运送钱币来引诱敌国有权势的人物。理查河道作战技术娴熟高超，不禁让人回想起昔日精于此道的维京人。

　　理查于 1199 年离世后，新任英格兰国王约翰（John）继承了数量庞大的桨帆船队。但是到了 1204 年，建造船队的初衷已经不适应形势的发展了。腓力·奥古斯都已经取得超乎想象的进展，将约翰从父辈留给他的法兰西领土上驱逐出去，后者的领地仅剩加斯科涅（Gascony）和普瓦图（Poitou）两处。

至此，英吉利海峡成了英格兰生死存亡的关键所在。隔海相望的敌人正虎视眈眈，掌控着大海对面漫长的海岸线和重要港口，其实力已足以占领英吉利海峡。这片海域又一次硝烟四起，陷入混乱动荡之中。

约翰之所以失去他在法兰西的领地，一部分原因是海陆联合行动的彻底失败，这项行动曾经在他哥哥理查手中大放异彩。地面部队和桨帆船的协同配合不尽如人意，对塞纳河谷的掌控丧失殆尽，随后就是帝国余境的分崩离析。约翰召集起船队，想要夺回失地。1205 年 2 月下达的军令要求所有船只停驻在港口，以用于随后收复失地的作战。春天和夏天，舰队都集结在朴次茅斯、诺森伯兰（Northumberland）和达特茅斯（Dartmouth）。将商用柯克船改造成战船的工程已经结束，装备这些船的人手也招募完毕。用于入侵作战的补给和海军储备都囤积在肯特郡。这些就是关于召集及装备皇家舰队的最早记录。这次的花费也极其惊人：朴次茅斯的行动耗费 2222 英镑 19 先令 4 便士，其他海军中队耗费 1049 英镑 2 先令 6 便士。但是这个作战计划在 6 月被取消了。

关于海军行政的现存最早记录也是从这次战事中幸存下来的。桨帆船队把钱都吸光了。统率船队的是皇家长官威廉姆·德·鲁特姆（William de Wrotham）。他是一位受人认可的管理者，此次负责监督桨帆船队的工事，以及 20 艘新造桨帆船和 34 艘其他船的调度。但是长期维持此等规模的军队是完全不可能的。尽管约翰拥有一支海军，但在如何使用这方面缺乏清晰的战略安排。桨帆船是劫掠和侦察的理想选择，却并不适合运送大批的入侵军队。那种任务应当选择装载空间充裕的柯克船。结果，约翰把本应用于进攻的军队用在了防守上。

33

1026 年，约翰在英格兰沿海驻扎了 51 艘桨帆船。近几年并没有入侵诺曼底的战事，这些桨帆船和其他船只是用来对付威尔士和爱尔兰的。随着约翰对英格兰越发严密的控制，以及用税收压榨自己的子民，桨帆船还逐渐被应用在海关事务上。当下，英吉利海峡南岸落入敌手，英格兰在众多海域的权威也开始分崩离析。海盗卷土重来。

新一代海盗中排在前列的，是身份神秘而又嗜血残忍的海军指挥官——"僧侣"尤斯塔斯（Eustace the Monk）。当时，流传的关于他的事迹，可能像罗宾汉（Robin Hood）一般富有浪漫色彩。他的父亲博杜安·巴斯凯特（Baudoin Busket）是布伦（Boulogne）附近地区的贵族。尤斯塔斯曾赴托莱多（Toledo）学习黑魔法，回来后在邻近加来（Calais）的寺庙里当了一名僧侣。1190 年前后，他为报杀父之仇而离开，投身布伦伯爵雷诺·德·达马尔坦（Renaud de Dammartin）麾下效力，结果却跟自己的领主闹翻了。他和一帮绿林草莽隐匿在森林之中，上演了一系列捉弄雷诺的把戏。

总之，流传的故事是这么说的。可以确定的是，1025 年他正听命于英王约翰，统领着 30 艘船防守海峡群岛（the Channel Islands）①，抵御腓力二世。但这些并没有妨碍他压榨通过英吉利海峡的商船。他为人险恶而又干练，为英吉利海峡的商人和渔民所痛恨，却也因劫掠和破坏法兰西海运而备受青睐。和众多以海为生的人一样，他从混乱局势中获利颇丰。

然而，尤斯塔斯生性善变。1215 年，是约翰的"不利流

---

① 英吉利海峡中的群岛，距离法国北部诺曼底只有约 10 海里。——译者注

年"（annus horribilis），他被迫签署《大宪章》（Magna Carta），就在这时，"僧侣"尤斯塔斯摇身一变，加入了实力更为强大的腓力·奥古斯都的海军。经历了约翰在任时的苛捐杂税和国威蒙羞，英格兰陷入一片混乱。

法兰西在 13 世纪初还毫无海军力量，到 1213 年已经拥有了一支实力强大的水师。这支大军兵锋直指佛兰德斯和英格兰。与此同时，约翰业已集结起自己的船队，经由佛兰德斯进攻法兰西。人手和船只先在多佛（Dover）会合，随后分成三支，一支在多佛待命，一支向法弗舍姆（Faversham）进发，还有一支进军伊普斯维奇。另一边，前往佛兰德斯海岸的腓力舰队声势浩大，正在攻打伊普尔（Ypres）、卡塞尔（Cassel）和布鲁日（Bruges）。在劫掠最后一处时，腓力把自己的船留在茨文河（Zwyn）河口的达默港（Damme）。一支撞了大运的英格兰船队碰上了这些毫无防守的船。当英格兰人终于停手时，"似乎整个海面都着火了"。

英格兰水师罕见地取得了胜利。腓力的船队损毁殆尽，极少数幸存者也是散落四处。但无论海上胜利与否，真正决定性的战役还是在陆地上。在布汶（Bouvines），约翰不敌腓力，大败亏输。1216 年，新的法兰西水师集结成军，并交由"僧侣"尤斯塔斯统领。这个时候，约翰的所作所为引发封臣的极大不满，其暴虐的政策、军事上的惨败以及对《大宪章》的无视，迫使他们奋起反击。在他们看来，来自法兰西的征服者要胜于暴君约翰一筹，于是他们邀请腓力·奥古斯都的儿子和继承人路易（Louis）一同废黜约翰。

起初，看局势似乎是约翰会胜出。他的水师——用严苛赋税压榨而来，是整个英格兰的财富——依旧是不可忽视的强大

34

力量。此外他还取得了佛兰德斯的海上支持。但是英格兰的天气成了阻碍。他最重要的盟友自佛兰德斯而来，途中在丹维奇（Dunwich）沿海遭遇海难，约翰自己的船队也被风暴吹散。

自此，通往英格兰的大门四敞大开。12世纪中叶开始，人们将肯特郡和苏塞克斯的五个至关重要的沿海城镇称作"五港同盟"（Cinque Ports）：三明治、多佛、海斯（Hythe）、新罗姆尼（New Romney）和黑斯廷斯（Hastings），它们是国家海防的核心。皇家特许状（royal charter）① 诏令这些地方提供船只侍奉皇室，作为回报，它们可以获得减税优惠以及周围海域的管制权。此时的"五港同盟"已经叛投路易和造反的封臣们。尤斯塔斯的船队在扩员增制后，受命封锁自南安普敦至沃什湾（the Wash）一带的英格兰港口。噩梦自此上演：又一个有潜力掌控英吉利海峡和爱尔兰海的君主出现了。

封臣们在反抗约翰的斗争中，两害取其轻，投靠了法兰西人。可是法国人的援助很快就变成了入侵。1216年约翰死后，继位的是他的儿子亨利三世（Henry Ⅲ），封臣们之前所遇到的问题自此结束。与一个法国国王相比，这个九岁的男孩自然是更好的选择，而保皇派主力威廉姆·马歇尔（William Marshal）也成功让大多数封臣重新听命于他们世代效忠的君主。最为重要的是，他促使亨利三世接受《大宪章》。可是此前在约翰当政的艰难时期，路易已经受封为国王，他此时毫无离开英格兰之意。

王国半壁以上的江山都在路易的手中，他还能从法兰西招

---

① 由英国君主签发的正式文书，专门用于向个人或者法人团体授予特定的权利或者权力。不同于令状（warrant）和任命状，皇家特许状一般永久有效。——译者注

来援军。但是多佛城堡（the Dover Castle）还没有落入他的囊中。休伯特·德·伯格（Hubert de Burgh）是城堡的守卫者，他将城堡称作"英格兰生死存亡之所在"，此言恰如其分。城堡在伯格的防守下抵挡了一波又一波的进攻。1217 年，路易　35
在林肯吃了败仗。返回伦敦后，他向法兰西召集援军。

　　1217 年的春天，英格兰保皇派为了夺回"五港同盟"，艰苦拼杀。这些港口之所以投靠路易，是因为受到约翰的残酷压迫——他们认为已经到了被奴役的地步。但是，对压榨自己来往海运的"僧侣"尤斯塔斯，他们也不见得有多青睐。几番变换之后，"五港同盟"选择效忠亨利三世。

　　与此同时，尤斯塔斯正在筹备一支船队为身处伦敦的路易运送援军、攻城器械、金钱和物资。8 月 24 日，船队从多佛启碇。据称，当时有一支英格兰的战船中队避而不出，拒绝和实力雄强的尤斯塔斯水师交锋，但是另一支由休伯特·德·伯格统领的中队从三明治驶出，冲到了法国人的前面。路易的手下发现，对方船上无人披挂。尤斯塔斯宣称，"他明白这些可怜虫的心思是想要夺下加来，但是那里早就被打造得固若金汤"。看着英格兰水手们擦肩驶过时，法国人大肆讥笑。可就在堪堪经过之后，处在上风位的英格兰战船立马掉转方向，回过头来对付法国人。

　　此种战术——这是它应用于帆行战船对战的最早记录——叫作"抢占上风位"（take/seize the weather gage）。英军控制住了有利位置，有风向优势，逼迫法军要么掉转方向夺回上风位，要么一直被英军紧追不放。

　　尤斯塔斯应当是想加紧航行到伦敦，但是他的船上装载着笨重的攻城弹射器（一架抛石机），这是个大累赘，没过多久英军就赶了上来，尤斯塔斯别无选择，只得一战。但是他的船比英军的柯克船小。英军凭借高度上的优势，居高临下用十字弩射击并发射其他利器。据说英军还利用上风向的位置泼洒石灰粉，想弄瞎法国人。后来，英军靠近敌船，卸其船帆，斩其桅杆，法军一下子成了"瓮中之鳖"，随后英军登了船。

当时的混乱场景想必是血肉横飞、一片狼藉，到处都是残破的索具、帆布、桅杆和拼杀的人。英军下手毫不留情，当场就把对手杀死。英军靠着卓越的战术、天赐的好运以及比敌人更大的船只，俘获了大半的路易水师。尤斯塔斯乘坐旗舰遁出重围，载着他的重要货物——抛石机——继续驶往伦敦，但是英军一直紧追不舍。为了让剩下的船能够抵达路易那里，尤斯塔斯在三明治沿海顶风停船。共有 15 艘法兰西船逃出生天，但其中一些船因为在两次交战中严重受损，最终还是沉没了。

36 而尤斯塔斯的船被 4 艘英格兰大船团团围住。混战之中，为了击退进攻的人，他甚至手持船桨对敌。许多勇士为了免遭落入英军之手的厄运而纷纷跳海，此时尤斯塔斯则偷偷躲起来，爬进船舱夹层之中。

登船部队最终还是找到了躲在船底舱的尤斯塔斯。他企图用贿赂的手段逃出囹圄，可是彼时英格兰的航海者们已对他深恶痛绝。有两个选择摆在他面前，要么在他自己船的舷墙上，要么是在抛石机上被斩首。"他两个都不想选，但最终还是被砍了头。"

路易已经无力再继续战斗下去，只得放弃他对英格兰的雄心壮志。"多佛之役"对战局起到了决定性的作用。虽然在海上获得了两场重大胜利，没过多久，英格兰还是失去了对海洋的掌控。如果一个国家不能保有强盛的海军，不能压制包括海盗在内的任何外部威胁，那么制海权只会是迅速凋谢的昙花。

现实是英格兰无力承担维护海军的花销。这就导致了英格兰岛周遭的海域动荡不安，不受控制。1224 年，约翰的儿子和继位者亨利三世被法兰西夺去了拉罗谢尔（La Rochelle）。由亨利二世建立的欧洲大陆帝国，此时的边境线已经退缩至加斯科涅（Gascony），离这一动荡水域非常遥远。

英格兰在海上被列强环伺。整整一个多世纪后，第一次有斯堪的纳维亚的势力活跃在不列颠海域。13 世纪 20 年代，挪威人大举入侵，旨在维系他们对曼恩岛和西部诸岛（the Western Isles）的所有权。加洛韦（Galloway）勋爵艾伦（Alan）拉起一支 200 艘船的船队，雄心勃勃地想要打造一个海上帝国，疆域自苏格兰西部（Western Scotland）延伸至北爱尔兰（Ulster），但这一尝试失败了。苏格兰国王亚历山大二世（Alexander Ⅱ）也觊觎着这片岛屿，他在 1249 年"对自己的手下明确宣布，要让索伦德海（Solunder sea）以西全部都听挪威君王的号令，否则誓不班师回朝"。亚历山大后来死于此次海上入侵的战事，而挪威保住了自己的海上王国。

英格兰则正相反，它已经算不上海上强国。13 世纪，英格兰王国国土沦丧，往昔帝国消解，可谓愁云惨淡，封臣们更是把国家弄得四分五裂。欧洲西部新崛起的法兰西，隐然要成为这片海域的新主。

注释

1. *ASC*，1085

第 2 部分

酒和羊毛

英格兰及安茹帝国

北

北海

斯特灵
拉格斯
1263.10.2
爱丁堡
贝里克

博马里斯
康威
卡纳芬
庐德兰
哈莱克
克里基厄斯
阿伯里斯特威斯

金斯林

邓尼奇
奥尔德堡
伊普斯维奇
哈里奇
斯鲁伊斯
1340.6.24
布里斯托尔
R.奥威尔
伦敦
三明治
达默 1213
布鲁日
安特卫普
多佛
1217.5.30-31
根特
温切尔西
加来
伊普尔
南安普敦
朴次茅斯
1350.8.29
布伦
1346
阿金库尔
普利茅斯
1415.10.25
达特茅斯
怀特岛
克雷西
法尔茅斯
英吉利海峡
迪耶普
1345.8.26
锡利群岛
阿夫勒儿
伊普尔
鲁昂
翁弗勒尔
诺曼底
巴黎
塞纳河
布雷斯特
卢瓦河
圣马蒂厄
布列塔尼
缅因
安茹
布尔讷夫湾
都兰
普瓦图
普瓦捷
拉罗谢尔
拉马什
奥莱龙岛
1372.6.22/23
阿基坦
公国
利摩日
奥弗涅
比斯开湾
佩里戈尔
吉伦特
波尔多
加龙河
图卢兹
加斯科涅
图卢兹

第 5 章

亦商亦武 （1221～1335 年）

远航的海路很是漫长，充满了艰险和辛劳，但回报也异常
丰厚。船只从南安普敦出发，途中结伴偕行，在这片欧洲最为
危机四伏的海面上相互保护，抵御各式各样的凶险恶患。它们
出于礼节和生意上的需要聚集在一起，有战事的时候，可以照
法令规定请求护航，甚至可能会有战船带其"漂流"或者沿
途护送。原因是这些船背负着重要任务。

海面上漂浮着的柯克船一边等待着顺风，一边紧贴着英格
兰南部海岸线航行，时刻确保那些熟悉的地标建筑物位于视线
范围之内。教堂塔楼、修道院、峭壁、树丛，任何突出醒目和
永久存在的东西都是他们热切寻找的目标，他们以此为自己引
路。这一连串标志物勾画出了航海路线，同时也警醒着人们其
中暗含的凶险。这条路线来自一代又一代航海者共同积累传承
下来的航海经验。除却这些标志物，唯一能发挥作用的，或许
就是把磁化的细针固定在小树枝或者麦秆上，然后浮在一碗水
中，靠它指北。

英吉利海峡中的盛行风是西南风。船只逆风而行，人们在
笨拙的柯克船里时刻面临着触礁的危险。向西短途航行的船从
南安普敦出发后，一般会选择达特茅斯（Dartmouth）、普利茅
斯（Plymouth）和法尔茅斯（Falmouth）作为避风港。如果形

势允许，他们会尝试渡过英吉利海峡，在异国的海岸寻找庇护之所。在《坎特伯雷故事集》（*Canterbury Tales*）中，乔叟（Chaucer）这样描述其中的一位船长：

> 所有的避风港湾，哪有他不知晓的，
>
> 从哥特兰岛（Gottland）到菲尼斯特雷角（Cape of Finisterre），
>
> 抑或布列塔尼（Brittany）和西班牙的任何一个浅港小湾。

在危机四伏的贸易航线上航行时，关于这些大大小小的避风港和小海湾的知识是必不可少的。航程中走走停停，船只可能会抛锚很长一段时间，苦苦等待着有风吹来。布列塔尼海岸线上的圣马蒂厄（St Mathieu），是途中停留、重整队伍、补给粮草的理想之地。而这一处也是整个航程中最为凶险的地方。布列塔尼人（Bretons）是一帮声名狼藉的海盗，不论是某一国还是某个人的船，他们统统不放过。当然也可以待在外面，但他们要面临的是世界上环境最为恶劣狂暴的大西洋。比起在外面的海上冒险，遭遇海盗还是要好上太多，至少船还可以继续紧贴着比斯开湾的沿海航行。

船上的人都冒着丧命的风险进行远航，相互间抱成一团，牢不可破。他们之间维持着一种粗犷式的民主。当一艘船在等待好风时，依照法律，船老大要对手下宣布："先生们，是走是留你们来定吧。"[1]然后他会听取船员的意见，并且只有在大多数人同意"天气很好，适合前进"的情况下才会起航。船长有义务庇护自己的手下免受饥寒，并且把他们安全带回家。

但除此之外，船上的律令还是非常严厉的。如果一个船员喝醉了，就失去了让船长提供食物和庇护的权利，并且可能会在任何一个港口被赶下船。如果船长和船员之间发生了争执，那么船长有权在船员们集体用餐时，宣布解除这个不听指挥的船员的职务。如果此人仍旧不服从命令，那么他在航程的任何一段都可能被赶下船，不过这得由全体船员共同决定。若船员间有人诽谤他人，会被扣掉一天的工资（4便士）；若船长诽谤船员，则会被扣掉8便士。要是有船员被船长打了，被动之下是可以回一拳的；如果船长继续出手，他也可以回击。但是，第一拳如果是船员打的，那么船长可以决定对此人罚款100先令或是砍掉他的一只手。

伙食一般很差——有面包的时候才会吃面包，走运的话能吃上咸鱼和咸肉，浪费啤酒是要受罚的。船在航程中被迫抛锚等风的时候，供给往往会耗尽。居住的舱室让人不抱任何幻想，卫生条件也极其糟糕。有远航者这样描述：船边悬挂着供船员方便的篮子——"高高的船沿异常恐怖，还有下面不断拍击的海浪，让你一点都不想继续下去，心里唯一的想法就是给自己灌泻药。"

吉伦特（Gironde）河口最里侧的波尔多（Bordeaux）或许是航海者们最爱的地方。每年春天和秋天，很多船会赶到这里做生意。水手们可以在这里卸货：麦子、咸鱼、肉、奶酪、黄油、皮革制品等。但回程时装载的货物才是这趟远航的真正价值所在。

中世纪的英格兰人对红酒十分偏爱。仅1308年和1309年，从加斯科涅运往英格兰的红酒数量就达到了令人瞠目的102724吨。[2]海关账目显示，从1303年1月20日到1304年8

月 18 日，约有 1000 艘船从波尔多航行至英格兰，其中绝大部分船的吨位在 100 吨以下。此项贸易变得非常重要，以致从装酒的容器"酒桶"（tun）中演化出了计重单位"吨"（ton）。标明容量为 100 吨的船可以装载 100 个酒桶，其中共储存了 25000 加仑的红酒。从英格兰买回的食物和货物无法抵偿同等数量的红酒的价值。但这些买回的商品对加斯科涅的百姓来说是必需品，因为他们已经把全部可用的田地都用来种植葡萄，以满足英格兰人对红酒的渴求。进购红酒所用的，乃是英格兰的盛产之物——在佛兰德斯的集市出售的羊毛，它堪称中世纪的"白色黄金"。

这项贸易在失去诺曼底领地之后开始兴盛。在此之前，勃艮第（Burgundy）是购买红酒的首选之地，运输时，这里的酒自塞纳河而下，然后渡过英吉利海峡。至于白葡萄酒，人们热衷于普瓦图（Poitou）地区的产品。可是自打约翰和亨利三世丧失了在法兰西的领地后，只剩下了加斯科涅和此地的淡红酒，即干红葡萄酒（claret）可供选择。曾经雄伟一时的大帝国，最后遗留下的就是这项供国人取乐、为国王挣得丰厚利润的资源。从海军历史的角度来看，最值得留心的是，一趟艰险重重的远航的尾声部分，才是英格兰贸易的重头戏所在。中世纪的英格兰水手由这些航程孕育而来。历任英王的海军也是由这条航线上来往的船只组成的。而最为重要的是，正是在红酒和羊毛的贸易中挣得的财富支撑起了英格兰大小战事的开支。

红酒和羊毛的贸易是英格兰经济的核心，也是君主统治的命脉所在。这种关联性在沃尔特·勒弗莱明的一生中显示得淋漓尽致，他让南安普敦绽放出伟大的光辉。[3] 沃尔特在 1258 年去世时已富甲一方，其持有的船只和土地，在南安普敦、奇切斯特（Chichester）、朴次茅斯和温切斯特（Winchester）数一数二。他长期处在南安普敦市民生活的核心位置：1229 年和1242 年任执行官，1249 年任总长，也是港口内部以及港口附近修道院的主要赞助人。他的财产主要是其名下的大型贸易船只——从 13 世纪 20 年代起，比斯开湾中就满是鳞次栉比的大型柯克船——但他能获得惊人财富的真正原因，是他让自己的船只、货物以及亲自走过的海上航线，都为国王所用。

　　亨利三世一心想要夺回其王约翰在位时败亡的伟大帝国，却因为缺少钱粮而无法施展抱负，但是沃尔特·勒弗莱明之流的商人们为他提供了一条走出财政困境的路子。1224 年，亨利丢失了普瓦图地区，其后沃尔特获批与法兰西通商的安全通行证，他的"黑铁"号（La Heitee）柯克船前往拉罗谢尔，旨在弄到红酒、盐和其他商品。1229 年，沃尔特的人情得到了回报："黑铁"号获准为王室效力，向加斯科涅运送战时补给。沃尔特在这趟差事中表现出彩，同年，他坐上了南安普顿执行官的位置。1230 年，亨利三世命他和他的商业伙伴采购最上等的加斯科涅红酒，并且直接出售给皇家酒窖。13 世纪30 年代，国王向沃尔特颁发许可证，准许他在王国的不同地区之间往来贸易；还和他签订合同，让他负责供应国王在伦敦的酒窖，这是一个获利巨大的肥缺。1243 年，沃尔特再次担任执行官，得以稳固他在南安普敦的权力根基。同年，他派遣自己的"乔内特"号（La Jonette）柯克船前往波尔多，船上满载的王室珍宝，换回了最上等的陈年佳酿，这些酒都是专门为充实国王的酒窖而酿造的。1253 年，他的一艘船携巴斯主教前往西班牙商谈皇室事务。

　　沃尔特·勒弗莱明这样的商人有很多，他们凭借与国王合

42

作的这层关系赚得盆满钵满。他们为国家服务的回报是获准参
与海外贸易。沃尔特之所以能把他的酒卖给陆地上最为重要、
最大手笔的顾客——国王，是因为他的船担负起了交通运输和
递送信件的功能。沃尔特的儿子亨利继承了父亲的生意，并受
命管理南安普敦的海关，去世前他已经成功跻身上流社会。
1298 年至 1330 年间，亨利的儿子理查·勒弗莱明（Richard le
Fleming）曾七次担任地方的议会议员。沿袭其祖父和父亲的
路子，他把经营生意和侍奉王室捆绑在一起，使两者互生互
利，凭此大获成功。此种路数将会绵延数百年。这些买卖人的
生意成了海军得以存在的根基。

贸易的繁荣兴盛意味着国王已经有财力拥有自己的船队。
海关在羊毛出口和红酒进口中的收入成了王室财政的支柱。13
世纪，英格兰的羊毛出口欣欣向荣：每年出口 3 万麻袋羊毛。
考虑到每 250 只绵羊剪下的羊毛才能装满一麻袋，这个出口量
还是非常可观的。

此类经济活动是建立强大海军的前提。在中世纪，国王的
"海军"就是这个国家船只的总数。有战事时，国王有权征用
本国港口的所有船只。召集所有舟船和水手后组成的庞大舰
队，其核心是王室船只，由大臣下令集结。除了桨帆船，没有
什么船被明确划分为战船。纲纪不振的混乱海面上，所有船只
都有足以投入战事的战斗装备。

43　　17 世纪以前，很难把一个国家的私人商船和战船明确区
分开来。因此，私人商船越多，国王就能集结越大型的船队，
辖制海域，宣扬国威，镇压海盗。

但是，英格兰在中世纪后期显然称不上海上强国。

英格兰的国王需要大量像沃尔特·勒弗莱明这样的人提振

经济、供应船只，以支持战事。但沃尔特这样的人毕竟是少数。英格兰财力雄厚的家族和组织都把投资放在陆地而非航运上，其后果就是外国的货主们插足了英格兰的羊毛出口。这些羊毛经由外国商人用自己的船运到位于佛兰德斯的纺织业中心，然后被纺织成布。在中世纪和16世纪初期，英格兰把海道（seaway）① 和它们所能带来的收益都拱手让给了国外那些经验丰富、狡猾精明的买卖人。

但是最根本的原因还是国王债台高筑，欠外国财主们的钱太多。亨利三世在13世纪50年代借款54000英镑，他的儿子爱德华在登基后的头几年（1270年到1277年）就向银行业家族里卡尔迪（Riccardi）和其他意大利商行借了20万英镑。偿还债务的方式，是免除这些商行的通行税和关税，并给他们颁发自由贸易与出口的许可证。征收关税这种大有油水的肥差也给了意大利人。自此，外国货主们获得了压倒性的优势，本国商人陷入困境。

亨利三世和爱德华一世对日耳曼诸镇如吕贝克（Lübeck）、不来梅（Bremen）、哥得兰（Gotland）、罗斯托克（Rostock）、里加（Riga）、但泽（Danzig）、科隆（Cologne）的商人给予特权。[4]组成"汉萨同盟"（the Hanse）的正是这些日耳曼北部的贸易重镇，而且其不久后成了巨大的海上贸易帝国，让英格兰这样的小国黯然失色。他们用其金融势力影响诸如英格兰等小国的政策，并有足够的强制力在海道和国家发号施令。"汉萨同盟"尤其偏重东部海岸中诸如波士顿（Boston）、林恩（Lynn）、赫尔（Hull）和瑞文塞（Ravenser）这样的港口，并

---

① 指大型海船可航行的通海河道。——译者注

在它们的进出口总额中占很大份额。"汉萨同盟"还控制着北海和波罗的海的渔业，这项贸易有着非同一般的意义，因为大斋期（the Lent）① 以及年历中其他的一些日子，信徒要持守周五吃鱼的戒律。羊毛是主要出口物品，运往佛兰德斯以及更远的地方，而运输它们的船就是"汉萨同盟"经过改建和扩充的柯克船。

可是 1278 年，有一艘巨型地中海船驶进了南安普敦，相比之下，即便是"汉萨同盟"的船也显得矮小。它肯定吸引了众多商人和航海者的目光，突然间他们自己的船显得瘦小鄙陋。这艘船有不止一根桅杆，而且配备了数量庞大的桨手。遇到地中海上频繁出没的海盗时，这种商船足以自保，避开来敌。与柯克船不同的是，它出了地中海以后能相对轻松地进入大西洋。这样的船在北方海域中可谓独一无二。

此次航行是热那亚（Genoese）巨型桨帆船的第一趟年度远航，航程的起点在中东，经由布鲁日抵达南安普敦，并在那里过冬。一个世纪后，某艘热那亚船被风暴吹进了三明治港："船的体型令人咋舌，里面满载的珍宝似乎轻易就能满足整个国家的需求。"想必这些巨型桨帆船被人们视为天外来客。但在波罗的海、北海和英吉利海峡间往返的单桅鱼鳞船在技术上确实逊于地中海船。热那亚桨帆船还装载着来自远东的异国货物——水果、染料、丝绸和香料，还给英格兰人运回了羊毛和佛兰德斯的成品布。

---

① 天主教会称四旬期。由大斋首日（圣灰星期三/涂灰日）开始至复活节前日止，一共 40 天（不计 6 个主日）。信徒以斋戒、施舍、刻苦等方式赎偿自己的罪恶，准备庆祝耶稣基督复活的"逾越奥迹"。——译者注

"汉萨同盟"和意大利城邦国家的支配地位时刻提醒着人们，作为欧洲航海国家的英格兰已经弱势到了何种程度。亨利三世治下的英格兰，即便放在不列颠群岛来看，也只是一支三流的海上力量。比如1262年，挪威人哈康·哈康森（Håkon Håkonsson）开始和康诺特（Connaught）、赫布里底群岛以及曼恩岛的统领们商谈，而后成立了反英格兰同盟。1263年，他率领浩浩荡荡的水师进入爱尔兰海，攻打苏格兰，领头的是260英尺长的巨型旗舰。但是苏格兰人在拉格斯之役（the Battle of Largs）中击败了这支船队。

重振英格兰在不列颠群岛运势的运动始于爱德华一世（Edward Ⅰ）。他以红酒生意为抵押获得外国商人的贷款，凭借这些贷款建起了足以恢复英格兰昔日国威的陆军和海军。

与理查一世相似，爱德华登上王位前参加了十字军东征。显而易见，他对地中海式的作战套路做过一番研究。率领联军与威尔士、苏格兰作战时，他利用船只增援陆军，这是海军在13世纪的最佳用途。船只在威尔士输送部队并为其运送补给。它们还切断了威尔士人与其在爱尔兰海域的诸多盟友的联系。最值一提的是，爱德华在威尔士海岸沿线建造的强大城堡，可以由这些船运送补给。英王从港口城镇征用了数目庞大的船只，对战局至关重要的补给线就由它们维持，这些线路从位于切斯特的补给基地延伸出去，和英王在威尔士一路北上的部队相呼应。同时，这些船只还发挥着另一个同样重要的作用，就是切断从安格尔西岛（Anglesey）发出，运往斯诺登尼亚（Snowdonia）的威尔士要塞的粮食补给。

以这样的方式进行战争带来了巨额花销，而且结果并不完满。一些相对来说规模较小的卫戍部队驻守着沿海的城堡，为

这些卫兵运送补给、增援需要数量庞大的船只。而和苏格兰的
战事也依赖船只提供后勤支持、运送兵力。苏格兰东南沿海以
及福斯湾等地的城堡，是辖制整个苏格兰王国的门户，双方都
明了，胜败系于沿海的补给线，它们在围城战中发挥着决定性
的作用。

爱德华在威尔士、苏格兰、佛兰德斯和加斯科涅均有战
事，这需要大量的兵力投入和无比高昂的开销。1294 年至
1298 年，爱德华花费了 75 万英镑，其中绝大部分摊派于"英
格兰境内出产的极佳商品、掌上明珠"——羊毛。[5]自登基之
初，他就对羊毛出口征收关税。爱德华拖欠的债务过于巨大，
竟逼得那些经营银行业务的意大利公司陷入破产的境地，让他
得以收回海关的收入。可是这些还远远不够。1294 年，爱德
华因为急需现钱，提议国王应当以强制借款的方式征收全国的
羊毛且分享羊毛出口所得的利润，此外仍征收关税。这项措施
遭到商人们的强力抵制，后来换成了每麻袋羊毛征收 40 先令
税费，亦即历史上有名的苛税（maltote）。但是到 1297 年，国
王还是控制了大量征收来的羊毛。羊毛大亨拉德洛的劳伦斯负
责管理羊毛。为了抬高价格，羊毛被推迟出口。

时机成熟后，搭载羊毛的船队自伦敦出发，在 10 艘全副
武装的战船的护卫下驶往低地国家（the Low Countries）①。最
终劳伦斯的船在奥尔德堡（Aldeburgh）沉没，当时船上满载
着羊毛。在备受压迫的英格兰百姓眼中，这是天道正义得以伸
张："因其压迫羊毛商人的罪过，他被淹死在装满羊毛的船
上。"

———————————

① 指荷兰、比利时、卢森堡三个国家。——译者注

　　整个 13 世纪，英格兰的君王们都在侵蚀着英格兰海军力量的根基。他们寻求的都是短期的解决方式，比如贱卖贸易权、强征羊毛，使得形势每况愈下。外国商人得到越来越多的生意，英格兰货主们却饱受欺凌，这意味着国王不得不越来越依赖外国人。随着国王被迫雇用非英格兰船只投入如征战威尔士和苏格兰这样的海上事业，战争支出也随之水涨船高。

　　尽管如此，英格兰人征服海洋的热忱并未减弱。君王们热衷于追忆埃德加时期的英格兰，大肆宣扬那个徒有其表的黄金时代。

　　1293 年 5 月，加斯科涅、"五港同盟"以及爱尔兰的海员和一帮诺曼底来的海员们打了一场海仗。往来于比斯开湾的海员们相互之间数月积累下来的龃龉，最终发展成了一场争端。爱德华的臣民胜出，而那些波尔多人继续攻击对手在拉罗谢尔的港口。此次事件是日后在北方海域变得司空见惯的场面的早期实例，亦即分属不同港口和国家的海员之间私自开战。46 私战本该对当时的欧洲历史进程产生显著影响，可是爱德华的封地领主——法兰西国王，却在 1923 年传唤他前往巴黎宫廷。

　　这是对英格兰国王的羞辱。为了阻止此事，爱德华的律师们提出夸大其词的法律推定。他们认为，争端的双方不是爱德华在加斯科涅的臣民和法兰西国王的臣民，且发生的地点也不在双方领土上，而是在海上。他们还声称，英格兰国王"很久以来就一直和平享有英国海域及其中岛屿之主权"。

　　这番天花乱坠的说法严重失实，并且还在后来引发了不良后果。爱德华声称自己拥有海洋主权，所以也得相应地承担法律义务。每当海盗猖獗的时候，他都要承担管制无主之海的责任。如果爱德华无力维护海上的治安，就得赔偿那些受侵害的人。

事实是，英格兰国王根本无力以任何方式管理深海。建立海军的高昂费用远远超出了君王们的承受范围。所以这些费用落在了个体商人的头上，不论乐意与否，他们都被拖入冲突之中。即使是和平时期，商船也必须全副武装出行。若有战事，众多航海者可以在公海中合法捕猎属于敌国的船只。海岸之外呈现一片混乱的无政府状态。然而对那些不把法律的枝枝节节放在心上的人来说，无政府状态正是大获其利的好时机。

14 世纪的头几十年，不列颠周围海域完全是一片混乱。爱德华二世正和佛兰德斯纠缠不休。低地国家极度依赖英格兰的羊毛，所以爱德华下令禁止羊毛出口后商人们被迫做起了海盗。

到了 1310 年，一场不宣而战的战争在北海打响，双方互施报复。最为声名狼藉的佛兰德斯海盗约翰·克拉布（John Crabbe）扣押了载着价值不菲的货物的英格兰船只，这些载着红酒、羊毛以及其他货物的船来自比斯开湾周边各地，正要前往诺森布里亚沿海一带。开始的时候，克拉布借战事的名义，大肆劫掠英格兰航船。爱德华对此大为恼火，怒斥佛兰德斯伯爵，并派出战船保护航船。结果却是徒劳。被克拉布扣押在唐斯的波尔多红酒原本是要送往伦敦的，结果进了佛兰德斯伯爵的酒窖。英格兰商人以其人之道还治其人之身。比如 1310 年 12 月，布列塔尼的格兰孙湾（bay of Graunzon）① 的佛兰德斯船遭到英格兰水手的袭击，他们掠货焚船后扬长而去。

克拉布之流拖延着战事。英格兰和佛兰德斯解决了分歧

47

---

① Graunzon 疑有误，似应为 Crozon，即克罗宗。——译者注

后，商人和货主们愤愤不平，相互间的私战进行得如火如荼，不见停歇。有时，海盗的存在对君王是有帮助的，因为这迫使商船配备武装，从而可随时用于战事。1322年，法兰西国王控诉爱德华二世，说那些袭击法兰西船只的英格兰海员"称自己是代表你来监管大海的人"。爱德华回复说，他是诸海之主，故而他的管辖权不受任何限制。

这番话又是极端狂妄的。实际上，英格兰国王根本无力掌控海洋，而且还要吃海上暴乱的苦头。1321年，"五港同盟"的人看准爱德华的软肋，洗劫一番后在南安普敦点燃熊熊大火。佛兰德斯人将偷来的英格兰羊毛带到苏格兰，重新出口给欧洲大陆；他们还给苏格兰人提供急需的食物和武器，援助其对英格兰的战斗。爱德华一世和二世为此受害无穷。唯有控制了英格兰和苏格兰的沿海地区，他们征服苏格兰的战事才会有起色。可是有约翰·克拉布这类危险分子在北海上流窜，走私羊毛，向罗伯特·布鲁斯（Robert the Bruce）运输补给；英格兰便失去了对周围海域的控制权。而他们战略的核心部分——苏格兰城堡也越发难以守住。1318年，苏格兰人占领了贝里克（Berwick）。为了回报约翰·克拉布在抗击英格兰中的付出，他成了贝里克的一名行政官。结果表明，此地是劫掠英格兰航运以及支持苏格兰人的上佳基地。

无论局势如何发展，约翰·克拉布之流似乎都能混得风生水起。1333年，爱德华三世同苏格兰作战时，派出的一支部队击溃了克拉布10艘船的船队。克拉布最后还是落到了英格兰人的手里，他在英格兰的一众敌人都想要置他于死地。

但是这个年迈的海盗想方设法获准和年轻的国王碰了面。这个诡计多端的强盗曾经和比斯开湾、英吉利海峡、爱尔兰海和北海的沿海领主们公然作对，并且搅扰沿线的巨大商机，他给爱德华留下了深刻的印象。他确信，克拉布的才能对自己很有帮助。伴随着众多受害人的懊恼，克拉布又一次成了自由人，并且凭借在海上指挥战斗的经验，以及曾是罗伯特·布鲁斯心腹的身份，提议英格兰夺回贝里克并向苏格兰东海岸进军。克拉布包括谋杀在内的所有重罪均被赦免，他受命守卫林肯郡（Lincoln shire）的萨默顿城堡（Somerton Castle），作为效忠国王的回报还受到赏赐并封官加爵。1335 年，他被委以重任，在东海岸组建一支 10 艘船、1000 人的水师，并统率他们出海。他还受命给北海的港口构筑防御工事。

曾经的海盗摇身一变成了守护者——比起这个以前肆虐英格兰周围海域的人，还有谁更适合担起守卫之责呢？爱德华三世矢志成为伟大的欧洲君王，要实现这个目标，他必须实现父亲和祖父号令诸海的主张。为此，他不惜与魔鬼共舞。

注释

1. 前述关于 Lex d'Oléron 的讨论，见 Ward，Appendix I
2. James，Appendix I
3. 关于沃尔特·乐·弗莱明，请参考 Platt，pp. 70ff
4. 见 Lloyd，*England and the German Hanse*
5. Power，p. 18

第 6 章

谁主沉浮（1336～1399 年）

英格兰国王向来都爱夸夸其谈，爱德华三世就说，他的祖先"自古就是整个英格兰海域的主人"。类似的话在历史中多有记载，但事实却并非如此。1336 年，爱德华踌躇满志，想要征服法兰西，而他手上仅有 3 艘柯克船来实现这个宏伟目标。

据爱德华的分析，要想战胜法兰西，先要打通低地国家这一环。这片区域最近发生叛乱，已经脱离了法兰西。它纵贯爱尔兰海和英吉利海峡，与法兰西东北部边境接壤。其中的城市和封邑繁盛强大，爱德华掌握着它们的软肋：英格兰的羊毛是它们赖以生存的经济基础。而爱德华将要加以利用的英格兰国家财富，来源于低地国家的纺织城镇。国王又一次把目标瞄向了英格兰的羊毛。[1]它可以起到外交杠杆的功用，为征服法兰西提供财源。既要做羊毛生意又要打仗的爱德华三世急需一支海军。

每当北欧的君主们打算提升本国海军实力的时候，他们就会把目光投向地中海，那里的人对海战非常在行。强大的贸易城市威尼斯（Venice）就是仰赖其城邦的海军而繁荣起来的，这支水师在国有造船厂随时待命。威尼斯之所以变得无比富有，是因为那些获利巨大的贸易航线都被威尼斯的船队垄断了。发展到 14 世纪，威尼斯已设有一支用于护卫贸易航线、殖民地以及商船的常备海军。

　　而威尼斯的对手热那亚（Genoa）没有如此高效集中地组建本国的海事力量。当时维京人盘踞于此（16 世纪这里将易于英国人之手），这里探险、商业以及军事活动的主导者均为个体而非邦国。中世纪后期，热那亚在军事力量上的投入来自城邦内的贵族阶层和商人阶层，他们为自己的船队配备武装，以此为热那亚争取利益。

　　北部海域国家中模仿地中海海军最成功的要数法兰西。1293 年，"公平者"菲利普（Philip the Fair）决心建立一支常备海军，对抗英吉利海峡和比斯开湾的英格兰势力。他下令在鲁昂兴建"战船之园"，这是当时欧洲北部第一座海军武器库。英格兰全然没有类似的工事。建成后的"战船之园"驻扎了一支桨帆船队。船上的苦力以及船员是从法兰西的地中海领地中招募来的，驻船官员则来自海上强国热那亚。其他诸如拉罗谢尔和马赛这样的港口城镇也建有小一些的武器库，并有战船长期驻扎。1336 年，菲利普六世命令 30 艘桨帆船在英吉利海峡集结。最终有 300 艘被征用的商船加入，入侵英格兰时这些船可以搭载 26000 人。

　　威尼斯在贸易方面的蓬勃发展以及法兰西所设定的课税基准，都是爱德华当政下的英格兰所不愿看到的。迫于外敌入侵的严峻威胁，所有船只以及成千上万的水手都被强征服役。东拼西凑的大型船队驻扎在唐斯。船队号令不齐，纪律散漫；一部分人趁机做起海盗的勾当，还有大雅茅斯（Great Yarmouth）的人找"五港同盟"秋后算账。这些征用的船根本做不到长期驻扎，而且对法军的袭击毫无还手之力，萨福克（Suffolk）和怀特岛的值钱货物以及船只都被法军洗劫一空。海上的情况也是如此，英格兰的商业运输遭到袭击，商船和财物被扣押在法兰西和佛兰德斯的港口。但是法兰西人错失了趁此入侵英格兰的良机，英格兰人还是大摇大摆地派运酒船前往加斯科涅，只不过这一年加派了战船沿途护送。

那一年英格兰人还是把酒拿到了手，但令人忧虑的是以后可能再也拿不到陈年佳酿了。法兰西人已经注意到了加斯科涅的情况。他们进入加龙河（the Garonne）河谷后继续向多尔多涅河（the Dordogne）和圣埃米里翁（St Emilion）挺进，沿途种植的葡萄均遭毁坏。1337 年 3 月爱德华下令，凡其臣民拥有的船只，都要为国王服役三个月。或许皇家船队不堪一战，但是征用商船的做法也同样有其缺陷。

因为英格兰经济不景气，运输业又被割让给"汉萨同盟"和意大利人，英格兰本国船只船体都很小。爱德华发现，靠征用的手段组建出一支旗号繁多、组织松散的船队不是一件容易事。他的官员不得不奔走于各个港口，敦促船员和船只服役，还得筹措用于组建海军的补给、粮储和武器装备。征召事宜耗费了两个月方才完成。即使形势大好时，人们对此事也是怨声载道，遑论眼下。

1337 年，港口、海员和商人遭到更为严苛的压迫。船被征用后，他们还得为国王的海军建造新的驳船和桨帆船。红酒和羊毛贸易一片混乱，在运酒船获准出航后才有了些许喘息之机。这些船出行时有军舰护航，后者还奉命搜寻沿途港口和开阔锚地，并与敌船交战。为了使船更易于操控、腾出更多的空间给弓箭手和士兵，大船上的红酒严禁超过船载重量的一半。英格兰船只的总吨位从 1335 年至 1336 年的 74053 吨锐减到了

51

翌年的 16577 吨。形势变得十分严峻，而海上劫掠使之进一步恶化。

在布列塔尼的奥莱龙岛（the island of Oléron）沿海驻扎的法兰西船舰加剧了紧张局势。不仅波尔多来的运酒船饱受其苦，与之反向航行的护粮船队也不断受到攻击。加斯科涅正遭遇法军袭击，所需钱币、物资和食物都依赖英格兰运送。由于法国海盗的干扰，能运抵的东西已经寥寥无几，加斯科涅陷入叛乱之中。

与此同时，爱德华停止向低地国家出口羊毛。此地是世界上人口最为稠密的地区，成千上万名纺织工人的工作都依赖于英国来的羊毛。纺织业的中断使许多城市发生暴动。议会和英格兰羊毛商同意将英格兰囤积的全部羊毛——共计 3 万麻袋——或者其中的 90% 借给英王。这些羊毛一般是以最低价从养殖者那里赊来的，然后在多德雷赫特（Dordrecht）仅有的一个市场出售。禁运一年后，估计国王能以最高价把羊毛卖给那些陷入绝境的纺织者。

自由贸易自此终结。红酒进口按照设定的军事目标而调整，外国人被禁止插手英格兰羊毛出口，低地国家的纺织工只能在唯一一家市场买到羊毛。短短几年内，爱德华就开始用激进的方式处理英格兰经济，试图将阻碍英格兰海事经济发展的问题统统抹除。现在，英格兰羊毛被本国船只搭载着送到低地国家中的英格兰市场出售。

与羊毛一起运输的是新近集结的船队上的兵丁。因此这支海军既是入侵作战的船队，同时又为商船护航。此番军事行动将自给自足，而迫切需要羊毛的低地国家也会被迫同英格兰结盟。计划如此，但是实际情形复杂得多。严重短缺之后，供应过剩的羊毛不见得就能卖出高价。羊毛和士兵的后勤运输被船只匮乏、寒冬将至以及法军大船四处劫掠等因素牵制。但是低地国家的诸侯国还是加入了爱德华领导的反法联盟。

　　爱德华要想实施此番战略还得获得英格兰和佛兰德斯之间海域的控制权。他在这一片海面上布置了水师。赫赫有名的约翰·克拉布被召回英格兰东海岸和佛兰德斯之间的海域，他对此地的情况十分熟稔，此番和法兰西的对峙将要用到他久经磨炼的专长。可是临时拼凑出来的海军无法担当重任。1338 年，途经加斯科涅的护航队伍在塔尔蒙（Talmont）沿海遭到严重打击，彼处是吉伦特河河口的一处聚居点。法兰西人再次劫掠英格兰南岸。3 月，诺曼底来的热那亚桨帆船和驳船挂着英格兰旗帜，袭击了朴次茅斯。10 月，敌军的桨帆船竟出人意料地占领了南安普敦，彼时镇上的居民正在做弥撒。入侵者杀害了多名行政官，奸淫妇女，焚毁房屋。他们还重创了爱德华的战略核心：大量即将出口的羊毛被烧毁，红酒和香料遭到破坏和洗劫。此举是法兰西蓄谋已久的战略谋划。在爱德华还未及调配自己的战略物资时，他们就将其破坏。

　　对爱德华作战计划干扰更为严重的，是法兰西对英格兰 5 艘最大的柯克船的袭击——其中包括国王手中最上等的船只——"克里斯托弗"号（the Christopher）和"爱德华"号柯克船（the Cog Edward），羊毛正是通过这些船运给佛兰德斯伯爵的。在斯凯尔特河（the Scheldt）河口的一场久战中，英格兰人悉数阵亡，船只被法兰西船队掳获。翌年，卡洛·格里马尔迪（Carlo Grimaldi）率领船队攻打英吉利海峡诸岛，这支水师中有热那亚桨帆船、法兰西船舰，以及让爱德华丢尽颜面的"克里斯托弗"号。后来船队前往加斯科涅，拿下了镇守吉伦特河河口的布莱（Blaye）和布尔格（Bourg）两地——从这里可以通往波尔多。

其余的热那亚桨帆船则进入北海，劫掠哈里奇（Harwich）至布里斯托尔一带的沿海地区。这年夏天，由于太多的羊毛在海上落入海盗之手，而且法兰西人正在佛兰德斯沿海集结海上力量，向多德雷赫特的市场出口的羊毛再次遭禁。法兰西在争夺海权的战役中占有优势。四处劫掠，对英格兰的贸易和航运发动毁灭性的猛攻，以及法兰西海军的日趋成形，这些毫无疑问都是发动入侵的征兆。即便是通往佛兰德斯的短短路程，英格兰人也无法保护攸关其性命的重要商货。爱德华试图依照威尼斯模式建立一支能够自我补给的海军，结果这一尝试变成了一场灾难。

到了 4 月，英格兰迎来了一场罕见的胜利，莫利勋爵（Lord Morley）率领的英格兰船队以及他的臣下约翰·克拉布在斯凯尔特河口袭击了一支法兰西护航船队，俘获了不少船。但是这场胜利暴露了英格兰海军阴暗的一面。击败可以合法攻击的敌人后，英格兰水手把周围包括爱德华盟军在内的所有船都抢劫一空。然后他们因分赃不均而发生内讧，部分船只遭到遗弃。其中很多人想必同克拉布一样，都干过海盗的勾当，他们抢夺掳掠的贪念远胜爱国之心。

唯一的一线曙光，来自 1339 年热那亚人因为一场付款的争端而退出法兰西军队的事件，这导致法兰西失去了他们的地中海桨帆船。英格兰的桨帆船得以回击法国，劫掠英吉利海峡沿海，向布洛涅（Boulogne）发动攻击并摧毁了英吉利海峡桨帆船队 22 艘船中的 18 艘，以及载有大量海军补给的 24 艘商船。英格兰人还设法恐吓法国沿海城镇。佛兰德斯人烧毁了迪耶普（Dieppe）。

法兰西海军遭到沉重打击，但是 1340 年他们重新在佛兰德斯沿海部署力量，准备搅扰运输羊毛的船只，拦截爱德华的地面部队。6 月，有超过 202 艘法国船舰、6 艘桨帆船以及 22 艘驳船在斯鲁伊斯（Sluys）沿海抛锚停泊，现在此处已经淤塞不通，但在 14 世纪，这里地处瓦尔赫伦岛（Walcheren）和西佛兰德斯之间，曾是斯凯尔特河河口的一片广阔锚地。它所处的位置扼守着通往多德雷赫特、安特卫普（Antwerp）和布鲁日的要道。另外，此地还是入侵英格兰的一处理想据点。

与此同时，爱德华正身处萨福克，所率水师停泊在奥威尔，附近驻扎着地面部队。他的谋士提出应当谨慎行事，海事方面的重要参谋约翰·克拉布也是同样的意见。他们力劝国王等到船队和陆军增援到达之后再行动。但是爱德华执意立即出兵，以手中现有的兵力——120～160 艘船——攻打法军。船队于 6 月 22 日出航，23 日中午时分在斯鲁伊斯发现法军。1340 年的地理状况和现在很不一样。斯鲁伊斯镇（Sluys，现名斯勒伊斯，Sluis）现今地处内陆；但在 14 世纪它还是沿海地区，它和瓦尔赫伦岛之间有很多小岛屿，比如 16 世纪被水浸没的卡德赞德（Cadzand）和麻鹬（Wulpen）。法军驻扎于斯鲁伊斯，并且在卡德赞德构筑了工事。下午看到逐渐接近的英军后，法军奉命调整船队阵形，用链子把船舰分三排固定在一起。英国人靠近的时候发现对方桅杆排列得密密麻麻，如同森林一般。法军意图用这样庞大笨拙的阵形阻止英军进入河口。结果第二天早晨出现了颇为棘手的意外状况。

当天，潮汐和海风把英军冲进了河口。爱德华船队中央布置着最为强大的柯克船，船舰的侧面配置了弓箭手。每两艘搭载弓箭手的船，还配备了一艘搭载着近战士兵的船。

54

法国船队阵容比对手强大，理应可以凭借这个优势胜人一筹。结果捆绑着的船舰聚拢在一起，成了英军弓箭手和弩手的靶子。热那亚桨帆船指挥官曾在战役打响前强烈要求法国人把船散开，可是法国人执意要把爱德华前往布鲁日的道路封死。此举着实荒唐愚蠢，热那亚的人马趁战事未启就溜走了。

然而法军方面的士气仍旧高昂，看到英军好像在抢风航行以寻找出路的时候，他们还轻蔑地吹起了喇叭。实际上爱德华的船舰正在努力调整位置以获取优势。随后，雨点一般密集的箭矢从炎夏的天空扑面而下。法军船舰被牢牢拴在一起，无法躲避猛烈的攻击，箭矢无休止地射向甲板上的士兵。紧接着，英军钩住敌船，全副武装的英国士兵开始登船。让·傅华萨（Jean Froissart）曾描述"此役杀戮无数，极其惨烈"。爱德华三世称，法军的顽强拼杀一直持续到夜幕降临，尽管在数量和海战经验上占优，最终他们却要为了活命而全力奋战。据傅华萨记载，海战远比陆战残酷，因为根本无法撤退或者投降。庞大的"克里斯托弗"号被夺回，这让爱德华欣喜不已，英军将其船员悉数斩杀并沉海之后，驾着它追击他们万分憎恶的热那亚人。确实，爱德华和他的国人长期被法兰西－热那亚海军玩弄于股掌之间，这次严惩敌人的机会让他们兴奋不已。

各个船舰上的战斗还在继续：先箭袭，后登船。有些法军船只试图逃跑，不过早有克拉布奉命追杀。最终，英军俘获190艘船，杀敌18000人。佛兰德斯的海边到处是残缺不全的尸体。这下轮到英军吹号奏乐了，他们整整一晚都没有停歇。

这是中世纪欧洲北部海域最为壮观的一场战役，英格兰获得了令人瞩目的战绩。法国海事力量损失惨重，终止了入侵英格兰的计划。但爱德华并未能从此号令诸海。法兰西利用卡斯蒂利亚人（Castilian）和葡萄牙人的桨帆船破坏英格兰和加斯科涅地区的往来船只。没过一个月就有法国船只袭击了一支前往佛兰德斯的英格兰羊毛护航船队。南部海岸再度经受劫掠之苦。英格兰试图夺取布雷斯特城堡（Brest Castle），它可以为往来加斯科涅的护航船队提供一些庇护。但是只要法国人能设法把南欧的先进船舰弄到比斯开湾和英格兰周围海域，爱德华就要在海上吃尽苦头。1346 年，卡洛·格里马尔迪率领大批地中海桨帆船出现在拉罗谢尔沿海，迫使爱德华推迟出兵加斯科涅。格里马尔迪的船舰和人马转而进军诺曼底。就在他们沿海劫掠时，爱德华挥师南进，以摧枯拉朽之势在克雷西（Crécy）大败法军。

55

　　大捷后的爱德华得以从海陆两路包围加来。加来的地理条件如同一座岛屿，北面以英吉利海峡为屏障，南面则仰赖大面积的沼泽地。夺取此地的关键就是切断它的海上补给线，以饥饿逼其投降。英军投入 9300 人、738 艘船围困加来，阻断士兵输送补给。格里马尔迪试图带领桨帆船队打破英军的包围圈，可是他手下的诸多中队在雇佣到期后拿到费用就离开了，而本应前来接替的卡斯蒂利亚人却没有在约定的时间抵达。于是法军派遣本国的桨帆船和驳船船队支援加来。英军的对策十分简单：攻打布洛涅然后把那里的敌船全部摧毁。这下加来真的成了一座孤岛。1347 年 8 月，加来城落入爱德华手中，此后 200 多年间，多佛海峡（Dover Strait）两岸尽在英格兰人掌控之下。

　　1350 年，中世纪最为宏伟壮阔的海上战役就发生在这个海峡。此前一年，卡斯蒂利亚人的舰队在比斯开湾襄助法国人袭击了英格兰的护航船队。1350 年，这支舰队驶往佛兰德斯出售西班牙的羊毛，并在途中劫掠英格兰的船只。爱德华怒不可遏，率领本国一个中队的船舰前去拦截返航途中的卡斯蒂利亚人。此番针对敌军船队的拦截行动经过了精心策划，在此之前，中世纪还从未有过这样的海战。爱德华，还有他的儿子"黑太子"（the Black Prince）和其他贵族把船队停驻在温切尔西（Winchelsea）沿海。正当英王在甲板上观赏一众吟游诗人演出的时候，英军发现了卡斯蒂利亚人。顿时英军号角齐鸣，船队向敌军冲去。敌军本不需自找麻烦，只要沿着英吉利海峡顺流而下就可以了。结果他们选择与英方交战，或许因为他们发现对方领头的是英格兰国王。

"冲向那艘船，我要和她一决高下。"[2] 爱德华指着对方打头的一艘大船如此吩咐舵手。双方疾速行驶的船舰撞在了一起，轰隆的声响犹如打雷一般。两军船舰搅成一团，卡斯蒂利亚人船上的艏楼被撞落海中。爱德华的座舰开始进水，船上的骑士们立刻开始排水，而且没有把面临险情报告给国王。

而爱德华对着那艘刚刚被自己撞上的船说："搭住那艘船，我一定要夺下她！"可是他麾下的骑士们极力说服他把目标转向另一艘更大的船。随后他们找到一艘合适的船搭了上去，一场攸关国王生死的战斗正式开始。卡斯蒂利亚人凭借高度上的优势，向下方的英军投射箭矢和金属棒，但爱德华和他的勇士们还是奋力登上敌船，把船上的卡斯蒂利亚人扔进了海里。到了这个时候，爱德华才得知自己此前所处的险境，只得抛弃原先的座舰。

"黑太子"的座舰情况更糟，船身千疮百孔，进水十分严重，但是王子麾下的骑士们无法登上搭靠的敌船。直到兰开斯特公爵的座舰和他们一同御敌，"黑太子"和他的手下才得以登上敌船。刚一登船，他们自己的船就沉了。这时天色已黑，英军船舰根本没注意到，英王及其王族成员的座舰正被一艘敌军的桨帆船悄悄拖离战场，直至有人沉着冷静地爬上卡斯蒂利亚人的船，割断帆绳降下船帆让敌船丧失了前进的动力，国王这才被救下来。

爱德华三世的战绩为胜利添上了浓墨重彩的一笔，他本人还被冠以"水手国王"的美称。但是赢得此项美誉所凭借的并非前瞻远瞩的战略眼光，而是运气。平心而论，真正精通指挥海上战役的，是法国人和他们的地中海盟友。爱德华在海上大胆鲁莽的行事风格，更适合指挥骑兵作战。

温切尔西战役，或者是人们所熟悉的说法"海上的西班牙人"（Les Espagnols sur Mer），很好地说明了为什么海战如此罕见。海上战斗风险很大，变幻莫测，以致船舰方面的优势很难决定战局走势。此次战役之所以能发生，是因为双方都愿意一战；如果不是这个情形，敌船可以航行很久都不被发现，而且英格兰海军行动过于笨拙，根本无法对敌方水师及时做出反应。在海上巡航或者驻扎在固定的地点，远非中世纪船舰能力所及。1350 年，几乎没有听说过发生在远海的追击战，当时的船舰没有这个能力；像斯鲁伊斯战役一样的近距离遭遇战发生的可能性倒是更大一些，在平静的海面上，弓箭手和重装士兵的作战方式与陆地战相差无几。

相比于主动开战，劫掠那些毫无防备的船只和港口，或者说海盗干的那些勾当更有价值。保护商业运输，在短期内掌控局部区域的主导权，把这些排在入侵作战之前才是运用海军的正确方式。因此，海军的运作是相当被动的：杜绝海盗活动、识别敌军船舰、协助围攻，而不是主动出战。从爱德华在温切尔西战役中的积极表现看，他似乎更注重赢得场面华丽的胜

57

仗。或许编年史家和公众会为之所动，因为公众为数量繁多的船舰缴了不少钱，却看不到实实在在的回报；但是这样的态度缺乏战略眼光。斯鲁伊斯那场压倒性大捷，以及"海上的西班牙人"那场战役的放手一搏很不值得：损毁的船只很容易更换，但从长远来看胜利几乎不能保证任何事情。

英法百年战争（the Hundred Years War）期间，两国在海上互有胜负。巅峰时期的法国，仰赖的是欧洲南部那些娴熟精湛的水手；而鼎盛时期的英国，靠的是大批量小型船队入侵作战。14 世纪 50 年代，卡斯蒂利亚人不再是法国人的盟友，原因不是爱德华三世在温切尔西沿海打了胜仗，而是卡斯蒂利亚国内爆发了内战。"黑太子"得以从加斯科涅攻入法国，并在普瓦捷（Poitiers）取得重大胜利。英格兰在 1360 年收复了普瓦图以及彼处具有重要战略意义的海港拉罗谢尔。

1372 年，国会宣布"寰宇万国，俱奉吾王为大海之主"。这话说得为时过早：拉罗谢尔在那一年失守；奥莱龙岛战役中，法国人雇用的卡斯蒂利亚桨帆船袭击并烧毁了一支装载着 2 万英镑货物的英格兰船队。英国国会向国王递交了请愿书，[3] 声称"海军"——也就是本国的海运力量——陷入了危机。由于船只长期为皇家服务，商人和船主纷纷破产，英格兰的航海者们正在寻找新的行当。此时的爱德华三世已经垂垂老矣，变得优柔寡断，数十年的征战把国力都耗尽了。法国的情形与之相反，重新焕发出勃勃生机。

1377 年 6 月，就在爱德华三世死后没几天，从法国、卡斯蒂利亚、葡萄牙和摩纳哥（Monaco）来的一众桨帆船劫掠了英格兰海岸并摧毁了诸多城镇。两个多月后他们卷土重来，此后英格兰在海上被完全压制。外敌黑云压城，英格兰沿海疆土和商业贸易遭受重创。

人们指责理查二世没有尽到身为英王的首要职责，即保住海权。然而，当原本的永久性皇家船队被忽略，形势便已开始恶化，这种恶化早于他继承王位之时。理查在国内的政敌，阿伦德尔勋爵（Lord Arundel），在 1387 年打了一场难得一见的胜仗，他在多佛海峡拦截卡斯蒂利亚人的船队并紧追不舍。他一直追到思恩河（Swyn）河口，缴获 70 艘船和 19000 吨红酒，给英格兰带来了一场久违的胜利。

英格兰人在海上获得成功，或许看起来极为壮观，但它是很少见的。他们能够号令于海洋之上一小会儿，其后往往就伴随着数年的衰颓。衰弱之时往往都是灾难性的。益格鲁人东部和南部的海岸反复被法国人劫掠。作为一个海上国家，发展缓慢的经济是英格兰壮大的瓶颈所在。她无法负担保卫自己所需的巨大开销。历史上经常出现的情形中，大海总会带来危险。

58

注释

1. Lloyd, *English Wool Trade*, pp. 144ff
2. *BND*, p. 23
3. *BND*, p. 10

第7章

捍卫王土（1399～1509 年）

59

汪洋易主，法国危亡

——杰克·凯德（Jack Cade），1450 年

中世纪后期英格兰凭借优越的地理位置发展为航海大国。多佛和加来仅有咫尺之隔，其间往来的货物价值不菲。这片海域虽然狭小，却有举足轻重的作用，倘若英格兰能把它收入囊中，则其他的一切将手到擒来。以切断贸易往来作为要挟，英格兰将实现对欧洲事务的掌控。有了这个筹码，整个本土的海岸线在防务方面都有了保障，四面环绕的汪洋将不再是噩梦，而是"英格兰之屏障"。

15 世纪 30 年代后期，诗文《英格兰国策简论》（*The Libelle of Englyshe Polyc*，即 *The Little Book of English Policy*）中出现了上述论点。其中有一番对英格兰的展望，视其为雄踞汪洋的海事大国。其作者之所以在简论中提出如此言论，是因为他离英格兰称霸海上的年代尚不久远。15 世纪头 10 年里，亨利五世的"巨舰"支配着英吉利海峡和爱尔兰海，那是当时最强大、最具创新精神的海军之一。

中世纪最强悍的北方战船要数亨利那艘 1400 吨的"上帝恩典"号（Grace Dieu）。《英格兰国策简论》成书时，此船已

经在南安普敦附近的汉布尔河（river Hamble）河滩中闲置了近 20 年。1439 年，一场大火把这艘船烧得只剩水面以下的部分。退潮的时候，人们还能看到火灾后它残存下来的船骨，黯然见证着昔日之隆盛。亨利五世的其他船舰要么被抛置于河岸任其朽坏，要么停驻不出。英格兰似乎也与这些船舰走着同样的轨迹，不复往日巅峰实力，又一次陷入贫弱之中，四分五裂，受尽屈辱。

亨利五世的船队有 36 艘船。他继承王位时的情形并不理想。理查二世（1377 年至 1399 年在位）在位晚期，对航船颇有兴趣，共计有 4 艘新造的大船投入使用。1399 年，亨利四世从理查手中获得王位，他试图寻找弥补英格兰海上力量的缺陷。他在位时正值海上一片混乱之时。他尝试补救，但从很多方面来说，补救措施比混乱本身带来了更坏的结果。

亨利四世向个体颁发特许状（granted licences to individnals），准许众人"对国王的敌人痛下杀手"。这些航海者并非严格意义上的海盗，但是他们对这个命令自有一番通融的理解，并且在执行过程中牟取了极大的利益。

普尔的哈利·佩伊（Harry Pay of Poole）就是执行命令的人之一，1405 年时他正身处法国沿海的一场海战之中。他十分主动地攻击了亨利的敌人，获利颇丰。他洗劫毕尔巴鄂（Bilbao）的铁器贸易，掠夺卡斯蒂利亚（Castile）北部海岸的希洪（Gijón），偷盗菲尼斯特雷（Finisterre）圣玛丽教堂中的十字架并劫掠所见之西班牙船只。英格兰因此陷入与低地国家以及汉萨同盟的纷争之中，后者的航船都遭到了英国水手的偷盗和劫掠。佩罗·尼诺（Pero Niño）[1]是卡斯蒂利亚国王亨利三世的兄弟，他受命镇压海盗活动，臭名昭著的普尔的"阿里佩"（Arripay of Poole）就是他的目标之一。这项职权让尼诺大获其利。15 世纪的头几年，他劫掠南部海岸，并攻击海上的英格兰航船。

像尼诺和佩伊这样的人，不仅有地位，还有国家赋予的权威。那些获得特许状可以在海上开战的航海者们，尽管身份可能卑贱，但在"守卫汪洋"的行动中还是很分得清敌友的。乔叟在书中这样描绘一位船长："心中良知，非其所有。"海盗猖獗之时，贸易活动却遭了殃。

威廉·索珀（William Soper）在这个多事之秋发了财。他初到南安普敦时是一个学徒，像两个世纪前的沃尔特·勒弗莱明一样，靠从事贸易和担任城市公职人员发家致富。南安普敦是意大利船只停靠的主要港口，而索珀和地中海商人建立了牢固的关系，为他们充当中问人。1412 年，他和意大利人的关系因为海盗活动而破裂，索珀开始自己南下经商。同时他还为国王出力，在 1413 年——这一年亨利五世登基——成为南安普敦的议员并且为国库征收关税和羊毛津贴。年末时，他与别人合营的航船俘获了卡斯蒂利亚人的一艘巨大的克拉克帆船（carrack）——"圣克拉拉"号（Santa Clara）。

卡斯蒂利亚人怒不可遏，称他们有国王签发的安全通行证。索珀的行为似乎太过火了。为免受责罚，他做了一个交易，返还了"圣克拉拉"号上的皇室旗帜、盔甲、武器和船员，扣下了船和货物。当时是国王出手帮索珀解决了麻烦，现在轮到索珀还这个人情了。改装后的"圣克拉拉"号设双桅杆，吨位740 吨，成了一艘皇家战舰，更名为"圣灵远航"号（Holighost de la Tour）。此时开始索珀算是皇家船舰制造与管理的核心人物了。国王从经验丰富的托运人身上获益，索珀也因自己的侍奉获得了相应回报。

　　此事标志着以新型航船打造的皇家船队开始成形。15 世纪初，船只在设计上有了突破，这一次依旧肇始于热那亚人。他们的克拉克帆船融合了地中海船和北欧船两种船的设计，以地中海造船技术中的骨架法和平铺式船板的建造结构，重新扩建汉萨同盟的柯克船。船帆的设置以南北两地的传统为基础。船上的两根或三根桅杆，采用北方航船的方形横帆和南方的三角纵帆，几百年来地中海的桨帆船都靠此三角纵帆航行。多样式混合的船帆设计使得克拉克帆船在任何风向中都可以航行，且更易于操控。克拉克帆船的装载量十分大，中世纪时可以容纳 2000 吨货物。就是这样一艘巨舰载着贵重货物从中东驶往北欧。

　　这种称作"全帆装船"的克拉克船在欧洲中世纪最为瞩目发明中名列前茅。它所带来的变革几乎波及了所有领域——贸易、战争、探险，直到对那些尚未被人们发现的世界的统治。

　　光是它的体积就让看到它的敌人惊骇不已。从高耸的克拉克帆船上可以俯视其他船舰，而且它的船头尤为硕大。《英格兰国策简论》的作者这样形容克拉克帆船："可怕、宏伟且敦实。"（orrible，grete and stoute）它的体积和高度提供了绝佳优势，可以自上而下猛烈射击那些比它矮小的船舰。作为首艘可以装载足够储备进行远航的远洋船，它让贸易和探险两个领域发生了革命性的变化。

　　它的缺陷在于只能在深港中停泊。南安普敦是英格兰诸港中的首选，像威廉·索珀这样经营贵重商品买卖的生意人都在这里进行贸易活动。索珀被选去重组皇家船队毫不奇怪。如果亨利五世想要掌控英吉利海峡并入侵法国，必定不能在船舰装

62

"可怕、宏伟且敦实"：15 世纪的克拉克帆船

备方面太逊于外国船，因为法国人再次和热那亚结盟，这意味着亨利的船舰和人马很有可能会和对方的庞然巨舰交锋。索珀奉命为亨利建造"巨舰"。这批航船专为作战而设计，在历史上还是第一次。

威廉·卡顿（William Catton）是负责组建新船队的主要人物，他自 1413 年 7 月起掌管国王的船舰。[2] 当索珀把"圣克拉拉"号改造为一艘巨舰时，卡顿正将旧船"三一远航"号

（Trinity de la Tour）改建为"三一皇室"号（Trinity Royal），其吨位为 540 吨。皇家船队的另一种重要船型是巴林杰船（ballinger）。这种船最初是比斯开的捕鲸船。船体结实，易于操控，靠船桨和单独的方形横帆航行，装载量从 20 吨到 120 吨不等。巴林杰船作为大船的随行船只，担负巡逻、护卫和运送士兵等职责。这些船的建造和修缮由在温切尔西的卡顿和在南安普敦的索珀负责监督。所有船的着色都鲜艳明亮，饰有盾形纹章和宗教符号。

亨利五世对海上力量的运用理解得十分透彻。1415 年，他征收了 1500 艘商船（其中绝大部分是外国人所有，这也是英格兰海上力量在 14～15 世纪衰落的佐证），并率领船队在阿尔弗勒尔登陆，开始入侵法国。这一年他取得了流芳后世的阿金库尔（Agincourt）大捷。1416 年，法国人出兵英吉利海峡，试图扳回局面。英格兰人仰赖的是对海面的主宰和对法国港口的封锁。亨利想要征服法国，必须有阿尔弗勒尔这样的地方作为基地。

1416 年，法国人占据上风。他们的热那亚盟军有 8 艘克拉克船和一支桨帆船队，乔安尼·德·格里马尔迪（Gioanni de' Grimaldi）为统帅。船队劫掠了英格兰南部海岸，还主动出击，试图以切断英军补给的方式夺回阿尔弗勒尔。8 月，亨利的弟弟贝德福德公爵已经统领了一支 300 艘船的船队，其中包括索珀新近建成的"圣灵远航"号。

英格兰人运气不错。格里马尔迪在袭击英格兰护送红酒的护航队时阵亡，于是桨帆船队开始撤退。一支西班牙中队被贝德福德公爵船队的浩大声势吓得临阵脱逃了。法国舰队躲在翁弗勒尔（Honfleur）不敢出击。经过一天的激烈战斗，有 3 艘

63

克拉克帆船被体量更小的英格兰船舰俘获，另外 1 艘搁浅，英军还击沉了 1 艘德国旧船，其余热那亚船舰均被迫逃离战场。当时，克拉克帆船似乎是在退潮时被困住了，遭到体量比它小的英军船舰连番攻击，直至英军登船。与克拉克帆船对阵是一个非常严峻的挑战。有一次，沃里克伯爵（earl of Warwick），同时也是加来的船长，率领 6 艘巴林杰船和 1500 人与 1 艘 62 人的克拉克帆船作战。巴林杰船的速度和克拉克帆船不相上下，但是每次他们想要升梯登船的时候，都被这艘巨舰上射下的箭矢逼退了。

但是贝德福德公爵带领的英军战胜了克拉克帆船。英军士兵一次次奋力升梯，攀上高高耸立的巨舰，想必他们都是拼死一战。这些努力完全是值得的。被缴获的船只有着极大的价值，对英格兰人而言，新添 3 艘货真价实的地中海克拉克帆船可谓战果颇丰。

1417 年，由亨利的巨型战舰和商船组成的 3 支中队巡行海上。他们俘获了 4 艘克拉克帆船以及数艘卡斯蒂利亚人的船。接下来的数年内，海上巡行仍在继续，海军协助了亨利侵占诺曼底的行动。与此同时，船舰的建造也在继续。1417 年，硕大无朋的"耶稣"号（Jesus，吨位 1000 吨）开始服役。此时，英格兰的海军实力已经超越欧洲其他国家，英吉利海峡被其完全掌控。1418 年，索珀的杰作"上帝恩典"号（Grace Dieu）首次下水。

64 　　　这是亨利五世诸艘巨舰中最为庞大的一艘，它的残骸显示这艘船是在匆忙赶工中建成的。有些铺板和肋板的做工颇为粗糙，建造者显然没打算精心修饰船的外观。船体刷了薄薄一层鲜艳的油漆，就外观设计而言是一大败笔。船体十分巨大，共计砍伐了 2735 棵橡树、1145 棵山毛榉、14 棵水曲柳和 12 棵榆树来制作。船内可载 250 人和 3 门加农炮。船头高于吃水线 50 英尺，遇到小型船舰时，弓箭手可以利用这块又高又阔大的平台，给敌人施以凌空重击。船体长 218 英尺，宽 50 英尺，其体量足以媲美 HMS "胜利" 号战舰（Victory），是 "玛丽玫瑰" 号的两倍大。克拉克帆船由平铺法钉造，但 "上帝恩典" 号仍保留了鱼鳞式重叠搭造法。船身材料是三层式设计——长铁铆钉将三块木板钉在一起，木板之间填充焦油和苔藓，这样做出来的船身厚实、牢固且防水。1416 年至 1418 年，参与建造的船工和木匠在船体设计上做了一番探索，把北方造船法中的船体结构应用到热那亚船上。其中想必有过诸多尝试和失败，这便可以解释为何船骨上会有做工粗陋之痕迹。

在当时，"上帝恩典" 号被誉为欧洲历史上最雄伟的船之一。可问题是，1420 年 "上帝恩典" 号投入使用时，建造这艘船的初衷已显得无关紧要了。英格兰已经控制了英吉利海峡，卡斯蒂利亚人也不再是法国人的盟友。依据那年签署的《特鲁瓦条约》（Treaty of Troyes），亨利的后嗣将接替查理六世（Charles Ⅵ）成为法国国王。"上帝恩典" 号成了提示外邦人的一面旗帜，彰显英格兰拥有称霸海洋的技术和政治决心。

1422 年亨利去世的时候，他的船归其私人而非皇家海军所有。其中很大一部分被出售以偿还亨利的债务。4 艘巨舰停驻在汉布尔河。闲置了几年后，它们又被搁置在伯斯尔登港（Bursledon）附近布满淤泥的泊位中。看似它们日后还会投入使用，但如果真是这样打算，那就过于乐观了——它们日渐腐朽，直至化为乌有。1430 年，威廉·索珀号令整个海军，他在 "上帝恩典" 号上设宴款待佛罗伦萨商船船队的指挥官。

"上帝恩典"号的体量、构造和美观程度，让这位第一次领略如此情景的贵客大开眼界。此番由衷的赞赏出自 15 世纪的意大利人之口，实属难得。

1439 年，"上帝恩典"号被雷电击中，整艘船在水面以上的部分都被烧得精光，自此，亨利五世留下的海军所剩无几。3 年后威廉·索珀退休的时候，他手中已经无船可用。

65　　亨利六世继承英格兰王位后不久，又继承了法国的王位，当时他尚且年幼，还未成年。政府出现财政困难，议会制定的军事战略中有一部分是针对法国领土的，这一行动得到勃艮第人的支持。到了 15 世纪 30 年代，勃艮第人与英格兰反目。1436 年，勃艮第的菲利普·勒邦（Philip le Bon）组建起一支由公爵船和商船组成的船队，打算拿下加来，后来这个计划因海上的风暴而未能实现。一个接一个的港口被法国人夺回。海事力量的整体衰弱导致了英格兰的军事失利。要经营位于法国的领地，以及拥有与勃艮第之间的外交筹码，这些都离不开对海洋的控制权。加斯科涅地区的形势又一次严峻起来，其与英格兰之间的补给线受到了威胁。1449 年，法国夺回了鲁昂。到 1452 年，令人难以置信的事发生了，法国攻占了加斯科涅。加来成了昔日帝国仅存的硕果。国王的债务是海军头号大敌，英吉利海峡正是因此脱离了英格兰的掌控。

国王又一次批准私人进行的"守卫汪洋"行动。1436 年，来自众多英格兰港口的 30 艘私人船舰组成了一支独立的船队，并选出了两名队长。不过此类缔结契约的方式并没有多大作用。一是成本高昂，二是存在风险，那帮配备武装的商人会利用职务谋取私利，威胁海上形势。自从勃艮第人关闭了经营英格兰羊毛的集市后，合法贸易被迫中止，上述风险就尤为突出。1442 年，国王被迫将海上控制权移交议会。从 3 月到 11 月，由驳船和巴林杰船组成的共计 8 艘船的船队一直在海上巡逻，不过那只是虚张声势。当时英格兰海事力量正处于最低谷，这算是一个合理的方案，但是运行成本太高，因此，国王又一次给那些蠢蠢欲动的私人群体签发许可证。

亨利五世在位时海盗活动销声匿迹。到了他儿子的时候，海盗活动又汹涌而归。罗伯特·温宁顿（Robert Wenyngton）曾是达特茅斯的镇长，也参加了国王的"守卫汪洋"行动。席卷海运航线的私人战事几乎永不停歇，但像他这样的商人有足够的资本不受侵害。1449 年，他俘获了两艘船，它们正从佛兰德斯向布雷斯特返航。布雷斯特人拉起一支带有巨舰的船队，船上搭载了 3000 人。温宁顿准备正面迎敌，结果却偶然遇上了 130 艘运盐的大船，它们从布尔讷夫（Bourgneuf）出发，正在返航途中。其中很多船是汉萨同盟的。温宁顿命令他们降下旗帜，以示承认英格兰是汪洋之主。而汉萨同盟的将官拒不接受。温宁顿"以英王的名义命令他们降帆，他们的回应却极为无礼"。[3]于是温宁顿下令攻击。

汉萨同盟的将官不以为意，因为英军船舰实在太少了。但是温宁顿占了上风位，他命令船舰"驶过"，也就是撞击对方商船。此举虽然疯狂，但是奏效了。运盐船队因不敢冒险攻击而选择投降，似乎笃信会有比温宁顿更理智的大人物把他们放了。据温宁顿的说法，他之所以抓捕这些汉萨同盟的船，是因为后者率先开火。这些船被护送到怀恩岛，随后沿泰晤士河到达伦敦；船上的盐实在是太多了，以至于所有能用上的地方都被填满了，甚至包括一座王宫。

温宁顿所为已经远远超出了职责范围，只是盐太宝贵了。

汉萨同盟靠咸鱼贸易获得了大量财富，现在存贮咸鱼的材料突然变得匮乏起来。英格兰商人很不待见汉萨同盟。德国市民在英格兰享有十分宽松的经商许可和特权，英格兰人在德国和波罗的海地区却从来享受不到互惠优待。温宁顿因此被视为英雄。而汉萨同盟为了惩罚英格兰，规定丹麦将不再向英格兰贸易商人开放，还实施了一系列针对英格兰商人的报复性措施。国王极力反对的声音或许对大局有利，但温宁顿的海盗活动让议员们获利颇丰。

这就是英格兰人在守卫海洋方面的作为，他们对海洋的掌控也就到这种程度。英格兰不但没能够维护海面秩序，反而最贪得无厌，对海上贸易的破坏最为严重。不仅是一些不入流的海盗私自劫掠，更有庙堂之上者罔顾王法，对守卫海洋行动颇有兴趣。

1458 年，其时沃里克伯爵正担任加来首领，18 艘从汉萨同盟的吕贝克（Lübeck）来的船因为没有向英国国旗致礼示意被他扣了下来。[4]随着帝国的崩塌以及亨利六世的精神病病情不断加重，国内渐渐号令不行，乱象丛生。沃里克伯爵在掌管英吉利海峡和爱尔兰海期间的所作所为正体现了这一情形。理查德·内维尔（Richard Neville），亦即第十六代沃里克伯爵，袭击汉萨同盟的船舰时正值 30 岁。他是当时英格兰最大的地主，对国王和摄理国政的人心怀怨怼——内维尔原本可以顺利继承广袤的领地，结果却被他们坏了好事。他支持反对亨利政府的约克公爵理查德，并在约克监国期间，于 1455 年成为加来首领。

兰开斯特家族重新夺回权柄后，急切地想把沃里克从他的实权位子上赶下来。他们试图切断粮食供应，逼他离开，可是肯特郡的百姓却源源不断地向他输送补给。1457 年，法国人劫掠了三明治。这是一次针对沃里克的袭击，他认为法国人是在亨利的妻子——玛格丽特皇后（Queen Margaret）的怂恿下干的。法国人的侵袭引起英格兰国内的强烈不满，兰开斯特家族被迫向沃里克支付守卫海洋的费用。1458 年，他劫掠了一支卡斯蒂利亚人的船队；几个星期后，又将汉萨同盟的船扣押；翌年，他袭击了一支西班牙人和热那亚人的船队，大获全胜，战果颇丰。

汉萨同盟并不急于复仇。在"造王者"（the Kingmaker）沃里克的襄助下，约克公爵理查德的儿子夺走亨利的王位，是为爱德华四世（Edward Ⅳ）。1469 年，沃里克又重新倒向亨利六世，并利用庞大的海上势力重建兰开斯特王朝。但是，在肆无忌惮的海盗生涯中，沃里克得罪过的众多邦国都被爱德华四世争取过去了。爱德华的复位得到了汉萨同盟的帮助。沃里克在巴内特之战（the Battle of Barnet）中被杀。汉萨同盟重新获得在英格兰的特权和贸易主导权。汉萨同盟不会饶恕那些侮慢自己的人。

相比武功，爱德华四世更重视商业。15 世纪后期，英格兰国力衰退，图谋海外霸业的能力十分有限。爱德华四世、理查三世和亨利七世，历任国王受困于国内的威胁和财政困境，在同国外势力打交道时都小心翼翼。

商人们为求在海上获得庇护而缴纳了税费，但最后什么都没得到，面对这个群体的愤怒情绪，爱德华四世不得不做出回应。"商业冒险家"公司的贸易船只得到皇家船舰随行"漂流"或者护送的待遇，前往加来和泽兰（Zeeland）的主要羊毛集市。和这些船一起航行的还有前往冰岛的捕鱼船。有一艘亨利七世的船，为了国王的私人商业利益甚至远航至地中海。

贸易对这几位国王和英格兰而言至关重要。尤其值得一提的是理查三世任命的海军大臣（Lord Admiral）约翰·霍华德（John Howard），他是地主，同时还是船主、贸易商和海军司令员，他靠这三个行当挣到了殷实的家底。他很早就是约克家族的拥护者，他的船时常获得为经商船队充当武装护卫的皇室许可。15世纪60年代，霍华德曾担任诺福克郡（Norfolk）和萨福克郡的海军副司令。1468年他为东部海岸的船队存贮粮食，并负责英吉利海峡的海上巡逻。此外他还被委派为出使别国的公使，利用他建立的贸易关系推动英格兰外交政策的实行。1481年，他成功领导了一次针对苏格兰的海军远征。理查三世封他为海军上将、诺福克公爵。他和国王均在博斯沃思战役（Battle of Bosworth）中阵亡。

未来的一个多世纪里，英格兰海军都在霍华德王朝的掌控之下。正是像霍华德家族这样的船主和国王的伙伴关系让这个国家尚保有一定程度的海军力量。

保护英格兰本土不受攻击是皇家船只力所不能及的。亨利七世可以让自己的军队登陆威尔士，从理查手中夺回王位，但是相应的，也会有觊觎窥伺者从海上来侵扰他。都铎王朝的第一任国王决心用高大威猛的船舰让那些入侵者望而止步。经博斯沃思战役赢得王位后，亨利七世在两年内就拥有了大型克拉克帆船——亨利五世以后出现的第一批特制战舰。15世纪末，这些船配备了小型后膛加农炮，它们被配置在船楼的两侧。亨利七世的"君主"号（Sovereign）装载着141门长炮①，"摄

68

---

① 此处原文 serpentines，意为蛇形。一方面因为炮身上有蛇形曲线把手；另一方面也因为这种火炮口径较小，炮身像蛇一样细长，简称长炮。——译者注

政"号（Regent）有 225 门。这些火器属于小型武器，战斗时朝着敌船甲板扫射，成片射杀对方的士兵和水手，炮声轰鸣之时，火光吞吐，硝烟滚滚，让敌军陷入混乱之中。战术还是和以前一样：夺得上风位，靠近之后用长炮和弓箭射击，消灭甲板上的敌人后立即登船。这样做的目的是击溃敌军，但不对敌船造成致命的结构损毁。

亨利七世新造的战船或许在声势上非常吓人，但是在技术和大小方面，要落后于其他更具实力的海军。此时的地中海桨帆船在船头配备了名为蛇神大炮（Basilisk）的重炮，对船只的杀伤力巨大。距英格兰本土较近的苏格兰的海军实力正在扩张。1449 年，詹姆斯二世（James Ⅱ）① 新增了一艘平铺式结构的船。英格兰海军直至 15 世纪 60 年代才实现了这样的突破，而国王只对霍华德在邓尼奇（Dunwich）建造的一艘平铺式船拥有一部分所有权而已。詹姆斯四世的"玛格丽特"号（Margaret）建于 1504 年至 1507 年，吨位 700 吨；1506 年开始建造的"迈克尔"号吨位达到 1000 吨，并且两侧各配置了12 门重炮，此外，其船首凸出安置了两门青铜制蛇神大炮，船尾安置了一门。这些炮于苏格兰铸造，因为过于沉重，要用6 辆马车才能把它们拉到干船坞（dry dock）②。蛇神大炮是当时最大的炮，炮管长 20 英尺以上。最让英格兰担忧的是，法国国王可以号令这支日渐壮大的苏格兰海军。

到了 15 世纪末，英格兰的海上力量处于二流水平。英格兰的航海者们精通海战，虽然有时候用在了不那么正当的事情

---

① 苏格兰斯图亚特王朝国王，苏格兰国王詹姆斯一世之子。——译者注
② 港口中可以将水抽干的船池，用于建造和修缮船只。——译者注

上，但这种攻击能力对国家海权至关重要，必须予以驾驭和利用。亨利七世实行了一种颇有效用的新办法。对于那些所建船只超过一定尺寸的船主，亨利会给他赏金。国王借此成为国内那些最大船舶的共有人，君主和商船的联系变得前所未有的紧密。

一如从前，这个办法利弊共存。弱势的国王依赖于贪得无厌的航海者们。当国王任用的船主像霍华德那样忠心可靠时，双方的关系最为融洽。但英格兰船主们的品性正如其参差不齐的海上战力一样，也是千差万别。15 世纪，英格兰绝大部分的羊毛和布匹都由国内航运商运往国外。然而前往低地国家的航程太短，不足以召集足够数量的大船，组成强大的国家海事力量。

英格兰最急缺的，是拥有长久稳固海防所需的资金和队伍。在中世纪欧洲，英格兰海上力量的多次崛起——往往转瞬即逝，偶尔亦大放光彩——足以让人们形成这样的认识，即夺得海上霸权是英格兰的天赋之权，也是它的使命；而这种力量在衰落前亦有明显的征兆，昭示着国家陷入了国力贫弱、内讧频仍以及经济衰退的多事之秋。

注释

1. *BND*，pp. 25ff
2. 关于亨利五世海军的讨论参考 Rose，*Navy of the Lancastrian Kings*
3. *BND*，pp. 30 – 31
4. 关于华列克和汉萨同盟，请参考 Lloyd，*England and the German Hanse*，pp. 195ff

第 3 部分

大西洋

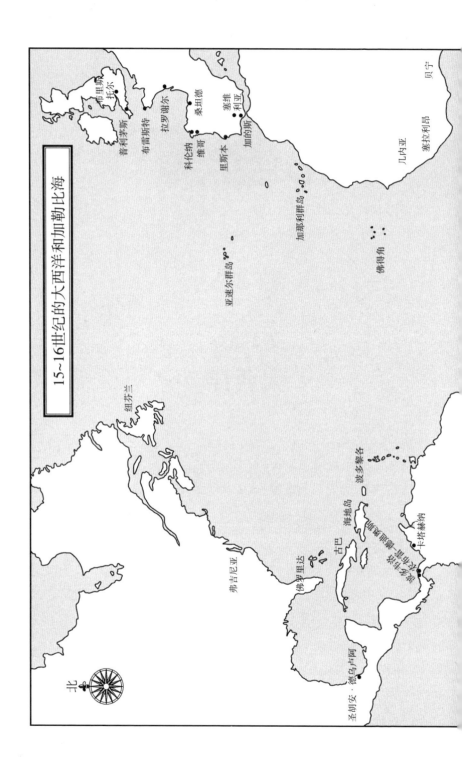

15~16世纪的大西洋和加勒比海

第8章

止步不出（1509～1530年）

正是长途跋涉的远航……砥砺了水手，带领他们开启 了航海术的秘藏。

——哈克路特①（Hakluyt）

你如果知悉那些伟大的探索发现，以及随之开启的种种可能性，就会发现 15 世纪 90 年代是多么光彩夺目和震撼人心。乔瓦尼·卡博托（Giovanni Caboto）将要前往布里斯托尔，因为在 15 世纪下半叶，布里斯托尔的船所探索的范围要远超此前英格兰的航行范围。他们进入了广袤的未知之地，穿行在人类地图上尚一片空白的无垠幽冥——大西洋。这位热那亚的探险家正要驶向此未知之地，在那些未知之地他被称为约翰·卡伯特（John Cabot）。他觐见了亨利七世，并于 1497 年 3 月，被授权"在所有基督徒并不知晓之处，在世界的任何一地，探寻那里的国家、地区，以至异教徒与蛮夷的鄙陋之地，观彼之光"。

国王并未给予任何钱财或是实际的资助，只是泛泛地向他授

---

① 1552？—1616，英国地理学及历史学家。——译者注

予权限，让他探索世界上尚未被基督徒发现的地方。亨利谨慎行事是有原因的。1493 年的教皇诏书"教皇子午令"（Inter Caetera）和翌年的《托尔德西里亚斯条约》（Treaty of Tordesillas）将欧洲以外的世界瓜分给了葡萄牙和西班牙。地图上，属于葡萄牙的佛得角（Cape Verde）与属于西班牙的西潘古岛（Cipangu，今日古巴）、安蒂利亚岛（Antilia，今日海地岛）之间被画了一条线，世界版图就照此划分。这条线以东都归葡萄牙，以西则归西班牙。亨利正着手同西班牙这支正在崛起的欧洲势力结为姻亲。阿拉贡（Aragon）的费尔南多（Fernando）和卡斯蒂利亚的伊莎贝拉（Isabella），此二人亨利都不敢得罪，他无法向充满风险的远航砸钱或是提供帮助。

1497 年 8 月，卡伯特直接从布里斯托尔的码头跑到亨利七世那里，汇报了令人震惊的消息。5 月，他驾着一艘吨位为 50 吨的轻型卡拉维尔帆船（caravel）"马修"号（Matthew）出航，船员一共 20 人。他们向西航行进入了大西洋，35 天后看到了陆地。卡伯特和船员们踏上了这片新土地。他们前进的范围没有超过一支弩箭的飞行距离，其间发现了渔网、木具、脚印和生火的痕迹，但是没看到人。他们升起了英格兰国旗和教皇的旗帜，并宣布这片"新发现的大陆"（New Found Land）为亨利七世所有。他们返回"马修"号后继续前行，一路上又发现了更多的新土地。而最值得注意的是，他们发现海里到处都是鳕鱼。

卡伯特认为自己发现了华夏帝国（Cathay）——中国（China）——的东部边缘。亨利授予他探索大西洋更远处，并将 5 艘船的货物带到"新发现的大陆"的专利权，其中一艘船的货物还是国王亲自出资的。1498 年，船队驶离布里斯托尔。

自此以后，再也没有人听闻约翰·卡伯特的消息。人和船都没再回来。

卡伯特远航的那段时间，正值中世纪末期地理发现的鼎盛之年。1498 年克里斯托弗·哥伦布（Christopher Columbus）抵达南美洲大陆，翌年瓦斯科·达·伽马（Vasco da Gama）历尽艰辛完成远航，绕过好望角（Cape of Good Hope）到达印度（India）后返回葡萄牙。

西班牙和葡萄牙占据探索大西洋的绝佳地理位置。卡斯蒂利亚人在 1402 年占领了加那利群岛（Canaries）。葡萄牙人于 1419 年到达马德拉岛（Madeira），1427 年到达亚速尔群岛（Azores）。15 世纪上半叶，他们一路推进，直至佛得角和塞拉利昂（Sierra Leone）。1488 年，巴尔托洛梅乌·迪亚士（Bartolomeu Dias）绕过了非洲最南端。

在突飞猛进的探险中，葡萄牙人发展出一种新船。卡拉维尔帆船的灵感来自大西洋深处的渔船。它比克拉克帆船更轻，吃水更浅；水上部分大大简化，并且缩短了桅杆。速度、操作性以及稳定性上的优势大大弥补了它在体积上的缺陷。卡拉维尔帆船比此前任何欧洲船舰都更善于在风中航行，让深海也变成通航之地。约翰·卡伯特驾驶的"马修"号是一艘方形横帆和大三角帆混用的卡拉维尔帆船。和其他中世纪船只不同，你可以放心地驾着这艘船往来于波涛之中。

探索大西洋的突破性进展就始于此船的出现，因为葡萄牙人发现在出航大西洋海岛以及南下非洲海岸时，会有从伊比利亚（Iberia）吹来的顺风。返航时，水手们进入海域后只需在北美洲（那时还没被发现）沿海的北纬 35°搭上顺行西风，就能直行归来。因此，葡萄牙人需要知道如何在航行中确定所处 75

纬度。探索时代推动了远洋航行的革命——一项中世纪航海家根本不需要的技术出现，因为他们依赖的是紧贴海岸线航行的办法，靠的是自己的观察和积累的经验。这项技术带领西欧地区走向了截然不同的道路。

亨利没有地利，未能参与这波涌向热带地区的大潮。伊比利亚水手们的船受益于大西洋风力系统，以顺时针方向驶往加那利群岛，然后乘着信风穿过西印度群岛（West Indies），再被墨西哥暖流（Gulf Stream）托着，途经北美洲返航。不列颠群岛的水手则与此无缘。英吉利海峡和比斯开湾的盛行风是一大阻碍，并且沿途也没有可提供补给的岛屿。

但是英格兰和苏格兰的航海者们却开启了对大西洋北部的探险。从 14 世纪末开始，英格兰人就开始在冰岛沿海地区捕鱼。这座岛屿和斯堪的纳维亚失去联系已经有很长时间了，"没有来自挪威的消息"的字样年复一年地在编年史中出现，意味凄凉。1412 年，挪威仍旧没有消息传来，但长久以来的孤立状态被打破了：一艘寻找食物的英格兰船到达了这里。第二年，有超过 30 艘英格兰双桅渔船进入此地，各式各样的生意人向冰岛人出售商品。当地人虽被禁止和外来者通商，但他们对商品的需求量极大。新访客们遇到不愿通商的冰岛人，会用上恐吓、殴打、偷盗、砸船和绑架等手段，逼其就范。一些贸易商和渔民甚至披上了铠甲。

英格兰周围海域暴力丛生和混乱无序的状态，被原样搬了过来。

英格兰航海事业到了一个重要时刻。数世纪以来，英格兰水手往返伊比利亚、加斯科涅和波罗的海的航线都一成不变，似乎突然间，他们就可以顺畅地从本土驶向外面的大海。英格兰水手已经具备了一定程度的远航技术，他们可能是和更为娴熟专业的外国水手接触时得到这些知识的。

到了15世纪中叶，布里斯托尔的船会在春夏之际到冰岛贸易和捕鱼，秋冬季时，再前往伊比利亚、加斯科涅和荷兰。这些船会途经爱尔兰的西海岸，布里斯托尔人和此处亦有良好的贸易往来。冰岛资源丰富，而整个欧洲都对咸鱼有突出的需求，布里斯托尔的商船把冰岛的鱼（随带着英格兰的织布）出口到葡萄牙，大获其利。除了这些地方，布里斯托尔的商人走得更远。参与过"守卫汪洋"的罗伯特·斯特米（Robert Sturmy，逝于1457年）曾载着朝圣者到地中海冒险，并带回了香料。威廉·坎宁杰斯（William Canynges，逝于1474年）曾派遣一支10艘船的商业船队，前往冰岛、波罗的海、伊比利亚、法国和荷兰。

布里斯托尔在斯特米和坎宁杰斯等人的影响下成了英格兰最重要的港口。他们不断开拓新市场，和整个欧洲地区甚至中东建立起商业往来。到15世纪末，布里斯托尔的船会定期往返于地中海。

下一代人的雄心壮志更盛。他们同样有足够的财富，进行更远的航行，前往北美洲这样的地方探险。一些有力的迹象显示，自1480年起，有一群布里斯托尔商人在资助前往大西洋的远航，旨在搜寻巴斯岛（island of Brasil）*。当时的地图上，爱尔兰岛以西的大西洋还是一片空白，在这片空白中标识着巴斯岛以及连同"七城"（Seven Cities）之岛在内的各种岛屿。

---

* 巴斯（Brasil）一名源自古爱尔兰语，它和巴西（Brazil）近乎怪异的相似纯属偶然。巴西一词源自巴西木（brazilwood）。

在涉及天际之外有些什么的传说中，这些岛成了人们关心的焦点。这些知识来自托马斯·克罗夫特（Thomas Croft），他是布里斯托尔的一名海关官员，曾在 1481 年的一支大西洋远航船队中投入了八分之一的出资份额。因为其所在政府禁止官员涉足此类活动，他受到了指控，但陪审团——一帮紧密团结的布里斯托尔贸易巨头——判定，派出的船"旨在寻找一座名为巴斯的岛屿"。克罗夫特被宣布无罪，理由是这些船旨在探险而非贸易。

实际上，西行探险队并不仅仅是为了探险。当时英格兰人已被汉萨同盟赶出了冰岛。为和伊比利亚及其他各地继续贸易往来，他们需要新的渔业资源。寻找巴斯只是托词。他们要找的是鱼，他们在日后被称为纽芬兰浅滩（Newfoundland Banks）的地方发现了令人叹为观止的众多鱼群。他们不希望任何其他势力介入，于是以远航的名义掩盖真实目的。"巴斯岛"是一个很好的借口，这些人感兴趣的根本不是探险，而是钱。这就是为什么 1481 年的远航队装载了巨量的盐——远非探险必需之物，却是保存鳕鱼不可缺少的材料。

卡伯特归来后曾提到过偶然"发现"了纽芬兰，但在此数年以前，可能在众多秘密远航中的某一次，就有人知晓了这个地方。丹麦国王禁止英格兰人前往冰岛和格陵兰岛，但他们还是神不知鬼不觉地去了。在格陵兰岛非法捕鱼的英格兰渔船很有可能偏离了航线，然后到了纽芬兰，弄明白所在纬度之后才得以返回布里斯托尔。消息被严密保守，但关于"巴斯"的消息可能是从伊比利亚泄露出去的，这也是约翰·卡伯特直奔布里斯托尔的原因。在写给克里斯托弗·哥伦布（Christopher Columbus）的一封信中，布里斯托尔的贸易商约翰·戴（John

Day）这样描述卡伯特的远航，"正如你（哥伦布）早就明晰的"，布里斯托尔的那些人"在此之前"就已经发现了巴斯岛。1498年，一名大使在呈给费尔南多和伊莎贝拉的急件中汇报说，布里斯托尔的人正在派卡拉维尔帆船（caravel）①寻找巴斯。这些运气不佳的探险家们，会不会是暗中捕鱼作业的船队所伪装的？可以肯定的是，这帮布里斯托尔人并不偏好不切实际的远航探险。他们显然没有在卡伯特身上投资太多，很可能是因为早就对纽芬兰有了足够的了解——至少知道它不是华夏帝国（中国），也不是一片适合糖类作物和巴西木生长的土地。而且他们有可能已经知晓，华夏帝国比哥伦布和卡伯特设想的更为遥远。

在1498年卡伯特灾难般的远航之后，探索大西洋的浪潮并未因此停歇。16世纪早期，那些前往"新发现的土地"远航的实施者和资助者，仍旧得到了亨利七世的大力支持。1502年，亨利赏赐了一名为他带回雄鹰的水手和另一名带回白头鹰的水手。1505年，他收到了山猫、鹦鹉和三名北美土著。由布里斯托尔和伦敦的商人组建的"新发现土地探险公司"（Company of Adventures to New Found Lands）成立。但接下来的5年中，人们发现在北美洲花力气并不值得。加勒比海和美洲中南部给西班牙人带来了回报，亚洲给葡萄牙人带来了回报，"新发现的土地"却不是这样。探险家公司宣告失败。而且，英格兰人正在渗入西班牙人的垄断区域。无论是亨利七世还是亨利八世，都不想冒犯这个新兴的欧洲超级大国。对

---

① 卡拉维尔帆船葡萄牙语为Caravela，一款在15世纪盛行的三桅帆船，当时的葡萄牙和西班牙航海家普遍采用它来进行海上探险。——译者注

"新发现的土地"的兴趣就此告终。

1509 年，那时候还非常年轻的亨利八世登上王位，踌躇满志，行事果断，同时也有着根深蒂固的传统思想。他对王权和英格兰之国运的认知承袭于传奇与历史——尤其是先辈中声名卓著的爱德华三世和亨利五世。他父王累积下来的威望和光鲜亮丽的朝廷帮他掩盖了一个严峻的事实——虽然只是暂时——英格兰沦为欧洲边缘国家后已经变得无足轻重，脱离了探险与贸易大潮的主流队伍。

亨利接受的是伊拉斯谟学派（Erasmian）的教育，他十分精通现代地理学，但行事风格和想法满是中世纪色彩和怀旧气息，带有英格兰中心主义（Anglocentric）。到了海上也是如此。和以前一样，本土海域成为英格兰海军的发展导向。

78　　那些宣扬国威、炫耀英格兰海上霸主地位的船很受亨利青睐。在位期间，他用声势唬人的新船打造出一支蔚为壮观的海军。"玛丽玫瑰"号（Mary Rose）吨位 500 吨，"彼得石榴"号（Peter Pomegranate）450 吨，均和詹姆斯四世的"玛格丽特"号在体积上相差无几；巨大无匹的"主恩亨利"号始建于 1512 年，亦被称为"伟大哈利"（Great Harry）号，已经赶上了吨位 1000 吨的苏格兰战船"迈克尔"号（Michael）。

"玛丽玫瑰"号和"彼得石榴"号比较相似。它们的名字来自圣徒和徽章，圣母玛利亚被称为"神秘玫瑰"，而石榴（也和圣母玛利亚有关）是凯瑟琳皇后（Queen Catherine）的私人徽章。领头的英格兰战船悬挂着光彩夺目的宗教象征和皇室徽章，"玛丽玫瑰"号上的彩带有 150 码长，涂以都铎王朝的绿色和白色。亨利本人和他的海军将领爱德华·霍华德爵士（Sir Edward Howard，约翰·霍华德之孙，第一任诺福克公爵）

更偏好"玛丽玫瑰"号，后者称其为"最为高贵华丽的航船……此时我似已身处主之国度"。[1]

1512年，这两艘新船和较老的"摄政"号在霍华德的统领下被派遣出航，其时亨利开始了他与法国的第一次战争。一支主要由征用的商船组成的船队被组建起来，共计17艘船舰，执行"守卫汪洋"的行动，沿途鲜有抵抗。它们扰乱法国渔船正常作业，扣押商船并多次袭击沿海地区。布列塔尼的两座城镇和许多村子被焚毁。

可还没等得意扬扬的亨利八世将自己比作亨利五世多久，英格兰海军就再次落后于16世纪的技术浪潮。这年冬天，路易十二（Louis XII）召集起一支船队。同历史上多次发生的一样，法国人向地中海地区寻求最新式的海战技术。凶威盖世的裴翦·德·比杜（Prégent de Bidoux）率领6艘桨帆船加盟停驻在布雷斯特的法国船队。

霍华德此时所面临的难题，足以让16世纪的任何一位海军将领都头痛不已。他已经做好重击法国海军的准备，却苦于缺乏食物和啤酒而无法行动。他急切地请求输送补给，"否则我们只得撤回唐斯，任由法国人在这里蹂躏肆虐"。[2]

霍华德拿到了补给并依言出击，再次把法国人逼回布雷斯特。至少到目前为止，形势还是不错的。可几天之后，裴翦领着桨帆船船队到了。1513年4月22日，法军祭出了威力惊人的新式武器，其狂暴和杀伤力让英格兰水手吃尽苦头。巨大无匹的蛇神加农炮被安在法军桨帆船的船头，照面厮杀之时，大炮对着英军就是一番轰炸。结果英格兰舰队中一艘船沉没，一艘船严重受损。可和笼罩英军军心的恐惧战栗相比，这些损失还不算什么。船体被呼啸而过的炮弹撕裂，碎木四溅，绳具和

79

船帆四分五裂，战友的残肢断体满目可见。英军的轻型后膛炮在这种近距离猛攻中几乎派不上用场。他们遭到前所未有的狂轰滥炸。

附近港口停驻着法军桨帆船队。而霍华德在粮草方面难以为继，麾下士兵饥肠辘辘、惊惶不安，而亨利也在责骂他战事失利。别无他法，霍华德下令所有轻舟都降下帆蓬，并在上面载满士兵。

爱德华·霍华德爵士的座舰直冲向裴翦所在的桨帆船。这位海军大臣跳上了敌船的甲板，可他的座舰却被挤开了，他的士兵只能眼睁睁看着将军挥舞着双臂大喊："再度登船！再度登船！"[3]当意识到已经于事无补时，他包起那只象征海军大臣身份的金哨子，掷入海中，以免这个具有代表意义的物件沦于敌手。法军用长矛戳起霍华德，把他扔下了海，身上的重铠让他溺死海中。船队蹒跚着回到了达特茅斯，寻找食物的士兵把附近的乡村弄得鸡飞狗跳。爱德华爵士的兄弟托马斯·霍华德（Thomas Howard）接管船队后重申号令，恢复了秩序，并依照亨利的命令做好了返回布雷斯特的准备。但幸亏国王又改变了主意。托马斯·爱德华汇报说，船上的水手和士兵宁可下地狱，也不愿再碰到敌军的桨帆船，骇人的新式战法已经让他们吓破了胆。

亨利的海上远征成了中世纪海战的最后一缕余晖。先是巨型船舰扑向敌船，然后靠弓箭手和骑士与对方拼杀，这种传统的作战方式已经随着海战大炮的出现被彻底颠覆了。

在 16 世纪早期使用大炮的难处是，尽管做了改造，但没有哪种航船可以有效地搭载或是配置它们。虽然 1513 年的法国桨帆船所载之蛇神巨炮让英格兰水手惊骇不已，但是大炮的体积和重量严重影响桨帆船的航速，使其丧失了自身成为精良战舰的灵活性。克拉克帆船也显现不出优势。水面以上的船体无力承受安置在高处的重炮。

炮眼的出现成为重大突破。初期的炮眼是在船体上挖洞，配以能够闭合和防水的盖子，并且这些洞开在船尾，不会影响整艘船的稳定性。16世纪早期人们还没有能力建造整层火炮甲板。主要武器一直是用于杀伤步兵的小型后膛炮。那些船算不上"船舰杀手"，它们的火炮还不足以击沉敌船。亨利那些在本土水域游弋的巨型船舰如同浮动的城堡，其功用不仅在于军事作用，更在于宣扬国威。

亨利八世对船舰十分关注，可能是自盎格鲁－撒克逊时期以来最甚者。他极为关切皇家海军的状况，并视海军力量为王位的象征。皇家船只下水成了庄严的国事活动。在某种程度上，这些展示活动也是在炫耀新的船舶设计技术和先进的火炮技术。与之休戚相关的还有国君之威望，以及英格兰有史以来一直宣示的海洋主宰地位。都铎王朝和海军之间的紧密联系让人想起那些最为卓越的英格兰君王，从亚瑟王到阿尔弗雷德大帝，从埃德加到爱德华三世。在16世纪早期的背景下，这也是在提醒抑或向外邦的王公们宣示，英格兰可能疆域狭小，国力贫弱，其地理位置远离欧洲强权政治的中心，但她对海上形势有举足轻重的影响。因此，她远比表面上看起来强大。至少亨利希望其他人能相信这一点，因为他自己对此深信不疑。

亨利对海军有着无比赤忱的热情。但是当他把父亲遗留的钱财挥霍一空后，维持一支声势煊赫的海军变得更加艰难。到了1524年，巨型船舰被闲置，以满足对现款的需求。

如果说亨利想要在海上一展抱负，那么他的目标就是用如同浮动城堡一般的巨舰控制本土水域，并消除英格兰和法兰西之间的阻隔，换言之，就是实现其祖辈未竟的志业。在属于西班牙和葡萄牙的远洋探险的黄金年代，亨利在涉及欧洲地域以外的探险方面表现得极为保守。这把亨利从当时海事国家的君主之列剔除了出去。西班牙和葡萄牙对美洲和亚洲的了解正与日俱增，而法国人则正在探索北美洲的东海岸。1509 年亨利登基的时候，在印度西海岸的第乌（Diu）沿海发生过一场战役，葡萄牙人击败了奥斯曼人（Ottoman）、印度人（Indian）、威尼斯人和拉古萨人（Ragusan）联盟的水师。经此一役，他们征服了包括索科特拉岛（Socotra）和马斯喀特（Muscat）等地在内的印度洋（Indian Ocean），获得了印度洋和红海的控制权。两年后，他们占领了马六甲海峡（Malacca）。

1527 年，亨利又一次不得不有所作为，起因是他的头号大敌弗朗索瓦一世（François Ⅰ）。乔瓦尼·达·韦拉扎诺（Giovanni da Verrazano）探索卡罗来纳（Carolinas）和纽芬兰两地之间海岸的航行就是由此人出资的。作为回应，亨利派出了自己的船只，探索从西北方向前往亚洲的通道，船队由经验丰富的官员约翰·鲁特（John Rut）统领。拉布拉多（Labrador）沿海的冰山迫使鲁特回撤。之后他向西印度群岛进发，其时西班牙人正将巨量的黄金从印加帝国（Inca Empire）运回本国，他可能是为了向亨利汇报这个情况而去往那里。西班牙人对闯入自己新世界的外邦人感到十分不悦。

此次出行代价高昂，而且结果多少有些令人尴尬。1527 年的亨利根本无力抗衡查理五世（Charles V）①。当时，亨利正向教皇施压，要求其正式调查自己和妻子凯瑟琳（Catherine）的婚姻并允许他休妻，而既是神圣罗马帝国皇帝又是凯瑟琳侄子的查理只能袖手旁观。查理当时也正处统治生涯的巅峰，贪得无厌地从"新世界"（New World）攫取金银，其富有程度超乎人们想象。而北美洲的海滨根本没有金子，荒凉萧瑟，无法长驻，而且还有充满敌意的强悍土著。没有买卖可做，也没有什么能得到快速回报的投资，因此无论私人还是君王都没有兴趣在此处建立殖民地。

能轻松获利的途径是和伊比利亚的贸易往来。英格兰人在前往里斯本或加的斯、亚速尔群岛、佛得角或加那利群岛时有机会进口大量的异国商品，它们十分紧俏。这些水手主要来自英格兰的西南部，那里已经完全成了新大西洋世界的一部分。他们的买卖包括伊利亚出产的商品,比如从来都是紧俏货的橄榄油、红酒，以及从美洲得来的战利品，还有来自加勒比海和亚洲的水果、胡椒、香料、蔗糖、巴西木和"新大陆"鱼（'Newland' fish）。他们还和异邦商人们建立了联系，听其讲述辽阔远方的风土人情，最重要的一点是，他们知悉了远洋航行和战斗的技术。这种航海经验是无法在皇家船队中获得的。

大西洋的生存环境十分恶劣，人们将贸易关系和补给资

---

① 神圣罗马帝国皇帝查理五世（1519~1556 年在位），亦称西班牙国王卡洛斯一世（1516~1556 年在位），罗马人民的国王卡尔五世（1519~1530 年在位），卡斯蒂利亚和莱昂国王卡洛斯一世（1516~1556 年在位），阿拉贡国王卡洛斯一世（1516~1556 年在位），西西里国王卡洛斯二世（1516~1556 年在位），那不勒斯国王卡洛斯四世（1516~1556 年在位），低地国家至高无上的君主。他是"哈布斯堡王朝争霸时代"的主角，也开启了西班牙日不落帝国的时代。——译者注

源严密保护起来，并为之相互争夺。人们必须坚持下来才能混出名堂。很少有英格兰人参与其中。普利茅斯的威廉·霍金斯（William Hawkins）走得最远，挣的钱也最多。16世纪20年代，他是普利茅斯最富有的商人之一，并且为国王效力。他的大部分生意是从中间商或者大西洋岛屿购进伊比利亚商品，且发家致富的过程并不光彩。他在国内外都麻烦缠身——滥用武力，还参与他家乡的派系斗争。16世纪30年代，他通过打斗、哄骗、恐吓和贿赂等手段谋得权力，担任过两任市长。

他逞强斗狠和胁迫成性的行事方式很容易驱使他入侵别人的海域。1530年，他驾着吨位为250吨的"保罗"号（the Paul）到了上几内亚（Upper Guinea），并从那里购入了象牙和胡椒。他随后穿过大西洋到了巴西并在那里弄到了巴西木，这种木头可以加工出非常宝贵的染料。他无视葡萄牙人的垄断，成为第一位直接到非洲和南美洲进行贸易的英格兰人。他因此变得极为富有，声名大噪。第二次去巴西时，他带回一名当地的酋长拜见亨利八世。国王赞许了霍金斯的"智慧、英勇、丰富阅历和娴熟的海事技能"。

这些赞扬都名副其实，但霍金斯只是一个例外，亨利并未鼓励这样的探险。他正专注于自己那支声势唬人的海军。航海大发现时代与他擦肩而过，而这将对海军的发展产生严重影响。和贯穿整个中世纪的情形一样，英格兰商人错失了贸易上的崭新机遇，并且英格兰的海军——宽泛意义上的海军——一败涂地。皇室的漠视扼杀了布里斯托尔人的开拓精神。从远途探险中磨炼出的娴熟技艺也未能体现在英格兰水手的身上。

亦商亦武的海军仍旧滞后不前，其发展方向几乎全部转向了低地国家。英格兰继续保持着落后的欧洲国家的角色，在世界范围的海域里鲜有露面，甚至连围绕本国海岸线的那些海域都无法掌控。亨利那徒有其表的海军成了一无是处的累赘①。

注释

1. Knighton and Loades，p. 13
2. 同上书，p. 26
3. *BND*，pp. 81 – 82

---

① 此处原文为 white elephant，意指累赘、废物。——译者注

第9章

热血新大陆（1530~1556年）

16世纪20年代末，笼罩亨利的迷人光芒被消磨殆尽。他想要在海外一展抱负的雄心受挫，试图休掉凯瑟琳并迎娶安妮·博林（Anne Boleyn）一事亦进展不顺。此时，亨利的"玛丽玫瑰"号和其他船只已是破破烂烂，停在码头无人修缮，而他不得不面对身为一个欧洲国家君主的劣势，还有强大的查理五世——西班牙国王、辽阔的欧洲帝国和"新大陆"的统治者。亨利无法对罗马教皇施加影响，也无力向他的属国发号施令。

亨利在经过漫长的内心斗争后意识到：第一，英格兰是完全独立的帝国，任何外邦人都不能凌驾其上，即使是教皇也不行；第二，国王是臣民的宗教领袖，臣民当服膺他的威权。此等激进立场——经历了痛苦的酝酿——把他摆在了几乎整个欧洲的对立面，尤其是凯瑟琳被抛弃后，她的侄子查理五世认为自己肩负着坚决惩治异端的重大责任。西班牙是远洋海事强国，而且查理还以其强盛的海军力量统治着荷兰——他如果与法国和苏格兰结盟，就能对英格兰形成严重的海上威胁。

一个岛国如果正面临如此危情，依靠海军保卫自身的独立地位才符合常理。但英格兰并未立即这样行动。宗教改革（Reformation）持续了很长时间，其影响不是一时之间就能平息下来的。1533 年，帝国使臣厄斯塔斯·沙皮（Eustace Chapuys）向查理五世进言，目前亨利的所有巨型船舰都无法使用，完全修复它们要耗费 18 个月。这其实就是在怂恿查理趁着英格兰实力下降、势单力孤之时大举入侵——沙皮是凯瑟琳的忠实党羽，但查理此时正忙于更重要的事务：和穆斯林世界的海战，和土耳其人的陆战。

沙皮的想法有一定的道理，亨利的巨型船舰确实已经被弃置了很久。不过英王还有其他战船可供调遣。1536 年是亨利的多灾之年，国内爆发了以"求恩巡礼"（Pilgrimage of Grace）为名的叛乱，还面临着遭受入侵的威胁。包括"玛丽玫瑰"号和"彼得石榴"号在内的 8 艘巨舰被改建，"伟大哈利"号和"巨帆"号（Great Galley）被重新建造（"改建"意指在原有船体上进行翻修、扩建和改进；"重新建造"则意味着全部从头再来）。此外，还有新船编入了船队。

这个为战争而准备的雄心勃勃的项目由亨利的第二大财源支付。英王宣布从 1534 年起解散修道院，由此筹得维系海军所需的费用。

1539 年，英格兰正面临着遭受入侵的险况，这次的敌人是查理和弗朗索瓦的联军；可敌军真正打来的时候，英格兰海军呈现了前所未有的强盛之势。据法国使臣禀报，亨利的整个船队共有 150 艘船，其中包括征用的商船和威尼斯、拉古萨（Ragusa）以及佛罗伦萨的雇船。

这或许不是欧洲规模最大的海军，但在技术上是当时最领先的，尤其是武器方面。"玛丽玫瑰"号和其他巨舰在改建时都增加了主炮甲板，并在船侧安上了炮眼。据沃尔特·雷利（Walter Raleigh）说，"玛丽玫瑰"号的主甲板炮眼离吃水线仅 18 英寸。这样船上的大炮得以轰击敌船船身，给对方造成最为严重的结构性损坏。

海军的核心是那些浮动城堡一般的巨舰，其周围环绕着种类多样和型号较小的船。有把大炮安置在船桨上方的桨帆船，有把大炮放置在桨手上方平台上的加莱赛船（galleass）①，还有驳船、克拉克帆船和卡拉维尔帆船。其中也出现了葡萄牙武装快船（pinnace）——这种附随大船的小船靠帆桨行动，行速迅捷，并配有轻型火炮。这支海军剑走偏锋，是有意试验可用于战斗的帆船的形式，特意安排型号各异的船是为了应付各种不同状况。

行之有效的管理体系也在这一次就位。亨利在位早期，一套以某个人为中心的临时制度开始形成。都铎政权早期，威廉·贡松（William Gonson）大放异彩，功绩卓著。他在伦敦城（the City of London）做生意和当船主时聚拢了大笔财富，不过他同时还涉足皇室和政治权力的中心——他是亨利的传令官，并且身兼国库出纳之职。贡松还运用自己的航运经验指挥由皇家船只和雇佣商船组成的海军中队。指挥海军的往往就是这些将贸易活动和服役皇室相勾连的人，贡松正属此类。

他在仕途上的晋升得益于当权者对其才干的赏识，但他自身的实力则源于对财政大权而非官职的掌控。伊里斯（Erith）和德特福德（Deptford）两地的仓库由贡松看守，这似乎是一个没什么前途的职位。亨利在位期间，官位卑贱者往往能平步青云，飞黄腾达。在海军方面，贡松听命于托马斯·沃尔西

①　又称中型帆船、三桅军舰，有侧炮，可搭载数量可观的水手，是 16 ~ 17 世纪颇为流行的地中海大型战船。——译者注

（Thomas Wolsey），后来又到了托马斯·克伦威尔（Thomas Cromwell）① 麾下。作为忠诚奉职的回报，他可以直接动用国库的钱款并和自己中意的人签署合同，为皇家海军提供补给、维修和军粮。这样，贡松就在海事领域有了权势，并且能够接触到巨量的现金储备。

20 年间海军都由贡松一手把持。出海时他是领航的舰队司令，驻港时他负责维护事宜。但 1541 年他的儿子因叛国罪被处死后，不知是因为儿子的死，还是因为英格兰陷入战争后独力经营海军所承负的巨大压力，贡松在 1544 年自杀身亡。整个海军系统随之崩溃。

此事对英王是一个沉重的打击，他花了两年时间才将这个窟窿填起来。贡松的位子由"海事理事会"（Council for Maritime Causes）接替，史称"海军部"（Navy Board）。其中三个常设职位是此前已有的：船只书记员（Clerk of the Ships）、审计官（Clerk Comptroller）和仓库管理官（Keeper of the Storehouse）。另外四个新增的职位是：副将（Lieutenant，亦称 Vice Admiral，舰队副司令）、财务官（Treasurer）、船舰监造官和帆手（Surveyor and Rigger）、军需官（Master of Naval Ordnance）。人们把担任这些海军职位的人称为"核心军官"。

这套曾以众大臣及其指派任命的成员为核心的体系，现在迈出了走向专业化的第一步。任职者可以领到数目公允的薪水。詹姆斯·贝克（James Baker）是第一位由皇家海军直接聘用的造船师。到了 1548 年，海军又聘请了其他三位船匠和

---

① 约 1485—1540，下令处死英王查理一世的护国公奥利弗·克伦威尔为他的后裔。——译者注

铸锚匠，此外还有若干书记员、供应商、仓管员、守卫、看船人、杂役和驻船牧师。

主宰了皇家海军整个中世纪的特设体系并未从此销声匿迹。粮草供给的重任还是落在了一个外人肩上，此人就是绰号"鳕鱼干"（Stockfish）的温切斯特主教斯蒂芬·加德纳（Stephen Gardiner）。一有战事，还是按照自古以来的传统，由贵族和大商人指挥海军，从渔船和商船上征召船员。

然而，无论规模还是实力，16世纪40年代的整个亨利海军并不能满足这位国王的凌云之志。1544年，他向自己的海上属臣宣布了一项声明，授权属臣们可以不受任何法律限制攻击国王的敌人。一个世纪前，英格兰海盗的声势曾攀至顶峰，但随后的几十年中，他们一直受到都铎王朝的严厉打压。现在，这只恶虎再次出笼。

英格兰的水手抓住了这次机会。威廉·霍金斯放弃了正快速发展的大西洋贸易，转而投身本国海域的私掠（privateering）① 活动，这里的利润更为丰厚。越来越多的贸易商开始放下手中的活计，投身于此。16世纪一个至关重要的历史时刻就此到来。

对穿梭于浪涛的海客们来说，战事的波及范围并不仅仅局限于英格兰敌国。霍金斯心中有仇未报。长年以来，霍金斯之流和伊比利亚人（Iberian）② 之间的贸易往来相当融洽，但这种局面因亨利离婚和宗教改革而荡然无存。出国探险的英格兰

---

① 指由国家颁发私掠许可证，授权个人可以在战时攻击或劫掠他国船只的行为。执行私掠的船只（privateer）通常称为私掠船或武装民船。——译者注

② 以伊比利亚语为母语的民族，居于伊比利亚半岛（位于欧洲西南角，包括当今西班牙、葡萄牙、安道尔、法国一小部分地区以及直布罗陀等地）。——译者注

人遭到西班牙人满是敌意的对待。而对于西班牙人和葡萄牙人在欧洲以外的贸易中的垄断地位，霍金斯等人也早已心生不满。毕竟，他们之所以敢自命不凡地瓜分世界，仰赖的不过就是教皇的权威。但英格兰人反对这种权威，此时更已将之定为教门异端。

在心怀雄图的贸易商们看来，梦想着建立寰宇帝国的伊比利亚人显得无比狂妄自大；查理五世一边凭借从"新世界"攫取的财富来征服"旧世界"，一边不断强化天主教的权威，竭尽全力成为世界的主人。1544 年和 1545 年，亨利急切地向海客们求援，这为英格兰人提供了绝佳的机会。他们不仅攻击法国与苏格兰的船只，还以西班牙参与或有可能参与和敌人的通商活动为由，对西班牙船只发起同样猛烈的攻击。

不受约束的混战给亨利惹来了大麻烦。查理五世已经视英吉利海峡为要冲重地。登基初期他忙于意大利的事务，而到了 16 世纪 40 年代，荷兰引起了他的注意。此地在查理的帝国版图中，既是最重要的也是最棘手的。现在这条欧洲经济的命脉正滑向新教阵营，查理誓要遏止这一趋势。因此，要想维持西班牙经济的繁荣以及实施查理对帝国的规划，英吉利海峡和爱尔兰海就成了必争之地。疯狂劫掠的英国航海者们将形势推至了危险境地。

查理在战事正酣时转身与亨利为敌。为了反击海盗，他扣押了英格兰在"低地国家"的船只和货物。此举的唯一后果就是促使更多的商人加入海盗的行列。私战中有一个举足轻重的人物叫罗伯特·瑞尼格尔（Robert Reneger）。他和霍金斯一样，与伊比利亚、巴西贸易时积累了十分可观的财富。他深陷当时的宗教浪潮，认为西班牙在宗教上的偏狭固执和法兰西的

87 海盗势力正威胁着自己今后的人生。1545 年，他发动了一次货真价实的巧妙突袭，俘获了正从圣多明各（San Domingo）返航的西班牙运宝船"圣萨尔瓦多"号（San Salvador），一场巨大的外交风波也由此引发。人们突然间发现，西班牙帝国没有想象中威武强大，实际上相当孱弱可欺。当时武装轻简的西班牙人正自信满满，结果在圣文森特岛被瑞尼格尔的 4 艘船轻而易举擒下。

亨利大感头痛，此时他正全身心投入与法国的战事，罗伯特·瑞尼格尔却把他拉向了和查理帝国开战的危险边缘。但瑞尼格尔同时也带回了巨大财富，他的战绩着实将伟大的天主教帝国嘲讽了一番，英格兰的海上威名也因此远播四方。朝中大臣与群僚鼓动他继续照此行事，并瓜分其利。不论居庙堂之高还是处江湖之远的人，都将罗伯特视作英雄人物。

英格兰西境的航海者和伦敦的贸易商竞相成为下一个罗伯特·瑞尼格尔。贵族、城市商人以及西境的士绅，或资助或亲自率领武装民船出海，想要大捞一笔，挣一个不朽功名。其中就包括托马斯·温德姆（Thomas Wyndham），他曾在爱尔兰为克伦威尔效力，并参加亨利的队伍抗击苏格兰军队，这些经历磨砺了他的军事技能。很多像温德姆一样风光体面的人物转身加入海盗行列。海军大臣莱尔（Lisle）写道："南方来的西班牙人、葡萄牙人或者佛兰德人，我国的冒险者把他们都抢了个遍，有些人自称是苏格兰人，有人还戴起面罩来。"[1]

在此情形下，国王已经无力控制局面。安特卫普的人抱怨道："一艘船要是不被英格兰人留下些什么，肯定走不了。"[2]对一些获利颇丰的枉法之人，惩罚还是有的。比如为了安抚西班牙方面的情绪，威廉·霍金斯被象征性地关了一小段时间。托马斯·温德姆因为抢夺一艘西班牙船而被罚款。但罗伯特·瑞尼格尔不在此列，携"圣萨尔瓦多"号归来后不久，他就到亨利驻扎在南安普敦沿海的船队任职去了。

国王正需要像瑞尼格尔这样富有海战经验的战士。1545年，英王的战船和私掠船控制着英吉利海峡，法国人对此并不甘心。一支入侵大军正在塞纳河河畔集结待命。船的数目大概在 150～200 艘，其中有 30 艘是战舰，25 艘是地中海桨帆船。这支水师搭载了 3 万～5 万人的部队。他们的目标是将南安普敦和朴次茅斯变为废墟，并全力摧毁英格兰舰队。

亨利海军停驻的主要港口是泰晤士河口（Thames Estuary），但是此时西南向的盛行风对法国人有利，英军可能会因此被困在泰晤士河中，使得南部疆土任人宰割。春、夏、秋三季，能够让海军停留在英吉利海峡的仅有朴次茅斯和南安普敦两个港口，它们是守卫英格兰的枢纽。法国人如果能把这两个港口夷为平地，英国人在布洛涅将不再有立足之地，英吉利海峡对法国商人而言将是一片坦途。

海军大臣莱尔手中有 80 艘船，以对抗法国入侵大军。7月 19 日，它们正停靠在朴次茅斯港整装待发，国王亲自前来检阅这支军容雄壮的海军。当时他正在"伟大哈利"号上享用晚餐，突然间法军逼近朴次茅斯的消息传来。亨利命人爬上高处查看。果然，怀特岛外是不计其数的船帆。国王急忙离开庞大的旗舰，在众人簇拥下到了岸上的防御工事之中——此处可将战况一览无余。

法国船队占据了怀特岛东岸的圣海伦斯（St Helens），从这里可以尽览朴次茅斯港入口的情形。海面风平浪静，桨帆船借此良机划进索伦特（Solent）海峡，英军船舰一旦离港，就会进入巨型蛇神大炮的射程。

形势已然紧急，可海面上却一丝风都没有，英军根本无法出击。下午晚些时候总算起了一阵小风，英军这才得以出港。为防止法军的桨帆船出击之后就迅速退回舰队，攻击桨帆船成为英军的当务之急。"玛丽玫瑰"号打头阵，从船舷发射的猛烈炮火正可对付那些偷偷摸摸的桨帆船。就在它驶出港口、冲向法军桨帆船的时候，整个船体开始在风中倾斜。"玛丽玫瑰"号右舷一番轰鸣之后，左舷正要再来一次齐射，突然间一阵风刮来，船体再次发生倾斜。

右舷的炮口还是敞开着的，海水汹涌而入，"玛丽玫瑰"号随即迅速下沉。防止敌人登船的织网密布整个甲板，船员自己也被困住，无法逃生。最终 415 人中只有 30 人逃出生天。事后，"玛丽玫瑰"号的船员被指责酗酒失职和违抗上命。法国人则声称是他们的致命一击把船击沉的，但只要看看被击沉的法军船舰上那点可怜的炮火装备，就知道这显然是妄说。极有可能是因为船体经历了整修，又装载了大量的枪炮，结果在遭遇强风时发生了致命的剧烈倾斜。四敞大开的炮口更是雪上加霜。国王在听闻噩耗后惊呼道："哦！诸位！哦！我英勇的战士们！"

89　　那阵小风不久就停息了。之后，英格兰舰队余部凭借对潮汐的熟稔运用驶出了港口，他们的意外出现让桨帆船队慌忙溃退。法军在怀特岛登陆，战况陷入僵局。"玛丽玫瑰"号的沉没让法军处在了始料未及的优势地位，但上将克劳德·德·阿内博尔（Claude d'Annebault）几番糟糕的尝试未能将这种优势保持下去。随后几天的海面一直风平浪静，加上补给短缺和疫病出现，法军只得承认登陆英格兰已不可能，入侵行动也付之东流。

统率大军的安内博尔对入侵作战并不上心，压力来自法国国王弗朗索瓦，他几次三番敦促他的上将与英军交战。而身患痛风的安内博尔在干燥的岛上一刻也待不下去，于是带着浩浩荡荡的船队回到苏塞克斯海岸。与此同时，海军大臣莱尔正在重组水师，从英格兰西南诸郡招纳大量的船后，船的总数剧增到了104艘。它们分为三层排列：第一层是从汉萨同盟租来的大型商船，开战时在最前面吸引炮火；第二层是主战战船；接着的第三层由战船和征召来的商船组成。整个阵容的两翼则是桨式战船——桨帆船、加莱赛船、大舢板（rowbarges）①。

英格兰海军起锚后在肖勒姆沿海看到了法国人的踪影。结果和此前一样，海风再次偃息。双方都只能眼睁睁看着对方，什么也做不了。最后是法国桨帆船打破僵局，率先发起攻击。它们的群射收效甚微，英军加莱赛船漂亮地避开了攻击。夜幕降临，双方紧挨着抛锚。

可第二天晨光微露的时候，法军竟已全无踪影。后来英军从"伟大哈利"号的瞭望台上看到他们正向海中行驶，可这时海风再一次停歇。事后英方才发现，是安内博尔带着船队返回塞纳河了。弗朗索瓦大为光火，霜刃未试的莱尔和英军将领们深感被骗，而法国海军军官们则为了这次三心二意的远征而争吵不休。

皇家海军在亨利的诸多战事中其实只是一个装饰品，但在16世纪其内部运作发生了重大转变。1547年亨利离世时，皇家海军共有54艘船，负责指挥它们的司令官们都是练达老成之辈，在需要的时候，他们会把那些在私战和皇家服役中久经

---

① 附随大船的葡萄牙武装快船。——译者注

战场的将官们召集起来听命待用。此时的皇家海军已经有了常设的基地和仓库，有固定的船工，枪炮也由国内的冶铁业供给。作战基地设在朴次茅斯，船舰从这里出发后可以威慑法国海岸线并横扫整个英吉利海峡。修缮维护的地点设在法国舰队鞭长莫及的泰晤士河口。此外还有沿海要塞和一整套烽燧体系为海军提供护卫。毫无疑问，英国皇家海军已跨进了现代海军的行列。

但维护海军的开支是十分巨大的。皇家海军在16世纪40年代就吞噬了整整100万英镑。亨利的儿子爱德华六世继位时，对法国以及苏格兰的战争已经将国家经济弄得千疮百孔。

可新一代的朝臣、海军将领、商人、航海者和贵族们却无意就此止步，放弃去远海中获取财富与荣耀的非凡机遇。虽然亨利依靠私人力量解决海战的尝试未能成功，但是大洋上往来的惊人财富深深印入了英国人的心中。掠夺之心蠢蠢欲动，就连肩负督护之责的海军也按捺不住了。

海军大臣托马斯·西摩（Thomas Seymour）是爱德华六世的叔叔，盘踞在锡利群岛（the Scillies）的海盗就是他的人马，这让海军维持海上秩序的努力大打折扣。而负责弹药供给的军需官托马斯·温德姆本身就是一个彻头彻尾的海盗。一时间，人们可以在探险家、海盗、朝臣和海军将领这些身份中任意切换。

1550年后，安特卫普的逐渐萧条迫使商人们开始另辟财路。而远海探险这个话题在亨利八世离世后又重新热闹起来。约翰·卡伯特之子——探险家塞巴斯蒂安（Sebastian）于1547年应召回到离开多年的第二故土。垂垂老矣的塞巴斯蒂安虽已不复往昔峥嵘，但他的加入象征着那些曾赞助约翰·卡伯特并同他一起探险的老一辈英格兰人和爱德华继位后雄心勃勃的新一代人之间的一种延续。塞巴斯蒂安得到议会领军人物的支持，其中包括摄政王萨默塞特公爵（Lord Protector Somerset）和诺森伯兰伯爵（他也曾像海军大臣莱尔一样统领过英格兰海军）。众多商人和海客也闻讯而来，急切盼望塞巴斯蒂安能带他们一开眼界。

卡伯特渊博丰富的知识让所见所闻都囿于狭小国境的英格兰人大开眼界，人们希望到海外探险的热情高涨起来。跃跃欲试的众人整天围着卡伯特问这问那。英格兰岛已经有几十年没出现过这般航海探险的热潮了。至于探险的目的地，大致分三类：黎凡特（Levant）①，葡萄牙人占领下的西非，由北部航线所连通的远东。先说说黎凡特，英格兰人在有些地方很不受待见，黎凡特正可以锻炼他们如何化解远程探险中遭遇的排斥与抵触。身兼海盗和海军中将双重身份的托马斯·温德姆开启了和西北非的常态化贸易往来。其第一次航行是在 1551 年，他的"雄狮"号（Lion）从布里斯托尔出发时，"船上塞满了货物，武器也装得满满当当，有大量的莫里斯长矛、手枪、盔甲以及众多其他战时装备"。后知后觉的英格兰人急需武器。温德姆劫掠本国海域内的别国船只犹如砍瓜切菜，现在到了千里之外的外国殖民地，他又干起了老行当。他无视葡萄牙人的存在，前往巴巴里海岸（Barbary Coast）和几内亚（Guinea）的两次航行都非常成功，却在第三次航行途中命殒贝宁湾（Bight of Benin）。虽然后来船上的幸存者寥寥无几，但整个航行仍然获利不菲。

91

---

① 历史上的地理名称，大致包含托罗斯山脉以南、地中海东岸、阿拉伯沙漠以北和上美索不达米亚平原以西的一大片地区。——译者注

1553 年 5 月 10 日，一支身着天蓝色制服的英国探险队从泰晤士河河边的拉德克利夫（Radcliffe）出发了，沿途有成百上千的伦敦市民欢呼雀跃着为他们送行。探险队行经格林尼治（Greenwich）时还向岸边病榻上的爱德华六世鸣炮敬礼。这在欧洲其他地区也引起了诸多讨论。此番由宫廷朝臣和都邑权贵出资筹集的远航探险，如果真的在伊比利亚人划定的既有世界格局之外开辟出一条新的东方航线，对身具教皇祝福之殊荣的伊比利亚人将是不小的打击。帝国大使在给查理五世的信中称英格兰人正在寻找从东北方向通往远东的新航道："他们认为新航线将大大缩短航程，对英格兰岛来说尤为便捷，可以据此运输'克塞斯'（一种羊毛布）到那边的国家交换香料和其他货物。"

结果却远非如此，他们还没找到通往中国的航线就在途中冻死了。但人们投身探险大潮的强烈欲望由此而苏醒。一时间，英格兰似乎已经踏上了海上强国之路。

正当英格兰的探险者和商业冒险家要和那些海上巨头们一争高下的时候，风云突变。1553 年，年仅 15 岁的爱德华夭折。他的姐姐玛丽决意让英格兰重归罗马天主教廷。玛丽的丈夫菲利普（Philip）是查理五世的儿子与王位继承人，已袭那不勒斯王位，哈布斯堡王朝广袤疆域中的一大块也将归其名下。让许多英格兰人恐惧的是，菲利普已成为王夫。裹挟着丈夫的赫赫声威，玛丽登上了英格兰王位。在位期间她一再重申禁令：不得与葡萄牙和西班牙两国势力搅扰对抗。

信奉新教的探险家们对此项禁令非常不满。宗教改革运动正风起云涌，教皇承认西班牙与葡萄牙瓜分大西洋的诏令成了激化矛盾的导火索。人们开始质疑西班牙对大西洋的主宰权。

在西班牙自己看来，这是天命神恩；但在兼具商人之贪婪和清教徒之狂热的新一代英格兰人看来，这就是一个站不住脚的异端邪说。

持此态度的英格兰人并非空口叫嚣。当时陆军、海军和私有船舰装载的加农炮都是青铜做的，耗资巨大，一般人承担不起。可是英格兰蒸蒸日上的冶铁业打破了这个格局，铁制枪炮数量充裕，成本也只有欧洲加农炮的五分之一。铁铸装备虽然品质赶不上青铜，但是其制造成本极为低廉，以致普通运货商船都可以被改造成火力凶猛的海盗船。武器价格的下降让原本就劫掠成性的英格兰人开始对世界航运线路构成威胁。英格兰海客们看见满载货物的船只从不手软，现在他们又有了充裕的武器，结果那些体积规模比他们庞大的外国船舰和殖民地据点顿时就招架不住了。海事史中的新篇章即将翻开——肯特郡威尔德（Weald）的熔炉和锻造厂正是其源头。

大西洋自此陷入无序与战乱之中——几百年来，笼罩着不列颠群岛海域的混乱无序经由英国航海者们开始向外蔓延，到了海上的东西就不再是受保护的个人财产，依靠改装的船只和廉价武器，他们把抢劫掳掠的触角伸到了遥远的大西洋深处。在这片茫茫无际之处，英国人学会了一种全新的战斗方式。

注释

1. Loades，*Tudor Navy*，pp. 1356

2. McDermott，p. 25

第 10 章

英国大炮（1556～1568 年）

从西印度群岛涌向西班牙的黄金，来也匆匆，去也匆匆。[1]

——威尼斯使臣

年轻时的约翰·霍金斯（John Hawkins）任性放荡，不治行业，没有像祖辈一样继续在海上漂流，却成了纨绔风流的绅士与政客。

此时英格兰在海上可谓声名狼藉。约翰的父亲威廉·霍金斯是史上第一位探索巴西的英国人。约翰 21 岁时开始走上与父亲相同的道路，因为那一年他杀了人。他父亲是普利茅斯和威斯敏斯特（Westminster）两地的议会成员，凭借手中的权力与金钱为他争取到了皇家赦免令，约翰由此得以全身而退。后来，约翰跟随父亲的脚步开始步入当地政坛，并投身于混乱凶险的大西洋贸易。16 世纪 50 年代后期，他的贸易地是加那利群岛，其间和西班牙海员有大量的来往交流，并由此对加勒比海（Caribbean）有了充分的了解，那里既涌动着惊人的财富，也存在危险。1527 年之后还没有一艘英国船到达过那里。

1559 年，约翰·霍金斯搬至伦敦，与本杰明·贡松（Benjamin Gonson）之女成婚并从此跻身海军贵族圈子。本杰明·贡松乃是赫赫有名的威廉·贡松之子，时任海军财务官。1562 年，约翰已经拉拢了一个资助他进军西班牙帝国的财团，其中就包括贡松、海军船舰监造官威廉·温特爵士（Sir William Winter）和城市富商们。

SⁱJOHN HAWKINS.

约翰·霍金斯爵士

约翰率领 3 只小船从几内亚沿海出发，途经塞拉利昂。据称，他在这里武力夺取了 6 艘葡萄牙船，包括船上的珍宝财货和 900 名奴隶，总价值超过 3.2 万杜卡特（ducat）。令人称奇的是，这些侵袭事件中竟无一人伤亡。似乎还是霍金斯本人的说法更为可信：船和货物都是他买来的而不是抢的。他还说，他只带走了 300 名奴隶，并归还了其中的 5 艘船。显然，在非洲的葡萄牙人都希望和霍金斯做生意，但如果他们真做了又会违法。事后葡萄牙人为了躲避惩罚而宣称自己是受害者。

霍金斯带着自己的三艘小船以及一艘葡萄牙人的大船，越过大西洋后抵达海地岛（Hispaniola）。在之前和西班牙贸易商的交往中，他就已经知道加勒比海急需干苦役的奴隶，并且其需求量远超西班牙人的供给能力。于是，约翰带着 300 名奴隶抵达海地岛后——西班牙人的说法是 400 名，葡萄牙人则说是 900 名——就开始将之出售。此地的西班牙殖民者势力弱小，他们十分欢迎约翰的到来，支付给他黄金、生姜、皮革、蔗糖和珍珠。为表善意，约翰分给当地海关一些利润，并将一部分货物发往塞维利亚（Seville）和里斯本，以期获得当地海关官员的通关证明。

约翰这样做是希望表现得像个本分的商人——他实际上是半路闯入这项贸易活动之中的；但他的船还是被扣押，并且货物被鉴定为禁运品。西班牙和葡萄牙皆谴责霍金斯的所作所为是海盗行径。幸运的是，霍金斯将自己的大部分货物直接发回了英格兰岛，所以即使在塞尔维亚和里斯本损失了 2 万英镑，整个探险航行仍旧获得了极为可观的利润。

这番航行其实也是在探路。霍金斯揣测葡萄牙人和西班牙人还是可以容忍他的行为的，否则他也不会将两艘价值不菲的货船派往伊比利亚半岛。毕竟，他在两大帝国间的巨量贸易中是发挥了作用的，填补了亟待满足的需求。不仅如此，尽管是从英格兰岛出发，约翰仍旧努力降低了奴隶贩卖的价格。

但西班牙之主菲利普不允许在神圣西班牙帝国之中出现外国人的逾越之举，或者进一步说，绝不允许那些外国异教徒踏足上帝恩赐之国度。站在霍金斯这边的伊丽莎白为此大为光火，她认为霍金斯的贸易活动不应受任何限制。

1558 年年底，伊丽莎白登基，一个崭新而又独立的英格兰出现在世人面前。执掌王杖后仅几个月，伊丽莎白就将两艘皇家船舰"忠仆"号（Minion）和"克里斯托弗"号（Christopher）赠送给了一支前往几内亚和贝宁的队伍。这项决议获得海军大臣的支持，在场的葡萄牙人却气急败坏，竭力重申西非是葡萄牙的领地。但伊丽莎白直截了当地否定了这个说法，并声明英国不受包括葡萄牙在内的任何国家的限制。

此前英格兰一直被人们视为其他强国的附庸。几十年来，她和那些欧洲大国之间的关系都是不平等的。当其他国家的贸易触角已经向全球蔓延时，她还只能和从前一样因向荷兰出口本国的羊毛与布匹而处于依附地位。但伊丽莎白登基之后，英格兰开始急切地在欧洲和世界舞台上找寻自己的独立地位。她将硬生生闯入受那些欧洲大国阻挠而不得入的贸易领域。

历代的英格兰海客们掳掠剪径的范围都局限在不列颠群岛周围的海域。16 世纪 60 年代，这一范围开始向外扩张。在英格兰人看来这没有触犯任何律法，因为大西洋在他们心目中就是一块无主之地——不受任何君王的管辖。

约翰·霍金斯是实践这套想法的典型。他认为任何人都无权阻止自己参与和平的贸易活动。1564 年，他再次踏上贩卖奴隶的远航探险，并有海军部中的密友、伦敦城、宫廷重臣、海军大臣甚至女王本人充当自己的经济后盾。伊丽莎白将"吕贝克的耶稣"号（the Jesus of Lübeck，后简称"耶稣"号）交予霍金斯使用，这艘陈旧的战船还是亨利八世 1544 年从汉萨同盟那里买来的。不仅如此，女王还单独接见了霍金斯并准许他悬挂王室旗帜（royal standard）和圣乔治十字旗（St George cross）。西班牙大使的严正抗议被完全无视。

此次航行中一项了不起的成就是 150 名船员中有 130 名顺利返回。小阵容的船员队伍可以有效抑制疾病的爆发和蔓延。霍金斯是名副其实的杰出水手，他积累了大量翔实的情报和信息，而且不论航行到世界上哪个地方、置于何种情境之下，都能游刃有余地和对方谈判协商，这些非凡才能让他成为同辈人中的佼佼者。但霍金斯脱颖而出的关键因素还在于他是个一流的领导人，对下属尤为体恤。第二次远航时他对船员的训话流传至今："侍奉主，并彼此爱护，珍惜粮食，小心火烛，择善友相交。"[2]

这一趟"英格兰—西非—西印度群岛"三角航行让霍金斯的金主——女王和她的朝臣们——赚得盆盈钵满。

霍金斯这般才干超卓的闯入者引起了菲利普的警觉。一份来自新世界的奏章写道："殖民地的需求太过巨大，判处罚金和刑罚都已不足以禁止私下买卖的进行。"[3]但兹体事大，皇帝毫不通融，惩罚了那帮和英格兰人做过买卖的官员。菲利普派驻英格兰的使臣堂·古兹曼·德·席尔瓦（Don Guzman de Silva）设宴相邀，想借此探听霍金斯的想法。霍金斯和西班牙人时常往来，他示意自己十分关切菲利普陛下的福祉安康，并向席尔瓦坦言，除非有皇帝的准许，否则绝不会踏足加勒比海。他甚至提出自愿带领英格兰武装民船为菲利普陛下助阵，到地中海与土耳其作战。席尔瓦在给菲利普的信中写道，霍金斯的话一个字都不能相信，最好的办法就是禁止霍金斯和他的同伙接近西班牙帝国的任何一处疆土，"意在遏制此等风气，因为这帮贪婪之众不仅有上佳船舰，还可以不受约束地任意行事"。[4]

英王为什么对强大的菲利普表示敌意？霍金斯并非生性深沉之人，几番远航更是毫不遮掩。伊丽莎白也并不掩饰自己在西班牙的新世界中开辟通道的举动。但与此同时，女王也在极力避免和哈布斯堡帝国开战。登基至今，她一直都是菲利普对抗法国的盟友，英格兰的经济也和从前一般依赖于菲利普帝国北部的荷兰。菲利普自己很厌恶英格兰，认为这个国家整日寻衅滋事，是海盗和异教徒的老窝。但为了保证自己的船只在西班牙和荷兰之间往来畅通，他必须与英国保持友邻关系，否则英法结盟会是大麻烦。

英西关系在 16 世纪 50 年代愈加恶化。法国深陷内战的旋涡，对都铎王朝和哈布斯堡王朝都已不构成威胁。更重要的是，反抗天主教的加尔文教席卷荷兰，它是菲利普坚决要铲除的邪魔外教。1566 年 8 月，阿尔巴公爵（duke of Alba）进攻荷兰，英格兰的羊毛和布匹贸易遭受重创。可如果阿尔巴公爵获胜的话会更糟，因为这将是天主教对新教的第一场重大胜利，紧接着会被攻打的就是英格兰。当时的王储玛丽·斯图亚特（Mary Stuart）信奉天主教，荷兰周遭的所有邻国也是如此。"旧世界"让伊丽莎白无法插足，但"新世界"就不同了。她看准菲利普辽阔版图中这根软肋紧抓不放。而像霍金斯一般令对手极为头痛的人物，又恰好弥补了英格兰军力上的不足。

约翰·霍金斯的举动和行踪反映了伊丽莎白和菲利普代表的复杂诡谲的两国关系。他刻意将每次远航探险的色彩处理得模糊不清。他是西班牙的友邻还是敌人？他是贸易商还是海盗？他代表的是英格兰还是他自己？这些都很模糊，就如同说不清他到加勒比去到底是为了挣钱，还是为了摸清那里的底细。但是悬挂皇旗和王船领航的举动很容易让人认为这是以国

97

家名义进行的远洋探险。1567 年皇家战舰"忠仆"号加入队伍后，这一点越发明确。

8 月，整支船队都停驻在普利茅斯港，整装待发。霍金斯的船队有 2 艘皇家战舰和其他 4 艘船，值得一提的是，其中一艘驳船"朱迪斯"号（Judith）的统领是名为弗朗西斯·德雷克（Francis Drake）的年轻人。风平浪静的时候，一支帝国船队以躲避恶劣天气为由驶进港口。可他们进港后不但没有降旗和放低桅帆——这是冒犯之举——而且直接冲向霍金斯的船队。他们以为霍金斯毫无防备，结果却失策了。霍金斯下令开火，一直打到帝国船队降旗降帆改变航道才收手。

这次远航的开头颇为不顺。船队中老旧的"耶稣"号已经严重落伍，当初建造这艘高船身的克拉克帆船是为了盛夏巡航游览时使用，只在邻近水域中进行短途航行。巨大的船身已然歪斜，航行时摇摇晃晃，遇到恶劣天气时情况更糟：紧绷的船板似乎行将崩坏，船缝间的填充物也不断涌出。船行至菲尼斯特雷沿岸时遭遇狂烈的暴风雨，霍金斯只得召集船员一同祈祷，连"耶稣"号的船长都不认为船能幸存下来。尽管已经到了船员们脱下自己衣服堵塞漏洞的地步，"耶稣"号还是撑过来了。

此时在西属西印度群岛做买卖变得十分艰难，各个城镇的地方长官都受令抵御外来入侵。为了做成生意，霍金斯和德雷克只得用胁迫的手段逼殖民们就范，只有驻扎在卡塔赫纳的西班牙人有实力拒不合作。等到积聚了足够的黄金和货物时，霍金斯已经耽搁拖延了太久。西大西洋的飓风季节迫在眉睫，"耶稣"号的状况也十分不妙。船尾木板开裂，海浪灌了进来，"镇舱重物间的积水里，鱼儿跟在海里一样游得自由自在"。到了古巴群岛西端时，天气状况急转直下。无力继续破风而行的"耶稣"号只得掉头，改为顺风航行。整个船队都护在她周围，眼看着她任由狂风摆布，在海浪中颠簸，随时都有灭顶之灾。

骇人的狂风终于减弱了，可霍金斯和他的同伴们却面临着更严峻的考验，补给日见短缺，至于在何时何地能修缮船只、补充供给，更是一片茫然。一艘经过的西班牙船给他们指了避风港圣胡安·德·乌卢阿（San Juan d'Ulúa，后简称圣胡安）的方位，但同时也警告霍金斯那是西班牙黄金船队（flota）装载金银运往本国的地方，他极有可能撞见这些船队。霍金斯决定赌一把，船队向圣胡安进发。他降下了圣乔治王旗，但仍升着和西班牙旗帜很像的英格兰王室旗。他的手下也准备好枪炮，严阵以待。到了附近，他看到有 12 艘船，而且海岸炮台已经瞄准了"耶稣"号。西班牙人开炮了。

但这是在向新上任的墨西哥总督马丁·恩里克·德·阿尔曼扎（Martin Enríquez de Almanza）致敬，他当时乘坐的正是黄金船队。帝国边陲的卫戍部队还从没遇到过外来入侵者，他们以为来的是黄金船队。等意识到来者竟是帝国灾星"胡安·阿奎那"（Juan Aquínes）时，他们一下子慌神了。只听有人大喊："路德教的邪徒来了！"西班牙士兵匆忙间弃岛逃走，只留指挥官一人独面异教徒海盗。

霍金斯告知岛上的指挥官，这些是英格兰女王的船，需要补充食物。他还承诺会支付修缮船只和补充供给的费用，并保证自己没有任何挑起争端的意思。霍金斯希望在黄金船队抵达前赶紧开溜。

结果第二天太阳刚升起来，黄金船队就出现了。此时显然是霍金斯实力更强，因为海岸炮台在他手里。但他的力量也就仅此而已了。毕竟，不让西班牙船队进他们自己的港口等同于正式宣战，那样会严重违背伊丽莎白的旨意，而且身为女王的臣子，他肩负着更重要的责任。霍金斯决定谈判：西班牙人可以进港，但要让霍金斯完成船队的修补工作。

见此情形，总督怒不可遏。霍金斯在他眼中就是个彻头彻尾的海盗。而且他早就耳闻不久前这个英格兰人对神圣帝国的冒犯举动。结果两人不仅在新世界最重要的西班牙港口遇到了，而且对方还像和自己这个帝国总督平起平坐一般发号施令。恩里克告知霍金斯，他是西班牙国王任命的总督，进入自己的港口不受任何其他人的约束，而且他现在手下有 1000 人的兵力。

霍金斯大笑并讽刺地回应说，自己亦官居总督之位，而且手里的火器弹药非常充足，对付 1000 人不在话下。正当他说话的时候，来使瞧见 "耶稣" 号的甲板已被清理一空，还撒上木屑，做好了随时应战的准备。他既惊又怒，霍金斯为了脱困竟如此卑鄙。

恩里克只得同意休战。西班牙舰队获准入港并同意不干扰霍金斯修缮船只。可实际上，总督的船上已经暗中搭载了从附近的韦拉克鲁斯（Veracruz）来的士兵。

两天后黄金舰队进港，其间天气一直很糟糕。圣胡安长 450 码，宽 200 码，是一个弹丸小岛。岛上有驻戍部队的一些零星建筑，但小岛和大陆之间的水湾是大船巨舰最为安全的停靠之处。一阵忙乱之后，港口中桅帆林立，挤满了船，好似架起了一座木桥。沿着这座木桥可以直接从港口的一头走到另一头。一艘废弃的大船横隔在英西两方船舰之间，英方船只列成一排：废船旁边是 "忠仆" 号，然后依次是 "耶稣" 号、"神圣恩典"

号（Grace of God）、德雷克的"朱迪斯"号、 "天使"号（Angel），最末尾的是"飞燕"号（Swallow）。

双方水手上岸后态度尚属友善，有些人还大肆做私人买卖。每个人都狐疑不定，暗暗观察着形势，尤其是霍金斯。晚上有古怪的声响从废船那儿传来，他怀疑里头装满了人手和武器，即将袭击自己的船。翌日清晨，他询问西班牙总督声响是怎么回事时，得到的只是一阵敷衍搪塞。他的副帅罗伯特·巴雷特（Robert Barrett）是一位海上豪杰，讲一口流利的西班牙语和葡萄牙语，霍金斯让他去做最后的确认，直问是不是在废船中布置了士兵。霍金斯明白即将到来的战事已然无法避免，于是安坐下来就餐（在早晨和中午之间为伊丽莎白的官员所设的宴席）。

正当众官员入席用餐时，一名袖藏利刃的西班牙人质被擒住，他正要行刺霍金斯。霍金斯再也憋不住这口气了。他手里拿着弩弓大踏步登上甲板，看到对方正准备从废船上发起进攻。他冲着对方的海军中将大喊道，这不是君子所为；对方回应这是作为一个战士的职责所在。霍金斯听此大呼彼言亦然，之后便对着他放了一箭。

西军立刻应战。他们把岸上的霍金斯人马和海岸炮台团团围住。废船上的士兵一下子就涌到了"忠仆"号上。"耶稣"号比其他皇家战船都高，霍金斯正在船楼上俯瞰战场。他命令手下支援僚舰。"忠仆"号上的混战随即蔓延到了"耶稣"号上。 100

这是西班牙人的主场。他们人数占优，在自家港口登岸更是得心应手。但这正是霍金斯所期待的。英方已经做好了撤离的准备。他们砍断缆绳，正在用牵引的办法驾船离港。

牵引的过程比较缓慢。先由一只小船升起大船的锚，移位后再将之扔进水中。然后大船上的水手们依靠沉底的锚，用绞绳牵引着向锚靠近。然后小船再次起锚移位、大船再次牵引，一直重复，直到大船在潮水和风力的帮助下驶出港口。即使一切顺利，这也不是一个容易的差事，何况霍金斯一伙人还正在与人交战。

虽然耗时费力，但牵引出港打破了僵持的战局。英方的枪炮开始发威。"朱迪斯"号率先出港，"忠仆"号的动作相对迟缓很多。就在时走时停的"忠仆"号全力向港口进发时，港中的那艘废旧大船填补了"忠仆"号原先的泊位，西班牙中将的座舰"海军上将"号（Almirante）被暴露在"忠仆"号的射程中。"忠仆"号上枪炮齐鸣。随后"耶稣"号也获得了清晰的视野，船上的巨型加农炮轰鸣咆哮，连同其他巨型蛇炮（large culverin）一起，向"海军上将"号射去密集猛烈的炮火。其中一发刚好命中了敌船的火药库，剧烈的爆炸撕裂了船体。

"海军上将"号拖着残存部分缓慢地向港口移动，随时都有可能倾覆。此时英方得以将炮口转向下一艘西军船舰，即总督座舰"卡皮塔纳"号（Capitana），船上几近空无，士兵和水手还都在"耶稣"号上拼杀。英军的枪炮再显神威，朝着西军旗舰频频直射。呼啸而来的炮弹撕烂了"卡皮塔纳"号的船舷，子弹和尖刺碎片四处横飞，死伤一片。不可一世的总督黎明时分还笃定英国人逃不出自己的罗网，结果此时不得不躲到主樯后面避难。没过多久，"卡皮塔纳"号就开始下沉了。

另一边，霍金斯心里清楚"耶稣"号已然油尽灯枯、难逃一劫了。女王的这艘船早已遍体鳞伤；现在又被岸上的炮台轰击了这么久。亲历此次远航的一名年轻人乔布·霍特普（Job Hortop）后来回忆说，霍金斯高声提振士兵和炮手的士气，

然后让仆从取啤酒来。银制大酒杯一端上来，他就仰头饮尽，　101
"激励炮手们拿出好男儿的气魄来，坚守炮位"。[5]酒杯刚放下
就被敌军的炮弹击飞了。"没什么好怕的！"霍金斯大喊，"上
帝保佑我免遭此厄，也一定会同样保佑我们所有人周全，绝不
会让这帮背信弃义的歹人得逞。"[6]

逃出生天的"耶稣"号已经残缺不全，霍金斯用它抵挡
敌人火力以保全"忠仆""朱迪斯"两舰，绝大部分珍宝都装
在这两艘船里。外形巍峨的老克拉克帆船已侍奉了 4 位都铎王
朝的君主，此刻被炮火轰击得碎屑横飞。前桅、主桅相继断
折。但英军的大炮一直没有停止攻击，船员也在一刻不停地将
皮革、香料、蔗糖、黄金、白银分散到其他小船上。狭窄的港
口里到处都是倾覆和燃烧着的大船和小舟，落水的人奋力向岸
上游去，有些人因为身着沉重的铠甲只能徒然挣扎。最后，西
军动用了火船，大惊之下的"忠仆"号、"朱迪斯"号急忙升
帆离开。而霍金斯总算在千钧一发之时，从"耶稣"号跳到
了"忠仆"号上。

圣胡安一役，霍金斯 6 艘船的支队中只有"忠仆"号和
"朱迪斯"号得以幸存。英国人损失惨重，而西班牙人也好不
到哪里去。多亏英格兰火炮和霍金斯麾下英勇作战的水手，这
帮西班牙人的灾星在带着大批珍宝离开时才没被对方拦住。不
仅如此，黄金船队已经陷入瘫痪，无法动弹。西班牙人没想到
为了对付英国人设下的罗网反而困住了自己。他们只能眼睁睁
看着"忠仆"号和"朱迪斯"号放下船锚，停在离他们很近
的海滨上，等着大风平息下来。

此事让西班牙人颜面丧尽，也预示了一个新时代的到来：
各国海船可以自由往返于加勒比海，不必再胆战心惊地看西班

牙海军的脸色。

虽然前景惨淡，但霍金斯眼下面临的形势更为棘手。德雷克当夜就起帆回国，不见了踪影。"忠仆"号上虽然满载财宝，食物却很少。显然不可能和西班牙人再干一场然后抢夺粮食。破损严重，供给告竭，惨淡愁云之中已经看不到生还的希望。弗朗西斯·德雷克明确表示，要争取到一线生机就只能自己独自返航，于是他抛弃长官和同伴绝尘而去。听闻此事的霍金斯怒不可遏。他只得告知船员，他们可以自行弃船。面对几乎毫无生还希望的归国远航，船上 200 人中有一半以上选择在敌方控制的墨西哥北部海岸登陆。登岸者在穿越莽丛时遭到土著的袭击。活下来的人都向坦皮科（Tampico）的西班牙当局投诚了。西班牙当局只押解了部分人回国，剩下的就让他们自谋生路，其中有些人还混得风生水起。

可后来西班牙殖民地刮起了宗教大审判的飓风。当初的投诚者被发配到修道院中做仆役。有些人被以绞刑或火刑处决，其他人被狠狠鞭笞，沦为桨帆船上的奴隶。圣胡安岛上幸存的英国人寥寥无几，后来均被押往西班牙。罗伯特·巴雷特因为霍金斯信使的身份而被捕。后来他酷刑加身，被活活烧死，安置的罪名是他在向同伴翻译耶稣会士的话时篡改原话，还对他们的教派有奚落嘲讽之言。乔布·霍特普以西班牙囚犯的身份回到英格兰时，已是 22 年后了。从西班牙监狱中幸存的人寥寥可数，他是其中一员。

"忠仆"号航行 3 个月后方抵达英格兰岛。船上一度到了吃老鼠、鹦鹉、牛皮和皮手套的地步。饥饿和坏血病肆虐横行。他们停靠西班牙境内的维哥（Vigo）时曾下船买粮。极度饥饿状态下暴饮暴食十分危险，竟有 45 人因为已经到手的食物而死。有一撮西班牙人想乘机擒拿霍金斯。虚弱瘦削的霍金斯穿上天鹅绒夹克，披着绸面斗篷，毫不示弱地与来人对峙。即便在最低谷的时候，他仍能撑起架势，唬走了想占便宜的鼠辈。据说，离开圣胡安岛的时候船上还有大约 200 人，等到油尽灯枯的"忠仆"号最终抵达英格兰岛时，仅存 15 人。他在呈送女王的信中写道："诸般种种，惨然无存，唯不辱王命。"

圣胡安之役深深印在人们心中。此后几十年里，西班牙人的言而无信都一直回荡于英格兰航海者的悠悠之口。蓦然间，西班牙帝国不容侵犯的威严开始动摇。除却老旧不堪的船舰，英格兰人和他们的枪炮大展威名。圣胡安事件之后，英格兰航船终于得以染指美洲的巨大财富。

英格兰海客们纷纷武装起自己的航船，出海寻找惊人的财富。圣胡安事件以及那些囚徒们的悲惨命运让英格兰海事圈子里的人都心怀愤恨。很多人为此走上了寻求财宝和向西班牙复仇的道路，弗朗西斯·德雷克在这方面表现得尤为急切。皇家海军和英格兰海事格局的走向因为霍金斯第三次贩奴远航而发生重大扭转。自此，英格兰和西班牙海员之间的私战蔓延到全球每一个角落。

注释

1. Cipolla，p. 36

2. Williamson，*Hawkins*，p. 71

3. 同上书，p. 96

4. 同上书，pp. 91 - 92

5. 同上书，pp. 144 - 145

6. 同上

第 11 章

革新（1568～1585 年）

　　1543 年，16 岁的菲利普二世执掌西班牙。1554 年，他继承了那不勒斯王国，同年他与玛丽·都铎并结连理，并因此成为英格兰国王。其后他又于 1555 年继承了勃艮第公爵的爵位与领地，1556 年继承了西班牙王国。同时，新西班牙（即墨西哥）、西印度群岛、秘鲁（Peru）、智利（Chile）和菲律宾（Philippines）也都是他的领地。守卫帝国在欧洲的广袤领土正需要从新世界运回来的财富。但菲利普王冠上最闪亮的明珠、帝国疆域中最为富饶多产的欧洲领地，还得算荷兰。

　　1568 年，这些都乱了套。西印度群岛的形势还不是危机的根源；圣胡安事件虽然十分让人头疼，但从大局来看还不是什么举足轻重的大事。正当霍金斯闯入帝国的新世界领地时，英吉利海峡爆发了更为严峻的危机。在法兰西胡格诺派教徒的武装民船的追击下，几艘菲利普的航船躲进了普利茅斯港。约翰的哥哥威廉·霍金斯会见了他们，并说服他们将货物运到岸上的防御工事中，以防出现什么意外。西班牙人同意了，船上所载货物是数量惊人的银币。

　　银币刚进入英格兰的保护范围，女王就盯上了它们。这是热那亚的银行家们借给菲利普的贷款，将作为军饷被运往荷兰，帝国军队正在那里平定一场声势浩大的叛乱。伊丽莎白决定将这笔贷款收归自已使用。

菲利普大发雷霆。西属荷兰乃是他整个帝国经济的命脉所在。更紧要的是，加尔文教派在煽动丹麦叛乱。在菲利普看来，守护天主教的纯洁是上帝赋予他的使命，他必须不惜一切代价镇压这场政教双重叛乱。只可惜，扼守西班牙和荷兰之间航线的这座岛屿的居民民风粗野，既好战成性又散漫无序，而且信奉的还是新教。

地处欧洲边陲，它原本是一个无足轻重的破败岛国。从亨利七世到伊丽莎白，历代国王或女王都畏缩在西班牙帝国的巨大身影之下，一向与哈布斯堡的君主们修好和睦，从不敢有违逆之举。但此时的英格兰在海上到处惹事。从眼前这堆烂摊子的背后，菲利普看到了伊丽莎白的身影。她一边煽动丹麦的加尔文教徒，还一边资助信奉新教的胡格诺教徒，帮助后者对抗法兰西国王。菲利普认为这是多股新教势力在合谋串通，主使人正是伊丽莎白。抢夺白银之事终于让他忍无可忍。眼看着他在荷兰的征战将因此而被迫中止，菲利普报复性地扣押了英格兰在西班牙境内的资产。

丹麦加尔文教徒、法国胡格诺教徒和伊丽莎白治下的英格兰有一个共同点：要想对菲利普蔓延全球的大帝国做出实质性的伤害，他们都只能从海上出击。为了突破西班牙的封锁，杰出的海军上将加斯帕尔·德·科利尼（Gaspard de Coligny）率领法国的胡格诺教徒远涉重洋，前往新世界开辟殖民地。这股海上势力的大本营设于拉罗谢尔。丹麦的"海上乞丐"组织由一帮荷兰来的武装民船组成，基地也设在这个布雷顿（Breton）港口，他们在伊比利亚半岛和荷兰之间劫掠西班牙运输船。1568 年，为了回击菲利普没收英格兰货物的举动，

104

英格兰航海者们加入了新教兄弟的行列，与西班牙不宣而战。

约翰·霍金斯也投身其中，他主持了一次前往布列塔尼的远航探险。和此前一样，这看着似乎是一次商业远航。而实际上，他在向拉罗谢尔的胡格诺教徒运送食物、武器和钱币，回程时又载上红酒、盐以及从天主教堂里抢夺来的铜钟。体型巨大的铜钟融化后可以铸成大炮，再用来对付天主教势力的船舰。

富庶的西班牙商人在英吉利海峡的狭长海域中时而遭遇剪径突袭的新教徒海盗。英格兰南部沿海成了海盗盘踞的巢穴，英格兰港口则成了他们卸载和出售赃物的乐园。英格兰水域再次进入不受管束的状态，让一批胆识过人的雄才攫取了巨额财富，但这种氛围同时也起到了战略作用。菲利普从西印度群岛获得的财富原本是用来维系军队的，结果却养肥了他的敌人。

小吨位的船舰是这些劫掠行动的主角，它们紧贴海岸周围的区域活动。有少数私船为了搜寻西班牙货船，一直行驶到了加那利群岛和亚速尔群岛附近。而弗兰西斯·德雷克所行较之更远。

他选择了帝国巨人最薄弱的软肋——巴拿马地峡（Isthmus of Panama）下手，此地乃是连接秘鲁银矿和欧洲战场的枢纽。数量惊人的白银由驴车从秘鲁运到运宝船上，一路上防御极为松懈。德雷克针对运宝船和巴拿马地峡附近的营地发动了多次袭击，掳获了不计其数的财宝。他几次回国都带回了令人瞠目的财宝。一时间，德雷克富比陶卫，无人不晓其名。

对丹麦的"海上乞丐"和法兰西的胡格诺教徒而言，和菲利普之间进行的海战是其生死存亡之所系。但英格兰的形势要缓和得多。女王伊丽莎白极具谋略。她深知自己不可能真正击败菲利普，甚至都不希望成为西班牙帝国在新世界中的敌人。维持自己在荷兰的稳固地位才是她的真实意图：西班牙是这些自治城镇和省郡的领主，却没有绝对的支配权。如果西班牙被赶出荷兰，法国人就会乘虚而入，那将成为英格兰的噩梦。但如果强大的菲利普在荷兰立足，他将使这些省份成为入侵英格兰的据点。英格兰王位的继承人是苏格兰女王玛丽，她是一位天主教教徒。已有证据表明，西班牙国王正密谋行刺伊丽莎白，然后让玛丽掌权。虽然不是在一线战场和菲利普对峙，对方压倒性的实力还是让英格兰的新教势力十分忌惮。正如伯利勋爵（Lord Burghley）一贯主张的，荷兰的叛乱势力才是英格兰的第一道防线："倘若他们被镇压了，英格兰也就大祸临头了。"[1]

纵容霍金斯和德雷克这样的人远涉重洋，劫掠西班牙帝国的海外基地，虽极具风险但回报也很可观。每一次劫掠菲利普的贵重金属和大宗香料，尤其是用于镇压荷兰人的海量钱币，都削弱了他在欧洲战场上的实力。霍金斯将西班牙在海面上的弱点展现给了世人。这确实是菲利普的软肋，结果又碰上伊丽莎白麾下那帮黩武好战的大臣对这一点抓住不放。

霍金斯和德雷克这样的雇佣兵对女王来说是十分理想的选择，他们提供了充足的回旋余地。如果他们真能带回财宝，这正合伊丽莎白的心意，而且缩减了西班牙帝国在战事上的投入。万一他们没能满载而归，甚至引发两国关系恶化，女王也可以和他们撇清关系，申明他们只是普通罪犯而已，没有得到自己的任何授权。而且这些人的属性是灵活可变的，是友是敌全看当时英格兰和西班牙是何种关系。1572 年，为了利用西班牙制衡法国，伊丽莎白下令禁止"海上乞丐"进入英格兰港口，霍金斯等海盗头子也摇身一变成了朝廷命官，并被派去清剿海盗。

1577 年，荷兰再次受到来自西班牙的威胁。伊丽莎白此时只能暗中施以援手。同年，约翰·霍金斯担任皇家海军财务官，弗朗西斯·德雷克成为一支海军中队的统帅，进行了数次神秘隐晦的出航。

霍金斯从岳父本杰明·贡松手中接过了海军部财务官的职务。自 16 世纪 20 年代起，贡松家族就一直把持着皇家海军，霍金斯继承的乃是家族事业。海军部成员大多长期在此供职，且有密切的宗亲关系。威廉·温特从 1549 年起担任海军部船舰监造官，1557 年后又担任军械长（Master of Ordnance）。他的哥哥乔治在 1560 年至 1582 年是负责管理女王名下船舰的书记员（Clerk of the Queen's Ships）。海军部审计官威廉·霍斯托克（William Holstocke）的仕途发端于贡松在地中海东部沿岸的贸易事业，那时他在贡松名下的船上供职。所有这些人不仅在政府供职，也热衷于参加皇家战舰的海上行动。

此外，他们还频频参与大西洋上的非官方交战以及英吉利海峡的私掠勾当，名下都有私掠船以及相关投入。贡松与温特家族就曾资助过霍金斯最早期的远洋航行。同时他们还是忠实的新教信徒，有着狂热的反西班牙主张。1554 年，威廉·温特曾帮助简·格雷（Jane Grey）与玛丽·都铎争夺王位，亦在同年卷入托马斯·怀亚特叛国事件。海军部每周的议事会由海务大臣克林顿勋爵（Lord Clinton）主持。克林顿于 1550 年首次出任海务大臣，在普遍资历深厚的海军部成员中也算是老资格了。他和自己的下属一样，大力鼎助私人战船的发展。另外，在简·格雷和玛丽争夺王位时，他还用武力控制了议会所在的伦敦塔，以支持简·格雷登上王位。

约翰·霍金斯在这帮奋勇进取的同僚中如鱼得水。在行事目标和运行机制上，女王的海军和一向目无法纪的英格兰海帮（seafaring community）可说是如出一辙。伊丽莎白统治英格兰的时代，海军部崛起，成为举足轻重的专设机构。除了常设职位以外，还有大量其他人员被雇用和留任。统管船坞大小事务的造船总长就是其中的核心人物。此外，海军部还雇用了水手看管船只，以及信差、造船师、木匠、车匠、铁匠，德特福德还专门有一项在干船坞保管栓塞的差使。润滑整个海军运作系统的食物供给这一环节也安排得更为妥当有序，他们聘用了专职人员负责储存与分配海军的必备物资，以及食物和啤酒。军械部（Ordnance Board）成立得更早，它掌管枪炮和弹药的制作、出售和保养，也是一个相当完备成熟的机构。它和海军部虽分属两部，但二者间有着千丝万缕的联系。船舰和海岸炮台的枪炮弹药均由军械部提供。

1547 年亨利离世的时候，海军共有 50 艘船；等到 1558 年伊丽莎白即位的时候，所剩战船已经寥寥无几。威廉·温特上呈了一份具有里程碑意义的报告，提出需要制定战略规划来引导海军的发展。海军应当保持 24 艘吨位在 200 吨到 800 吨的常设船舰，并且以 600 吨以上的中型盖伦帆船（galleon）为主力。遇有战事，就以这支小型的核心舰队统御整支海军。温特还详细列出了 45 种可用作战船的私人船只。

16 世纪 50 年代晚期至 60 年代早期，英格兰议会和财政部对由自己供养着的皇家海军表现出蓬勃的热情，投入颇多。此起彼伏的拉锯声和敲钉子的声音日夜不停地回荡于德特福德、伍尔维奇（Woolwich）、朴次茅斯和吉灵厄姆（Gillingham）等地。这一番举全国之力的造船大潮可谓盛况空前。1559 年，当时的干船坞中共计有 520 名造船师、100 名役工，这在当时是一支非常庞大的建造队伍。一番汰旧补新之后，船队维持在了24 艘船左右的理想规模。到 1564 年，正当盛年的女王为自己增添了 14 艘新船。"伟大哈利"号、"彼得石榴"号这样的高大巨舰已被淘汰。尽管海军部众人仍旧喜爱采用大型船舰来守卫英格兰海岸，但它们已不像亨利时代的巨舰那么庞大，船身线条也更为流畅优美。"伊丽莎白·乔娜思"号（Elizabeth Jonas，680 吨）、"凯旋"号（Triumph，740 吨），以及由商船改造而来的"胜利"号（Victory，800 吨）和"伊丽莎白·博纳旺蒂尔"号（Elizabeth Bonaventure，600 吨）就是这批新船中的代表。

伊丽莎白时代的海军极为重视传统的延续和经验的积累。得益于海上私掠经历的锤炼，海军部众人已经能完全适应现代海战的要求。16 世纪 60 年代和 70 年代，皇家海军都在全力建造一种新式战船——既有剽悍的战力，同时其成本又在英格兰这个资金紧张的小国的承受范围之内。此外，贡松和威廉·温特革新了海军的炮火装备，为女王的战船配备了蛇炮（culverin）——此炮相较以前的大炮不仅射程更远，而且准度更高。

不过在皇家海军所经历的这一番革命性蜕变中，真正的核心人物还要算以下几位造船长：彼得·佩特（Peter Pett）、马修·贝克（Matthew Baker）和理查德·查普曼（Richard Chapman）。彼得·佩特从孩提时代起就在皇家船厂工作，自1523 年起再也没离开过。贝克是他的学徒，于亨利八世统治后期加入船厂。查普曼也是他的学徒。皇家造船师和海军部的成员一样，传承了 16 世纪以前悠长久远的时光里积累下来的记忆和经验，对巨型战舰、加莱赛船、桨帆船以及大舢板俱皆详熟。1570 年，他们建造了新式盖伦帆船"远见"号（Foresight）。1573 年，堪称现代战舰先驱的"无畏"号（Dreadnought）横空出世。它的吨位达到 700 吨，舰身总计搭载 31 门炮。炮火装备达到了全舰总吨位的 4.43%，这是一个非常了不起的成就。还没有哪艘船能以这样的吨位搭载如此多门巨炮，"无畏"号举世无双。1577 年下水的"复仇"号（Revenge）火力凶猛，以区区 400 吨的吨位搭载了 42 门威力惊人的重炮。

108

"黄金雄狮"号：典型的英式盖伦帆船

人们习惯称这批新船为"快速大帆船"（race-built galleons）。它们是皇家海军造船史上浓墨重彩的一笔。看到"race"（意为"赛跑"）一词时人们会觉得这些船在速度上颇具优势。确实如此，但其实这里的"race"一词是从"raze"（意为"夷为平地"）来的——新式战船在甲板以上的建筑被压低了高度，有的甚至什么都不建，船头在这方面的改造尤为明显，另外船腰部位的干舷（upperworks）① 也大大缩减。整个吃水线以上的船体很像一弯斜斜的新月、一片切好的香瓜，轮廓从船尾的尾楼下行到船腰，然后再降至船头，顶端是一根醒目的船首斜桅，仿佛要刺入水中一般。它的水下部分模仿了地中海桨帆船，线条纤细。船腰被加宽了，船腰到船尾的部分越来越窄，近似锥形，这样船尾比之前狭窄了不少，然后就是高高耸立的艉楼。

和欧洲的其他船型相比，英式盖伦帆船有更高的长宽比，有时甚至能达到3∶1。船身变得更为狭长，稳定性提升，船舷两侧安置的大炮火力更猛，数量也更多。船头的斜桅模仿了地中海桨帆船，船尾和风帆系统则取法北欧帆船。这种设计解决了困扰几代造船师的难题。盖伦帆船对阵其他帆船时有压制性优势，因为它的船头安有重炮，可以直接向前方轰击，而其他帆船只能从船侧开炮，这大大削弱了后者作为进攻型武器的杀伤力。可以分水破浪的船首斜桅堪称战船设计上的重大突破：它将桨帆船纵向开炮的灵活性和普通帆船船舷上的重火力合为一体。交战时，此船可以大大拉开和敌船之间的距离，同时又能实现速度和火力的双重压制。

集合了所有这些优势的"快速大帆船"大受私掠船船主青睐。同时民间也开始出现以海军新式船型为模型而建造的私

---

① 简单来说就是船舶吃水线到甲板的高度。——译者注

人船舰。沃尔特·雷利的"雷利方舟"号（Ark Raleigh）就是其中的佼佼者。雄心勃勃的雷利正要用这艘迅捷灵活的盖伦帆船去弗吉尼亚开拓殖民地，最好是能从西班牙的地盘中分疆裂土。很多盖伦帆船会在有战事的时候应召加入皇家海军。

和亨利八世时处于巅峰时期的皇家海军以及其他国家的海军相比，这些新式帆船不复旧式帆船的巨大体量，舰队规模也更为合理。但卓尔不群的优良性能才是皇家海军的最大凭恃——行动敏捷、操作灵活，而且所载大炮火力猛、射程远。出现这样的设计也是形势所迫，英格兰极度缺乏海船，而财政上又捉襟见肘，根本无力承受海上堡垒一般的巨舰。

伯利勋爵官拜财务大臣，同时他还是女王的首席大臣。他笃信英格兰和西班牙之间必有一战，而且唯有组建一支实力雄厚的海军，才能与菲利普的大军抗衡。他之所以任命被西班牙帝国视为眼中钉的霍金斯为海军财务官，正是出于对菲利普的提防和敌意。霍金斯纵横汪洋，远近闻名，选择他担任海军部的头号要职，英格兰从事私掠的航海者们和皇家海军的内里勾连，由此可窥一斑。毕竟，他率领的远洋探险不光是自己获利，还为英王和其他资助人带回了不菲收益。除此之外，霍金斯是海军部中唯一在英格兰海域以外统率过皇家船舰的人。

在海军内部派系中，霍金斯效忠于伯利。为了全盘掌控海军，他们必须要把海军部中的旧有成员赶走。霍金斯出任海军财务官前还向女王呈递了一份奏折，准确完整地剖示了海军部成员欺瞒国君、以公肥私之事。他列举了威廉·温特利用海军谋私的诸多罪状：虚报造船账目，超量订购原材料，用国库的钱重复支付已经购买的木料，将海军造船占为己用，等等。

霍金斯之言的确属实。如此庞大复杂的机构，海军部想要

110

管好每一个细节是不可能的。海军内部的管理部门各自为政，每位海军部官员各辖一块，互不干涉。这就使得整个海军被分割成了一块块私人地盘，官员们从中牟取不菲的私利。部内成员和造船长把工程分包给自己支持的承包商，造船的款项由财政部划拨，剩余的钱全部流入他们自己囊中。

此风因循之下，无人能摸清楚其中的虚实，更遑论有谁能一统号令了。四分五裂之下，掌权者们从中大肆获利。这种行径在伊丽莎白时代本是公开的秘密，人们早已见怪不怪。不过正盘算着扳倒温特的霍金斯却从中寻到了下手的机会，以贪污腐败的罪名把同僚拉下马来。

霍金斯心中已经拟定一套方略，旨在改变海军迟缓笨拙、开销繁重的沉疴。具体方案是国库向他支付海军所有"常设开支"，其中包括修缮船只、看管仓库、看船人的工酬以及其他各项常规开销（与所谓"常设开支"相对的"特别开支"，是指起房造屋、兴建新船、大规模修整造船厂和筹措战争物资等方面的花销）。原来的常设开支是每年7000英镑，霍金斯说自己只要4000英镑就够了。他的提议得到采纳。女王船舰的设计建造和设备配给都交由霍金斯全权处理。温特和其他僚属都被毫不留情地连根拔掉，无法再阻碍霍金斯的变革计划。至此，霍金斯在伯利的默许之下终于统揽了整个海军大权。

霍金斯卓越的组织才能在远洋航行期间大放光彩，他执掌海军期间仍是精力充沛和专注的。1579年，女王和霍金斯之间达成了"第一协议"（First Bargain）。根据协议，海军装备由霍金斯供应，经费为每年1200英镑，他无须提供这笔钱的详细账目，只要圆满完成任务即可。女王与佩特和贝克之间也有类似的协议。海军中最大的5艘船每3年需要彻底检修一次，其他船只按照大小排序每 2 年检修 5 艘。此外所有船每年都得填补船缝和适当修缮。这两位造船师的酬劳是每年 1000英镑，工料和人力开销均包含其中。

　　为了让水师舰队能够随时应战，霍金斯在海军的基础设施建设上下了很大功夫。海军部在查塔姆（Chatham）设立了永久性总部和房舍。在霍金斯主持之下，德特福德的干船坞新添了一道水闸——以前都是用泥巴堆起来的坝堵水，放船下水的时候需要 20 个人花一个月的时间才能把这道坝推掉。此外，他还命人在查塔姆挖了一处用来放置船桅的池塘，这样各式木板、木杆在风干时不会因太过干燥而开裂。梅德韦（Medway）乃是皇家海军的战略要地，为保无虞，1579 年霍金斯派人重新修缮了希尔内斯（Sheerness），这是一座扼守梅德韦入口的堡垒。他还将拱卫梅德韦的阿普诺城堡（Upnor Castle）增修扩建了一番。河面上拉起以风力装置和驳船进行收放的铁链，它可以保护其后的造船厂不受从荷兰来的西班牙敌船侵袭骚扰。多佛港新增了一道排沙闸门以确保港口不被淤泥堵塞，霍金斯的努力终于让这里重新成为大型战舰的停驻之地。至于船上，霍金斯没做什么大的变动，但也有一些极其重要的调整：安置了起锚用的链式泵（chain pump）和绞盘。还有一项变革也颇值一提，凡是霍金斯统率的船都必须储备活牲口和新鲜果蔬，供船员食用。

　　霍金斯大大加快了海军升级换代的进程。任职第一年，就有 6 艘海军战舰被改造成新式盖伦帆船——"凯旋"号、"胜利"号、"白熊"号（White Bear）、"祈望"号（Hope）、"菲利普与玛丽"号（Philip and Mary）和"羚羊"号（Antelope）。到 1585 年，海军半数船舰都改造成了新式设计。

111

霍金斯的行政能力卓著。他以冷酷无情的手段夺来海军大权，并将海军铸造成一支劲旅雄师，因为他相信这是将来对抗菲利普大军时不可或缺的力量。而在他入主海军之前的 40 年里，海军部的管理体系也完成了一场渐进式的革命。可能在现代人看来当时的状况不过是一片乱象，但贡松家族、温特家族、佩特、贝克和查普曼等人确实有一番非凡功绩。他们给女王打了一支可以随时奔赴战场的海军。私掠势力和国防体系彻底融为一体。总而言之，日后强盛的国家海军正是以女王海军为底子建立起来的，而以上众人则是头号功臣。

宦海险恶，波涛浮沉，霍金斯即便身为女王重臣，身边仍是危机重重。他别无选择，唯有拿出当年对付西班牙人时的冷酷与狡猾，在不进则退的逆流中不断往上走。

霍金斯敏锐地察觉到正在酝酿积聚的暴风骤雨。他不断督促皇家船舰的改造工程加速进行，还让水师时刻保持战备状态。英式的盖伦帆船大大拓展了海军的活动范围，使其不再囿于本国周围海域，它们可以纵横远洋直抵遥远彼岸，因此其功用实为远洋作战。从霍金斯采用的新式船身结构就可以十分了然地窥见此番意图。其构造旨在保护船身不受蛀木甲虫的侵蚀，但这些甲虫只在热带才有——皇家海军与彼处并无瓜葛。之所以对海军进行种种增删改建，只有一个解释：它即将成为打入葡萄牙和西班牙两大帝国的楔子。

正当霍金斯紧锣密鼓革新海军的时候，有关德雷克环球航 112 行的消息陆陆续续传回来，极为振奋人心。德雷克穿越麦哲伦海峡时遭到猛烈轰击，但他那艘 150 吨、装载 18 门重炮的"金鹿"号（Golden Hind）撑过来了，并且成为太平洋上首屈一指的重火力战舰。它沿着智利、秘鲁、巴拿马、墨西哥的海岸线一路前行，途中骚扰劫掠当地殖民据点，见到火力薄弱却又满载财物的运宝船也一并掳获。除了珠宝，他们还获得了其他价值连城的东西：沿海地图和太平洋到马尼拉（Manila）之间的盖伦帆船航线图。以此为指引，德雷克横渡太平洋到达马鲁古群岛（Moluccas）——传说中的"香料群岛"，数百年来商旅们的梦寐之地，不过至此为止还没有英格兰人睹其真容并满载香料离开。随后他继续向印度洋进发，在好望角扫清障碍，最后经由几内亚返回英格兰。

这一趟远航，德雷克与伊丽莎白获利无数，当然德雷克的赞助者们也是如此——霍金斯亦在其中。英格兰航海者们似乎看到美洲、马鲁古群岛和太平洋正在向自己招手。汪洋之中，西班牙根本不是英格兰的对手。

菲利普自是龙颜大怒，德雷克犹如蝗虫一般，所过之处尽为赤野。但这帮信奉异教的海盗在他眼中还只是卑劣的盲流而已，身为西班牙国王，他的心思集中在更重大的国事上。他建立神圣帝国的雄图伟业即将大功告成。

1580 年，菲利普二世将葡萄牙国王的权杖揽入怀中，并逐步将横跨大西洋、太平洋和印度洋的两个寰宇帝国并为一体。

不仅如此，他还手握一支睥睨天下的雄壮海师。16 世纪60 年代，菲利普经营了一支自己的地中海桨帆船舰队，最多时有 140 艘巨舰。1571 年，这支舰队和地中海其他基督教国家组成联合海军，在勒班陀（Lepanto）彻底击溃奥斯曼海军，勒班陀战役亦成为有史以来最为壮观的海战。1582 年，曾经亲历勒班陀战役的圣克鲁斯侯爵（the marquis of Santa Cruz）扬帆出海，剑锋直指亚速尔群岛。堂·安东尼奥（Don Antonio）

是上一任葡萄牙国王的外甥，他声称自己才是王位的正统继承人。他盘踞在亚速尔群岛与菲利普对峙，同时法英两国的私掠势力亦急切地为他提供援助。当时许多在堂·安东尼奥麾下服役的英格兰人还是第一次经历远洋海战。日后他们将这一段海上作战的经验带回了伊丽莎白的海军之中。

圣克鲁斯侯爵率领雄壮舰队直扑亚速尔群岛，其规模之大在大西洋上可谓前无古人。更令人咋舌的是，这支舰队取得了几乎不可能实现的战绩。长途奔袭几百英里，西班牙船舰从位于大西洋的本部直接开到前线，并在敌方境内开辟一处据点，发动海上攻势。在特塞拉岛之役（Battle of Terceira）中，堂·安东尼奥的盎格鲁－法兰西盟军舰队大败亏输，亚速尔群岛落入菲利普之手。

113 　　"夺取特塞拉岛后，"一个西班牙人写道，"圣克鲁斯侯爵身边的船长们……公然夸言，现在葡萄牙已经是我们的了，拿下英格兰指日可待，法兰西也终究会被我们一口一口吞掉。"[2] 圣克鲁斯侯爵深信，西班牙的海上力量已经是寰宇第一。他向菲利普进言，进攻英格兰的时机已然成熟，应当一举肃清从荷兰到西印度群岛、从麦哲伦海峡到马鲁古群岛这两条航线上的麻烦，为帝国除去心腹大患。国王亦正有此意："要彻底扑灭（荷兰人的叛乱），要紧之处是确保英格兰不再在背后捣鬼作祟。"[3]

无论是对菲利普还是伊丽莎白而言，欧洲大陆以及英格兰的未来都取决于尼德兰局势的走向。

1584 年，伊丽莎白的大臣们均已明了英格兰和西班牙之间必有一战。同年，德雷克正在组建船队，准备再度冲入菲利普的帝国疆域兴风作浪。为此西班牙国王下令密切关注英格兰海盗的动向。有流言说德雷克此番远航将会四处出击，目标众多。也有人说他要去马鲁古群岛，为英格兰在远东争得一席之地。甚至还有人说他其实是冲着西班牙运宝船船队去的。众说纷纭，莫衷一是，不过有一点是肯定的，德雷克的背后有女王支持，而且身负有关战略布局的重任。

船队尚未出航，一个刚从西班牙回来的英格兰商人带回一则消息，这消息一下子就让众人炸开了锅。据他讲述，在毕尔巴鄂时他发现有西班牙官员在跟踪自己，为此他颇费了一番力气才得以脱身。他还绑架了其中一人，并发现了一些信件，信中命令对荷兰、德国、英格兰的船只执行禁运令。4 天后，枢密院（Privy Council）对在押的西班牙俘虏进行了审问。经证实，菲利普确实在征召外国船舰加入西班牙舰队，用以抵御弗朗西斯·德雷克的侵犯。

此次事件标志着双方不宣之战的开始，并且战事一直延续到 1604 年方才告终。伊丽莎白对此事的回应是，受到冒犯的英格兰商人可以通过攻击西班牙船舰来补偿自己。德雷克此番远航的战略意图十分明晰：削弱西班牙的备战实力，并带回尽可能多的财富。具体而言就是截获堪称汪洋骄子的西班牙黄金船队，全力侵蚀菲利普的大帝国，让菲利普的船舰航行时都要避开欧洲。德雷克向女王进言时说，竭力破坏菲利普的帝国势力和船队，"使其饱受摧折，迫使他全力应付此事，从而无力再对女王陛下寻衅滋扰"。[4] 如此一来，"西班牙君主或能明了，与英格兰操戈相向实为下下之选"。[5]

虽然德雷克未能将黄金船队收入囊中，但他的整个远航沿着西班牙海岸线一路肆意出击，从巴约纳（Bayona）到佛得角（Cape Verdes），越过大西洋后又劫掠了圣多明各（Santo 114

Domingo）、卡塔赫纳（Cartagena）、古巴和佛罗里达。西班牙的大小官员和殖民者再度陷入惊恐之中。似乎德雷克这伙嗜血之徒已经无孔不入，再没有哪个地方是安全的了。与此同时，为了报复菲利普扣留英格兰海船，成百上千的英格兰航海者都在海上四处猎杀西班牙船舰。英国士兵亦奔赴荷兰，加入当地抗击菲利普大军的队伍。伯利写道，英格兰即将"开始一场人类历史上前所未有的大战"。[6]

此言非虚。菲利普传命圣克鲁斯侯爵备战开拔，开启了入侵英格兰的征程。

注释

1. McDermott，p. 120
2. Martin and Parker，p. 109
3. 同上书，pp. 109－110
4. Quinn and Ryan，pp. 84－85
5. 同上
6. Martin and Parker，p. 102

第 4 部分

无敌舰队

第 12 章

"伟大事业"（1585～1588 年）

> 夺时地之先机，胜局大抵可定；一旦失去，绝难再返。
>
> ——弗朗西斯·德雷克，1588 年

菲利普二世在他的书房遥遥统御着自己的帝国。他不喜欢与人面对面谈事，种种事宜均通过往来信件处理。他对地图和航海图研究得相当仔细，并且会阅览关于各处锚地与海岸线的报告。这位国王以一人之力统摄所有政务，他会倾听周围人的意见，但凡事都有主见。在进攻英格兰这件大事上就是如此。他一旦下了决断，就会将之奉为上帝的旨意，不容更改。

圣克鲁斯是菲利普手下的最高海军将领，他设想以一支规模浩荡的舰队搭载着陆军前往爱尔兰和英格兰，并发动海上战役。胡安·马丁内斯·德·雷卡尔德（Juan Martínez de Recalde）在菲利普的海军官员中经验最为丰富，他认为只有先击败或拖垮英格兰的海军，然后才有可能进行入侵行动，有了制海权才能输送士兵并使之安全登陆，因此他主张先在英格兰西境夺取一处港口。雷卡尔德对英格兰周围海域甚是熟稔，他曾在 1572 年和 1575 年率领船队前往佛兰德斯，亦曾涉足爱尔兰西部沿海。菲利普在荷兰的陆军统帅是帕尔马公爵（the duke of Parma），他从帝国北境向皇帝进表呈情，认为并无派遣大型舰队的需要。如果能严守消息秘密行事，他有能力以雷霆之势，横越狭海（Narrow Sea）①，擒获伊丽莎白并攻占伦敦。

于是出现了两种战略，一为海战，一为陆战。军中将领也分成了两派，其中一方常年只在伊比利亚半岛和大西洋活动，另一方则一直都在荷兰。行走大西洋的这一方主张像占领亚速尔群岛一样占领英格兰：在英吉利海峡西面建立根据地并获得当地制海权，从那里架设通往西班牙的补给线，然后再从容不迫地以地面部队向前推进。这样做的最大好处是，英格兰再也无力在大西洋上有所作为，它那帮令人生厌的航海者也无法再兴风作浪。在主张从英格兰西部下手的这帮人看来，西境是英格兰最薄弱的地方。因为英格兰所有的基地、物资供给仓库和啤酒酿造厂都设在朴次茅斯以东，而且从伦敦而来的补给也难以到达此处，所以到时候皇家海军犹如在异国作战，孤悬海外。

常年在佛兰德斯征战的那一派在作战方式和思维方式上都和前者迥然相异。他们看重的是速度和攻其不备。他们不习惯将战船囊括到自己的作战计划之中：战船笨重迟缓，还要仰赖风力、潮汐和下锚港口等外在因素，这样行动太慢而且过程太复杂。不仅如此，在他们看来，英格兰东南部的沼地肯特郡才是真正的要害所在。然而，菲利普此时正心无旁骛地埋首于各种地图和报告之中，两派所拟之战略并没有入他的眼。

问题在于伊丽莎白的海军，其实力正处于巅峰。一旦开战，约翰·霍金斯必然会迅速参与进来。此前西班牙海军主要集中在地中海时，英格兰维持一支规模为24艘船的海军作为防御力量便已足够。但现在西班牙的海军势力已经蔓延到大西

117

---

① 指大不列颠与法国以及爱尔兰之间的狭长海域。——译者注

洋，英格兰的这点力量就显得弱小了。时任副检察长（Solicitor General）的埃尔斯米尔勋爵（Lord Ellesmere）主持了一项针对海军的调查，结果显示舰队状态良好。1585 年，霍金斯和女王达成了"第二协议"（Second Bargain），协议内容包括：每年滚动式修缮部分船舰，将老式船舰改造为新式盖伦帆船，并增建新的盖伦帆船。霍金斯在给伯利的书信中这样写道："这些灵活适用的船只可以大大提升海军实力，是有力打击敌人的最佳选择。我们要将改造和新建的工程继续推进下去。"[1]

1586 年夏天，霍金斯率领一支由女王的盖伦帆船组成的中队前往伊比利亚半岛沿海，为了等候运宝船船队在那里待了三个月，这番出航着实展现了皇家海军的卓越战力。霍金斯任舰队司令，座舰是"无双"号（Nonpareil）；管理女王船舰的书记员威廉·伯勒（William Borough）任副司令，座舰为"雄狮"号；托马斯·芬纳（Thomas Fenner）指挥"祈望"号；爱德华·伯克利（Edward Berkeley）指挥"复仇"号；本杰明·贡松掌舵崭新的"特拉蒙塔纳"号（Tramontana）。

此次行动展现出英格兰空前强盛的海上实力。虽然霍金斯没能成功俘获黄金船队，但他的行动让世人第一次知晓，皇家海军足以维持长时间的远距离作战。趁此机会，霍金斯向西班牙上层的大人物们宣示了英格兰海军的先进程度。据一名囚犯报告，"无双"号环境整洁，航行快捷，船上还有活禽和新鲜水果供应，食物供给非常充足。战力也很惊人——配备了 44 门铜炮和 300 号人。另一名曾被囚于芬纳"祈望"号上的囚犯称，这艘船比"无双"号还大，堪比 1000 吨的西班牙盖伦帆船"圣马丁"号（San Martín）。船上有 54 门铜炮和 350 号人。其强大的战力毋庸置疑，船员亦英勇顽强、纪律严明。

118

1587 年，苏格兰女王玛丽被送上断头台，大大激化了事态。这一事件削弱了欧洲天主教势力，令菲利普震惊不已。他终于下定决心要跟英格兰来场决战。

但伊丽莎白抢占了先机。年初，泰晤士河畔聚集了一支由英格兰贸易商人集结而成的私人船队，他们为了挽回商路阻隔造成的损失，正要出海抢夺西班牙宝船。一支德雷克率领的船队亦其中。德雷克依然秉承一贯作风，出行计划含混不清，时常有变。起初他和怨气满怀的商人们一样，准备出海打劫然后和女王共分战利品，后来他又说自己要去援助圣·安东尼奥，最终才宣布自己的计划是袭击西班牙海岸线。1587 年 4 月，德雷克随私人船队从普利茅斯港出发，船队包括 20 艘私人战船和可进行远洋航行的葡萄牙武装快船。他自己统率着 4 艘皇家海军的盖伦帆船，身负伊丽莎白指派的任务：

> 西班牙国王的船队分散于众多港口，阻止他们出港集结。从对方那里夺取自身所需补给。假使他们冲着英格兰岛或爱尔兰岛而来，盯住他们。尽可能多地阻止船舰来犯，并严防他们登陆。对方来往西印度群岛的船只，见到就打。

船队出航一周后，又有新的指令发出，命德雷克不得进入任何西班牙港口。但命令没能传达到他那里，当然也有可能是他故意为之。

德雷克坐镇海军战船"伊丽莎白·博纳旺蒂尔"号，他的密友托马斯·芬纳执掌"无畏"号。舰队后卫司令是黎凡特公司（Levant Company）的舰队统帅罗伯特·弗里克（Robert Flick），他们贡献了为数不少的盖伦帆船。女王船舰的书记员威廉·伯勒任副司令，他也是德雷克的副手，座舰为"黄金雄狮"号（Golden Lion）。此番出征的 4 艘皇家船舰均为新式设计，其中包括前一年刚下水的"彩虹"号（Rainbow）。

正当舰队位于伊比利亚半岛沿海的时候，有情报传来说一支大型商船船队正停驻在加的斯。西班牙无敌舰队当时有可能正集结在里斯本，但德雷克沿途搜集的消息显示，加的斯停驻的船队已装备完毕。西班牙想要成为海上强国尚需走很长的路，更不用说进攻英格兰了。它缺乏供给海军的补给或食物。沥青、缆绳、木材、帆布和奶酪都需要从波罗的海和荷兰获取，再从途经苏格兰北部沿海的"北方"航线绕行回来，以避免在狭海和英吉利海峡与英格兰船只相遇。英格兰、苏格兰、威尼斯、几内亚、那不勒斯、波罗的海和拉古萨的商贸船只均被禁航。此外地中海和帝国各处军队也会运来粮草和补给。加的斯是这些纷繁复杂的后勤运作的调度中心，这里由海岸炮台和一个中队的桨帆船负责守卫。

德雷克撤去船上所有的旗帜和标志后慢慢接近加的斯。这时敌方驶出一艘桨帆船，前来查明这群古怪来客的身份。它刚刚进入加农炮射程，英方便开火了。桨帆船迅速后撤并向镇子上发出警报——德雷克来了。妇孺纷纷奔向镇子附近的堡垒避难，慌乱求生的人群中有 27 人被活活挤死。男子都被征召去抵御英格兰人，把守所有敌人可能登陆的地方。加的斯分内港和外港，当时停驻的船只都围聚在内港，德雷克的船队不费吹灰之力就进去了，威廉·伯勒则留在了外港。

接下来就是德雷克的拿手好戏。一艘接着一艘，英格兰人将船只洗劫一空后便付之一炬。一艘 1200 吨的比斯开船被凿沉，圣克鲁斯所有的一艘 1500 吨的船被烧毁。英格兰人在加的斯待了3天，其间31艘船被毁，4艘装满补给的船被夺走。
这些充足的粮草让德雷克的毁灭之旅又延长了3个月。据统
计，此次损失总计17.2万杜卡特。德雷克入侵后的第一个夜
晚，港口一片混乱、处处狼藉，西班牙人陷入"歇斯底里的
恐慌"之中，托马斯·芬纳得意地上报："骇人的大火冲天而
起，我们看着却非常开心，一路的艰苦和压力纾解了不少，我
们在这儿已经忙碌了一天两夜。"[2]

西班牙人只能眼睁睁看着这一切发生。他们的海岸炮台没
起到任何作用。受制于英格兰人在炮火射程上的优势，桨帆船
被压制在海湾之中动弹不得。射程上处于劣势的桨帆船在遭遇
新式英格兰盖伦帆船时到底是怎样一种差距呢？芬纳如此向沃
尔辛厄姆（Walsingham）汇报："我们和桨帆船交手之后，确信
女王陛下的4艘战船可以轻轻松松对付20艘这样的船。"[3]

至此，英国人才知晓西班牙是以何等巨大的规模在备战。
他们明确地向沃尔辛厄姆汇报，菲利普已经押上了全部赌注。
同时，德雷克等人的破坏力亦非常惊人。他们把圣克鲁斯"华
丽堂皇的三桅帆船"烧了个精光，让他颜面尽失。但他们并没
有伤及西班牙海军的筋骨，只是"烧焦了西班牙国王的胡须"。
德雷克和手下明白，接下来必须扩大战果。他写信给沃尔辛厄
姆："在英格兰岛做好防备，海防是重中之重。这一次要是能制
住他，他以后都不会再动弹了。好好看住苏塞克斯。"[4]

德雷克的船队状态良好，离返航还有相当长的时间，可以继
续骚扰西班牙海运，切断它珍贵的生命补给线或迫使航船改道。
有好几个星期，德雷克的船队都在圣维森特角一带巡弋，毫无顾
忌地劫掠西班牙海运船只。5月17日，德雷克在给沃尔辛厄姆的
信中写道，从袭击加的斯那天算起，他所俘虏和捣毁的"城堡、

120

船只、三桅帆船、卡拉维尔帆船和其他各式舟船，总计超过了一百，绝大部分都满载货物，其中有桨帆船用的船桨，有大船和葡萄牙武装快船用的木板和船骨，有酒桶用的桶箍和木管，还有其他种类繁多的补给品，它们都是要运给西班牙大军的"。[5]

但是到了月末的时候，因为疾病的困扰，舰队绝大部分船只不得不返航回国。德雷克向沃尔辛厄姆极力陈情，恳求他给自己留下另外 6 艘皇家战船继续对菲利普施加压力。但沃尔辛厄姆并没有这个打算，所以德雷克只得带领剩下的船舰驶向亚速尔群岛。结果他们在那里中了大奖：俘获了菲利普的私人运宝船"圣费利佩"号（San Felipe）。仅此一项战果他们就赚回了此次远航的全部开销，而且还为女王和金主们带回了丰厚的分红——船上所载货物的价值相当于英格兰当年出口总额的 10% 。

德雷克返回时成了一名英雄。投资者或许会抱怨，德雷克隐瞒了利润的总数，但此次远航可谓一次漂亮的军事胜利。正如所有人预计的，1587 年没有发生入侵活动。

教皇西斯都五世（Sixtus V）听闻无敌舰队在 1587 年这一整年都不会出海的消息以后，斥责菲利普二世"就是个懦夫，在低地国家被一个女人牵着鼻子走，在西班牙国内被一个开船的骑在脖子上"。虽然德雷克已经回国，但此番劫掠之行的余威尚未消散。圣克鲁斯被迫放弃备战工作，出海为驶向西班牙的运宝船船队保驾护航。

菲利普的入侵计划因德雷克的行动而遭受重击，但他更为坚定地主张应当让无敌舰队出击杀敌。虽然严冬临近，而且舰队尚未准备就绪，菲利普还是在圣克鲁斯刚从海上归来的时候就下达了无敌舰队扬帆出海的命令。

菲利普胸中谋划已定。这方面他深受心腹谋臣堂·胡安·

德·苏尼加（Don Juan de Zúniga）的影响，此人曾在地中海战事中负责陆海战役的协同配合。[6]同样的思路也可以用来对付英格兰：可以将海军战略和帕尔马公爵的地面作战计划合二为一，共同使用。这一谋划——成形于1587年并贯穿了整个战事——的核心是由无敌舰队拿下佛兰德斯，进而击溃或者压制英格兰海上力量。一旦舰队成功就位，帕尔马公爵那边就好说了。他的军队就可以随着阵容浩大的护航船队安然渡海，登陆英格兰。无敌舰队的功用不止于此，它还可以运载更多作战所需的人手、攻城器械和补给。

121

对菲利普来说，1587年9月是起锚开拔的最佳时机。当时的外交形势正对西班牙有利。苏格兰女王被英格兰人处决后，欧洲天主教势力正急切寻找报仇的机会。法国也无意插手西班牙的入侵行动。甚至荷兰人也对伊丽莎白颇为不悦，认为她把荷兰拖入了一场形势糟糕的战事。菲利普对无敌舰队下达了出航的命令。但德雷克的劫掠行动延迟了舰队的出航，圣克鲁斯动弹不得。寒冬漫漫，原本士气高涨的西班牙人渐渐偃旗息鼓，大队大队的士兵和水手也只能空坐吃饷，大量消耗补给。

随后，疾病的阴霾又笼罩而来。先是圣诞和新年的时候菲利普染恙欠安，接着又是圣克鲁斯，他和很多闲散无事的士兵都得了伤寒。1588年2月初他就死了，此时的无敌舰队仍旧没有完成出航的准备工作。受命接替圣克鲁斯的是梅迪纳·西多尼亚公爵（the Duke of Medina Sidonia）。圣克鲁斯生前一直设法抵制来自菲利普的种种威压，而新上任的梅迪纳·西多尼亚却是一个唯命是从的人。时年37岁的他并无任何军旅经历，而菲利普任用他的原因有二：品轶头衔和对菲利普的死忠。前者力压一众朝中重臣，后者则意味着菲利普的命令能够得到严格执行。在梅迪纳·西多尼亚接管舰队后，准备工作加速进行。

西班牙方面久久没有行动，这无疑是英格兰的巨大福音。令人匪夷所思的是，直到 1587 年夏末众人才知悉西班牙此次大举征伐的骇人威势和规模，此时的英格兰仍未做好应战准备。10 月，枢密院才召开会议，讨论保卫英格兰的战略安排。伯利列出的备战日程包括：在沿海布置葡萄牙武装快船监视西班牙的各项行动；皇家海军进入战备状态；所有海船停驻不出，将私人船只和水手纳入海上防御阵营。

月末，造船长佩特和贝克在递交的一份报告中警告称，目前皇家海军的状况着实堪忧。之前去往加的斯的所有船只都亟待维修，4 艘大战船中有 3 艘情况不理想，另外还有 5 艘也需要修缮。他们把这一片乱象都归咎到了约翰·霍金斯身上。

自 1585 年起，英格兰的船坞再次繁忙喧嚣起来。皇家海军有 34 艘船，其中 12 艘在 250 吨以下。这些船舰的种类各不相同，而且其中并没有属于英国自己的船型。每一艘船的造型设计都折射出这些年在船体设计上所进行的探索与实验。船型大小各异，而且每艘船的长宽比也不相同。整支船队既小巧灵活又威力巨大，但在 1587 年初冬这个节点上，它似乎太过单薄，而且保养维护的状况太差，根本无法和即将压境的大军对阵。

12 月，时任海务大臣的埃芬厄姆勋爵查尔斯·霍华德（Lord Howard of Effingham）巡视舰队后做出以下报告："随我出行的每一艘船我都登临过，并参与了整个航行。实在是要感谢上帝，这些船都保持着该有的正常状态，井然有序，没有任何漏洞。"最后，尽管造船长们在报告中忧心忡忡，一片愁云惨淡的样子，但船只的维修工作在短短几个月内就完工了。

是年冬日，马丁·弗罗比舍（Martin Frobisher）率领舰队中的 7 艘船在狭海一带巡视。翌年 1 月，又有 23 艘私人战船加入舰队，其中包括莱斯特伯爵（earl of Leicester）、沃尔特·雷利、芬纳和伦敦城的大型贸易公司。德雷克和芬纳带着大约 30 艘船停驻在普利茅斯，舰队中的其他船舰则由霍华德和霍金斯领着驻守昆伯勒（Queenborough）。除了在外巡视的船，其他船只一概停驻港口（德雷克对此极为反对——他急切希望率船奔赴西班牙），许多水手也被遣返复员。

备战的巨大开销让国库吃紧，战船要能够随时投入战斗，众多枕戈待战的水手需要食物补给。指挥作战的将领们都有一个忧虑，即复员之举会导致军中优秀人才流失。2 月，霍华德在给沃尔辛厄姆的信中写道："我的麾下俱为良兵，皆赤心效忠于女王陛下。可倘若女王全无疏财之意，将士们亦将无意舍命尽才以报女王陛下。"[7]

英军诸将领再也没法沉住气等下去了。维持一支舰队有多么烧钱，约翰·霍金斯比任何人都清楚："那些悬而不发的战事无底洞似的吞噬着我们的财富，但我们根本无从知晓这些付出会有什么回报，只能继续填补不断滋生的各项开销。"[8]长此以往，英格兰根本无法承受。西班牙只要一直这么僵着不动就能拖垮英国海军。要不了多久钱就会花得一干二净，补给也会枯竭，士兵要么留着挨饿要么离队开溜。"因此，"霍金斯向沃尔辛厄姆建议，"在我看来，只有果断和对方开战，我们才有可能寻得安宁。"[9]陷入被动局势的应当是西班牙，而非英格兰。霍金斯想派遣 6 艘皇家战船和 6 艘葡萄牙武装快船威慑西班牙沿海一带，每 4 个月一轮，由其他新来的船只顶上。这样，每个月只需支出大约 2700 英镑的薪金，而其他费用均从西班牙船只上掠取。

该计划并没有立即实施，但不止霍金斯一人心中郁阿，许

123　多官员都是如此。战争迟迟不能开打，他们被拖得十分不耐烦，整日浑浑噩噩无所事事，而关于西班牙港口中那支阵容骇人的无敌舰队的流言和小道消息又让将士们脑中的那根弦始终都紧绷着。黑云压城，对所有临阵的士兵来说，开战前的寂静总是最难忍受的。而后勤与军纪上种种琐碎的问题又不断激化着这份焦躁与不安。

　　5 月 21 日，霍华德的船队脱离亨利·西摩（Henry Seymour）勋爵所率领的中队前往普利茅斯。这支中队正要去巡视荷兰的沿海区域，防止帕尔马公爵乘机横渡狭海。

　　埃芬厄姆勋爵查尔斯·霍华德是当时英格兰海军总司令，在群星璀璨的英国海军将领中独树一帜。他生性沉稳，颇具威仪，称不上天纵之才，却是能够带领英格兰海军抵御国难的灵魂人物。他出身于英国最为显赫的海军贵族世家。他的叔叔在 1513 年和法国桨帆船作战时捐躯，他的父亲在玛丽时代任海务大臣。查尔斯青年时期曾在船上服役，并拥有自己的私人战船。肩负霍华德爵士之衔，他深知守卫都铎王朝的安全是自己的分内之责。霍华德家族向来被视为庙堂柱石，抗击西班牙以安邦定国的这份重任注定要落在霍华德的肩上。女王十分信任他对形势的判断。在军队的管理调控上，菲利普事无巨细，亲力亲为，而伊丽莎白则放权给霍华德，任其便宜从事。

　　1588 年，霍华德接手英格兰海军时，军中的将官司令之间敌意深重，他们均是鼻孔朝天的狂傲之人，谁也不服谁。霍华德并不插手下属们的这些争端。其实德雷克、霍金斯、弗罗比舍和芬纳等人心里也非常清楚，霍华德光靠自己的权位和头衔就能压得他们服服帖帖。霍华德也会倾听麾下高官大员们的意见，但他从不违逆女王的旨意，其他任何人都无法动摇他尽忠职守的决心。

霍华德十分明智地选择了"皇家方舟"号（Ark Royal）
为座舰，它的速度和操控性在英格兰大型船舰中都是最上乘
的。凭此他可以轻松地巡视整个舰队，密切注视手下这帮本领
通天而又刚愎自用的海军将领们。霍华德军中的将官们各自指
挥着最大号的低平的新式盖伦帆船，并且他们也是霍华德的作
战会议成员。德雷克任第二总司令，座舰为"复仇"号；约
翰·霍金斯任第三总司令，座舰为"胜利"号。霍华德的表
亲托马斯·霍华德勋爵（Thomas Howard）的座舰为"黄金雄
狮"号，其侄子谢菲尔德勋爵（Sheffield）的座舰为"白熊"
号。他的咨询委员会成员弗罗比舍的座舰为"凯旋"号，此
船无论在英军还是西军的战船中都是体积最大的。托马斯·芬
纳的座舰是"无双"号。阵容小一些的东部中队正在巡视狭
海，其中亨利·西摩勋爵的座舰为"彩虹"号，威廉·温特
爵士的座舰为"前卫"号（Vanguard）。相比之下，孤零零的　124
威廉·伯勒最为势单力薄，他率领着仅有一艘船（桨帆船
"博纳沃利亚"号，Galley Bonavolia）的中队驻守泰晤士河，
倘若形势真糟糕到了极点，他聊且算是最后一道防线。

霍华德刚抵达普利茅斯的时候，军中正等着补给船送来供
给，结果他的智囊团极力说服他即刻出航，发兵西班牙。他们
获得消息，无敌舰队的大军已经准备就绪，只等顺风一来就立
刻出击。"上帝保佑，快快让顺风带我们出港，"霍华德在给
伯利的信中写道，"虽然还饿着肚子，但我们必会起航。"[10]

英军获得的消息称，无敌舰队已于 5 月 28 日离港。这一
天梅迪纳·西多尼亚公爵正式从里斯本扬帆出海。不过当时海
上狂风肆虐，无敌舰队的行军非常不顺，所带补给折损严重，

于是梅迪纳只得率领舰队重新回港装填补给。再看普利茅斯这边，托马斯·芬纳等一众船长对此嘲笑不已，西班牙筹备了这么久，结果连本国海岸线上的敌军势力都没清理干净，只能重回里斯本补充补给。可实际上英军的情形也没好多少。

同样是天气恶劣的缘故，霍华德前往伊比利亚半岛袭击入侵敌军的行动终究没能成功。将近一个月的时间里，英军急不可耐地想要开战，但由于夏季风暴他们屡屡受挫，停驻在港口的船舰憋着劲儿没处使，"犹如宫廷里满怀激情的舞者一般"。[11] 士兵们日渐倦怠，疾病亦开始蔓延，食物匮乏，霍华德只能眼睁睁看着大军一天天消沉下去。"大人，"他这样写给伯利，"现在我手下的这些船长、士兵和水手，都是英格兰最能干的。为效忠女王他们甘愿冲锋陷阵，让这样的人连肉都吃不上实在遗憾。"[12]

在沉寂与焦灼等待的同时，霍华德、伯利和沃尔辛厄姆正就作战计划的部署在往来信件中争论不休。议会严令霍华德不得前往伊比利亚沿海。海务大臣回复说，自己的大军汇集了全英格兰最杰出的航海者们，他们并不同意这么做。他们认为，西班牙刻意挑衅的目的是让英军时刻保持备战状态。"如果就这么一直盯着西班牙人，等到补给都耗光的时候，"霍华德问道，"我们该怎么办？"[13] 到西班牙人的南海岸线上候敌出战才是上策。倘若无敌舰队真的冒险出航，就等于将上风位拱手送给英军，并且无法甩掉他们。德雷克、弗罗比舍、霍金斯和芬纳都严正警示，西班牙大军越接近英格兰岛周边的凶险海域，英军的胜算就越小。西班牙沿海才是最理想交战地点。但是女王固执地认为船队应当驻守英格兰岛。霍华德虽极力反对，"但我仍会坚决服从女王的旨意"。[14]

等到海风平息的时候，霍华德发现军中的食物和啤酒已经告竭。与此同时，无敌舰队遭遇风暴袭击的消息传来了，阵形溃散的船舰流落各地，眼下正是痛下杀手的好时机，军中将领听闻此讯都振奋不已。霍华德得到补给船只正在前来的确切消息后，写信给沃尔辛厄姆称："只等你的补给一到，我们即刻出发，一小时都不会耽搁。"[15]他并非夸大其词，补给才刚到普利茅斯，几成饿殍的将士们就连夜装船。终于，船队扬帆出海了。

已经按捺许久的英军船队好一番忍耐后，又在"袖套"（the Sleeve）——锡利群岛（the Scillies）和韦桑岛（Ushant，又称阿申特岛）之间的英吉利海峡出入口——待了两周半。霍华德受命必须在搜集到无敌舰队的位置、编队、数量和航行路线等确切情报之后才能行动。此时德雷克的船驻于狭长的韦桑岛一侧的海岸，霍华德守于两地中间，霍金斯停于锡利群岛沿海。海面上弥漫着一片不祥的死寂，一股惧意也开始在霍华德心中蔓延。说不定，西班牙人已经绕过他并在英格兰发起进攻了。进退之间的权衡实属不易。

不久，新消息陆续传来，无敌舰队竟还未出航，而且还分散在西班牙周遭的诸多港口。德雷克和其他部下都私下向霍华德建言：此时正是良机，绝不可以错过！霍华德心中波澜大起，不过这股违令出击的冲动还是被压下了。最后，刮起的海风帮他化解了两难的困境。他准令船队借风南进。前行的英军甚至已经依稀看到了西班牙的影子。

就在这时，刮起了南风。

这是来犯之敌入侵所要的风向。皇家海军一下子陷入了十分危险的境地。如果西班牙人乘机北上，很有可能在英军还于比斯开湾的大风中苦苦挣扎的时候，就已经绕过霍华德直扑英格兰了。此外，补给短缺这个困扰着皇家海军的老问题再次出现，霍华德下令船队返回普利茅斯。他在给沃尔辛厄姆的信中写道："这股南风把我们从西班牙海岸线刮了回来，也把西班牙人召唤出海了。"[16]

此前，他们已经苦等数月，做好了所有能做的准备，甚至幻想过在无敌舰队未至国门的时候就将其击溃。结果，当黑压压一片的西班牙船舰在 7 月 19 日抵达利泽德（Lizard）沿海时，英军却因为涨潮而被困在了普利茅斯。

注释

1. Kelsey，*Hawkins*，p. 174
2. Corbet，*Papers Relating to the Navy During the Spanish War*，pp. 131ff
3. 同上
4. 同上书，p. 109
5. 同上书，pp. 131ff
6. Martin and Parker，pp. 116ff
7. Laughton，vol. I，p. 58
8. 同上书，p. 59
9. 同上
10. 同上书，pp. 186ff
11. 同上书，pp. 199ff
12. 同上
13. 同上书，pp. 202ff
14. 同上
15. 同上书，p. 211
16. 同上书，pp. 288ff

第 13 章

开战（1588 年）

无敌舰队于 7 月 20 日抵达利泽德附近，梅迪纳·西多尼亚命令自己的旗舰"圣马丁·德·葡萄牙"号（San Martín de Portugal，后简称"圣马丁"号）降帆并挂起自己的令旗。这是召集麾下将领议事的信号。众将各自降帆后，坐上小舟前往"圣马丁"号参加紧急会议。

风向西南。英格兰船舰正困在普利茅斯。眼下可谓绝佳时机。此时梅迪纳·西多尼亚的帐中有经验丰富的高级将领，有常年在地中海、南大西洋、加勒比海、佛兰德斯沿岸等地参与海战的老兵。他们曾在勒班陀抗击奥斯曼人，与佛罗里达的法国人交战，和英格兰人的战斗更是遍布各地，其中许多人曾参与过占领亚速尔群岛的战役。他们堪称西班牙贵族中最顶尖的将士。会议上，公爵麾下的二把手堂·阿隆索·马丁内斯·德·莱瓦（Don Alonso Martínez de Leiva）提出，攻打普利茅斯才是上策。他们可以趁此摧毁英格兰舰队，踏出占领英格兰岛的第一步。

但对梅迪纳·西多尼亚来说，不论自己是何意见，他都不会采纳莱瓦的提议。他把众人叫来并不是听他们提建议的，而是告知他们国王已经制定好的战略部署，并且不容有任何异议。

国王并未像许多西班牙老兵希望的那样，让无敌舰队停驻英格兰海域并在其西境制造大规模破坏与骚乱。他认为，这个时候还没到击溃英格兰海军那一步。无敌舰队的下一步行动是以新月状（en lúnula）阵形向佛兰德斯进发，沿途避而不战。抵达后再护送帕尔马的陆军到三明治。帕尔马大军向伦敦进军的同时，西班牙战船由海入河进攻英格兰首都，以为策应。

　　每个新月阵的犄角处安置的都是盖伦帆船、加莱赛船和桨帆船这类行动迅捷的快船。火力优良的巨舰守护阵形两翼，同时，还有配置简易火力装备的平底船在战舰后面担任警戒。这套阵形在西班牙以往的战役中曾大放异彩。船队一旦遭遇攻击，犄角位置的快船率先迎敌，两翼随即围上，将敌人死死钳住。前往英格兰途中打前锋的是莱瓦，梅迪纳·西多尼亚的战舰和运兵船居中，里卡多负责殿后。7月31日，行军阵形变为战斗阵形。莱瓦的先头部队后退为左翼，里卡多率领的战船前移到梅迪纳·西多尼亚的右侧，形成右翼，两翼相距7英里。

　　此次战役，无敌舰队新月阵的表现大失水准。战前加的斯那场袭击中，德雷克船队轻描淡写地就把桨帆船打得溃不成军，结果50艘打上"伟大事业"征用标记的桨帆船中仅存4艘尚可差遣。这让新月阵的机动性大打折扣，但后患还不止于此。在风平浪静的深水港中护卫巨型船舰作战时，桨帆船的优势体现得最明显——借助船桨的划动，它可以迅速进入指定位置迎击敌人，事先隐藏在大船背后，然后突然窜出狠狠重击敌人，随即再躲进大船的掩护之下，让对方无从下手。桨帆船非常适合两栖作战。士兵乘坐小船登陆时，最希望看到的就是能有这些桨式战船为他们殿后拦击敌人。结果硕果仅存的4艘桨帆船也因遭遇夏季风暴而被迫返航。

　　菲利普选择的是偏防守型队形。无敌舰队的首要任务是与帕尔马取得联系，然后护送他的部队横渡狭海。仔细研究了英格兰军队的船舰构造和战术打法之后，国王选择避免与英军在海上开战，否则就是一场灾难。以下是他的指示：

> 有一点我必须亲自警示你们，敌人的企图是凭借武器上的优势进行远距离作战……我军的做法则需与之相反，努力把他们拖入接舷战，用自己手中的武器近身搏杀，这当中你们一定要谨慎行事。为了让你们了解得更详尽仔细，我正将一些报告文件发往你们那里，这上面标明了敌人是如何从低处开火击沉对手船舰的。知晓以后，你们自己要加倍小心，做好防范措施。

整个"伟大事业"的构想在梅迪纳·西多尼亚公爵看来很不理想。无敌舰队由行动迟缓的运兵船、盖伦战船、加莱赛船、克拉克帆船和卡拉维尔帆船构成。国王的命令非常清楚：入侵第一阶段唯一的作战任务就是与帕尔马会合。这使得西多尼亚只有在佛兰德斯的部队安全登船并由舰队护卫以后，方能与英军开战。在此之前，他必然要全力抵御皇家海军以确保舰队无虞。大家普遍认为伊丽莎白的舰队驻扎在泰晤士河口至南安普敦之间的某处。因此，海上决战大致会在唐斯或是佛兰德斯沿岸等较为平静的水域展开，这样菲利普近身贴住英军并以人数优势压制对方的打法就顺理成章了。然而，枕戈待旦的霍华德、德雷克和其余众人却正在西面静候来敌。

更令人忧虑的是，没有人知道帕尔马的部队正在何处、能否参战。无敌舰队进入英吉利海峡之后梅迪纳·西多尼亚心中疑虑渐生。他说，在帕尔马方面有确切消息传来之前，"我们几乎是两眼一抹黑地在往前走"。[1]但他仍义无反顾地让每一个人贯彻菲利普的每一条命令。

如何变通地执行这些命令，作战会议的海军将领们自是心知肚明。军中俘获了一帮从法尔茅斯来的渔民，根据他们的交代，英军早已扬帆出海了。那么在与帕尔马接上头之前，无敌舰队将一直被动承受对方的攻击。菲利普坚信这一切都会得到上帝的帮助，万事顺利。黎凡特支队的统帅马丁·德·贝特多纳（Martín de Bertendona）亦坦言此时离不开上帝的帮助：

> 英军的船比我们的更快、更易操控，射程也长得多，而且他们对于自己的这些优势知道得和我们一样清楚。倘若没有神明庇佑，我们完全靠近不了他们，只能任由他们的蛇炮在上风位把我们轰得溃不成军，毫无还手之力。所以我们此番前往英格兰，是在对神迹的信仰下行军！[2]

霍华德也清楚自己的船舰和大炮优于西班牙人。他夸耀说一艘英格兰船抵得上五艘西班牙船。参与过那趟加的斯探险的人应当会同意这句话的。但无论如何，英格兰船舰都不能靠近西班牙的船。他们应当利用自身船舰在灵活度、速度和火力上的优势攻击敌军。照霍华德所言，英军制定的战术是一直撵着敌人到处窜，像迅疾敏锐的格力犬追捕野兔一般，"让他们疲于奔命，毫无靠岸的机会"。

他们面对的第一个难题是如何在涨潮时逆风出海。7月19日周五的一整个晚上，众人都在尽快牵引船只出港。"皇家方舟"号和其他6艘船舰出了普利茅斯湾并停靠在雷姆角（Reme Head），到星期六早晨，大概有50～60艘船也都出海了（当时普利茅斯共有90艘船），此时海面风雨交加。当天下午3点，人们在福伊（Fowey）的西面发现了无敌舰队的踪影。霍华德连夜率领已经出港的舰队船只逆风前行。同时，舰队余部也全力出港，并追随霍华德的路线扬帆出航。

星期日拂晓时分，无敌舰队的水手们发现约有 80 艘英军船舰正迎风而来（也就是说已经到了他们的队伍后面），另外还有 11 艘正往西向岸边进发，那里是他们的背风处。这几艘船总算及时就位，赶上了大部队。在遭遇夏季飓风时牵引船只出港，继而还要压制英吉利海峡的敌人，要完成这么繁复艰巨的大动作实属不易，但霍华德说，此事归功于"众将士们恪尽职守，士气勇猛，许多船竟似乘着顺风驶出了本国水域"。9 点，海务大臣的葡萄牙武装快船"抗争"号（Defiance）孤身突入对方新月阵中央，向梅迪纳·西多尼亚的"圣马丁"号象征性地开了一炮。战斗正式打响。

"皇家方舟"号率部进攻对方左翼，德雷克与霍金斯率部攻打右翼。当晚霍华德在写给沃尔辛厄姆的战报中称"我们不敢贸然冲进敌军阵中，他们的舰队实在太强大了"。[3] 英军只能以灵活巧力应战。这是他们第一次亲眼见到无敌舰队和它的布阵。无论是船长、炮手还是士兵，在他们漫长的海战生涯中都没有遇到过如此之大的阵仗。他们向来都不是作为一支舰队整体作战，此番遇上新月阵这种拒绝主动交战的防守阵形，英军显得束手无策。平常在公海中对阵西班牙船只时，英格兰水手一般是主动迎敌：先以舰首炮轰击，接着转身以舷炮排击，再转身用舰尾炮。支队中其他船舰也是同样操作，直至敌人投降或者己方登船。

而 7 月 21 日这天，这套打法用不上了。正如霍华德特别强调的，与西班牙船靠得太近或是让自己陷入新月阵的中央，对任何英军船舰来说都是十分危险的。绝大部分英军舰载人员只负责航行和开炮。西班牙则完全不同，他们的船上载满了全副武装的士兵，只等钩住英军船只便开始登船。

因此英军阵中的船长们都极力抑制自己去找西班牙船舰一对一单挑的冲动。那种作战方式是他们最擅长的，但此次的命令是避敌锋芒，只在远处用重炮轰击并杀伤西班牙人，同时对方的炮却无法伤害到他们。"皇家方舟"号正率领纵队船舰有序地进退和射击，使得敌人左翼最外围的船一直处于加农炮的猛烈轰击之下。英军战船开炮之后就撤离位置，重新装填好弹药再回到阵前。

而在无敌舰队的右翼，许多殿后护卫的船都去了无敌舰队的主阵，将里卡多孤零零地留在了那里。里卡多"决意候敌来战"，结果他的"圣马丁"号被德雷克和霍金斯率领的一队英军战船轮番炮轰。两小时内，这艘船遭受了 300 轮炮击，前桅、船桅支索和帆具都严重受损，直至比斯开支队赶来支援后才后撤。无敌舰队被梅迪纳·西多尼亚重新编队部署。他说，这是他唯一能做的，"敌人占了上风位，英格兰船舰又灵活敏捷、便于操作，他们可以完全照着自己的想法打"。德雷克和霍金斯明智地选择了撤退，战斗在下午 2 点宣告结束。英军继续追着，或者更准确地说，是不紧不慢地跟着西班牙舰队向东航行。

英国人的战术仰赖于大炮的使用。霍金斯的圣胡安之役和德雷克的加的斯之役展示了英军加农炮对阵敌船时的巨大威力。菲利普二世十分清楚英军的这项优势，西班牙水手亦无不胆寒。但这次交锋中，里卡多的"圣胡安"号即使受到了 2 小时的狂轰滥炸，也只是受到皮毛之伤，稍加修补即可无虞。不难看出，西班牙的人力优势与英军的炮火优势已成互相抵消

130

之势。大炮在近距离平射时威力最大，但却因英军不敢太过靠近敌军而无法完全发挥出来。同时西班牙人没有掉头前来交战，这让战况变得更为棘手。如果西班牙大军一直以严密防守的阵形拒不应战，那么英军充其量就只能以炮击阻止对方靠岸登陆。问题是战斗开始仅几小时，许多船舰上的弹药就难以为继了。这让从来都异常自得的英格兰航海者们又惊又惧。"我们毫发未损，"堂·佩德罗·德·巴尔德斯（Don Pedro de Valdes）向菲利普汇报时说，"因为英军离得实在太远了。"[4]

战斗开始的第一天，唯一值得英军雀跃的消息是"圣萨尔瓦多"号（San Salvador）的弹药库发生爆炸，"圣母玛利亚·罗萨里奥"号（Nuestra Señoradel Rosario，后简称"罗萨里奥"号）的船首斜桅碰撞损毁。或许英军还不明白此事的重要性，但对于西班牙人来说此事至关重要——这两艘船上装着无敌舰队十分之一的弹药。

当晚的作战会议上，霍华德和会议成员发现形势并不乐观。从霍华德写给沃尔辛厄姆的信中可以一窥当时的沉闷气氛："万望大人念及上帝之怜悯、邦国之安危，速速发与我等足量炮弹……和火药。"[5]无敌舰队已经过了普利茅斯，但它到底意欲何为？或许是在托贝（Torbay）、莱姆（Lyme）或波特兰（Portland）占据一处滩头阵地，也可能会攻占英格兰疆土中最薄弱的一块——怀特岛。除非皇家海军足够警觉和迅捷，否则西班牙人只需大约一天的时间就能踏上英格兰国土。对英格兰而言，压城黑云正滚滚而来。霍华德下令，入夜后船队由弗朗西斯·德雷克带领，他希望自己最得力的手下用"复仇"号船尾的巨型提灯为船队保驾护航。

第二天拂晓，霍华德惊恐不已。他的"皇家方舟"号和

"白熊"号、"玛丽玫瑰"号正紧跟在无敌舰队的后面，四周却没有任何英军船只的踪迹。

夜里"复仇"号尾灯信号消失不见后，船队的其余船只就已停止行进。霍华德和其他两艘船只得尽力回撤，与余部会合。原来当天夜里，德雷克擅离职守，径自离队去追赶已经负伤的"罗萨里奥"号了。天亮时，"罗萨里奥"号发现"复仇"号的炮口离自己只有三根缆绳那么近，经过一番交涉之后西班牙船只宣布投降。德雷克天生就不是当海军的料，他还是做起了自己最擅长的事情：从大部队遁走，一个人单打独斗。

无敌舰队还和之前一样缓慢前进，并未突然登陆。德雷克总是运气很好，他这次的擅自行动竟赢得一次大捷。"罗萨里奥"号上有 46 门炮、2000 发炮弹和 5 万杜卡特。缴获的这批额外弹药解了英军的燃眉之急，可谓异常珍贵。西班牙人还给英军送上了一份大礼。梅迪纳·西多尼亚下令将受损的"圣萨尔瓦多"号在夜里凿沉，结果它却一路漂流到了英军阵中，船上 2246 发炮弹被收回。

如果菲利普能给梅迪纳·西多尼亚更多自主权的话，那么德雷克这趟冒险出击就很可能落个身死道消的下场。周一，英军得以重新整编队伍。周二，风向转西北后，无敌舰队占据了上风位。这股风让英军离海岸越来越远，他们正极力顶风前进。看到无敌舰队在莱姆湾（Lyme Bay）换了新阵形，霍华德如临大敌。只见新月阵的两翼撤到阵尾押后。"圣马丁"号则率领一支先锋小队进至阵前，运输船被护于战船中间。各支队之所以变阵是为了防止英军船只偷偷溜过无敌舰队的阵线，跑到前面阻碍他们与帕尔马会师。

然而已如惊弓之鸟的霍华德不是这样想的，他觉得这是用

于进攻的阵形。在他看来，两翼后撤是为西班牙陆军登陆切希 132
尔海滩（Chesil Beach）提供保护屏障。他必须立刻采取行动
阻止敌军，否则后果不堪设想。他试图领着自己的船赶到西班
牙船的前面，重新占据上风位。但"圣马丁"号和加莱赛船
组成的西班牙先锋部队拦住了他们的去路。霍华德见状掉头向
海面驶去，想从侧面包抄。而这样做意味着他要冲过无敌舰队
强悍坚固的后卫防线。结果，西班牙人围起新月阵，企图将霍
华德和英军最大的几艘船——"胜利"号、"伊丽莎白·乔娜
思"号、"黄金雄狮"号、"白熊"号、"无双"号——以及
它们的随行船只和葡萄牙武装快船统统围住。里卡多在岸边的
支队也向英军队伍末端的船只发起攻击。这是西班牙方面的首
次进攻，竭力利用上风优势逼近英军，实施登船作战。西军全
力合围英军，双方激战开始。"不过这一切都是徒劳，"梅迪
纳·西多尼亚这样向国王汇报，"因为敌人一看到我们想要接
近他们，就立刻转向海面逃走了，他们的船舰在速度与灵活性
上有很大优势。"

莱姆湾这边双方激战的时候，马丁·弗罗比舍的"凯旋"
号正率领"玛丽玫瑰"号、"皇家商人"号（Merchant Royal）、
"玛格丽特 - 约翰"号（Margaret and John）和"百夫长"号
（Centurion）在背风中按原先航向前往波特兰半岛（Portland
Bill），抵达后即抛锚停驻。见此情形，梅迪纳·西多尼亚心动
不已。这是加莱赛船出击的绝佳时机：风平浪静，英军船只早
已停稳固定，背后又是海岸。四艘加莱赛船离开先头部队后全
力前行，试图死死困住英军这几艘船。

但西班牙人的先机被独特的地理环境悉数化解。波特兰半
岛的强劲水流和东北风使加莱赛船无法从侧面包抄弗罗比舍支

队。他们只得正面发起进攻。弗罗比舍下令装填链弹，并朝对方船桨位置开炮。90 分钟后，弗罗比舍的盖伦帆船把加莱赛船困在了海湾中。随着风向的转变，英军占据了上风位。霍华德引军北进，将里卡多支队和莱瓦支队团团围住。

梅迪纳·西多尼亚刚把加莱赛船派去进攻弗罗比舍，就命令"圣马丁"号调转船头从无敌舰队的阵中穿过。正当"圣马丁"号在船队中穿插前行时，公爵发现殿后的船舰竟已脱离了大部队，并被英格兰的后卫船舰包围住。为救回己方战船，他冲进包围圈后无畏地降下了顶帆，以自己为目标引诱对方野心勃勃的海军将领和船长。一看到"圣马丁"号落了单，英军立刻从眼前的战斗中抽身出来。以霍华德为首的英军船队从"圣马丁"号身边接连而过，轮番轰击这艘西班牙旗舰。西班牙人自然也开炮还击，同时始终保持自己不在英军炮火的最佳射程之内，所以约一半的皇家海军船舰从"圣马丁"号旁边经过时，英军阵线已经离对方很远，超出了射程。与此同时，里卡多和莱瓦已将队伍拢住，与"圣马丁"号一起收束整理混乱的阵形，"可等他们队形重整完毕的时候，这场激战已接近尾声了"。英军为避免陷入敌军包围开始往海面上撤退，另外也是因为库存弹药消耗巨大，急需补给。

于是到了第三天快结束的时候，战局进入僵持阶段。即便是占据了最有利的形势，西班牙方面依旧在机动性和炮火上输于英格兰。在皇家海军猛烈轰击之下，西班牙人根本无法对其合围并接舷登船作战。不过同样的，英格兰方面也无法将大炮的威力发挥到最大。他们在整体作战方面可谓一片空白。霍华德可以瞄准时机率领手下的精英战船切入战场，但随后就变成每艘船各自为战的混乱局面。每次他们试图接近，西班牙无敌舰队都表现得纪律严明、号令齐整，没有人擅自行动。英军想把敌方单艘战船从大部队中隔绝出来再开炮狂轰，但是对方重整队形的动作非常迅速，根本不给他们下手的机会。如此情形之下，双方都无法发动具有决定性的战斗。

不过通过白天的战斗可以看出，总体来说还是英军占据优势。他们可以凭借性能卓越的战船率先发难。而无敌舰队在应战时大多处于被动。虽然西班牙大军能抵挡住皇家海军的进攻，但无法将其击溃，要想寻得一处停驻锚地与帕尔马协同作战，显然必须先摧毁霍华德这支水师。

霍华德和他的手下一直希冀能打垮或者赶跑西班牙人。现在这种不得已而为之的战法耗费极大。用以维持整场战役的弹药储备已经被他消耗了大半，收效却微乎其微。周三的战斗中，英军已和西班牙后卫船舰挨得非常近，有时甚至到了可以用火枪对射的地步。鉴于整支船队在协同作战方面一直没有进展，霍华德将所有船舰分为四组。这样，海务大臣、弗朗西斯·德雷克、约翰·霍金斯和马丁·弗罗比舍四人都可以各自率领自己的船只见机行事。无奈之下的霍华德只得向沃尔辛厄姆承认："他们的军队确实无比强大，但逐步蚕食的做法还是可以有所作为的。"[6]

注释

1. Martin and Parker, p. 28
2. 同上书，pp. 152 – 153

3. Laughton，vol. I，pp. 288ff

4. 同上书，vol. II，pp. 133ff

5. 同上书，vol. I，pp. 288 – 289

6. 同上书，p. 341

第 14 章

危机重重（1588 年 7 ~ 8 月）

7 月 25 日，太阳刚刚升起，英格兰船队就看到眼前有 3 艘掉队的无敌舰队的船。海面上波澜不兴，天时地利似乎皆俱。于是他们分别定了目标：霍金斯攻打"公爵夫人圣安娜"号（Duquesta Santa Ana），霍华德选择"圣路易斯"号（San Luis），德雷克的船驶向了"多内拉"号（Donella）。现在总算能拿下几艘西班牙人的船了。

而这正是梅迪纳·西多尼亚希望看到的。他感觉到"伟大事业"的进程渐渐受阻。他早已派出行动迅捷的小船前往佛兰德斯向帕尔马告知自己的行踪，不过全都没有回音。"总督大人，我一直不停地在给您写信，"梅迪纳·西多尼亚在给帕尔马的信中语气颇重地写道，"可我到现在不仅没收到一封回信，甚至连您有没有收到信也不清楚。"[1]眼下唯一的办法就是先找一处安全的锚地将舰队安驻下来，然后等待帕尔马回复其具体行踪和备战状况。

索伦特海峡是进入加来通道前最后一处港湾，这样的地方正是西班牙人所需要的。根据菲利普详尽的作战安排，梅迪纳·西多尼亚可在情况有变时挺进索伦特海峡，占领怀特岛。3 艘掉队的西班牙船舰是引开英军的诱饵，以便梅迪纳乘机进入索伦特海峡。

这 3 艘船看似孤立无援，实则周围一直有西班牙战船盯着。霍金斯刚到近前，立刻就有加莱赛船冲出来协助防御。德雷克发现自己对阵的是整支里卡多支队。"皇家方舟"号正由小船牵引着逼近"圣路易斯"号，结果看到的却是莱瓦那艘由加莱赛船牵引前来的"拉塔·恩科罗纳达"号（Rata Encoronada）。似乎梅迪纳·西多尼亚的计策已然奏效。

可是马丁·弗罗比舍有自己的一套想法，没有按计划行事。当地独特的地理环境被他再次利用起来。弗罗比舍支队的"凯旋"号与其余船舰顺着沿岸的东向海流，从无敌舰队的背风面穿行而过。到了怀特岛岸边，西班牙大将就在自己眼前。"凯旋"号的炮火向着"圣马丁"号倾泻而去，打坏了后者的主桅。自开战以来，从未有英军船舰能像"凯旋"号这样靠近西班牙人。这下，轮到弗罗比舍的大炮大显身手了。

弗罗比舍的这一招堪称绝妙。这次进击会将无敌舰队的先头部队拦住，使整个西班牙大军挤成一团，已经逼近英军旗舰的敌军后卫部队也会变得混乱不堪。可就在这个节骨眼上，一阵突如其来的西南风给"圣马丁"号解了围。里卡多乘机向北而去，拦截前来与弗罗比舍会合的英军余部。一时间形势突变，"凯旋"号和同伴们眼看着无望幸存。部分船只正在拼力回撤，而身躯庞大的"凯旋"号此时已很难动弹了。"白熊"号与"伊丽莎白·乔纳斯"号撇开其他船，全力牵引"凯旋"号，想把弗罗比舍带离险境，不过敌舰已经汹汹而至，正待下手结果了"凯旋"号。

英军船队知道大祸快要临头了。芬纳和芬顿（Fenton）降下顶帆，想吸引西班牙船前来攻击，结果并未奏效。霍华德和霍金斯冲向无敌舰队后阵，以求迫使敌船重整队形，引开围攻

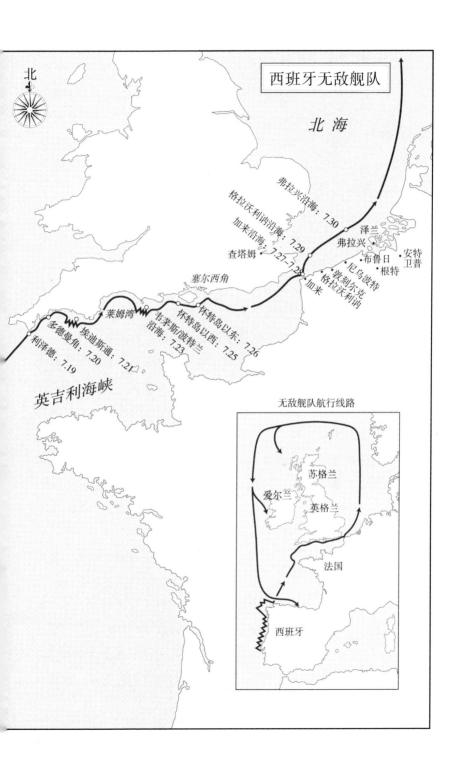

北

西班牙无敌舰队

北 海

弗拉兴沿海: 7.30

格拉沃利讷沿海: 7.29

加来沿海: 7.27-7.28

查塔姆

泽兰
弗拉兴
布鲁日 安特
尼乌波特 卫普
敦刻尔克 根特
格拉沃利讷
加来

塞尔西角

莱姆湾

圣德黑角

埃迪斯通: 7.21

利泽德: 7.19

韦茅斯波特兰
沿海: 7.23

怀特岛以西: 7.25

怀特岛以东: 7.26

英吉利海峡

无敌舰队航行线路

苏格兰

爱尔兰 英格兰

法国

西班牙

弗罗比舍的敌军。不过，所有办法都无济于事，弗罗比舍似已陷入绝境，5 艘战舰正朝着他合围压来。

正当此时，"凯旋"号竟从众人眼前消失了。这么说当然有些过于夸张，不过西班牙人当时着实惊诧不已，久久不能忘却。是当时风向凑巧变了，"凯旋"号趁机甩开无敌舰队战力最为精锐的盖伦帆船，回到了英军船队之中。西班牙大军只能眼睁睁看着"凯旋"号一溜烟跑远了。这一番交手，英军低平的盖伦帆船的优良性能以及船员高超的驾船技术大放光彩，西班牙人吃了很大的亏，士气大大受挫。他们原本还以为会大胜一场，结果却发现自己的船舰远远落后于敌人。

弗罗比舍支队的突然遁去让无敌舰队一时间无所适从。霍华德、霍金斯和弗罗比舍此时正位于西班牙大军左翼与海岸之间。德雷克此前就退出战斗，全力向海上驶去。当此千钧一发之时，他的船队出其不意地出现在西班牙人的右翼。他切入的位置离对方非常近，可以直接近程开炮。"圣马丁"号和其他主力战船只得再度回援无敌舰队。德雷克的意外偷袭和近距离猛烈轰击逐渐将无敌舰队赶向塞尔西角的外奥尔斯（Outer Owers）浅滩。梅迪纳·西多尼亚无奈之下只得命令无敌舰队更改航向，驶到海面上。

看到无敌舰队从南面和东面两个方向撤离塞尔西角，英军一片欢欣鼓舞。开战以来他们最希望看到的就是把梅迪纳·西多尼亚拒于索伦特海峡和怀特岛之外。现在，西班牙大军在抵达佛兰德斯之前都不再有深水港可以停驻了。英格兰岛海岸线算是保住了。敌军此行的最终目标也终于浮出水面，那就是和帕尔马会合。霍华德现在可以放心地与西摩和温特率领的狭海舰队会合了。

到这个时候，英格兰保卫战的目标变得非常清晰：拖住帕尔马，让他动弹不了。

翌日，7 月 26 日，霍华德在"皇家方舟"号上为弗罗比舍封爵。弗罗比舍在危急时刻挺身而出，且具备深思远谋的战略眼光，这项封赏可谓实至名归。约翰·霍金斯一同获封，他的分队最终还是证明了自己的价值。同时这也是英军的喘息之机。因为补给方面又像往常一样出现了问题。五港同盟（Cinque Ports）受令酿造和运送啤酒。舰队的炮弹和火药已经所剩无几，他们只得尽量搜罗沿岸要塞和港口的弹药库存并转运到海军船上。伦敦市长大人（the Lord Mayor of London）正为征用私人弹药忙得不可开交。不仅海军存在供给危机，整个国家也是。3 天的战斗已经将国家的弹药储备消耗殆尽。霍华德写道："鉴于炮弹和火药的使用浪费严重，海务大臣认为在敌人逼近多佛之前，都不宜再鼓励大规模的炮火轰击。"[2] 周五和周六（7 月 26 日、7 月 27 日）他又写道："走在英军前面的西班牙人如同羊群一样，其间，海岸附近的治安官们、苏塞克斯伯爵、乔治·凯里爵士（George Carey）以及沿海要塞和城堡的头领们，都会送来人手、火药、炮弹、食物和船只协助我们。"[3]

霍华德亟须在弹药耗尽之前与敌军来场决战。无敌舰队一旦抵达加来沿海就会发现，帕尔马的入侵部队已经准备就绪，只等他们来把运载士兵的船队护送至多佛。这是当下英格兰方面最担忧的事情。

梅迪纳·西多尼亚正是如此盘算的。正在海上航行的舰队和陆上军队保持即时通信的可能性几乎为零，这就是他一直未能得到帕尔马回复的原因。把消息传递到帕尔马手上的过程极其复杂艰险。其实帕尔马并非无所事事地在海滩上空等。海面上正有荷兰人驾着小型近海战船（cromsters）巡弋，要击毁他运输物资的平底船不在话下。为了让大军远离荷兰人的威胁，他将进攻作战的船只散布到低地国家的数处港口。他还布置部分人马做出佯攻泽兰的态势，同时，为迷惑荷兰人和英格兰人，帕尔马正不断在安特卫普、根特（Ghent）和布鲁日（Bruges）等地间迂回周旋。这一行动效果很好，甚至似乎有些好过头了，弄得梅迪纳·西多尼亚也糊涂了，摸不清帕尔马的确切行踪。

138　　帕尔马的策略收到成效。梅迪纳·西多尼亚也将舰队完整地带到了佛兰德斯，可谓颇有功绩。但问题是他们都自行其是，相互间没有任何协作。信使离开无敌舰队后，必须先躲过英荷两军的船，登陆以后还要找到行踪飘忽不定的帕尔马——佛兰德斯到处都有他的踪迹。倘若信使有消息带回，首要之务就是摸清无敌舰队在深海中的确切位置——这在平常无事时都不容易，现在身处战区更是困难重重。

通信障碍成了整个计划中最为薄弱的一环。海陆两边的统领不仅不知道怎样协助对方，甚至连对方的确切位置都无从知晓，直到彼此碰面才终于说上话。帕尔马写道："似乎在梅迪纳看来，我应当直接让部队驾着小船出海与之会合，但这根本不切实际。我们的小船无法冲破敌军战船组成的防线，甚至一个大浪就能把这些小船打翻！"[4]

因此，当7月27日梅迪纳·西多尼亚得知帕尔马还需要6天时间集结人马时，正身处加来通道的他备受打击。这意味着无敌舰队要抛锚6天，任由英格兰海军肆意破坏。作战会议上众人十分恼怒，里卡多直言，为了接应陆军而让舰队直接停在一片开阔锚地是十分危险的。在唐斯寻一处可靠的泊地也比这安全许多。此刻，上风处是增援至 140 艘船的英国舰队，下风处是危险重重的不知名浅滩。更为不利的是，由于无敌舰队没有吃水浅的桨帆船，无法靠岸接应并保护帕尔马的平底小船，所以这些小船一旦下水就只能任由敌军战船宰割，到时还没见着无敌舰队的面就已经被荷兰船只轰得粉身碎骨了。西班牙人自己一手造成了此刻的困境。

眼下，隔断无敌舰队和佛兰德斯大军的咫尺之距竟成了世界上最难以逾越的无边大海。

霍华德下一步会如何动作，西班牙海军司令心中很清楚。他会放出火船，制造混乱局面打散无敌舰队的阵形。阵形一旦溃散，己方船舰的唯一选择就是向浅滩漂行。于是梅迪纳·西多尼亚命令葡萄牙武装快船到阵前拦截对方火船，为整支舰队抵挡这波冲击。更紧要的是，他严令麾下各舰的船长，一旦火船靠得太近以致无法起锚（无论如何不得切断锚绳），各船应努力退避，待险情结束再返回阵中。

梅迪纳·西多尼亚有自己的一套办法让下达的命令贯彻实行。军令以书面形式写成，军士长乘坐递送船（patache）将其带至各船。"（军士长）同样也接到命令：一旦哪艘船擅自离开自己的位置，当即将船长处以绞刑。与军士长同行的还有宪兵司令和行刑人，必要时这项命令就由他们执行。"

所以到了 7 月 29 日这天夜晚，当一小撮悍不畏死的英军驾着火船扬帆而来的时候，西班牙大军这边已是严阵以待。第一艘火船被西班牙人成功钩住，没能对西军主阵造成威胁，但有另外 7 艘窜入阵中。这些火船并不能对无敌舰队造成实质性的伤害。英军此举旨在动摇对方军心，打的是心理战。 139

　　就在 3 年前，西班牙水师曾试图以连船成桥的办法围困安特卫普，结果遭到了火船的攻击。火船上装满了火药和弹片，还安置了引爆用的定时炸弹。当时，爆炸声传到了 50 英里开外，威力惊骇无比。大地震动，犹如火山喷发时一般，刹那间整个漆黑的夜空仿佛都被点燃了。附近屋舍震坏崩塌，方圆数英里的人们连站都站不稳。花岗岩石板从冒着熊熊大火的船上喷射而出，深深嵌入了 3 英里之外的泥土里。"犁头、墓石和大理石球像雨点一般从天而降，其中还夹杂着许多人体残肢——头颅、断肢和躯干……1000 名士兵的生命被瞬间吞噬，他们的身体被撕扯成碎片，惨象……令人无比痛心。"[5]

　　安特卫普的"地狱燃烧者"（hellburner）成了西班牙人心头挥之不去的梦魇。其设计者是一位生活在英格兰的意大利人——弗雷德里戈·詹贝利（Frederigo Giambelli）。在西班牙人的想象中，火船是威力无比的大杀器，霍华德摸准了这一点；西班牙人知道詹贝利正效力于伊丽莎白，这一点他也清楚。所以当火船狰狞现身时，无敌舰队上下一片惊恐。实际上，这不过是花了 5000 英镑买来的 8 艘普通船，而且英军也没有足够的弹药制作"地狱燃烧者"。

　　但西班牙人并不知晓这一实情。有一些船舰还是遵守命令，或起锚退避，或镇守原来的位置，但大部分船舰都切断锚绳消失在夜幕之中，那些铁锚从此永沉英吉利海峡。还有一些船围绕着"圣马丁"号重新集结，其余拒绝服从命令的船只朝东走了，往敦刻尔克（Dunkirk）方向驶去。

　　无敌舰队坚如铁桶的阵形首次破裂。漆黑的海面上，船舰四散杂乱，水手们也吓得魂不附体。众人都往敦刻尔克的浅滩驶去，不得已之下梅迪纳·西多尼亚只得起锚向东进发，他要带领众船脱离险境，重整队伍。

霍华德一直等到次日清晨才发动攻势。他原本打算率领皇家海军扑向梅迪纳·西多尼亚的"圣马丁"号，天亮以后，霍华德却改变主意直奔敌方阵中的"圣洛伦佐"号（San Lorenzo）加莱赛船，此时它正搁浅在沙滩上。这是他在这场战役中犯下的第一个大错，判断严重失误。此时是重创西班牙人的天赐良机，因为英格兰船队的实力正处巅峰，有 140 艘船，而对方只有 1 艘"圣马丁"号和区区 5 艘盖伦帆船，结果却成了双方的全线混战。霍华德带着自己的船去收拾困得不能动弹的"圣洛伦佐"号。同时德雷克和芬纳领衔进攻"圣马丁"号。两人驶近敌军后，各以一轮舷炮轰击西班牙海军司令的座舰。随后他们又一路向其他西班牙船舰开炮。德雷克和芬纳两人身后依次是霍金斯、比斯顿（Beeston）和其他战舰。到了下午的时候霍华德的"皇家方舟"号也加入了他们的行列。

当天上午，格拉沃利讷（Gravelines）沿海的战斗是整个战役中最为凶险惨烈的一场。英格兰人终于用上了他们一直企盼的战法：与西班牙船贴身近战，近到双方都可以清楚地听到彼此说话。有 200 发炮弹击中了"圣马丁"号。该船船身吃水线处被一些炮弹击中，海水灌了进去，后来还是两名英勇的潜水员冒死下水，用麻絮和铅块把洞修补好，才让大船幸免于难。"圣马特奥"号（San Mateo）"被打得千疮百孔，有如筛子一般"。但承受住这番进攻之后的无敌舰队重整队形，"圣马丁"号和其他战船在后军压阵。

之后所进行的战斗并不是以整个舰队为单位的集体作战，而是一场捉对厮杀的近身混战。皇家海军倾尽全力阻止西班牙人重新布阵，试图将对方船舰逐个击破，并尽可能多地击沉西班牙船舰。其中私有船只没有参加战斗。在西班牙重重船阵的中央，伊丽莎白麾下的船舰拼杀得尤为凶悍，不过总体来看都是单打独斗，相互之间并没有联合呼应。

即便如此，总体来说还是英军占据优势。梅迪纳·西多尼亚要将无敌舰队带回帕尔马大军那里，英军的当务之急则是驱逐无敌舰队向东，使之尽量远离加来并转向佛兰德斯一带的浅滩，同时沿途伺机积累战果。格拉沃利讷之役打了好几个小时，其间海面风高浪急，鏖战双方都笼罩在浓浓硝烟之中，队伍也是一片杂乱。"圣萨尔瓦多"号的军需官描述了激战中的一个场景：

> "圣马特奥"号和"圣费利佩"号两艘盖伦帆船被敌人伤得很重，其中"圣费利佩"号右舷的五门炮和船尾的一门巨炮都报废了……除此之外，上层甲板也已不成形，两个泵无一幸免，船帆支离破碎，整艘船都已经毁得差不多了，堂·弗朗西斯科·德·托莱多（Don Francisco de Toledo，"圣费利佩"号船长）下令船员撤出钩船的挂钩，并朝敌军喊话，让他们上前接战，近身肉搏分胜负。故军也有回话，不过要求公平对决，败者投降；有个英格兰人站在大桅楼上，双手各持一把剑和一面盾，大喊"真要有种，就照我们说的决斗，输的投降"。不过他得到的唯一答复就是一发子弹，在众人面前被一名滑膛枪手从楼台上击落，（堂·弗朗西斯科）随即下令滑膛枪与火绳枪就位，准备射击。故军见状就撤退了，我们的人喝骂他们是懦夫、胆小鬼，将下流肮脏的辱骂尽数甩出，希望

能挑动他心中的怒火……用激将法激他们回头来战。⁶

英军终于找到了一个和无敌舰队正面交战的战机。一直以来，霍华德都不敢冒险靠敌人阵形太近，只是远远地与之交战。但经过数天的试探和观察他发现，西班牙枪炮要远逊于己方。他们的重炮发射速度太慢，几乎构不成威胁。据里卡多估计，格拉沃利讷一役中英军向他发射了 1000 轮炮弹，他只回击了 300 轮。而且这 300 轮炮击中还有很多是由小口径炮承担的。根据西班牙人的记录以及沉没于爱尔兰岛沿海的船体残骸可以看出，西班牙炮手大多发射轻型炮弹，很少有机会发射重炮炮弹。在交战中，女王的盖伦帆船一旦占据上风位就会极力贴近，猛轰菲利普的船，之后又迅速遁去，躲过对方轻武器和挂钩的致命还击。威廉·温特的 "前卫" 号和敌船的距离始终保持在 50 码以内，而且大多时候都可以 "互闻人声"，船上的 37 门大炮一共发射了 500 发加农炮炮弹。舰载 24 门炮的 "玛利亚·胡安" 号（Maria Juan）被英军加农炮击沉。"菲利普" 号和 "马特奥" 号被打残，且被遗弃在了海岸边。还有许多船受损严重，再也没能回到西班牙。在格拉沃利讷之战中，英军士气振奋，凭借丰富的经验与敌人近身搏斗，将自身的技术优势发挥得淋漓尽致。

时间已经很晚了。下午 4～5 点的时候，皇家海军的攻势缓了下来。他们的弹药快要耗光了。尽管一举摧毁的船舰不是很多，但他们仍然是胜利的一方。此时梅迪纳·西多尼亚需要率领无敌舰队向西回撤，因为一旦退出英吉利海峡，再想进来就非常困难了。然而无敌舰队现在只能沿着佛兰德斯沿海行进，梅迪纳·西多尼亚接到领航员的警示："照此下去，整支舰队会全军覆没，一艘船也存活不了。这些船现在正漂往泽兰沿海的浅水区，根本没有办法改变它们的航向……只有上帝能救得了它们了。"[7]离开浅滩、进入北海是他们存活下去的唯一希望。

一名西班牙船长事后回忆，当时他们意识到是自己的舰队输了："黄昏中，浅滩上一片杂乱，到处是我们的船。这些滩地我们知之甚少，英格兰人却极为熟稔，这里一直是他们国家的疆域。他们趁我们阵形尽失的时候来犯，屡屡得手，从不主动登船，我们一靠近他们就一溜烟逃走了。但最后还是我们败了。"[8]

菲利普的作战计划往往需要仰赖上天的助力。直到格拉沃利讷之役的第二天傍晚，西班牙众人的祈祷才得到回应，海风终于变换了方向，将他们带离此地进入北海海面。梅迪纳·西多尼亚的想法是回到加来继续完成自己的使命，但一败涂地的无敌舰队已经军心涣散，手下许多船长拒绝再照他的命令继续出击。西南风带着无敌舰队向北方而去，他们离身后的帕尔马大军越来越远，最后一路出了英吉利海峡，当然途中还有英军不紧不慢地在后面咬着他们不放。梅迪纳·西多尼亚的"圣马丁"号伤痕累累，已无力再引领无敌舰队，只能退至后军，为这支光景愈加惨淡的水师舰队压阵。在北海中，霍华德舰队曾三度列阵来犯，不过最终都没有出手。霍华德曾承认："尽管火药和炮弹都快用光了，我们还是装出一副大摇大摆的样子去追击敌军，但实际上并没有真的打算动手。"[9]

8月2日抵达福斯湾后，霍华德为获得补给不得不返身回港，只留了一部分葡萄牙武装快船继续跟着无敌舰队，追踪并上报后者一路上的动向。霍华德打算在唐斯装填更多补给，等梅迪纳·西多尼亚返回的时候继续战斗。但形势开始对英军不利。"皇家方舟"号平安抵达哈里奇，而其他许多船差点就在诺福克海边遇难了，他们一路蹒跚，先后在哈里奇和马盖特（Margate）与霍华德会合。筋疲力尽、饥肠辘辘的船员们已经无法继续出航了。更糟糕的是，提供补给的船在寻找舰队的途中走丢了。

与此同时，帕尔马还在继续集结人马。整个 8 月，驳船总共从尼乌波特（Nieuwpoort）运了 1 万人，从敦刻尔克运了8000 人。军事会议上众人把心思都花在了琢磨梅迪纳·西多尼亚的意图上。弗朗西斯·德雷克给海务大臣的提议是，无敌舰队很有可能就停在挪威或是丹麦，那里有"巨锚、绳索和补给，至于心急如焚的西班牙国王会怎样尽心地照顾他身处寒国的水陆将士，司令阁下，您心中想必十分明了"。照他看来，西班牙方面正急不可耐地要报复英格兰，挽回颜面："我敢断言，帕尔马亲王如同被抢了崽的母熊一样，正准备疯狂反扑。"[10]

此前参战的皇家海军盖伦帆船毫发未损，已经做好重返战场的准备。可由谁来驾驶和操控他们呢？战斗中仅有少数英格兰水手阵亡，但在他们结束了连续 8 个月的服役，离船上岸后不久，士兵的死亡率却直线上升。霍华德此时的决定大显仁将之风。他写信给伯利："阁下钧鉴：疾病和死亡正以惊人的势头吞噬着我们，此时的马盖特正不断有无处容身的士兵倒毙街头，所闻所睹令人椎心泣血。"[11]

霍华德将马盖特里里外外的所有建筑（即便是仓库和厕所）都利用起来，确保士兵有地方可以住。可是他们身无分文，这里一时间也找不出多少吃的。数月之后，船上的船员们

143

个个衣衫褴褛，瘦弱不堪。疾病蔓延到了舰队的每一个角落。最先出现疫情的是"伊丽莎白·乔娜思"号，从普利茅斯出发时船上有 500 人，后来只剩不到 300 人。"见闻者无不痛心，"霍华德写道，"忠勇报国，却如此悲凉凄惨地死去。"[12]

虽然战绩卓著的海军将士们深陷困境，但伯利还是硬起心肠，未施援手。由于战事开销极为巨大，他是能省则省——死掉的水手是不需要支付饷银的。因此整个 8 月船员们日渐衰弱，不断有人丧命。截至当月 22 号，马盖特的海岸上已经搁浅了 7~8 艘船，他们本是要前往多佛保家卫国的，结果却连起锚的人手都不够。英格兰海军实力遭到严重侵蚀，甚至比西班牙得胜给英格兰带来的损失还大。

"长官，"霍华德在给伯利的信中写道，"在我看来，给水手们喝变酸的啤酒还要他们对此安然接受，是完全行不通的，没什么事比这更让他们心生怨怼了。"[13]还活着的船员心中一片苦闷愤恨，变得越发焦躁不安。英格兰舰队中的 5000 名水手占了整支舰队人数的一半，眼看着都要被疾病夺去性命。而其他大多数人正努力寻找从英格兰西境回家的方式，连海军司令也放下身价为这些人开具证明，允许他们沿途乞讨。而新招募的人上船后特别容易得伤寒和痢疾，这两种病在船上猖獗蔓延。霍华德为了舒缓眼前的紧张局面还自掏腰包。他并不是特别富有，"但在上帝面前，我宁愿自己一个便士也不剩，也不能少了他们的钱"。[14]

伯力麻木无情的决定后来被证明是有道理的，陆续传来的消息显示，无敌舰队不会再回来了。一艘设得兰（Shetland）来的驳船称，有一帮渔民"向他们描述过一支庞大的舰队，队伍中全是怪物一般的巨舰，他们看到这支舰队大概有 100 艘船"，[15]舰队朝着西边去了。当时东风已经刮了有些日子，无敌舰队在此情形下断然不可能再回来了。西班牙人选择了"北部"路线回国。在他们抵达苏格兰和爱尔兰附近沿海的时候，厄运降临了。长时间的征战使得许多船舰都疲惫不堪，加之此前英军加农炮的狂轰滥炸，以及西班牙船舰主动遗弃船锚，所以当大西洋风暴到来的时候，它们都被吹到了岸上。

　　菲利普听闻噩耗之后，内心受到了极大的冲击，久久不能平静。他怎么也想不通，上帝竟然站到了他的对立面。菲利普的帝国终究不是无敌于世的。而对英格兰来说，国家疆土不仅得以保全，它还得到了上帝的大力支持。纪念战胜无敌舰队的勋章上刻着这样的铭文："祂扬起垂天之风，将他们击得粉碎。"

　　似乎这场胜利是上帝的恩旨，而非皇家海军的功劳。英军的胜利很大程度上仰赖于绝世好运，确实是一个奇迹。此时的英格兰并没有什么明显的海上优势，要是他们的船舰和大炮的表现再远逊于预期的话，那么战后的英格兰海上力量会变得更为衰微。仔细检视皇家海军，人手严重锐减以及长久以来供给不力等问题很可能会使它在将来的战事中落败。但不用多久，这样的局面就会大为改观。

144

注释

1. Martin and Parker, p. 180

2. Laughton, vol. I, p. 14

3. 同上

4. Martin and Parker, pp. 183 – 184

5. 安特卫普 "地狱燃烧者" 的具体描述，详见 J. L. Motley, *History of*

  the United Netherlands（4 vols，1860 – 1867），chapter v，part 2

6. Martin and Parker，p. 190

7. M. J. Rodriguez-Salgado，'Pilots，Navigation and Strategy in the Gran Armada'，载于 Rodriguez-Salgado and Adams（eds），p. 159

8. 同上书，p. 158

9. Laughton，vol. II，pp. 53 – 54

10. 同上书，pp. 97ff

11. 同上书，pp. 96 – 97

12. 同上

13. 同上书，p. 159

14. 同上书，pp. 183ff

15. 同上书，pp. 137ff

不列颠地图，Matthew Paris 绘制，1250 年。

"高克斯塔"号，藏于奥斯陆的挪威海盗船博物馆（Viking Ship Museum）。

1340 年 6 月 24 日，斯鲁伊斯海战。和陆地上的战斗相似，海上的战斗非常野蛮、粗暴且简短，但海战的空间是有限的，还有坠船溺亡的风险。

"主恩亨利"号，也被称作"伟大的哈利"号。Anthony Roll，1546 年。这艘巨大的海上城堡是亨利八世海军的骄傲，也是他皇权的象征。

英格兰战舰与西班牙无敌舰队在格拉沃利讷附近鏖战，1588 年 7 月 28 日。

皇家海军一次无情行动的后果。一条线上的12艘法国战舰被海军少将乔治·鲁克率领的袭击队点燃，1692年5月。

皇家海军的耻辱：1667年6月9~14日，荷兰人在入侵梅德韦行动后，驾着俘获的约克公爵詹姆斯亲王的旗舰"皇家查尔斯"号驶出查塔姆。

一艘正在与巴巴里海盗作战的英格兰护卫舰，1680 年。17 世纪晚期对地中海区域的海盗行动的征战促进了海军部转型。

历史上，没有几位军官像乔治·安森一样给皇家海军留下了如此持久的印记。他环游世界的经历被颂为传奇，1747 年第一次菲尼斯特雷战役的胜利让他跻身伟大海军将领万神殿。安森的改革措施、管理上的才能、战术上的天赋对皇家海军在七年战争之后统治世界上所有海洋有很大助益。

克劳兹利·肖维尔爵士在成年之后就在皇家海军服役，服役时间为 17 世纪 70 年代到
18 世纪初。他参与了多场海军最残酷的战事。从 1689 年至他因海难逝世的 1707 年，
他指挥海军与法国人战斗，取得了杰出的成绩。

英国的造船厂受到了全世界的艳羡，它与国家的自豪和海军力量的根源密切相关。1755年10月21日，在此处完工的HMS"剑桥"号从干船坞中漂出下水。HMS"皇家乔治"号正抛锚停在泰晤士河河面上。画作正中央正在建造的是安森最新的、舰载74门火炮的第三代战列舰之一。

追逐与杀戮：第一次菲尼斯特雷战役，1747年5月3日。这场击败法国人的大胜将海战的战火延伸到了大西洋。（右上）

理查德·豪勋爵。他是一位有缺点的天才，18世纪最后三十几年中，他为推动皇家海军改革做出了极大的贡献。（右下）

基伯龙湾海战，1759 年 11 月 20 日。它是皇家海军历史上取得的最辉煌的胜利之一。

794 年"光荣的六月一日海战",HMS"布朗斯维克"号正在和法国战舰"人民复仇者"号和"阿喀琉斯"号交战。极少有画作能捕捉到风帆时代即将开战时那种令人不安的战见接近过程、桅杆和风帆的一片混乱,以及笼罩了整个场景的硝烟。

皇家海军最著名的 HMS "胜利" 号正驶离英吉利海峡。

第 15 章

战后余波 （1588~1603 年）

1588 年夏天过后，一则神话故事诞生，并被迅速编织得
成熟完备。它是英格兰历史上影响力最为深远的神话故事
之一。

人们又重拾这一信条，即英格兰已经或者说它本就该是不
列颠群岛周边海域的统治者。这是英格兰对自身海权的大肆吹
嘘和自我膨胀，不过这个假象多半时候并未被戳破。在一片海
洋之中，有一处名为不列颠的岛屿，它为了守护自己而不断抗
击野蛮人的侵袭，并且独立自主，从不染指欧洲大陆那些错综
复杂的事务。人们脑中时常浮现这种想象，不过事实却恰恰相
反——不列颠周围的海面无人能管，无法无天，入侵军队、匪
徒和贪婪的商人都把这里视为自己的天堂乐园。几百年来，这
片海域给英格兰带来的不是强盛和独立，而是贫穷与衰落。

1588 年以后，情形似乎大为改观。威势慑人的英格兰海
军、未尽周全的谋划以及糟糕的天气，致使西班牙无敌舰队的
行动偏离了原来的计划，但它并未被击败。而在官方的宣传和
公众的想象中，英格兰已经赢得了历史上最伟大的胜利。在此
后几百年里，关于击败无敌舰队的追忆和神话故事不断涌现，
成为英格兰自主意识的有力支撑。

英格兰自我定位的核心便是成为海上强国。她注定要成为

汪洋之主——而且这次能安然度过灭顶之灾也表明她必须要做到这一点。1588 年，上帝已然向世间昭示了祂的旨意。之后就看英格兰如何将自身优势充分利用起来了。

英格兰海上力量之所以能够崛起，很大程度上要归功于其先进的航海技术以及航海者的高超战斗力。那些参与 1588 年战役的船员和船长，他们一身的技艺都是在西印度群岛、西非和大西洋等地的私战中锤炼出来的，可谓世界上最顶尖的水手，英格兰也正是有了这批中流砥柱才有了自己可观的海军实力。正是在这一代探险家、商人、私掠船船长和海盗的共同经营之下，英格兰海军才能从一穷二白的状态最终上升为海上一霸。

146　　打败无敌舰队后，私人战船的需求量急剧上升——各处码头迎来了极大的繁荣。造船匠越来越多，他们不仅雄心勃勃，还掌握着更为先进的技术。1582 年，200 吨以上的私有船仅 20 艘；到了 1597 年，仅新造的私有船就达到了 72 艘。不仅如此，这些船能够航行的路程和时间都超越了上一代。尽管他们经常在大西洋东部活动，不过劫掠西印度群岛的次数也达到了 235 次。英格兰的商人和探险家不断将贸易和掠夺范围延伸到更深更远的地方。

皇家海军不仅战力强悍、技术先进，而且还有冠绝欧洲的严明纪律和海航技艺。不过到了爱德华三世（Edward Ⅲ）时期，英格兰的整体海上实力又包含了更多方面。此时的英格兰正日渐崛起为海上大国，实际战力却来自国王和民众的共同合作，且具体的作战方式也由之决定。这意味着，英格兰会在世界上任何一个地方和西班牙人开战，即便财政状况依旧窘迫不堪，也敢和远比自己强大的对手叫板。不过这种做法也有其硬伤。英格兰人只要遇到合适的机会，就会抢夺船只、劫掠殖民地，把战争当作牟取厚利的事业来做。这确实会给西班牙的经济带来灾难性后果，但从更高层面来讲，夺取西班牙的战略基地、封锁伊比利亚半岛并抓获运宝船船队，这样整体协调的行动才能系统地摧毁西班牙。英王的财力过于单薄，无法依靠自己的力量部署如此大规模的行动。因此，军事远征只得在引入商业利益后以合伙的形式进行。

如此看来，击败无敌舰队后人们心中无限膨胀的美梦再也没有可能成真了。1589 年，伊丽莎白命令德雷克前去彻底消灭瘫痪在桑坦德（Santander）和圣塞巴斯蒂安（San Sebastián）的无敌舰队残部，他们船还没修好，守卫力量也薄弱。德雷克出发时带了 6 艘海军船舰、60 艘商船、60 艘荷兰飞艇（flyboats）① 和 20 艘葡萄牙武装快船。私人势力大大占优，而战略安排也随之变化。德雷克沿途经过桑坦德却一点也没碰菲利普的战船，因为攻击这些战船花费时间太长，而获利又太少。后来他们一行人到里斯本劫掠一番，离开后又前往亚速尔群岛寻获更多战利品。听闻此讯，女王极为震怒。

1589 年之后的数年间，约翰·霍金斯和马丁·弗罗比舍一直在搜寻"黄金船队"的踪迹，但成效甚微。与此同时，西班牙的海军队伍却恢复了一部分力量。无敌舰队惨败之后，他们立即开始建造 1000 吨以上的盖伦帆船，即所谓的"十二圣徒"。在这之后，另外 12 艘船的建造任务也被提上日程。战败后的 10 年间，菲利普将 60～70 艘新建船舰投入大西洋海

---

① 16 世纪晚期到 17 世纪早期的轻型平底船，最初用于商运，后来多用为战船。——译者注

域。对英格兰来说坏消息还不仅于此。1590 年，帕尔马在法国北部发动战役，并于英吉利海峡沿岸占领了一连串港口。正当霍金斯和弗罗比舍在茫茫无垠的大西洋中寻觅"黄金船队"的蛛丝马迹时，西班牙人派出了一支前往布列塔尼的舰队。他们占领了布拉韦河（Blavet）上的一处港口，布雷斯特的控制权由此落入西班牙人手中。这里是进攻英格兰的绝佳跳板。1595 年，西班牙船只开始劫掠英格兰西境。

1596 年 1 月 28 日，在巴拿马的波多贝罗海域（Porto Bello），一具铅制棺材轰然入水。弗朗西斯·德雷克爵士的临终遗愿还是未能实现。几天前，躺在舱室中的德雷克因为痢疾已然奄奄一息，他交代自己的手下，希望自己能被埋葬在陆地上。不过此次远航的情形很令人沮丧，船队纪律涣散，众人已经被折磨得筋疲力尽，所以当他的僚属们竭力重新整肃船队的同时，这位首领的尸体也被沉入海中。此次出航成为德雷克人生中的最后一搏，他终年 55 岁。就在不久前的几个月，远航探险的另一名指挥官约翰·霍金斯爵士也死了，终年 63 岁，海葬于波多黎各（Puerto Rico）。

1595 年 8 月，由霍金斯和德雷克率领的一批船舰从普利茅斯出发，找西班牙人算袭击英格兰西境这笔账。出发前，他们决心要像当年一样威慑西印度群岛，挣得大笔大笔的财富。这趟行动的计划是登陆农布雷 – 德迪奥斯（Nombre de Dios）后占领巴拿马，切断从秘鲁银矿到西班牙的白银运输。同时，此次出航还有另一个目的，就是为英格兰进一步获取海外利益，设法获得新的财源。但德雷克还是像往常一样自行其是，霍金斯的脾气也一贯暴躁。两人从一开始就在航行的战略部署上吵翻了。霍金斯主张不要进攻加那利群岛，不过最后德雷克的意见占了上风。但后来的战况非常不理想，并且这段拖延的空当让西班牙人得以向美洲中部增援。不久又有一艘船被英军俘获，终于让西班牙人瞧出了英军此行的真实目的。英军接连在波多黎各的圣胡安和农布雷－德迪奥斯两处被击退，德雷克和霍金斯的行动计划显现出不祥的征兆。结果整个航行变得一团糟，许多人死于疾病，最后拖回来的那堆微不足道的战利品才值 5000 英镑。

当时，私人招募私掠船后组织的远航虽然阵仗不大，但收获能超过那些想要扩大国家利益范围、谋求巨财的大规模行动。击败无敌舰队后的 3 年中，共有 236 艘船参与这些私掠行动，缴获的战利品超过 300 艘船。而 10 年前，寥寥无几的英格兰私人战船一共才捕获过 10 艘西班牙船舰。

一心想发大财的水手们得到了命运的眷顾，他们技艺精湛，盼着能撞大运。大西洋和加勒比海的海面上，英格兰船只掠夺成性，阵容日渐壮大，给西班牙和葡萄牙两大帝国带来前所未有的压力。由于英格兰海盗在加勒比海地区猖獗泛滥，圣多明各等地的正常贸易已几近中断。菲利普的财源遭受严重损失。古巴也几乎被完全封锁。新西班牙殖民地（New Spain）①总司令曾说：“那些英格兰船员无耻妄为到了无以复加的地步，活动范围已经延伸到港口周边，甚至运送淡水的驳船出去走上一里格（League）② 都会遭到追击。”¹17 世纪头几年，圣多明各大主教曾写道，英格兰海盗长年累月的疯狂劫掠“让

148

---

① 1521 年西班牙在美洲设立的殖民地总督辖区，其核心区域为墨西哥南部，巴拿马以北的中美洲，加勒比海的西班牙属岛屿（包括古巴、波多黎各、圣多明各、巴巴多斯等岛屿）。——译者注
② 长度单位，约为 4000 米。——译者注

这座城市只能靠贫穷抵御侵袭"。[2]

　　在埃塞克斯伯爵看来，从整体上说英格兰的努力只不过是"在海上闲庭信步"而已。1596 年，他准备全面把控战局，将国王的军队和大量的私人船舰进行整合，铸造一支凶猛无匹的大军。第二任埃塞克斯伯爵罗伯特·德弗罗（Robert Devereux）身怀大才，相貌和口才俱是一流，还是玩弄宫廷爱情的一把好手。他在尼德兰、爱尔兰和诺曼底等地都有过奋勇杀敌的经历。63 岁的伊丽莎白对这位年纪只有自己一半大的埃塞克斯伯爵很是溺爱，希望把他留在身边，当作自己孩子一样悉心爱护。其实女王和伯爵之间本就有渊源。埃塞克斯伯爵的曾祖母玛丽·博林正是伊丽莎白的姑姑，伯利爵士是埃塞克斯伯爵的监护人，而他的继父兰开斯特伯爵（1588 年逝世）则是女王的挚爱。1589 年，埃塞克斯违逆女王的命令私自离开，参与了德雷克攻打加的斯的行动，女王为此大怒不已，不过埃塞克斯本就无意于女王的恩宠。他挪揄嘲弄宫廷中的蝇营狗苟、尔虞我诈，唯一醉心的事情就是成为一名卓越将领和大政治家。

　　他计划带领一支盎格鲁－荷兰的海陆联军出兵西班牙，铲除菲利普的船队，夺取一处港口作为基地，攫取从新世界运来的珍宝。所有这些想法都和女王的政策背道而驰，她不希望本国有人插手欧洲大陆事务。唯一能让埃塞克斯的计划得到女王支持的，就是有迹象表明西班牙正在筹备另一支无敌舰队。埃塞克斯暗中歪曲事实，制造西班牙很有可能这么做的假象。1595 年，西班牙人劫掠康沃尔郡（Cornwall）并占领了加来，这让他的危言耸听愈加逼真，不过伊丽莎白仍旧举棋不定。1596 年 5 月，远航出征被取消，埃塞克斯为此抑郁不已。"我从来就不该侍奉于她左右，不该顺着她的意愿做事。"最终他还是在 6 月出航了，尽管伊丽莎白已经命令他不得侵占任何一处西班牙港口，但他仍决意实施自己的计划。

　　霍华德爵士是此次益格鲁－荷兰联合舰队的统帅。舰队共计 150 艘船，其中有 17 艘属于英格兰海军。船上有埃塞克斯率领的 6000 名士兵和 1000 名志愿兵，他们得到的命令是先行端掉无敌舰队，不让它进攻英格兰或爱尔兰。但埃塞克斯还有其他打算：他打定主意要夺取一处港口并截断西班牙与外界的贸易往来，"我们可以凭此挑断他的筋骨，花他自己的钱和他开战"。不巧的是其他将领均俯首听命于女王，根本无心参与他的计划。海军总司令霍华德的统领工作异常出色，他们在远离岛屿的海面上以最快的速度秘密航行，并将途中遇到的所有船只全部扣下，不让一丝一毫的风声走漏到西班牙人耳中。结果连本国军官都弄不清他们的动向，直到霍华德的船队停驻在加的斯沿海的时候，人们才终于明白英格兰人的真实意图。

　　可是恶劣的天气没能让他们立即发动进攻。西班牙人趁机把即将出发的"黄金船队"驶进了内港雷亚尔港（Puerto Real）以保无虞。他们还部署了桨帆船和盖伦帆船作为防御，不让任何人接近满载财宝的"黄金船队"。第二天清晨 5 点，英格兰和荷兰的战船正式发动进攻。霍华德的指挥才能又一次大放光彩。英军将炮火压制进行得有条不紊，以很快的装填速度轮番轰击，将对方压制得毫无还手之力。英军此番表现比 1588 年还要精彩。他们轰鸣的大炮两天内把就所有炮弹和火药都打光了，也就是说，那些体积最大的英军战船发射了超过 500 轮炮弹，其速度令人咋舌。最后有 2 艘西班牙盖伦帆船被俘获，另外 2 艘的船员为避免同样的下场主动放火烧船。

　　但是西班牙海军似乎并没有还击的意思。英格兰和荷兰两

149

军士兵登陆后占领了加的斯并洗劫全城。不过需要特别提出的是，这些士兵对普通平民，尤其是女人和小孩都还比较友善。梅迪纳·西多尼亚第二天赶到时已经没办法驱逐英格兰人离开加的斯了，后者在这里继续待了两个星期，过得十分惬意，"我们好像是到了齐普赛街（Cheapside）① 一般"。霍华德在写给梅迪纳·西多尼亚的信中写道："1588 年我受女王陛下委派担任司令官，我想您对我的名字应当还不致完全陌生……"

公爵当然无须看这套虚言。他早就领教了英格兰人的高超手段和冷酷无情。所以他下令将内港的西班牙船只全部就地焚毁，包括一些战船以及整支"黄金船队"在内，烧掉的船只共计 32 艘。

大火烧毁了价值 350 万英镑的货物——这个数目至少是伊丽莎白年财政收入的 10 倍。从海军作战角度来看英军的行动非常成功。两周后，加的斯已成一片废墟，英军临走前还带走了 2 艘崭新的盖伦帆船和 1200 门炮。埃塞克斯希望继续留守加的斯的提议被众人驳回。菲利普这一次吃了大亏，不过庆幸的是他躲过了一场更为严重的打击，霍华德依照命令没有继续追击正在驶来的"黄金船队"（运载的珍宝价值高达 400 万英镑），不过这倒是让埃塞克斯懊悔不已。

虽然英格兰舰队大胜而归，许多人回来后也发了大财，但是献给女王的战利品少得可怜。没过几个月，报仇雪恨的无敌舰队便追上门来，阵容不输 1588 年。此时的英格兰已然衰颓，根本无力再组织起任何舰队保卫国土了。不过西班牙人

---

① 伦敦中部东西向大街名，中古时为闹市。——译者注

也碰上了大麻烦，秋季风暴把无敌舰队吹得四散飘零，无力再战。

　　船队洗劫加的斯之后呈献女王的战利品寥寥无几，这让她震怒不已。1597 年，埃塞克斯率领一支包括 17 艘皇家船舰在内的船队前往费罗尔（Ferrol），准备拿下此地，然后借此为伊丽莎白带回巨额财富。舰队由于风暴而被迫返航。之后埃塞克斯再次出航，但是队伍中的不少船被风暴吹跑，以致他抵达里斯本时已经没有足够的力量拿下并守住费罗尔。作为替代方案，他决定封锁伊比利亚半岛的海岸线，不过这个方案随后也因为盲目追击"黄金船队"而被搁置。作为海军将领，埃塞克斯的表现可谓乏善可陈。他和舰队副统帅沃尔特·雷利之间意见不合，并且和所有执行过这个任务的英格兰舰队司令一样，追击"黄金舰队"的任务最终也失败了。部分原因是，他当时急缺再度入侵西班牙所需的现金，已经到了急病乱投医的地步。说起"在海上闲庭信步"，想在大西洋上找到运宝船船队，那完全就是碰运气。埃塞克斯并不是那个幸运儿，他和无数人一样空手而归。

　　埃塞克斯的舰队抵达英格兰后，情况变得更不乐观了。浩浩荡荡的西班牙无敌舰队已经出海准备拦截埃塞克斯的队伍，还要进一步占领法尔茅斯作为入侵英格兰的前哨阵地。由于埃塞克斯，英格兰几乎没有任何防御能力。幸运的是，这个国家再次得到了上天的眷顾，风暴拦住了西班牙大军的去路。此时的埃塞克斯可谓声名扫地，众人都知晓他在统率海军以及战略部署方面没多少才能。他的舰队驶进普利茅斯港的当天，霍华德被加封为诺丁汉伯爵，从爵位的品轶上来看仅次于埃塞克斯。对埃塞克斯来说，这表明伊丽莎白已经将加的斯大捷的功劳全归到了海军总司令的头上。他深感被愚弄，这些功绩都是他赢取的，受封的应该是自己才对。女王的倚重和臣属的恭敬俱皆离他而去，他不可能东山再起了。埃塞克斯的失势意味着，曾试图把英格兰的战略走向带上激进入侵方向的势力就此消逝。

女王的财政支绌困窘，为了抗击西班牙而发动的进攻越来越仰赖私人船舰，新的战略模式在这种形势下应运而生，英格兰的经济也因此受到影响。1592 年，女王、雷利、霍华德、霍金斯和其他一些人的船舰进行了一次联合远征，一场鏖战之后他们俘虏了一艘巨大无匹的葡萄牙克拉克帆船"上帝之母"号（Madre de Dios）。"上帝之母"号是当时全世界的海面上最为庞大的巨舰，当时正从东印度群岛返航。船上的货物令人激动不已，有数以百计的珍珠，超过 1000 颗红宝石和 847 颗钻石，光胡椒一项就让女王净赚 8 万英镑。除此之外，船上还有价值不菲的香料，数量太多，以致水手们解散离开普利茅斯后，都直接用水流将琥珀和麝香运到乡下去。

像这样受人瞩目的大捷引得数以千计的人们纷纷冒险投身到抗击西班牙的战事之中，同时也激励富人和伦敦的财团们投资私掠行业。由于涌入私战领域的财富数量过多，连经济也受到严重影响。面向低地国家的羊毛和布匹出口几近分崩离析。许多城市的钱都流向了海盗活动。有些人借此一夜暴富，但在海上掠夺西班牙船舰所产生的利润还是不如正规的贸易途径。在附近海域游弋巡逻的私掠船主们想的都是轻轻松松捞钱，远洋贸易和经营殖民地备受冷落。既然可以直接从海上夺取亚洲来的货物，那就完全没必要冒着重重险阻远航印度洋。16 世纪 80 ~ 90 年代，前往太平洋和印度洋的探险寥寥无几，而且这些探险由于筹备和资金上的严重不足最后均告失败。当战事到了尾声的时候，人们已经建造了非常多的用于战斗和抢劫的船舰。这类船有大量空间用于装载大炮，所以只适合运输那些从海洋上洗劫来的昂贵又轻便的奢侈品——这样的船是无法进行大型远洋运输的。16 世纪 90 年代末期，人们意识到战争结束的日子不远了，于是，一些从事私掠行当以及在黎凡特地区进行贸易而致富的商人们于 1600 年成立了东印度公司（East India Company），以消弭进入和平时期后他们所面临的风险。

1603 年，苏格兰的詹姆斯六世（James Ⅵ of Scotland）登上英格兰王位，是为詹姆斯一世（James Ⅰ），和西班牙之间这场根本无法获胜的战争在他即位后宣告停止。在不列颠历史以及整个海事史上，他的即位都是重要时刻。1066 年以前，盎格鲁－撒克逊人或维京人的国王们称霸不列颠群岛靠的是手中蛮横残酷的海军力量。诺曼征服后，英格兰将目光投向了欧洲大陆而非称霸岛屿。它的北部和西部因此变得四敞大开，成为海上强国的潜力受到严重抑制。1603 年，整个形势变得大不一样，因为现在英格兰、苏格兰和爱尔兰三国的王位已然统于一人。

皇家海军的船舰悬挂起了新旗帜——联合王国国旗（Union Jack），它将英格兰的圣乔治十字旗（English cross of St George）和苏格兰的圣安德鲁十字旗（saltire）合二为一。这表明皇家海军的重要任务——守卫英格兰后方，抵御苏格兰进攻——已经结束了。在斯图亚特（Stuarts）王朝以前，英格兰人从未把本国视为岛国，因为还有一帮顽固不化的敌人同在这片陆地上。但现在英格兰是这片岛屿毋庸置疑的主宰者。受此

152

影响，英格兰的岛国心态日益加深，而其雄心抱负已经从成为地区强国跃升到了变成世界强国。

詹姆斯主张大一统，但他同时也全力维护和平，这是影响英格兰未来的另一重大要素。1604 年后，嗜战的航海者和城市中的投资者把寻觅财富的目光转向了正当贸易和殖民地事业。但这番转变不是没有代价的。当英格兰还是靠打劫西班牙海船来掠夺全世界的财富时，其他国家却早已骑着世界贸易的快马把英格兰远远地甩在了后面，令其望尘莫及。

英格兰和西班牙和平关系的达成宣告不列颠海军早期的历史到了尾声。从阿尔弗雷德大帝到伊丽莎白，英格兰的海上命运一路跌宕起伏，从毫无希望的弱小卑微走向了不可思议的强盛。16 世纪临近尾声的短短几年中，这个国家在对混乱无序的邻近海域进行了一番整肃清明之后，迅速崛起为海上大国——自英格兰诞生以来，混乱无序的海面就一直是深重的祸水。但这片充斥着无政府主义的汪洋也孕育了一代又一代的航海者，他们骨头硬、技艺精、谋略多，不断闯入其他族群的贸易航线和殖民地，并从中练得一身海战的本领。国王和水手之间的协同合作让这个国家看到了独立强盛的曙光。

1588 年击败无敌舰队是英格兰海军史上浓墨重彩的一笔，发生了什么还不是最重要的，最重要的是它所代表的意义。英格兰人将海洋作为自身定位的所在，视统治海洋为自己的天命。从此，国家和皇家两者的命运变得休戚相关。大胜无敌舰队对英格兰的民族性格产生了极为深远的影响。

英格兰将皇家海军视为国运兴衰的命脉。它是英格兰不用向其他超级大国卑躬屈膝的象征。1599 年，有消息传来说，一支新的无敌舰队正在科伦纳（Corunna）集结待命。情形和1588 年如出一辙，人们还是一样惊慌失措。皇家海军迅速行动，准备在普利茅斯港召集一支舰队。虽然西班牙大军中途改道去荷兰平叛了，但海军部仅用两天就动员了 18 艘战船，可见英格兰的防御力量是多么的训练有素和骇人。这对其他大国是一个警兆——英格兰已经竖起了一道坚固的屏障。皇家海军是一支组织性极强的战斗力，随时都能够为保卫国家挺身而出。虽然舰队阵容精简，但其中的战船威力凶猛，这正得益于长久以来打造出的包括船匠、船厂、仓库、运输和补给在内的一整个体系构架。

153

　　放眼当时的世界，这样的海军可谓绝无仅有。威廉·蒙森在提及 1599 年皇家海军迅疾的动员速度时曾写道："在外国人心中，女王还没有其他任何事能让他们如此胆战心惊。"[3]

注释

1. Andrews，*Elizabethan Privateering*，p. 164
2. 同上书，p. 182
3. Loades，*Tudor Navy*，pp. 267 – 268

II

国家海军

1603～1748 年

简　介

朴次茅斯的海岸高地上，一个男孩正向下俯视海面，这是他第一次一睹大海的真容。男孩名叫威廉·科贝特（William Cobbett），白天的景象令他震撼不已。"我曾听说过古英格兰的巨木屏障：它在我想象中的样子是一艘船，或一支船队。但此刻我亲眼见到时，却发现那些想象都实在太渺小了，我整个人都淹没在惊讶和赞叹中了。"

科贝特看到的是正停泊在斯皮特黑德海峡（Spithead）气势恢宏的不列颠舰队。虽然这些是他在1783年时的回忆，却折射出不列颠人一直以来对海军的依恋之情。科贝特写道，和所有不列颠男孩一样，他也是自幼听着那些大名鼎鼎的海军将领和水手的故事长大的。"看到眼前的舰队，我情不自禁地回想起那些从小熟知的故事，满心都是自豪之情：船上的水手们是我的同胞，舰队属于整个祖国，那么我自然也是参与其中的，而且共享着它所有的荣耀。"

或许对我们现代人而言，这份归属感和主人翁的心情有些莫名其妙。在我们现代的集体意识中，海军和大海已经退缩到一个很小的角落。但在不列颠政治、经济和文化的中心都与皇家海军紧密相连的那个时代，它在人们心中占据的重要地位让我们已经很难再充分感知到了。本书第二部分讲述的就是海军在17～18世纪进入公众生活的过程，揭示它是如何成为不列颠人之至爱的。

人们迷恋海军的一个重要原因和船在当时的象征有关。20

世纪以前，战船是人类智慧所能创造出的最先进的产物。作为一个武器，它不仅构造极为精密复杂，还散发着诱人的光彩，或许人类历史上再没有什么武器比它更为优美了。

一位 18 世纪初的檄文写手曾评论说，即便是一艘普普通通的护卫舰或史鲁普船（sloop）① 下水首航，都必然会有关于它的画作和雕刻在全国范围内流传。我们今天仍然能感受到这股热潮的余波：不列颠公共场合中，以木船停在海面上为题材的画作仍然备受青睐。J. M. W. 特纳（J. M. W. Turner）的作品《"无畏号"战舰》（*Fighting Temeraire*）在海军艺术史上仍占据重要地位。

一艘木制战船的魅力源自它自身的矛盾，它看上去十分简洁优美，但本身又超乎想象的复杂。以海事为题材的艺术家们所要做的——正如一艘好船上的水手们一样——是把那些不懂船的人认为复杂难懂的东西流畅而优雅地表现出来。一艘船能在水上航行抑或参与激战，是其背后成百上千个不为人知的个体共同努力付出的结果，从负责设计构造的造船师到埋头苦干的劳力，到牵拉缆绳的船员，再到指挥无数齿轮运作让这架庞大机器运转的军官，少了谁都不行。

和许多 17 世纪发生的重要变革一样，不列颠的海事艺术偷学了不少荷兰传统。展现 17 世纪中期和晚期英荷战争的史诗绘画里经常出现的广袤蓝天、风中飘扬的旗帜、船舷两侧腾起的硝烟，还有虚构出来的船舰，这些都是荷兰艺术家的手法，而他们当中最重要、最多产的要数威廉·范·德·维尔德（Willem van de Velde）及其同名的儿子。他们记录下了许多精

---

① 单桅纵帆小船。——译者注

要的战斗片段。老范·德·维尔德是第二次英荷战争（Second Dutch War，1665～1667）时的官方画家。两军交战时他从荷兰战船上速写战斗场面，其中不少作品成为今天人们熟知的巨型油画。他关于 1666 年四日海战（Four Days' Battle of 1666）的速写系列极为详尽地记录了当时漫长的交战过程。

1673 年范·德·维尔德父子搬到格林尼治后，受到查理二世（Charles Ⅱ）、约克公爵和贵族们的礼遇，海事艺术自此进入英格兰文化。这对荷兰父子绘制了许多关于皇家海军大型战役的画作。其中小范·德·维尔德还给英格兰战船画了几百幅素描，为斯图尔特王朝海军留下了丰富的图像资料。船舰的技术细节以及繁复的风帆系统都被父子俩捕捉到画作之中，而船首金光闪闪的绘饰更是不在话下。

战争从未显得如此壮丽动人。画面中那惊天动地的海战如同影响全世界的大事件，是堪与古典时代那些永载史册的战役比肩的史诗对决。不列颠和荷兰两国的战船都显得超乎想象的庄严恢宏。

这也是为何艺术在皇家海军的历史中具有如此重要的地位。它为海战对决镀上了一层光辉荣耀的色彩。在皇家海军服役成了王子和其他贵族都值得参与的事情，船舰本身也成了贵族的象征。皇室和贵族对范·德·维尔德父子以及英格兰本土艺术家们的优待明确揭示出当时海军在不列颠人生活中非比寻常的地位。被记录下来的不仅有宏大的战斗场景，还有参战的具体船舰。即便是普通的小规模交锋也被艺术家描绘成生死攸关的大事。可以明确看出，整个国家都陷入了对海事传统艺术和皇家海军的疯狂迷恋。

醉心于宏伟画作的还不只是资助画家的贵族及其亲信们。

159

比如彼得·莫纳米（Peter Monamy，1681—1749）等海事画家的作品就被陈列在沃克斯豪尔游乐园（Vauxhall Pleasure Gardens）供伦敦平民欣赏。从18世纪到19世纪，关于海战和海军军官的画作一直都是人们关注的焦点。在众多巨型油画中，H.范·约翰·克利弗雷（H. Vane John Cleveley，1712—1777）、尼古拉斯·波科克（Nicholas Pocock，1740—1821）、托马斯·巴特沃思（Thomas Buttersworth，1768—1842）、J. M. W.特纳（1775—1851）以及克拉克森·斯坦菲尔德（Clarkson Stanfield，1793—1867）等人的巨幅油画大大普及了这一题材，并使之日臻完善。* 以船舰和海战为主题的绘画让以皇家海军为核心的民族文化得以真正形成。海军船舰成了国家威严和自信的真实象征。

建造一艘战船要耗费大量的金钱，每艘船的花销都占国家财政预算中不小的份额。皇家海军的战舰、护卫舰、史鲁普船和小快艇均为国家财产，是所有国民共同的荣耀，并为全体国民所珍视。自17世纪晚期以来，气势恢宏壮美的楼船以及随之衍生的众多艺术作品已经牢牢地吸引了公众的注意力。毕竟，这些船舰的花销都来源于他们。在艺术作品的引领下他们仿佛也亲身参与其中。人们多和科贝特一样感到自身与皇家海军之间有着某种渊源和联系。这固然是良好的民情，不过同时也是十分高明的政治手腕，以浪漫情怀和爱国大义调成可口的鸡尾酒，让纳税人顺着酒就把海军巨额开销的药丸给吞下了。

帆布上油彩绘就的船舰体态庄严，即便身处激战也是风度依旧。船桅倾折，牵拉风帆的索具乱成一团，巨大的帆布耷拉

---

* 波科克、巴特沃思和斯坦菲尔德都曾在皇家海军服役。

着，上面满是破洞，如此景象在特纳等画家的笔下却仍旧显出一派壮观宏伟。19 世纪以前，战争中恐怖惨烈的一面以及水手们起居和工作的环境极少体现在海事艺术作品中。幻象之下现实的面目并非向来如此。不过公众们期待的是传奇与浪漫，并最终得偿所愿。激荡人心的画作让皇家海军在国民生活中占据了极受尊崇的位置。国人们满怀喜爱和热情的风潮吹满了海军战船的巨帆。

第 5 部分

陷入困局

第 16 章

巨人倾颓（1603～1628 年）

我深知，钱才是最大的敌人。

——康威子爵（Viscount Conway），1640 年

国务大臣约翰·科克（John Coke）爵士此时正绝望地待在朴次茅斯的一家客栈里。在他看来，这里与其说是临时设定的军事总部，倒不如说是"挤满病人的医院"[1]。1628 年夏天，这座环境十分糟糕的小客栈里臭气熏天，到处都是人，停驻于此的科克正以一己之力召集进攻法国的舰队。

许多水手已经几个月甚至几年没领到薪水了，对家人的挂念不断折磨着他们的内心。他们饥肠辘辘，十分渴望能拿到钱，甚至到了私卖船上设备的地步。闲置的船只在等待修补，手下暴动的火药味越来越浓，补给船只被海盗拦截，皇家海军已经走到了崩溃瓦解的边缘。放眼整支舰队，船员衣衫褴褛，病患随处可见。一名船长提及自己的船员时说："他们的脚趾和脚板严重溃烂，肉一块一块地往下掉。"[2] 每当科克取得一些进展，新的麻烦就会迎头撞来。"我待久了以后，"他抱怨道，"发现舰队越来越没法出海远航了。"[3]

在 17 世纪初，英格兰海军还是佼佼者。到了 17 世纪 20 年代它的力量开始明显下滑。1628 年 11 月 12 日，英格兰舰

队返回本国港口，整个航行不仅一无所获还花去不少钱。两周后，6 艘西班牙盖伦帆船和 13 艘装载黄金与珍宝的船在护卫之下驶入法尔茅斯港。它们就是西班牙的"黄金船队"——一支曾让德雷克、霍金斯以及无数豪杰一举成名的船队，终于被俘获了。

完成这一壮举的是一位名为皮特·海恩（Piet Heyn）的荷兰海军上将，通过此事足以窥见当时海上大势如何了。荷兰人的海上力量已经遍布整个世界，英格兰掌控不列颠海域主权的宣言被无情嘲弄。重新振奋的西班牙再度成为海事强国，而法国经历了长时间内战之后，也向自诩得意的英格兰海军发出挑战。

此外，英格兰的海岸线、港口甚至入海口也面临一大新的 163 威胁。一些海盗活跃于北非——那个地方被人称为巴巴里海岸——他们扣押英国航船、劫掠港口，抓捕男人和小孩卖去做奴隶。

外国的海盗劫掠英格兰沿海城镇并掳走那里的平民，这些情景人们并不陌生，但那似乎早已成为遥远的历史了。可现在这段历史又一次重演了，而且敌人的肆虐残暴丝毫不逊于当年的维京人。伦敦的大街上充斥着闹事的水手，他们抢劫牧师，要求发放拖欠多年的服役薪水。成群结队的女人哀哭号叫，在查理一世的宫廷中纠缠不休——丈夫被非洲海盗屠杀了，她们正苦苦哀求国王伸出援手。

英格兰早已不复昔日"英明女王"（Good Queen Bess）时代的辉煌荣光，1588 年大捷的神奇事迹也成了遥远的回忆。那时的英格兰航海者们足以让整个世界震颤，此时整个国家却几乎撑不起一支海军，只能任由新一代的海盗们鱼肉宰割。到底是哪里出了问题？

约翰·科克爵士对皇家海军衰败的原因了解得最为透彻。20 年前，他曾在伊丽莎白时代末期担任海军部财务官的副手。虽然当时海军声势正盛，但他很快就察觉到军中存在相当严重的问题。时任海军总司令的诺丁汉伯爵（击败无敌舰队的那位）与海军验船师约翰·特雷弗（John Trevor）过从甚密。任何想要拿到一份工作或合约的人——即便是最底层的苦力——都要先重重贿赂他们二人。为了让这笔"投资"发挥更大的价值，在码头干活的人找到了种种法子中饱私囊。他们私卖海军物资并且一直给海军财务官开高价。特雷弗对这些把戏尤为拿手，从挪威采购或是从皇家森林中运出来的上等木料都按优惠价格卖给了他的生意伙伴，而没人要的下等木料则以高价卖给了海军。

为了中饱私囊，海军官员以满员的规格申请薪水和补给津贴，实际水手人数却只有申报总数的 70%，虚报的那 30% 的水手所领的所谓"亡灵薪水"和补给津贴都直接落入船长和其党羽的腰包。

科克相信，唯一的解决办法就是解除诺丁汉伯爵的职务。他期待新王詹姆斯一世（James Ⅰ）能正视腐败之积弊并支持他的想法。结果和许多诤言者的下场一样，科克自己被调走了。

164　　新任财务官罗伯特·曼塞尔（Robert Mansell）是个讨人嫌的厉害角色。诺丁汉和特雷弗在海军中的麻烦事都由他了结。经由海军财务官流入海军的国帑也同时进入了诺丁汉、特雷弗和曼塞尔的腰包。虽然他们的罪状众所周知，但这个三人帮还是顺利通过了 1608 年的一次官方调查。

国王的官员利用职位谋取私利的行为不再是禁忌。海军部成员往往把公事和私事搅为一团，与承包商之间达成某些协议，在每笔交易里面都要捞一笔。海军为国御敌的时候，这些勾当尚可忍受，但借用威尼斯公使的话，此时大多船舰已到了"陈旧朽烂，不堪一用"的地步。

"皇太子"号（Prince Royal）的建造工程甫一动工，新船龙骨就由造船总长菲尼亚斯·佩特（Phineas Pett）铺陈在伍尔维奇，此前人们还从未建造过这么大的战船。不过传回来的消息并不乐观。据其余造船师所言，佩特按照最上等材料的价格向海军财务官报价，但实际使用的是未干的廉价木料，他以此手段捞取钱财。1610 年，詹姆斯一世前往伍尔维奇查看"皇太子"号。首先映入他眼帘的是令人窒息的场面。这艘新战船有着无与伦比的高大外形，吨位达到了 1200 吨。更为震撼的是，三层甲板上每层都安置有大炮，这尚属首次。"皇太子"号的出现意味着伊丽莎白时代迅捷灵活的盖伦帆船日渐退出人们的视野，足以震慑四方的威赫战船开始受到青睐。

登临"皇太子"号的詹姆斯"花了将近两个小时的时间里里外外仔细查看这艘船"，虽然国王对船舰并没有什么研究。建造"皇太子"号耗资 2 万英镑。11 年后，此舰光停在海面上就要花费皇家海军 500 英镑，若维持正常服役则需 6000 英镑——已经抵得上建造一艘新战船的费用。

1615 年，威尼斯大使去了一趟泰晤士河，他在那里看到"滞水区的沟渠中矗立着 24 艘一流战船，犹如一座座坍塌的巨型雕像，空荡的船上全无大炮和人的踪影，就这样停放着任由风雨侵蚀"。[4] 和平时期，国家最大号的船舰都处于"保持常态"或封存状态，在 17 世纪头 20 年中，它们就一直这么被弃置在停泊的地方，静静地腐朽。

皇家海军的衰颓不仅仅是因为这些船舰越来越不堪重用。詹姆斯国王厌恶战争，而且眼下也没什么可能出现冲突的地方：苏格兰再也不会对英格兰构成威胁，荷兰人也真正从西班牙手中独立出来，往来狭海的英格兰人再无后顾之忧，法兰西的海洋区域也因内战变得四分五裂。在这宁静的和平时刻，海 165 军放任自流，不再需要绷紧神经应对战事，不再磨砺自身以和国内外敌人对峙，并且能够整肃队伍、练兵待战的卓越将领也不复存在。

詹姆斯像厌恶战争一样厌恶海盗。在他眼中，海盗是各国之间和平往来的阻碍，破坏了相互间的和谐，是道德沦丧、极具破坏性的存在。当威尼斯大使向詹姆斯表示诺丁汉公爵正在资助海盗时，他开始表现得"非常不耐烦，不停地扭动身体，有力地挥舞着双手，两脚也在不断地点地"。初登王位的几年里他发布过一连串打击海盗的声明。1608 年，19 名海盗在沃平（Wapping）一起上了绞刑架。詹姆斯在位期间，许多海盗或受刑罚，或被发配至皇家海军服役。

倘若皇家海军能继续深化詹姆斯剿灭海盗的运动，情形或许是另外一种模样，但诺丁汉站错了队伍。他自己就掌控着一些私掠船，海军和海盗的斗争在他的领导下也只是敷衍了事。

许多英格兰海盗将行动地点换到了阿尔及尔（Algiers）、突尼斯（Tunis）和萨利（Sallee，邻近今日的拉巴特［Rabat］，位于摩洛哥境内大西洋沿岸）这类地方，他们在英格兰海域常用的那一套手法被沿用到这里。纽芬兰岛的捕鱼船队遭到袭击，同样被袭的还有伦敦城的黎凡特公司，其贸易范围已经远至阿勒颇（Aleppo）。本国海域内亦有海盗横行。詹姆斯甚至直接和北非的巴巴里摄政王达成协议，试图用外交手段压制肆意妄为的本国海盗。到1617年，各国合力对抗阿尔及尔海盗的行动计划已逐渐浮出水面。

手段用尽之后，国王詹姆斯终于直面多年来一直被其忽视的海军。此时的海军已经无力再有什么作为了。

1618年，海军再次接受调查，和以往不同，这次是真刀实枪。不单单是因为国王意识到了海军沉疴难返，也是因为当时兴起了一股改革浪潮。詹姆斯对近身廷臣乔治·维利尔斯（George Villiers）言听计从，后者身兼白金汉侯爵（marquis of Buckingham）和枢密院委员（Privy Councillor），一时间权势煊赫。白金汉侯爵立功心切，希望自己不仅是长相英俊的年轻宠臣，同时还是有作为的政治家。他深信自己有能力缓和国王与人民间的紧张关系，必须严厉整治宫廷和诸部肆意挥霍的风气。皇家海军是下一个整治对象。

调查发现，皇家海军共有41艘船，其中12艘已经完全报废，另有23艘需要大规模维修。委员会出具了皇家海军往年的开销账目，并尖锐地指出："皇家海军一年开销达到……53004英镑，却仍在不断衰朽下去。"[5]

1618年白金汉侯爵出任海军总司令。委员会给出了具体的办法，让海军恢复行动能力的同时将每年开销从5.3万英镑削减至3万英镑。海军部榨取海军资源以谋取私利的做法再也不可能出现了。一个由12名政府官员组成的委员会成立，约翰·科克首执牛耳。他十多年前就曾为皇家海军之事厉声疾呼，只可惜一直未得到重视。

这个国家已经度过了14年的承平时光，科克的当务之急

便是打造一支与当下形势相适应的海军。委员会全力修补尚可
抢救复原的船舰，还建造了 10 艘新船。所有努力的目标是要
建造一支低廉而又颇有声威的海军，不让其落入凡俗普通之
流。它将成为能够长久封存而不朽坏的国有资产，同时还能震
慑其他国家，让海盗再也不敢肆意妄为。而境内的私人运船也
和以前一样被迫前来效力，填补施工中短缺的人手。

可正当海军兴师动众进行重建的时候，外面的国际形势已
然发生了变化。

1625 年詹姆斯一世逝世，他的儿子查理（Charles）在白
金汉公爵的怂恿之下决意要建立强大的武功。这意味着要用举
国崇尚的海军去成就光荣与不朽的威名。詹姆斯离世前一年，
议会就急切希望和西班牙一战，再现伊丽莎白时代的辉煌战
功。他们梦想着能重回"光荣女王"时代。用私人战船重创
西班牙帝国，以海军保卫本国海域。

可众议员听闻白金汉公爵的诸多提议后却十分惊恐。起
先，他提出由他独自一人指挥整场战事，但议员们认为这位廷
臣并不是领军打仗的料，他们十分厌恶他的战略计划。白金汉
还想带领海军前往西班牙，夺取一处港口，进而截获传说中的
"黄金船队"。还有议员对海军的状况提出质疑。狭海海面上
四敌大开、守卫松懈，众人对此非常不满，英格兰商船、捕鱼
船队和港口被敦刻尔克和巴巴里诸国（Barbary States）来的海
盗大肆劫掠。一名普利茅斯议员抱怨道："国王的船舰不务正
业，只知在各个殷实的港口间来回转悠，还要人们好吃好喝地
招待着。"

绝大多数议员心中所幻想的战事是通过类似伊丽莎白时代
的那种大战役，掳获西班牙的财宝送入英格兰国库，纳税人从

而不用承受更重的赋税。但发动战事的成本实际上已飞涨。议员们听闻战事所需开支后一片哗然。科克向议会明言，国王在战备上的花销已达28万英镑，另外还需要为远征支付29.3万英镑。对于一场既没有表决通过又不受自己掌控的战事，议会并不打算往里面大把砸钱。科克声色俱厉："不论付出多大的代价，这支舰队都势在必行。"[6]议会没有理睬他的危言恐吓，仅投票通过了杯水车薪的16万英镑供他使用。

科克继续四处催逼，即便凑到的都是零零散散的钱，他也铁定心思要组建一支海军舰队。克服重重困难并花了不少钱以后，舰队的粮草补给才算有了着落。紧接着就是集中所有资金购置弹药。所有这些工作完成之后，舰队却早已开始不断消耗刚储存下来的食物和啤酒，于是又要重新寻找新的补给来源。

舰队"穷得叮当响"的状况让船长们埋怨不已。[7]而远航司令爱德华·塞西尔爵士（Sir Edward Cecil）写道："简直找不到比这些船长和军官更混账无知的人了"，水手则是"浑浑噩噩，任你怎么责罚、辱骂都无动于衷"。[8]他率领的舰队包括14艘皇家船舰、30艘商船、40艘纽卡斯尔（Newcastle）的运煤船以及20艘来自荷兰的船。

10月舰队起航的时候，一年当中大半的光景已经过去了，而且由于筹备进程太过拖沓烦琐，西班牙人早就收到了他们要来的消息。而此时英国人已经走得太远，成本太高，无法再中止行动。

1625年10月5日，科克目送自己的舰队离开普利茅斯港，最后14艘商船出发时十分不情愿，直到科克勒令"即便是以牺牲为代价也要起锚出航"它们才走。尽管如此他还是长舒了一口气。[9]让科克丧气至极的是这支海军队伍一天之后就返航了。塞西尔担心船舰此时的状态无力经受秋季大风。科克在回信中奚落道："打仗总是有风险的……要是只在乎船的安危，那还是把它们停到查塔姆去吧。"[10]说不定真把它们停到那里的话最后结果会好一些。塞西尔再度率队出海时，仍旧没有确定行动战略。

远航途中，舰队搞砸了劫掠加的斯的行动，也没摸到"黄金船队"的踪迹。这趟诸事不顺的冒险航行充分暴露出海军衰弱到了什么程度。一直以来，英格兰君主都要依靠民众的认可和航海界众人的热情参与才有办法打仗。要是这两点无法达成，结果就会像 1625 年一样陷入混乱。塞西尔在占领加的斯的行动中发现，私人船长很怕他们雇主的船舰遭遇险境，得驱赶着他们才能执行自己的命令。仅仅 25 年前，水手们奋力进取的气势还令人胆寒不已，与之相比今天就是天壤之别了。

还有一个问题是，30 年承平之世后，已经很少有人能为
168　大规模水陆两栖式登陆作战提供有序的后勤补给。陆军士兵已经做好了登陆的准备，结果发现船上各类辎重都没有按照行军的要求堆放。梯子到了临下船的时候才找到，翻遍各处也不见手榴弹的踪影。食物和啤酒消耗殆尽，疫病蔓延至整支舰队，破漏不堪的船只行动起来有气无力。终于从破破烂烂的船上解散离开的水手们却最终陈尸街头，其余努力寻找归国之路的人也瘦弱憔悴，衣衫褴褛的身上散发阵阵恶臭。最后塞西尔只带回了区区 50 万英镑的东西。

约翰·科克爵士警告白金汉，必须先把加的斯舰队的钱款付清，然后才能组织新的舰队，这一点要是做不好后果将不堪设想，而且"会让全世界都鄙夷我们"。[11]然而白金汉却早已开始策划下一次入侵西班牙的行动了。

议会怒了。加的斯那场灾难损害了国家荣誉。约翰·艾略特爵士（Sir John Eliot）身兼议会议员和德文郡海军副总司令，曾亲眼看到从加的斯返航的舰队以及船上瘦骨嶙峋的水手们，那景象一直停留在他脑海中。他在议会上发言：“我们的荣耀蒙尘，我们的船舰破漏，我们的士兵死去，但原因不在加身之刀剑，不在哪个敌人，也不是意外，根源正是……那些我们信任仰赖的人。”[12] 还有其他很多方面受人诟病。舰队因财力不济无法获得补给，导致狭海防守空虚。海盗活动更为猖獗。

议会的态度是，如果能撤去白金汉的职务并对其施以惩戒，那么查理就能得到批款。查理选择解散议会。1627 年，他下令向臣民征收强制性公债。

正当议会对白金汉群起攻之的时候，有风声传来，一支阵容胜过 1588 年无敌舰队的西班牙海师正整装待发。当收到要从港口征收传统的船舶税的命令时，港口当局并没有急于奋起保家卫国，而是辩解道，由于贸易活动受到战事的破坏，港口地区已饱受重创。海军委员会的委员们在朴次茅斯一粒粮食也没弄到。负责粮食供给的官员押上了个人的声誉，能买到什么就买什么。正当他们筹备和西班牙无敌舰队交战的船舰时，船上的人却密谋着进军伦敦，向查理请愿支付他们 18 个月的薪水。军官勒令水手们留守原地，后者回答说，“家中的妻儿可能正在挨饿，而他们自己也将因为缺乏衣物和其他必需品而身死他乡”。[13]

8 月，白金汉的马车被一帮水手拦住，他们扬言只有发了他们的工资才会放他走。几个月后，暴徒们把他的马车砸得稀巴烂。

威洛比爵士和登比爵士（Lords Willoughby and Denbigh）正准备率领舰队再度出航截获"黄金船队"。经过一整个炎夏的躁动无序和反复叛乱之后，补给终于汇集到了朴次茅斯港。但海军内部极度缺乏统一调度。所以当负责粮食的官员准备开始提供补给的时候，船队又急需锚、帆具以及其他必不可缺的装备。于是粮官只得在舰队等候装备的期间去寻找更多的粮食。

白金汉询问海军委员会为何这些事情没有筹备好，结果得到的答案是他们"没钱支付薪水"，所以只能通过"胁迫的手段强制手下干活"。[14] 9 月，威洛比不得不在没有火船和葡萄牙武装快船的情况下出海。这一次，领导者又是没有明确把握就不惜一切代价让舰队出海，侥幸企盼着有所斩获。后卫司令约翰·彭宁顿（John Pennington）在给白金汉的秘书爱德华·尼古拉斯（Edward Nicholas）的信中写道："我必须坦言，我对这次远航不抱任何希望，从年初到现在为止我们浪费了这么多时间，消耗了大量粮食，就只为了这 10 周的航行。"对此，每个人都表示赞同。最终，海军在比斯开湾遭遇风暴之后就返航了。

此时枢密院又得知了一个新的威胁。红衣主教黎塞留（Richelieu）买下了法国海军上将的官衔，他准备筹建一支法国海军彻底击垮拉罗谢尔处的胡格诺叛军。枢密院认为，主教还可能会派出从阿姆斯特丹购置的 12 艘战船，"篡夺英王陛下对不列颠海域的绝对掌控权，陛下的王权和世代沿袭的王冠都将蒙受巨大的损害"。[15]

这是真正的威胁。但出兵西班牙的两次航行都因财力匮乏而不成气候，这一次海军还有余力应对吗？皇家海军必须再次依靠其传统力量来源。枢密院从伦敦城再次征募了20艘船。

被征募船只9月初就应当停驻在朴次茅斯了。一个月以后伦敦城告知枢密院这些船还没有准备就绪。它们按规定应服役3个月，然而伦敦城挖空心思耗费船队的服役时间。船队用了一个月的时间才抵达泰晤士河河口。

彭宁顿正在唐斯等候它们到来。当看到眼前的队伍时，他不禁瞠目结舌。船上的船员都是些"没出过海的人和小孩子，派不上什么用场"。[16]这些船也"极为低劣"，武器装备得极少，装载的火药只够战斗两个小时用的，而彭宁顿的任务是要搜寻并摧毁黎塞留的那些新船。伦敦的船队一来就声明自己服役的时间快要结束了。船员，甚至包括军官，更是一副不服管的做派。

彭宁顿率领着伦敦船队穿越英吉利海峡，前去寻找法国船舰。1月14日，他在圣马洛（St Malo）发现对方身影，但是伦敦佬们说船队规定好的服役时间已经超了，没和对方交战就直接返航了。

这场前所未见的溃散成为海军历史上的一个转折点。至少自埃塞尔雷德开始，英格兰就一直靠动用私人航船组建海上力量。不过现在皇家海军和商船之间已经产生明显的分歧，私人航船在意愿和能力上都不足以适应海上战事。原因有很多。16世纪晚期是两者通力协作的鼎盛时期，自那以后不同船只在用途上变得越来越单一。斯图尔特王朝所青睐的大型战船和为贸易运输设计的航船有着很大的差别。亨利七世曾设立赏金制度，建造能够参战的大船的船主可以拿到一笔赏金，1618年时该制度被废除。

不过更重要的是，海上战争发生了根本性的变化。它不再是国王和民众互相受益的模式。即便战争使海面变成无政府状态，它也不再像之前几百年那般令贸易商垂涎了。议会、民众和商人都不欢迎查理发动的战事。私人船主均抵制服役，真到强制执行的时候则暗中拖后腿。

意识到商人不再能作为守御疆土的辅助力量后，国王肩上的担子变得更重了。在财政和宪法危机并至的关头，这个挑战显得愈加严峻。

1627 年年初，彭宁顿横扫英吉利海峡后截获了价值128600 英镑的战利品。这笔意外之财让白金汉得以筹备夏天里的一场大行动：从海上为拉罗谢尔的胡格诺教徒提供援助。但海军当局在组建舰队时仍旧左支右绌，各处港口均拒绝提供船只。2 月，一帮没拿到薪水的水手在伦敦市里横冲直撞，还于塔丘（Tower Hill）会合，谋划着将白金汉斩首。

白金汉在补给匮乏和人心浮乱的双重危机之下继续推进自己的计划。1627 年 7 月，舰队抵达拉罗谢尔沿岸，它堪称英格兰历史上最庞大的舰队之一。这支舰队耗费了巨大的政治资本：查理在众多不满之声中征收强制性公债。

白金汉打算夺取拉罗谢尔沿岸的雷岛（Île de Ré），占领以后可以此为基地控制这座城市与海上的通道，进而利用发动叛乱的法国新教徒牢牢牵制法国大军。

事情开始得并不顺利。这次的水陆两栖行动进行得和之前一样拙劣。士兵们不愿上登陆船，彭宁顿不得不舞着棍子"杀鸡儆猴地揍一些人"，直至他们最终登船。

把这些人弄上岸耗费了 3 天时间。他们都是新兵，登陆后的第一件事就是接受训练。正当他们开始最基本的训练时，法国人已经进入了要塞据守。彭宁顿率部穿行该岛，将要塞团团围住，可是英军工兵统领早已死在那场拙劣的登陆行动中，其他人都不知道该如何围困一座要塞，而且英军统共也就只有 5 门重炮。彭宁顿安营扎寨，准备长久包围这座要塞，并派人回英格兰请求援军和补给。与此同时，他相信海军能够成功阻截前来增援的法国守备部队。

围攻失败令英军丧失了发动奇袭的关键点。白金汉被迫之下只得转入消耗战——英格兰再不济也至少有能力施展这一战术。他们掐断了法国人的补给线。就在法军要塞已经撑不住准备投降的时候，海军的封锁线却没能拦住前来增援的法国人，9 月的一个夜晚，法国人乘着小船送来了食物。10 月，增援小岛的 4000 名法军轻轻松松就穿过了英格兰海军的封锁线。

这个时候白金汉已经没有选择，不拿下眼前的要塞就只能认输。当英军登城的梯子架到法军要塞厚厚的城墙上时他们才发现，自己的梯子太短而根本不能使用。围攻就此收场。

在其后的撤退过程中，英格兰人溃不成军。英军沿着狭窄的堤道往停在岛屿另一端的船上逃窜，法国人趁机痛击。于是溃败演变成了屠戮。白金汉逃回来的时候，原本 8000 人的队伍只剩下 3000 人。这就是本章开头 1628 年惨况的历史背景。在雷岛战败后，水手、士兵、议会和公众对白金汉越发痛恨不已。不过他仍旧铁了心要援助拉罗谢尔的胡格诺叛军，争得属于自己的荣耀。和他针锋相对的议会丝毫没有消解敌意，拿不到报酬的水手在他位于伦敦的宅邸约克大厦（York House）外面喧哗闹事，威胁要拆光这里的一砖一瓦。

此时在伦敦城另一边的弗利特巷（Fleet Lane），一位名叫约翰·费尔顿（John Felton）的年轻小伙子正陷入一片消沉低迷的状态。我们今天称之为“创伤后应激障碍”（post-traumatic stress disorder）。他是此次加的斯远征军的一员，亲历了雷岛的那场大屠杀。每次入睡以后他都会梦到那一幕幕恐怖骇人的场景，醒着的时候则很少说话，但读的东西很多。他研读的这些材料中就有议会对白金汉的抗议书。

8月22日，白金汉抵达朴次茅斯，负责指挥这里的舰队。甫一到任，他就被迫亲自领头，带人把一大帮不服管教的水手轰上船。他当晚暂住于灰狗客栈（Greyhound Inn）。翌日清晨，海军大臣在路上从一群军官当中走过的时候，停下来和一位上校打了个招呼。上校弯腰致礼。费尔顿猛一下从这位弓身的军官身上越过去，把自己的匕首扎进了白金汉的胸口。事后他说，他看过议会的抗议书后便笃定"刺杀这位公爵实属报效祖国"。

不过此事未能阻止远征队出航，这个时候已经太晚了。正当查理的海军在拉罗谢尔沿岸徘徊而不知如何下手时，几成饿殍的敌方驻军发出了协商投降的信号。查理下令不惜一切代价向法国人发起攻击。在第三次试图穿越敌军的强力封锁时，英军船舰偏离了自己的进攻路线，"水手们被岸上的炮台吓破了胆，毫无作为"。拉罗谢尔最终落到路易十三手中（Louis XIII），这意味着法国人掌握了英格兰所有海滨地区的控制权，形势对英格兰十分不利。

英格兰海军沦为笑柄。"从来没见过如此腐朽狼狈的舰队，"一位目击者说，"要是敌人看到这番景象，一定会嘲笑我们国家没落无能。"[17]

事情的真相是查理没有能力撑起一场战争，英格兰的国力已经比不上16世纪90年代了。议会拒绝协助莽撞的冒险行动，而境内的私人船主们也不乐意拿造价昂贵的商船去涉险。更糟糕的是，英格兰海员的待遇极为悲惨。海峡舰队的一位船长抱怨道："凄风苦雨的冬日，大伙儿都瘦弱不堪，整日挨饿，为国王干活打仗都不如当桨帆船上的奴隶。"

失去了航海者和商人团体的同仇敌忾，查理已无力再实施什么进攻作战了。不过即便接二连三地失利，加之国库枯竭，他还是一次又一次地试图挽回颓势。为什么？或许是因为英格兰海军的昔日辉煌散发着独特的魔力。查理和白金汉期待用海军成就一番伟业，只是他们被这股魔力蒙蔽了双眼，没有看到海军上下统领不力的现状，更没有看清楚自己手中这支海军的真实状况。

1618 年以后，经由科克重建的海军本质上是一支防御性力量，根本不适合离开本国进行长时间的远征作战。它的整体设计和当时的经济状况是相符合的，其命脉是私人航船。17 世纪 20 年代，人们对海军的战略设想和它本身的能力之间横亘着致命的矛盾。

维系一支主要用于本土防卫的海军没什么值得夸耀的，而这也折射出英格兰衰弱的国力。它本该保护往来商船以及周围海域不受海盗侵袭。据估算，1622 年至 1642 年间，北非来的海盗掳走了 300 艘船和 7000 多人。肆虐为害的海盗还不只是从北非而来。[18] 光 1627 年一年的时间，敦刻尔克的海盗就劫走了 150 艘荷兰与英格兰的航船；翌年的数量则达到了 245 艘。保卫本土海域安宁之责让位于虚荣自负的理想抱负。

后果可想而知，英格兰对蝗虫般的北非海盗几无抵挡之力。此时的海军已担不起守卫本国海岸线的责任。这对一个以海上霸主为自我定位的国家而言是非常尴尬和令人愤怒的。实际上，自 1588 年一度攀至令人目眩的高度之后，英格兰海军实力又回落到了曾经的水平：英格兰只是一个三流的海上国家，注定要遭受海盗无休止的蹂躏侵袭，而且还要依附于欧洲大陆的海上强国。正如英格兰历史上许多似曾相识的情形所示，海上的黑云遮住了洒向陆地的阳光。就查理一世时期而言，水手们满腹怨气，纳税人抗拒缴税，议会中矛盾重重，一片风雨飘摇中乱象丛生。

仅凭有限的资源，海军已经尽了最大的努力。一位内心十分窝火的海军官员向海军大臣爱德华·尼古拉斯坦言道："该办的事情总办不成，只有一个原因，没有做这些事的第一驱动力，也就是钱。"

注释

1. Young, p. 202
2. Scammell, 'The Sinews of War', p. 353
3. Lockyer, p. 444
4. Penn, p. 46
5. Mc Gowan（ed.）, p. 265
6. Young, pp. 140ff
7. Lockyer, p. 273
8. Young, pp. 187 – 188
9. 同上
10. Lockyer, p. 275
11. Young, p. 159
12. Gardiner, vol. 6, p. 62
13. Lockyer, pp. 339 – 340
14. 同上书, pp. 341 – 342
15. 同上书, pp. 345 – 346
16. Wren, p. 333
17. Penn, p. 134
18. Hebb, pp. 138 – 139

第 17 章

"海上君王"（1629~1642 年）

英格兰之名能于巴巴里流传，并继而进入土耳其、亚美尼亚（Armenia）、莫斯科维亚（Moscovia）、阿拉伯半岛、波斯、印度、中国以及世界上所有其他的地方，靠的是商业贸易而非侵夺疆土，靠的是船上的帆而非手中的剑。

——刘易斯·罗伯茨，《贸易中的宝藏》

（*Treasure of Traffic*），1641 年

1639 年 9 月 8 日，一支载有 24000 人的西班牙无敌舰队驶入唐斯。这片水域是英格兰最为敏感的战略要冲，1588 年那支无敌舰队就曾试图进入这里，不过失败了。

这支无敌舰队并不是来与英格兰为敌的，它此行的任务是将西班牙军队送到佛兰德斯。它是为了摆脱一支荷兰舰队的追逼才进了英格兰的锚地，这支荷兰舰队虽然阵容不大，但战力很强。整个 10 月，荷兰海军将领马顿·特罗普（Maarten Tromp）和威特·德·威斯（Witte de With）为将无敌舰队牢牢困在唐斯，派了许多船前来增援，以致西班牙人抱怨说荷兰的船就像从天上掉下来的一样。终于，在 10 月 11 日这天，荷兰人吹响了进攻的号角。

　　查理一世在荷兰和西班牙的战事之间持中立态度。唐斯有一支由海军中将约翰·彭宁顿爵士统领的海军中队，不过仅凭它们根本不足以将外国船只阻于英格兰水域之外以保持自己的中立立场。彭宁顿是经验丰富的海军指挥官，习惯了如何最大限度地完成斯图亚特家族那些官大人们提出的不可能完成的要求。1639 年西班牙人出现在唐斯之前，他的任务是在荷兰人面前尽力维护英格兰的主权完整，因为当时荷兰人正在海上搜捕逃脱惩罚的英格兰船只，甚至将其搜索范围扩展到了英格兰本国港口。

　　10 月 11 日这天，彭宁顿的职责是在特罗普发起进攻后为西班牙人提供保护。但那天清晨的战斗中他没办法抢占荷兰人的上风位。特罗普派了威特·德·威斯带领 30 艘船截住皇家海军的队伍。英格兰船上的水手们只能像海岸上围观的人那样伸长脖子观战，任由特罗普出色地利用风向优势困住西班牙人。荷兰人从唐斯南面顺风入港，东北面的鸥溪（Gull Stream）就成了唯一的出口。这条溪流又窄又浅，十分险恶，且随着沙洲和浅滩的不断变化而变化。大船从中通行很耗时间。所以西班牙人还没来得及出去就被荷兰人追上了，最终西班牙人完败。看到特罗普的船向自己的旧敌开火时，英格兰水手兴奋得叫喊着："杀了他们！杀了他们！"[1]

　　这种形势下彭宁顿做不了什么。后来他声称荷兰人是被他赶出唐斯的，这和小孩子虚张声势的做法如出一辙，实际上荷兰人当时正在追击无敌舰队残部，根本没把后面气喘吁吁的英格兰人放在心上。彭宁顿也确实花力气抓到了 2 艘荷兰船，不过又以令人啼笑皆非的借口还回去了："它们太不值一提了，根本不足以抵消国王陛下所受的冒犯。"

实际上，英格兰水域中这支世界最强的海军刚获得一场伟大海战的胜利，皇家海军早就被对方的声威镇住了，彭宁顿是没胆子留着那些船的。17 世纪 30 年代，人们开始以为英格兰的海上力量已经恢复得和以前一样强大，这件事一下子戳破了人们的想法。

17 世纪 20 年代，英格兰因为一些不自量力的举动让海军破败殆尽后，查理在接下来的 10 年中以更客观的视角真实地看待了他的海上力量。现在他已经可以避免耗费高昂的战事所带来的灾难性后果，可以凭借新生的皇家海军将不列颠周边海域控制在自己手里。他父亲在位时英格兰海事力量明显下滑表明，战船封存以后不做任何维护是不可取的。国家海军经历革新以后应当多加历练，即便在没有战事的和平年代也该如此，让军官和水手保持良好的状态，使船舰不致衰朽。

1630 年查理曾询问海军历年的账目，那时约翰·科克爵士颇受振奋，盼望新的政府能以此为发端"在海务问题上有更好的表现"。[2]查理以及科克和爱德华·尼古拉斯这样的官员在亲历惨痛教训后深切意识到，必须对海军进行一番彻底的改革，把旧的那一套统统抛弃。

显而易见，英格兰的对手们正在培养的国家海军和曾经的海军机构有着很大差异。在一次议会演讲中约翰·科克爵士告诉议员们和国王，如果英格兰海上力量滑坡，那就意味着"我国自古以来的荣誉和威名"也要受损。[3]法国人在海运上遥遥领先，甚至"威胁说要和我们争夺狭海的归属权"，[4]同时荷兰人也越来越强大，危险程度已经赶上了曾经的西班牙。从君士坦丁堡（Constantinople）到莫斯科、从地中海到狭海，英格兰一次又一次遭人羞辱。科克敦促议会和国王"考虑采取一

176

些快速有力的手段，让英格兰免受他国的侮辱和蔑视"。[5]

1629 年至 1640 年是查理的专政时期，他不召集议会，自己决断政事。他必须为皇家海军寻找新的财源。爱德华·尼古拉斯建言说海军应当脱离财政部门的控制。17 世纪 20 年代，科克和尼古拉斯二人为拨款的事情被财政部搞得非常被动，即便财政部同意拨款，海军也要等很久才能把那点少得可怜的钱拿到手。最终查理向民众征收的"船税"（Ship Money）解决了钱的问题。自古以来，国王都仰赖境内雄厚的私人航运势力，不过也会有要求捐献援助的时候。伊丽莎白就曾要求沿海地区自愿缴纳"船税"。1634 年，因为再度受到来自海盗和欧洲其他诸国海军的威胁，查理向各处港口征收船只，但这条征收令已经超出各处港口的承受能力：他们拿不出国王所要求的大型船舰。

这个情形似乎早被国王料到了，而且正中他的下怀。如果无法借船给他，那么他可以"借"自己的船给港口，这样港口便可以完成缴纳税款和对国王捐助的任务。实际上，就是港口要为国王的船舰提供食物、人手和武器，所以严格来说征船令没有改变。为了承担海军在夏天的行动，国王统共从各处港口挤出了 8 万英镑。这支由各处海港买单的船队有 19 艘皇家船舰，1635 年时由林赛伯爵（earl of Lindsey）率领出海。

1635 年这支靠征收"船税"组建的船队收效颇佳，近些年英格兰海军已经沦为欧洲各国的笑柄。财力枯竭，海军的运转难以为继。势力日渐壮大的法国海军甚至逼迫英格兰航船在英吉利海峡向他们行礼致意——或许没有比这更大的侮辱了。荷兰和西班牙的船舰在英格兰境内的海面上交战。摩洛哥、阿尔及利亚和敦刻尔克等地的海盗也不断前来大肆劫掠。海军中仅有 4 艘船可以外出巡逻，有时候甚至连这一点都办不到——1633 年冬天连支冬卫队都没能组建起来。

1635 年林赛的巡弋之行营造出英格兰海军重振雄风的气派。途中没有打过一场胜仗，也没有截获过一艘船，但它的出现就已足够。荷兰和法国的舰队就因此未能连成一气，没能将连接西班牙本土与西属尼德兰之间的海路拍断。时任狭海舰队总司令的彭宁顿在给科克的信中写道："虽然林赛伯爵大人所为之事不过是于波涛中穿行而已，不过我们这支最强舰队能出海走一遭，在我看来本身就已经是这么多年以来对国王效力的最好方式了。"[6]

查理大受鼓舞，决定将"船税"的征收范围扩大到内陆诸郡。他十分急切地希望世人能明白他所谋之事关系甚重。这事关如何在凶险的世界中守卫不列颠海域的安宁，国王的"伟大事业"便是要完成这项神圣职责。摩洛哥和阿尔及尔的海盗正在抬头，法国海军对英吉利海峡虎视眈眈，世界各地的英格兰贸易发展也是一片惨淡，西班牙与荷兰共和国（Dutch Republic）[①] 之间的战火在英格兰海域四处蔓延，荷兰人的鲱鱼船队（herring busses）把营生做到了英格兰渔场。查理必须重新夺回海权——不光是为了君王的尊严，也是为了臣民的利益，洛斯托夫特（Lowestoft）和莱斯特（Leicester）的繁荣都是靠国际贸易维系的。

1635 年，学者、法学家约翰·塞尔登（John Seldon）发表了他的著作《海洋封闭论》（Mare Clausum）。这本书是为

---

① 全称为"尼德兰七省联合共和国"（荷兰语：De Republiek der Zeven Verenigde Nederlanden）。存在时间为 1581 年至 1795 年，位于现在的荷兰和比利时北部地区，后为法国所灭。——译者注

了反驳荷兰法理学家胡果·格劳秀斯（Hugo Grotius）的《海洋自由论》（*Mare Liberum*），后者宣称海洋是自由的。塞尔登以检阅历史档案的方式，宣称英格兰国王才是不列颠海域的统治者。格劳秀斯的论述在法理上是说不通的，他关于海洋自由的论述或许可以驳斥葡萄牙或西班牙独掌印度洋、太平洋和西印群岛的做法，但用到狭海上就错了。塞尔登认为，这一情况自埃德加被公认为"Rex Marium"（意为"海上君王"）后就是如此了。因此几百年来，英格兰国王的疆域无远弗届，各邻国的海岸线便是他的国境线。

关乎民族自尊心和本国切身利益的这番鼓吹收效甚佳。英格兰人相信，征收"船税"是为了保卫英格兰国土不受外来威胁，而且这种征收也只是临时性的。1635 年，英王预计向国民征收 2 万英镑，实际征收数目达到了预计数额的 97%——这个比例在当时算非常高的了。照此估算，接下来的 5 年中以这个名目共计可征收 8 万英镑的税费。英格兰人希望成为海上强国的强烈诉求在"船税"一事上表现得一览无遗。

"船税"成为海军发展的一条分水岭，它标志着海军向常规化、职业化过渡，有稳定的财政收入作保障，自身的职责也更为清晰。多佛白色悬崖（White Cliffs）的景致五彩缤纷，在冬夏两季固定巡逻的船队中可以看到巍峨的大船，这意味着军官和士兵勤于操练，船舰保养完好。船队每年都有新船添入——均是雄伟巨舰，其中 1639 年的"海上君王"号（Sovereign of the Seas）把这股"新船入队"的风潮推向了顶点，它本身也成了英格兰海军重振雄风的象征。

178　　　"海上君王"号舰载 102 门大炮，分布于三层甲板，就大炮数量而言没有任何一艘战船堪与比肩。每门炮的炮身上都镌有"Carolus Edgari sceptrum stabilivit aquarum"——意为"查理执掌埃德加的海上君王权杖"。说她是当时世界上最大、最宏伟壮观的船是实至名归。其总造价达到了惊人的 65856 英镑，而这当中有 6691 英镑花在了船首和船尾璀璨夺目的雕饰上，镀金雕像在黑色船体的映衬下金光熠熠。

　　船尾上的装饰缤纷闪耀，让人目不暇接。金色雕像中有商业守护神墨丘利（Mercury）和海神波塞冬（Neptune），有正乘着雄鹰高飞的风神埃俄罗斯（Aeolus）。船尾高处是表现胜利女神维多利亚（Victory）的巨幅群像，她右手指向挥舞着船桨和金羊毛的伊阿宋（Jason），左手指向手持大棒的赫拉克勒斯（Hercules），她一只手臂上挂着一顶象征财富与权力的王冠，另一只手臂上的桂冠象征荣耀。至于船尾栏杆，一端是一头雄狮，另一端是一只独角兽，正中则是一个足够容纳 10 个人的大灯笼。紧挨着栏杆下面有一行字"Soli Deo Gloria"——荣耀归于上帝。其余雕像中还有都铎灰狗、威尔士龙、苏格兰独角兽和英格兰狮子。此外还有不计其数的皇家纹章（royal arms）、威尔士亲王的三片羽毛徽章以及缩写字母 CR（Charles Rex，查理国王）和 HM（Henrietta Maria，亨丽埃塔·玛利亚，查理一世的妻子）。船首撞角舱壁上立着 6 尊真人两倍大小的女性塑像。她们分别代表协商、细心、勤劳、力量、勇敢和征服。和她们一起的还有丘比特，他身前伏着一头套着缰绳的雄狮，暗指查理的仁慈之心。船首金身巨像是骑着马的埃德加，他仿佛正傲视周围弱小邻国的国王们。

　　"海上君王"号可谓塞尔登《海洋封闭论》在现实中的具体阐释，这艘巨舰的存在就是为了确证查理掌控不列颠海域的正当性。

　　"船税"的征收理由是国家正遭遇迫在眉睫的危机——比如众人皆知的英格兰在 17 世纪 30 年代中期的形势。但像"海上君王"号这样的船并不是建来剿灭海盗的，它们是用来增加英王威信的。1636 年，用"船税"建造的舰队受命前去敦促荷兰鲱鱼船队领取英格兰海域的作业许可证，但荷兰人只向这支浩浩荡荡的舰队缴纳了 500 英镑。1637 年，英格兰又派遣一艘征用来的商船前去敦促荷兰人领取作业许可证。英船到了以后发现，眼前的荷兰船舰达到 700 艘之多，并有 23 艘荷兰战船充当守卫。结果这一年的费用分文未缴。

　　由"船税"建造的这支舰队并不是用来满足臣属所提之要求的，国王需要一支舰队应付剿灭海盗和催缴荷兰鲱鱼船队之外的事务。查理不想对任何一方宣战，这是他无力承受的。但同时他手中的海军实力又足以搅乱荷兰共和国和西班牙这两个欧洲大国之间的微妙平衡。1638 年和 1639 年两国均在争夺狭海的控制权。查尔斯表面上保持中立态度，实则手握狭海上的英国舰队待价而沽。英格兰船舰曾在荷兰围堵敦刻尔克时帮助西班牙人撤退，他们还从西印度群岛将西班牙人的军队和黄金运回。英格兰人这些违背中立立场的两面派做法让荷兰人大为光火。这是一场危险的游戏，但查理认为，凭借这支令人生畏的海军，他可在游戏中游刃有余。而如果英国人和西班牙人之间也产生了龃龉，他又可以挑动西班牙和法国人彼此相斗。

　　但后来情势并未照此发展，因为国内再次升起硝烟。1638 年，苏格兰人起身反抗查理的统治。由"船税"建造的舰队受命前去围困福斯湾，爱尔兰总督也接到了 3 万人的征兵任务。这是英国自 1382 年以后第一次绕过议会进行战事行动，结果惨败而归。事实再次证明，没有议会的支持，或许前期的兵力调动尚属可为，但要想支撑整场战争是办不到的。食物和供给跟不上，士兵拿不到军饷。本应对战栗不安的敌人发动迅猛一击，却生生拖延成了踌躇迟缓的漫长战役，甚至国家的行政也因此陷入混乱，国王的宝座变得摇摇欲坠。皇家海军队伍太过庞大且行动不够灵活，无法对苏格兰各处港口实施有力封锁并追击敌船。"看来，"一名军官说道，"国王的大船在苏格兰沿岸未建寸功。与其把他们留在这儿受罪，平白惹人笑话，陛下还不如早些召回他们。"[7]

皇家海军的羸弱无力尽皆落入英格兰环伺之敌的眼中。而且正当查理竭力应对战争的时候，"船税"又遭到英格兰民众的抵制。1639 年，"船税"征收数额还不到预期要求的三分之一。特罗普压根没把彭宁顿的狭海舰队当回事。

"船税"断得非常突然。1637 年时还没有任何征兆出现。派往巴黎的英格兰公使从信使那里接到的消息是，人们对征收这笔费用十分配合，它甚至很可能会演变为固定缴纳款项。确实，"如果对比外国在征兵上的巨大开销，人们会发现我国征用的那一点费用微乎其微"。[8]

但英格兰的具体情形完全不同于其他国家，英王要想打仗就必须仰赖民众协助。"船税"被视为违宪之举，查理也因此遭遇民众的抵制。相比之下法国就不一样，法国国王可以毫无阻碍地征收到大笔税款——数额丰润到足以在很短的时间内就组建起一支舰队。

不过探寻英格兰国力衰退和海军败落等问题时，最具启发意义的参考对象还是转型后成为商业-军事型国家的荷兰。

180　　　尼德兰联合省（The United Provinces of the Netherlands）①诞生于叛乱和战火。[9]它是由相互独立的省份、国家和城市组成的联邦制共和国，没有哪一方独尊为大。长期以来欧洲北部的航运生意都由荷兰城市把持着，他们从波罗的海至伊比利亚半岛一线的贸易运输中挣得巨大财富。这些荷兰城市乃是欧洲的经济和工业中心，而荷兰诸多港口的位置恰恰满足了波罗的海和西班牙之间、中欧和世界各地之间的贸易需求。

　　而英格兰人一直相信自己比荷兰人更胜一筹。17世纪早期皇家海军正在走下坡路的时候，商船的形势却一片大好。弗吉尼亚、马萨诸塞（Massachusetts）、百慕大群岛（Bermuda）以及纽芬兰均在17世纪的头10年完成了殖民化，巴巴多斯（Barbados）、背风群岛（Leeward Islands）以及罗得岛（Rhode Island）也相继在17世纪20年代和30年代完成殖民化。这些进程的推动者是海盗。前往东印度的远洋航行在17世纪初刚刚发端时规模还比较小，但几年之后，英国东印度公司（EIC，East India Company）就开始为股东们带来极高的红利。那边英格兰还在竭力维持和平局势，这边东印度公司的舰队却正和葡萄牙人在印度洋上交手对决。东印度公司的船于1612年和1615年两度击败西班牙人，在苏拉特（Surat）和红海（Red Sea）的贸易版图中占得一席之地。

　　英格兰的投资者偏向于快速获得收益，他们在东印度公司成立早期走的便是这个路子。[10]确实，那时公司成员和投资人十分瞧不起他们的荷兰对手荷兰东印度公司（Vereenigde Oost-

---

①　与上文中荷兰共和国为同物异名。——译名注

Indische Compagnie，VOC)①。就在英国人瓜分利润的时候，荷兰人却似乎在背叛投资人，用他们的盈余在整个印度洋中建起了一座座坚固堡垒。

　　两家公司在理念和结构上的差异将会深深影响其未来的发展。荷兰东印度公司与共和国议院 (Dutch States General)② 相互依赖，互惠互利。它由共和国建立，所以也显露出与共和国相近的气质。与荷兰共和国的建国方式相似，公司也与各地区商会联合。虽然最初是由私人资本创立，但公司的主要投资人和决策者均为各成员国的摄政者和城镇议会的市长。这就意味着荷兰东印度公司是与荷兰共和国紧密结合在一起，而非受后者垄断与统治的。公司可以在不受国家干涉的情形下独立研发和完善商业技术，但同时它也能以共和国议院的名义处理外交事务。公司可以从荷兰省 (Holland) 政府自己的军火库中拿到武器和火药，可以享受关税豁免，此外还能在整个共和国拿到极为优惠的贷款利率。

　　一股货真价实的世界性商业 – 政治势力由此成形。"荷兰省土地拥护者" (Advocate of Holland) 简·范·奥尔登巴内费尔特 (Jan van Oldenbarnevelt) 倡导荷兰东印度公司在亚洲建立防御据点，增强自身的海军实力。1614 年共和国议会向荷兰东印度公司出贷 5 艘战船并支援 20 万荷兰盾。新成立的卫斯尔银行 (Wisselbank)——欧洲除意大利以外的第一个公共银行——也让荷兰贸易商在金融方面更具优势。综观整个荷兰

181

---

① 原名意为"联合东印度公司"，为与英国东印度公司区分，文中译为荷兰东印度公司。——译者注

② 荷兰议院为两院制，分别为参议院 (Eerste Kamer) 和众议院 (Tweede Kamer)。——译者注

共和国的贸易网络，当地的统治者和商人之间均有信贷协议。这就使得荷兰东印度公司能够集军事与商贸于一体，在亚洲获得令人瞠目的巨大成功。至 1617 年，它已经拥有 40 艘战船，以及从波斯到马鲁古群岛一线的 20 座堡垒。

17 世纪以来，英国东印度公司就一直匍匐在荷兰东印度公司的阴影之下。后者在堡垒和战船上的投入终于显现成效。1618 年，为了争夺爪哇岛（Java）和班达群岛（Banda Islands）贸易控制权，英国东印度公司和荷兰东印度公司私下里在海上交了手。英国人根本不是荷兰人的对手，贸易权和航船都输给了军商一体的荷兰人。这场风波后来是以外交手段在欧洲本土平息的，但最后的协商方案尽显英国政府的一贯特点——商业头脑不如彼岸的对手那么精明。条约中，英国东印度公司交由荷兰人处置，英国分得香料贸易三分之一的份额，不过代价是支付荷兰东印度公司防御开销的三分之一。有整个共和国撑腰，荷兰东印度公司提什么条件英国人都得答应。英国东印度公司在亚洲被耻辱的不平等条约捆住手脚，其发展只能陷入被动。

英国东印度公司亟须皇室的帮助，但公司的决策者们也清醒地知道，他们一旦和英国王室走得太近就会丧失自身的独立性。如果让渡太多权力给国王，公司就会丧失盈利能力，变成国家的附庸。集权制君主国家和联邦制共和国差异太大。

尽管如此，英国东印度公司仍然认为在生死存亡的关键时刻自己有权要求国家施以援手。1623 年，英国东印度公司在印度尼西亚安汶岛（Amboina）一处商栈的 10 名职员被荷兰人以谋叛罪处死。公司请求为这场屠杀报仇，但詹姆斯拒绝让海军干预荷兰东印度公司在狭海的活动。他的决定让英国东印度公司十分不解，他们直言形势已经非常危急，如果国王还不为公司提供任何庇佑，那就等于全盘放弃贸易活动。英国东印度公司曾在 1622 年的一场海战中击败了葡萄牙人，并占领了扼守波斯湾（Persian Gulf）入口的战略要地霍尔木兹岛（Hormuz），时任海军总司令的白金汉公爵从公司缴获的战利品中抽出数目惊人的 1 万英镑作为自己的分红，詹姆斯在索要之后也拿到了同样数目的分红。英国此番具有非凡意义的海上大捷三两下就被皇室瓜分了，荷兰人的处理方式则全然不同。

在尼德兰，海军战船为贸易商保驾护航后收取费用的行径 182不会出现在任何一支荷兰海军之中。荷兰共有 5 个独立海军部：阿姆斯特丹（Amsterdam）、鹿特丹（Rotterdam）、弗里斯兰（Friesland）、诺德科沃提尔（Noorderkwartier）和泽兰。像荷兰东印度公司和西印度公司（West India Company）这样的大公司自己设有舰队，一些城镇也会派遣战船承担护卫任务。荷兰共和国有着广阔的贸易版图，敌人亦不在少数，足迹遍布世界各地的本国水手们积累了丰富的海战与航行经验，常年和西属尼德兰的船舰交手的海员们成为支撑海军的核心力量，船舰也都常年服役而非弃置不用，所有人不论军衔高低都在船上得到了磨炼。

像马顿·哈珀茨松·特罗普和维特·科内利松·德·维特这样的海军将领，他们一身的技艺就是在随国家和公司的船队走遍世界各地的过程中磨砺出来的。他们俩都出身卑微，打小就在海上讨生活。24 岁以前，特罗普曾两度沦为巴巴里海盗的奴隶，正是在突尼斯当奴隶的时光中，他掌握了海军枪炮制造技术，并给约瑟夫·赖斯（Yusuf Reis）留下了深刻印象，后者是当时名声最为显赫的巴巴里海盗之一，亦被称为"鸟人"约翰·沃德（John 'Birdy' Ward），曾是皇家海军的一名逃兵。特罗普因此摆脱奴隶身份，并数次被任命为舰队分队指挥官，与敦刻尔克海盗作战。

德·维特幼年时是荷兰东印度公司舰队上的一名侍童。他凭借自己的努力在商船船队和鹿特丹海军中一步步向上爬。和其他军官的职业生涯一样，德·维特也在多支荷兰海军中服过役。他曾在波罗的海执行护航任务时和巴巴里海盗交战，并缴获过对方的船舰，在荷兰东印度公司时也有过同样的经历。他还在 1623 年至 1626 年的环球航行中担任将官，那次航行的情形颇为壮观，荷兰人对西班牙在美洲西海岸的多处殖民地以及海上航船发动了攻击。他后来又在皮特·海因（Piet Hein）一次远征西印度群岛的航行中担任旗舰船长，那次他们抓住了"黄金船队"。他还在本国海域附近统率过捕鱼船队的护卫中队。

英国的海军军官则没有类似的磨砺和训练经历。在尼德兰联合省，个人和国家之间有着真切的合作，曾几何时英格兰也是如此，但到了 17 世纪 30 年代，公私合办的大公司进入了萧条期。詹姆斯和查理决意实行自己的外交政策，实现王朝伟业，国人的商业利益只不过是垫脚石而已。

其中有一个例外。威廉·雷伯勒（William Rainborow）曾率领远征队将萨利海盗的一处要塞团团围住，逼迫摩洛哥人签署了一纸和平条约并释放了 350 名英国奴隶。不过总体上海军并未被用于扩展贸易事业。17 世纪 30 年代，查理渐渐疏远英国东印度公司。他鼓励其他人远航亚洲，打破东印度公司的垄断。"不列颠海域"沦为英国人一厢情愿的自说自话，荷兰人正从"不列颠海域"的北海渔场源源不断地捞取巨量财富——对荷兰共和国而言，这里就如同西班牙在美洲的金矿。

荷兰渔民知道自己可以放心地仰仗本国海军——因为有一支常设的舰队分队是专门用来守护渔场的。相比之下，英国渔民和贸易商们则根本不指望本国海军，因为他们无力降服海盗，1638 年后更对付不了荷兰人。1639 年，敦刻尔克的海盗掳获4 艘鲱鱼捕捞船，而且事后为了嘲弄英国的无能还特地将船停驻在唐斯港。

不过这些在 17 世纪 30 年代还不是那么事关重大。英国承运商趁西班牙与荷兰交战的时候掌握了绝大部分的欧洲贸易运输，获利颇丰。声势日隆的伦敦城逐渐向阿姆斯特丹那样的世界商业中心靠近。但明眼人都能看出，它眼下的繁荣其实十分脆弱，一旦局势回归和平，腾出手的荷兰人就会全力夺回这些生意。"我们现在能维系这一大摊贸易生意全靠邻国的战事。" 30 年代末，英国以贸易成就霸主地位的前景看似越来越清晰，实则凶险叵测。

1638 年与 1639 年，特罗普和荷兰共和国海军严密搜剿狭海上运送西班牙黄金、人员和物资的英国航船，其间几乎没遇到什么阻力，特罗普对英国港口也实施了同样的搜查。这又一次警醒英国商人，荷兰才是英吉利海峡的掌控者。彭宁顿的职责是保护商船不受特罗普诘难，但正如他自己所说："他们的行为令人深恶痛绝，不过要求他们为此赔款之前，我们自己先得有一支像样的队伍，从而（与荷兰人对峙时）不致蒙受更严重的损失和羞辱，他们现在在狭海的实力还是非常强悍的。"[11]

特罗普回复彭宁顿所提要求时说道："在我看来，你的大炮能打到哪儿，哪儿的地盘才是你的。"[12]可谓一针见血地点破了英国单方面划定海权的意图。

唐斯海战中，对阵当时世界上最强海军的彭宁顿手中只有10 艘皇家船舰和 10 艘征用的毫无斗志的商船。他清楚地知道自己什么也做不了。上将暗中嘱咐他："遇上这种倒霉事时，你要做的就是尽可能漂亮体面地让自己撤出来。"唯有查理一人看不出眼下已是毫无胜算，竟然毫不羞耻地向西班牙提出以15 万英镑的价格换取英国对无敌舰队的庇护——他太过异想天开了。彭宁顿唯一能做的就是眼睁睁看着特罗普的战船重创西班牙人。

荷兰的发展历程揭示了一个清楚明白的道理，海军的强盛源于商业的繁荣，靠征税来维系海军是不可能的。在遍布全球的贸易网络中磨砺出来的军官和士兵有着精湛的航海技术和顽强的战斗力，贸易发展为战船提供资金，而战船又促进了贸易事业的扩张，荷兰正是因此拥有了一支可以把皇家海军踩在脚下的世界最强海军。相比之下，"海上君王"的宣言如同蹩脚的笑话，成了永远不可能实现的自吹自擂。

英国海军官员们早就对此洞若观火。约翰·彭宁顿爵士的海军生涯阻碍重重，战略决策愚蠢不堪，组织散乱号令不行，并且财力总是跟不上。1642 年，斯图亚特王朝的主人又给了他一项新差事，命他从约克郡前往唐斯，接管海军大臣沃里克伯爵手中的舰队。

彭宁顿无从预料那里的海军将会如何对待自己。此时国家正陷入内战，彭宁顿捎信给住在附近的同僚亨利·帕尔默（Henry Palmer）爵士，让后者先到舰队上去，待探明没有危险后再示意自己登船。帕尔默却谎称自己病了，推掉了这一充满凶险的任务。与此同时，舰队的船长们正"尽职而恭顺"地等候彭宁顿的到来。沃里克本人正在附近海岸上寻欢作乐，听闻消息后立刻离开宴席上了船，他此时面临着两难的境地：国王已经下令让他辞职，但议会让他把舰队紧紧抓牢。"两边的命令我都不得不从，因此一下子陷入了巨大的困境。"[13]

彭宁顿和沃里克之间这场竞赛会决定海军最终是继续忠于国王，还是倒戈到议会一边？

沃里克赢得了胜利。他登上自己旗舰的时候心中就已经做好了决定。他把船长们召集到一起，宣布自己的身份是议会任命的海军司令，那些拒绝继续为他效命的船长都被他们各自的船员给囚禁了起来。水手们都坚定地倒向议会这边，17 世纪 20 年代皇室的那些背信弃义之举还深深地印在他们脑海之中，1641 年议会就已经接掌了海军的财政大权并对所有将官进行了调查。1642 年的这起事件让查理十分震惊，议会竟然如此轻易地将他的海军拉拢到了议会身边，而且这事还发生在英国内战（Civil War）的前夜。

第一代克拉伦登伯爵（earl of Clarendon）爱德华·海德（Edward Hyde）年轻时目睹了这些事件的全过程，那时他是一名年轻的议员并担任查理的顾问。他曾就 17 世纪中叶的英国内战撰写过重要的历史著作，书中写道："此事给国王造成无法估量的恶劣影响，他在其他贵族心目中的地位也大大下跌，在他们看来查理'海上君王'的桂冠由此被一举摘掉。"

注释

1. Boxer，p. 64
2. Young，p. 207

3. 同上书，pp. 239 – 240

4. *BND*，p. 148

5. Young，pp. 239 – 240

6. Hebb，p. 227

7. Penn，p. 260

8. Sharpe，'The Personal Rule'，pp. 75 – 76

9. 关于荷兰如何崛起为一个贸易和殖民强国，以及其与英格兰人是怎样的关系，最佳的叙述请参考 Israel，*Dutch Primacy*

10. 东印度公司的早期状况，详见 Chaudhuri，*The East India Company*

11. Andrews，pp. 156 – 157

12. Rodger，*Safeguard*，p. 412

13. Dewar，p. 411

第 6 部分

浴火重生

英荷战争

第一次英荷战争

北海

泰尔斯海灵岛

泰瑟尔岛

尼德兰联邦

斯赫维宁根之战

洛斯托夫特 加巴德之战 1653.7.30-31

绍斯沃尔德 1653.6.2-3 阿姆斯特丹

英格兰 斯赫维宁根

海牙 鹿特丹

哈里奇 德意志帝国

伦敦 肯特角之战 1652.9.28

希尔内斯 马斯特里赫特

查塔姆 三明治 唐斯港

多佛 邓杰内斯 多佛之战 列日主教区

邓杰内斯之战 1652.5.19

1653.11.30 西属尼德兰

普利茅斯 北

波特兰之战

1653.2.18-21

普利茅斯之战

1652.8.16

法兰西

0 50 100

海里

第二次英荷战争

北海 "福尔摩斯的篝火"

1666.8.9-10

泰瑟尔岛

尼德兰联邦

洛斯托夫特 洛斯托夫特之战 阿姆斯特丹

1665.6.3 斯赫维宁根

英格兰 海牙 鹿特丹

圣詹姆斯日之战

伦敦 1666.7.25 德意志帝国

梅德韦突袭 "四日海战"

1667.6.9-14 多佛 唐斯港 1666.6.1-4 马斯特里赫特

朴次茅斯 加来 列日主教区

西属尼德兰

英吉利海峡 北

法兰西

0 50 100

海里

第 18 章

新模范海军（1642～1652 年）

议会党人在莱姆里吉斯（Lyme Regis，简称"莱姆"）被逼入绝境，保皇党人数是他们的 6 倍，并且还控制着高地，前者从那里猛烈轰击防守力量薄弱的港口。1644 年，经历了两个月的炮兵轰击和多轮步兵游掠之后，这座小镇仍旧屹立不倒。议会党人凭借绝对的海上优势持续增援被围困的莱姆，终于让坚守的人们在与查理军队的持久战中得以幸存。

海军并非英国内战中的重要角色，它基本上没有直接参与作战。没有海军，查理一世的军队丧失了机动性，各部也难以获得长途补给供应。议会无法再向往来首都的航船征收税款，从而丧失了支撑战事开销的一笔重要财源，但查理手中也没有可以封锁伦敦港的水军。议会轻轻松松就把控了海面优势，海军给陆军和要塞送来救急的弹药，还切断了从国外增援国王的补给线。此外它还在援助像莱姆这样被压倒性地面部队围困的孤城。

莱姆包围战不仅揭示了海军在内战中不起眼的作用，还很好地展现了一名优秀将领的重要性。莱姆的人们最终能奋起保卫自己的城镇，要归功于一位迄今仍鲜为人知的陆军将领——罗伯特·布莱克（Robert Blake），是他点燃了他们心中守卫家园的正义之火。每当莱姆眼看要被攻下的时候，镇民们冒着皇家军队的枪林弹雨，冲上战场和数量上明显占优的敌人奋力拼杀。

真正成就罗伯特·布莱克威名的是另一场围城战，发生在离海边很远的汤顿（Taunton）。1644 年 10 月至 1645 年 6 月，汤顿三次被围。这座小镇能守到最后全靠布莱克卓越不凡的领军才能。当时他把所有人召集到教堂里并让他们在《神圣盟约》（the Solemn League and Covenant）上签字。每个人都必须和汤顿共存亡，即便最后敌人赢了，也没人再能声明自己曾拥护保皇党或保持中立。布莱克此举是同时向镇民和保皇党宣告，决战的时候到了。为了鼓舞士气他自己先立下了誓言——倘若自己选择了投降，就会在投降前把他四只靴子中的三只吃掉——同时他近乎苛刻地要求镇民搭建了众多临时工事以加强小镇原本脆弱的防御。如同所有伟大的军事将领一样，布莱克清楚，要想绝处逢生，进攻才是最有效的防御。和莱姆的情形一样，孤立无援的汤顿守军不断向围城大军发起突围，最终没有让汤顿陷落。

罗伯特·布莱克的成长背景中没有任何征兆预示他会成为一名军功卓著的陆军军官。他出身于贵族家庭，初涉学术研究后便转入贸易领域。1640 年，他成功当上了代表自己家乡布里奇沃特（Bridgwater）的城市议员并进入议会。英国内战的爆发以及由之引发的宗教和政治热潮让布莱克从一名普通商人转变为英勇领袖。17 世纪 40 年代，英国内乱绵延，各种各样的思想主张以及随之而来的激烈争辩不绝于耳，风雨飘摇的时局唤醒了布莱克体内自大学时代就已潜伏着的共和主义因子。不过最重要的原因还在于他是一名虔诚的清教徒，一直公开反对英国国教（Church of England）。他的宗教热情能让周围的人为了共同的事业聚集到一起，团结一心。布莱克十分擅长在面临绝境时扳回局势，能让一帮乌合之众变得号令严明，把防守战打成攻击战，反败为胜。

正因如此，1649 年，51 岁的罗伯特·布莱克被任命为海军总司令，此职共有三人担任，他就是其中之一。谁也没有料到他日后竟能跻身英国历史上最伟大海军将领的行列。

他的陆军生涯是他日后功成名就的关键。1645 年议会进行了"新模范化"改革，各地方部队合并成一支统一的国家军队，实行新的领导机制。新军能获得史无前例的现金支持，其作战时日的上限也因此大大增加。1642 年至 1645 年，议会每月的陆军开销为 35671 英镑；1645 年至 1651 年，该数额攀升到了每月 90416 英镑。短短数年，新模范军（New Model Army）就得以跻身欧洲最强军队之列，尤以统率得力和纪律严明著称。

海军则恰恰相反，它还保留着一贯的传统作风，尽管在英国内战期间表现得尽职尽责。当时，船上的人手大多参加过 17 世纪 20 年代和 30 年代的英国殖民探险。在许多方面他们似乎又重新回到了霍金斯和德雷克的那个时代。海务大臣沃里克就十分热衷于私掠行业和殖民地扩张，海军部成员也在这方面表现一致，他们都从事远洋贸易和殖民地的开拓，对海军的战略规划也有着深深根植于伊丽莎白时代的遗风。约翰·霍金斯如果穿越到 17 世纪 40 年代的海军也不会有什么陌生感，因为和陆军不一样，海军几乎没有发生什么变动。"海上君王"号这种体积的大船停航，从商人们那里雇来的更小、更灵活的战船取而代之。这类精悍敏捷的新式战船便是护卫舰（frigate），是拦截保皇党航船和私掠行动时的利器，也是近海

189

和港口作业的理想船型。其中最广为人知的就是"忠诚沃里克"号（Constant Warwick）。

海军政治立场温和，身上有着浓重的伊丽莎白时代遗风。陆军则完全相反，其政治立场随着战事的发展日趋激进。1647年查理沦为议会的阶下囚，正当议会试图与查理缔结盟约并将陆军遣散的时候，军中发生哗变，伦敦旋即被占领。持激进的宗教立场和政治立场的独立派（Independents）和平等派（Levellers）是此次哗变的领导者，他们反对绝大多数议员所持的温和主张，他们要的不是与查理和解。1647年，军中激进势力曾提出实行普选（指男性）和宗教自由。其时无人可撄陆军锋芒。

他们对议会也强硬地发号施令。不过举国上下，包括海军在内，都对军队行为心存不满。[1] 1647年年末，舰队司令威廉·巴滕（William Batten）被撤职，顶替他的是极端激进分子托马斯·雷伯勒（Thomas Rainborow）上校。1648年5月，一场海军史上最为严重的哗变波及了整支舰队。

海军对陆军想要成为全国最高统治力量的意图发起挑战。肯特郡加入了海军的叛乱阵营。作为梅德韦屏障的阿普诺城堡（Upnor Castle）落入叛乱阵营之手。叛军的行动得到查塔姆一众军官、士兵和船厂官员的默许，他们还主动献出了包括"海上君王"号和"皇太子"号在内的船舰。巴滕掌控着这支舰队。

有那么短暂的一瞬，海军足以左右整个国家的未来走向。他们当时正筹划着封锁伦敦，把关押在怀特岛的查理解救出来，但很快就被陆军夺了先机。在海军中德高望重的沃里克伯爵召集起没有加入乱军的舰队余部，一路追击巴滕到了尼德兰。巴滕把他手里的这部分舰队交给了威尔士亲王查理。于是保皇党由查理一世之侄、莱茵的鲁珀特亲王（Prince Rupert of the Rhine）带领着转战海上。

没过多久，12 月，陆军向英格兰内陆的各方敌对势力出击。遭受大清洗后的议会成了摆设。1 月，查理一世被审判并遭处决。独裁的军政府把控着权柄，海内外都对其恨之入骨。

为了维系政权，英联邦（Commonwealth）在外交、军事和经济诸方面意图奋发有为，海军突然间成了新政府的重要倚助。不过问题也随之而来，新政府的财力几乎被海军抽干，军中领导层腐败不堪，而且它曾隶属查理，眼下种种迹象都透露出它和共和政府离心离德。国王和议会都曾尝试建立一支国家海军，但最后都失败了。恶习久积、根深蒂固，很难彻底拔除。英国陆军已经彻底完成了现代化转型。对此无动于衷的海军是否也能以同样的方式实现变革？

罗伯特·布莱克是陆军用来带领海军步入正轨的人选之一，同时一个 16 人组成的监管委员会开始审查海军全体成员的政治立场和宗教信仰，上至船长下至船厂木匠，一个都不漏过。海军被整体肃清了一遍，许多有经验的官员和士兵都因为其保守的政治立场或宗教观而被清除出队伍。

所有和皇家有关的船舰都换上了新名字，庆祝英格兰终于摆脱违背上帝意志的暴政统治。"查理"号改为"自由"号（Liberty），"皇太子"号改为"决心"号（Resolution）。富丽堂皇的巨舰"海上君王"号则改为"主权"号（Sovereign）①，显

190

---

① 由原名 Sovereign of the Sea 缩减为 Sovereign。Sovereign 有多层含义，一为君主制时代的君王，一为现代国家的主权。——译者注

然在君主制被推翻后的共和国时代，这里的"主权"二字只有一个含义——海洋管辖权。新建船只的命名中，有纪念击败斯图亚特王朝的重大战役的，如"内斯比"（Naseby）号和"伍斯特"号；也有纪念著名将领的，如"费尔法克斯"（Fairfax）号。从这些行动可以清晰地看出，陆军正沉浸在控海军于股掌之间的喜悦中。他们卸下花哨的皇室装饰，换以同样花哨的共和国装饰。皇家旗被替换为由圣乔治十字旗和竖琴状图案组合成的旗帜，水手们身边充斥着共和党人铺天盖地的爱国主义宣传。

海军完成改编后分为三队，分别在三名司令的率领下前往爱尔兰沿岸，鲁珀特亲王的保皇党海军正盘踞在那里。布莱克负责将鲁珀特堵在金塞尔（Kinsale）。

这是一个十分棘手的任务。从 5 月到 10 月，布莱克一直让自己的队伍保持着昂扬的斗志和严明的纪律。与参加莱姆和汤顿保卫战的人们一样，他的部下们也像中了魔咒一般听命于这个粗暴苛刻而又意志坚定的男人。鲁珀特无法骚扰布莱克以阻挡克伦威尔的军队登陆爱尔兰，也无法阻止他们掠夺英格兰商人，到了秋天，风暴吹散了英联邦的船只，鲁珀特也得以逃往葡萄牙。

后来布莱克又出海追击，一共在海上待了 11 个月。起先他把鲁珀特困在了里斯本，葡萄牙国王当然不会允许共和党人在本国海面上攻击英国皇室成员。布莱克只得一面向葡萄牙施压，一面紧紧盯着鲁珀特的动静。倘若有人熟知英国以往的海军史，他定会警告布莱克这么做必然失败。他远离国境，又要同时面对鲁珀特和葡萄牙两个敌人。或许因为布莱克并非水手出身，不受以往海战常识的影响，所以如此处境之下他仍然十分镇定。他的供给线畅通无阻，将士们的苦苦守候也终于迎来了转机。布莱克截获了返航途中的巴西护航船队，受到胁迫的葡萄牙只得默默忍受。

罗伯特·布莱克，海军总司令

鲁珀特只得继续逃亡，布莱克也并未刻意阻拦，他一路尾随亲王到了地中海。正当鲁珀特准备攻击英国航运船时，布莱克的分队到了，保皇党众人知道自己死到临头了。亲王的船队中，有一艘船未做任何抵抗便投降了，还有一艘被赶至岸边动弹不得，剩下的四艘仓皇间逃入卡塔赫纳，后来在出逃的途中失事遇难。

　　这次行动是布莱克担任海军统帅后的初啼试声，表现极为出彩，其成就甚至远远超过了此前所有的英国海军将领。或许罗伯特·布莱克在海战的专业知识方面要听取专职海军官员的意见，但统御将士、制定战术的自信和本领源于他戎马生涯的积淀，他为海战打法引入了新思维。漂行海上近乎一年的时间里，他的舰队始终保持着良好的战斗状态。曾经拼命抵御围攻的战斗经历教会了他很多东西，刚毅不屈、因地制宜、坚忍耐心而且总能砥砺士气，他身上的这些可贵品质感染了海军，在最煎熬和难以看到希望的海战形式——围困敌军——中大放光芒。但必要的时候他同样会发起雷霆攻势。返回英国海域途中，布莱克从水陆两路精心策划了一连串行动，最终为英联邦政府夺得锡利群岛和海峡群岛（Channel Islands）。

　　布莱克挥戈舞戟乃是为上帝而战，而不像之前那些将领是为荣誉和黄金而战。因此他会专注于如何圆满完成任务而非走捷径了事，形势再困难、再复杂他也不会畏惧不前，反而乐在其中。倘若用一个词形容他，那就是刚毅。

　　布莱克在异乡奋力征战时，其他海军分队也没闲着，他们和陆军一起拿下了爱尔兰和苏格兰，还和不列颠海的海盗们交了手。乔治·艾斯丘（George Ayscue）爵士率领他的分队力压巴巴多斯并使它向新政府俯首称臣；另一支分队远赴弗吉尼亚和马里兰（Maryland），志在将这两块地盘纳入共和政府的版图。除此之外，海军自1651年起开始组织保护地中海商船的护航船队，还下令大西洋上的英国战船攻打有所图谋的法国船只。海军第一次能够在全世界不同地点同时开展行动。布莱克追捕鲁珀特以及封锁里斯本的过程中，海军部（Admiralty）利用租借的商船源源不断地为他输送食物和弹药。布莱克撤走之后顶替他的是一支由威廉·佩恩（William Penn）率领的新组舰队。

　　仅仅 26 年前，查理一世的海军在加的斯大败亏输，再算上拉罗谢尔那场败仗，不难看出当时海军离开本国海岸后连正常运作两个星期都做不到。折戟漂橹的场景尚历历在目，但 1625 年加的斯惨败和布莱克在伊比利亚海域长达一年的巡弋，这两者已经展现出它们属于两个不同的时代。掌控了政治大权的英联邦政府以高压手段组建海军，为其筹措资金，最终军政府做成了皇室和议会都未能实现的事情。起初，他们主要出于防御性的目的——消灭保皇党以维持新政权的稳定。继此之后，海军的行动更具主动性，襄助英国商业发展，宣扬国威。

　　暗自警觉起来的欧洲诸国只得承认这支全新战力的诞生。待真正见识到英国共和政府对海军娴熟自如的部署之后，首先是葡萄牙，继而西班牙、法国、威尼斯都只得相继强抑敌意，对共和政府表示认可。得益于布莱克在伊比利亚海域的诸多建树，英国贸易商可以自由出入葡萄牙殖民地、伊比利亚半岛、意大利和西西里岛（Sicily）的各处。西班牙港口也向他们开放——在地中海进行任何军事和商业活动都必须仰赖这些港口提供补给。

　　陆战的胜利是英国新政府得以成立的奠基石，它也凭此统一了不列颠群岛。1651 年后英国又拥有了强悍的海上实力。眼下只有一个国家有实力抗衡日渐强盛的英格兰。

　　1652 年，这个时代最伟大的两位海军上将交上了手。这年 5 月，海军上将马顿·哈珀茨松·特罗普率领分队驶入英吉利海峡，为即将到来的荷兰商贸航船保驾护航。海上风高浪急，特罗普带着 42 艘战船到唐斯暂避风雨。抵达近岸锚地后他像来到自家领地一样旁若无人（此前也一直是这样），并且拒绝向多佛城堡降旗致意。第二天，布莱克从拉伊（Rye）前往此处，他的队伍只有 12 艘船，却仍命令荷兰人降旗致礼。结果特罗普升起了示意开战的红旗，横过船身将舷侧黑洞洞的炮口对向了他们。双方随即开打。

占据绝对优势的荷兰人连一艘英国船舰也没能俘获或者击沉，反倒是英军俘虏一艘、重伤一艘荷兰船。布莱克和特罗普都没摆出什么繁复的战阵，双方进行的完全是一场混战。这场持续 5 个小时的对决被后人称为"古德温沙洲之战"（Battle of Goodwin Sands），而这片沙洲包围的正是当初特罗普大获全胜，同时也最令英格兰人感到耻辱的地方——唐斯。

其后数月，英国人和荷兰人互不相让，龃龉不断。7 月，双方正式开战。

17 世纪的英荷战争在当今英国的历史中似乎并不太重要，但海军和不列颠此后的历史走向都因这场浩荡绵延的战事而彻底改变。

英荷两国之间的联系可谓千丝万缕。他们同属一个教派，长久以来英国都十分钦羡荷兰的政治和经济。两国的海上商路遍布世界，纵横交错。众多英国政府的头面人物都深信英国将来会和狭海对岸的邻朋一样，成为由商业寡头们掌权的共和制国家。海外贸易一片繁荣，加之帝国主义政策的推行以及企业的兴起，英国的社会结构以此为基石重建，将会和尼德兰的情况十分相近。

不过英国要实现这个目标还有一个障碍——恰恰也是荷兰共和国。阿姆斯特丹是当时整个欧洲的货物集散地，荷兰航船掌控着贸易运输的命脉，而荷兰东印度公司在远东更是死死压制着英国。更不用说荷兰共和国议会大力支持本国贸易商，从丹麦那里争取到了免去荷兰航船进入波罗的海通行费的优惠待遇。17 世纪 50 年代早期，英国航船已经被彻底逐出波罗的海，在伊比利亚半岛、亚洲、美洲等各地贸易上也都比荷兰人慢了一步，英国经济因此迅速萎靡。英国希望成为荷兰那样的国家，但如何先从眼前的竞争中胜出呢？

更令共和政府担忧的是，奥兰治家族（House of Orange）正在资助被流放海外的斯图亚特王室成员，在荷兰为他们提供避难之所，还往苏格兰输送武器。以此看来，成立不久的共和政府必然得说服荷兰人。1651 年，双方就成立盎格鲁 - 荷兰政治经济联盟的议题开始了磋商。

如果真能达成协议，那么这个军事 - 商业一体化的联盟足以称霸世界，但实际并未如此。荷兰人提出双方建立自由贸易体系，这对英格兰来说根本无法接受——荷兰各方面均占优势，如此一来等于让英格兰把现存的贸易份额也拱手送上。

英格兰激进派的想法是，既然与荷兰人联合不成，那唯有打倒他们。激进派背负着强烈的使命感，视将英格兰打造成睥睨寰宇的世界强国为上帝赋予的神圣使命，因此必须率领主力军彻底从荷兰人手中夺过海上控制权。

他们还组织了征服美洲和加勒比海殖民地的大规模海上行动，希望借此同时打击荷兰人和保皇党势力。自英国内战爆发以后，荷兰人的势力成功打入英属殖民地并站稳了脚跟，他们从事殖民地和欧洲间的往来贸易。当地的殖民者自是欣喜不已，因为往来的荷兰人为他们带来了经济上的繁荣。英联邦政府要恢复对殖民地的控制权，这就意味着要将荷兰人势力驱逐出去。双方谈判破裂后，为反击荷兰人，1651 年尾闾议会

194

（Rump Parliament）通过了《航海条例》（Navigation Act）。这意味着，此后只有英格兰航船或者货物原产国的航船才能将货物进口到英格兰及其殖民地。欧洲绝大部分的货物运输都由荷兰人承担，此条例实际旨在抑制他们的航运，不过效果微乎其微——英格兰贸易额只占荷兰人总体经济很小的一部分。而英格兰本国的进出口商人反而因此遭殃，他们无法再使用荷兰人低廉的航运业务。实施新条例的本意是为英格兰承运商谋取福祉，可结果根本没有英格兰商船买账。

《航海条例》不是引发战争的最主要原因，意识形态和宗教方面的动机才是。《航海条例》昭显的是英格兰迈向海上强国的雄心壮志，众所周知，荷兰此时成了这趟征程上必须移除的障碍。

英格兰还是一贯的脾气，急不可耐地染指别人的贸易，将之占为己有。

英格兰海军不管走到哪里都毫不遮掩自己好勇斗狠的天性。艾斯丘分队不仅招安了巴巴多斯，还在途中截获了许多荷兰航船。以船上有援助保皇党和苏格兰、爱尔兰叛军的武器和银钱为名——抑或只是以此为借口——英格兰战舰和私掠船对许多荷兰航船进行了拦停搜查。有证据显示他们还对船员严刑拷打。英联邦政府领导者对复兴英格兰海上霸主地位的热衷程度则更让荷兰人忧心不已。

查理一世虽死，可英格兰称王称霸的做派丝毫没有减弱，甚至更加嚣张跋扈。英格兰战舰遇到外国船只时坚持要求对方向共和政府行礼致敬。这原本是"不列颠海域"内的规矩，但现在"不列颠海域"的范围已经夸张到了不可思议的程度。海军司令威廉·佩恩在直布罗陀海峡强令荷兰航船向自己致礼，一艘英格兰护卫舰途经巴巴里沿海时因为对方 3 艘荷兰航船没有降帆示意，就侧身给了他们一轮猛射。威尼斯大使坦言，照此下去英联邦政府要对整个大西洋都"宣示唯一主权"。

英格兰肆意叫嚣之下，荷兰各舰的船长们自不会忍气吞声，拳头上的事只有拳头上了。荷兰人的专横暴行遭到英格兰举国上下的激烈声讨，英格兰人的蛮勇也一样让尼德兰各省暗中胆寒。就贸易实力而言，荷兰并没有将英格兰放在眼里，《航海条例》对他们来说也无关痛痒。但偏偏这座民风粗蛮、掠夺成性的岛屿坐落在对荷兰十分不利的位置上。确实，英格兰岛海岸线漫长，形同展开双翼的苍鹰，沉着地盯着面前这条世界上最繁忙的航道，随时准备扑食丰厚肥美的荷兰货船。英格兰是光脚的不怕穿鞋的，而荷兰是输不起的，因为荷兰的国之命脉就在于国际贸易。

1652 年，荷兰共和国议院追加了 150 艘船的订单以充实海军实力，为来往英吉利海峡的商船更好地保驾护航，于是他们的海军船舰数量便超过了 220 艘。本希望这样可以吓住英格兰，使其退却。结果对方却因此更加认定战事无可避免，以为荷兰已经做好了率先发难的准备。

所以 5 月布莱克在唐斯港沿海要求特罗普行礼致意时，双方已经剑拔弩张，战争一触即发。当时荷兰政坛已经严令海军司令配合英方向其国旗致敬行礼的要求，特罗普明显是受不得对方的羞辱才发难的。即便在古德温沙洲之战结束以后，共和国议院仍极力避免与英方开战。只是荷兰避而不战的对策被英联邦政府看穿了，后者战意已决。"英格兰面前是一座金山，"大议长（Grand Pensionary，荷兰共和国议院的政治领导人）

说道，"我们面前则是一座铁山。"[2]

196　　　这座"铁山"指的就是共和派的海军，三年间，它完成了革命性的转变。

曾经的君王们连做梦都想象不出，海军的规模和战力竟能达到此时这样的程度。1649 年，英格兰海军共有 45 艘船舰，新政府对船上的将官和士兵还不是完全信任。1650 年，船舰数目蹿升至 72 艘。1654 年，国家舰队的规模达到了 200 艘，其中战舰在重火力、技术方面堪称独步世界，船型方面既有装载百门大炮的狰狞巨舰"主权"号，也有刚刚崭露头角的护卫舰。财源方面十分稳定，专项征收的税金高过了以往任何一个王朝，相关关税也只升不降。此时的海军纲正令行，而且辗转各地征战，不乏磨砺。

而那座"金山"指的是荷兰共和国的近岸贸易。荷兰本国海军必须随侍商船船队左右以保其无虞，否则共和国便要遭受重创。和英格兰不同，联合省的存活全部仰赖进口，因此英格兰不用顾忌太多就能主动开战，但荷兰自始至终都只能被动防守，而且敌方海军四散出击的做法让他们变得更加被动。此前数十年中，荷兰一直都是海上霸主，但"三十年战争"（Thirty Years War）① 让荷兰海军元气大伤。尽管它依然被视为世界最强海军，1652 年时又重新扩充了规模，但实际上荷兰海军已是江河日下，徒有其表。军中舰载大炮超过 50 门的仅有特罗普的旗舰"布雷得罗德"号（Brederode），舰载 20～30 门大炮的战舰占了总数的三分之二。而英军光是配备了

---

① 1618 年至 1648 年，又称宗教战争，是由神圣罗马帝国的内战演变而成的一场全欧参与的大战，战况惨烈。——译者注

50 门以上大炮的战舰就有 5 艘，40 门以上的占了全数的一半。以此看来，英格兰海军可谓船巨炮利。特罗普说，英军有 50 艘船优于己方最精良的战舰。在军备竞赛上荷兰天然逊于英格兰：他们的船为了适应本国的浅滩海岸吃水都不深。特罗普的首要任务是保护好本国的"金山"——为商船船队保驾护航，不容那帮没有任何财富需要守护的英格兰人染指。

艾斯丘是第一个公然掠夺尼德兰海上财富的英格兰海军司令。从西印度群岛返航途中，他共计 10 艘船的舰队向从葡萄牙返航的 30 艘荷兰商船发动攻击，夺下 7 艘，击沉 3 艘。事后他在唐斯暂避风头，躲避特罗普和德·维特两人 102 艘战舰的追捕。原本荷兰二将可以再建 1639 年那样的功勋，可惜这一次他们遭到唐斯的浅滩和潮汐的阻滞。起先，海面一点风浪也没有，战船根本无法开进锚地。随后却又狂风乍起，而且风向还对荷军不利。特罗普乘风驶入北海，结果在那里遭遇了更为致命的一击。

罗伯特·布莱克当时正伏于设德兰，准备拦截经过的荷兰东印度公司和荷兰西印度公司船队，这些荷兰船队为避开狭海正从北方绕行。等候期间布莱克还乘机袭击了鲱鱼捕捞船队，并以维护英格兰权益为由强行征收了 10% 的税金。前来追捕的特罗普得知布莱克就在费尔岛（Fair Isle）附近，可还没等他追上敌人，狂风突然袭来。一位荷兰作家描绘了当时的恐怖场景：

> 舰队犹如被海中无底的幽冥深洞拖曳下去，刚跃出水面，又一下子被飓风裹挟着高高抛起；巨桅倾折沉海，汹涌的波涛冲刷着甲板；风雨肆虐至极，船上众人已全然无

197

法操控船舰，周遭的一切都预示着船毁人亡的悲惨命运。[3]

　　荷兰人被吹到了萨姆堡角（Sumburgh Head），此处位于设德兰群岛南部海角，遍布嶙峋礁石，地形十分险恶。每个船长都在拼命挽救自己的船，避免船被礁石撞出窟窿。整支舰队立刻成了一盘散沙。驶入这片危险海域之前，船队大约有100艘船，三天后狂风终于平息的时候，特罗普发现自己身边只剩下了34艘——有一部分船只逃到了挪威的峡湾之中，更多的是为避开布莱克的队伍以及恶劣的天气而匆忙间散入了设德兰群岛各处，其中10艘战船遭受重创，6艘沉没。东印度公司和西印度公司的船只在赶往费尔岛会合地点的时候亦损失惨重，其中小部分船葬身设德兰的礁石丛中，还有一些则拼死赶上了特罗普残部，随其一同逃窜回国。

　　布莱克这次得手全靠天时、地利。北海海面上四散零落着荷兰舰队的船舰，他们花了数月时间才跋涉归国。特罗普被卸任荷兰共和国海军最高司令，改由德·维特接任。

　　但随后的战局又发生了变化。副准将米歇尔·德·鲁伊特（Michiel de Ruyter）正率领30艘战舰为往来英吉利海峡的商船保驾护航，而舰队司令艾斯丘则在一旁密切注视着鲁伊特的动向，他身后是38艘海军战舰和一众征募来的商船。但艾斯丘一直犹豫不决。呈现在鲁伊特面前的形势一目了然，对面那位英格兰舰队司令只惦记荷兰商船，全然没有在海上交战的打算，因为打仗根本无利可图。终于在8月16日，艾斯丘中队向荷兰护航队的中军发起了冲锋。不过此举却让他的火力优势全然消弭于无形。艾斯丘中队瞬间乱了阵形，陷入对方的包围圈中。荷兰人再次运用他们精擅的战术，向气焰嚣张的英军压来。

　　普利茅斯之战让英格兰士气遭受重挫。尽管一艘船都没有折损，但艾斯丘被迫撤退至普利茅斯港，一时间英吉利海峡的控制权被拱手让与鲁伊特。战斗中双方两次正面交锋，荷兰可谓赢得畅快淋漓，不过这场战役引发的后果却出人意料，荷兰共和国议院断定英格兰海军大伤元气，将官平庸无能，战舰的火力也很一般。因这场胜仗而大受鼓舞的议员们向德·维特下令，把英格兰舰队从唐斯港揪出来，再现本国 13 年前击败西班牙人的那场伟大胜利。

　　英格兰海军也即将出征，那是它自 1588 年以后的首次舰队战斗。

注释

1. 关于海军在 17 世纪 40 年代晚期以及 17 世纪 50 年代之状况，详见 Capp，*Cromwell's Navy*

2. Rodger，*Command*，p. 12

3. Gardiner and Atkinson（eds），*Papers*，vol. I，p. 404

第 19 章

战列线（1652～1653 年）

> 硝烟弥漫，整个天空都已模糊不清，周遭尽是轰隆的
> 炮声，砸落的炮弹撕裂了海面，船身也连带着震颤不已，
> 举目四望，死神的气息笼罩了每一个角落。
>
> ——舰长托马斯·丘比特，斯赫维宁根战役
> （Battle of Scheveningen）

荷兰人称她为"金色恶魔"（Golden Devil）。三层甲板一共安置了 102 门大炮，她是当时世界上火力最为凶猛的战舰。船上铺陈着豪奢的金饰，阳光照耀时整艘船像一个巨大的珠宝盒般璀璨夺目。多数时间里，英格兰海军中这类顶级战舰都被拆除了桅杆闲置在船坞里，直至 1652 年 9 月 28 日这一天傍晚，扬帆出海的"主权"号才终于迎来她的第一场战斗，此时距离她建成下水已过了 13 年。

她一路贵气凌人、威仪显赫，不过到了肯特角（Kentish Knock）的时候，她和"詹姆斯"号却搁浅在一片海中沙洲之中，此地距离泰晤士河河口 18 英里。当时的人们把她和英格兰历史上的巨型战舰——"上帝恩典"号、"玛丽玫瑰"号——归为一类，都是耗材无数而又徒有其表的鸡肋。

荷兰共和国议院意识到了此时英吉利海峡的严峻形势。逾

200 艘商船排着长队，等待本国在多佛海峡开辟出安全航道。罗伯特·布莱克正带领英格兰舰队于唐斯港静候，等待发动雷霆一击。荷兰共和国议院传令共和国海军总指挥、舰队司令德·维特，主动出击扫除布莱克这个障碍，让本国的商业血脉恢复流动。

9 月 25 日布莱克接到了德·维特出海的消息，翌日他的舰队也驶出唐斯港向北海进发。布莱克的中队第一个出港，其后是威廉·佩恩中队，后卫司令尼希米·伯恩（Nehemiah Bourne）的中队负责殿后。大船出唐斯港很费事，所以伯恩远远落在先行出港的布莱克和佩恩后面。由于有风相助，英格兰船舰顺利穿过鸥溪，不过开阔海面上的荷兰人却因这股风而难以控制舰队，德·维特布置战阵也遇到不小的麻烦。

布莱克当先，佩恩随后，两队一齐向荷军进击而来。恰巧这个时候"主权"号和"詹姆斯"号在肯特角搁浅了，当时佩恩正在"詹姆斯"号上，他只能眼看着布莱克带队疾驰而过，仅凭整支舰队的小部分力量去和敌人交手。不过正当布莱克快要冲进敌阵的时候，荷军却调转船头往东南方向去了。他们绕过搁浅的佩恩直奔伯恩的后卫中队而去，后者正手忙脚乱地出港，队形一片混乱。

荷兰人本可以通过这一手尽显高超精湛的航海技术，却不料弄巧成拙酿成大祸。"主权"号和"詹姆斯"号在牵引之下迅速脱离了浅滩，转瞬间最佳战机反倒落在了佩恩手中——他掉过头之后，此前调转方向一字排开的荷军全都暴露在他的炮口之下。

"主权"号一鼓作气冲入荷军阵中。再也不受拘束的"金色恶魔"凶焰滔天，巨大的破坏力喷涌而出，雨点般的炮火朝着前来迎战的 20 艘荷兰船舰倾泻而出。这艘超级战舰火舌喷吐，连周围的海面都被映得通红。

其他的英格兰巨型战舰面临的情况亦是如此。队形紧密时的荷兰人战斗力最强，他们一起出手，用大炮撕烂对方的船帆和索具，用滑膛枪齐射对方甲板，待围困的敌船彻底丧失行动能力之后发起登船。只是这一次，正当荷兰人朝着伯恩奔去的时候风力突然弱了下去，使他们相互之间靠得并不紧密，而拖荷兰人后腿的还远不只是天气。

普利茅斯之役后，共和国议院认为击败英格兰不在话下，德·维特同样陶醉其中，只是他手下的将士们并不认同。海军已经伤了元气：军中许多船舰不堪为用，要么是还未回国，要么是经历了设德兰那场风暴之后已无法再战；船员们拿不到饷银，心中郁积的不满一点就着；而且他们因德·维特军纪严苛而对他异常痛恨，希望转到特罗普麾下服役。就在开战前一刻，距离布莱克大军还有一英里的当口，德·维特决定改换"布雷得罗德"号为座舰，那是特罗普掌军时的旗舰。他在小舟上挥着共和国议院颁与他的委任状，结果"布雷得罗德"号的船员们嗤之一笑，拒绝让他登船。大战在即的关键时刻，他这个舰队司令竟然还在划着小船找自己的旗舰。最后他登上了一艘荷兰东印度公司的船，却发现从船长到将官全都醉醺醺的，船员也没有受过训练。于是他只能以一艘全然不靠谱的旗舰指挥舰队开始战斗。

可以想见，荷军这边还没开打就已经是一片乱象。许多舰长却步不前，不肯参战。英格兰巨舰突入不成队形的荷军之中，重炮频频发威，一时间血肉横飞、满目惨象。它们不受任何干扰，只管十分专注地开炮。德·维特事后汇报战况时说，整个战斗过程中英军大炮都保持着密集的火力，而且即便是护卫舰上口径最小的炮，射程也远于荷军最上等的加农炮。不过此时天色已晚，战斗并没能持续太久。第二天清晨，许多被英军火力吓破了胆的荷军船舰纷纷逃离战场。手下这帮将官抗命不战，着实让德·维特大为光火。放眼望去，荷军犹如"一群惊恐的绵羊，四散躲避前来追杀的饿狼，一路往回逃去"。

荷军共损失了 3 艘船。英格兰虽然大获全胜，战果却并不如人意。要不是因为布莱克看日落西山，觉得时间太晚，所以没有离战场太近，英军可能只需一个回合就能把荷军打残了。当时德·维特已经被眼前的景象吓蒙了，以为整支舰队都要葬送于此。

肯特角战役后，特罗普被召回，同时荷兰国内掀起一股造船热潮。而英格兰这边却起了骄纵之心，放任自己的舰队走上下坡路。驻守唐斯的布莱克手中只有 42 艘船，而且弹药库存和粮食补给都不足，船员的薪水也没有发放。另外英格兰还往地中海调遣了 20 艘船。他们以为自己已经打垮了荷兰海军。搜集来的情报其实并不支持这种想法，只是实际情况都被人们忽略了。

终于在 11 月 29 日星期日这天，布莱克接到消息称在北海岬沿海看到了荷兰大军。对方有 500 艘船，其中 88 艘是战舰。布莱克清楚自己必须撤离唐斯，否则他就会像 1639 年的西班牙人一样困死在这儿。上头传来的命令也是让他不惜一切代价避免和荷兰海军交战。

当夜布莱克的船舰停在唐斯港外，而海面上的荷兰军队离这里只有 6 英里。翌日清晨，特罗普做好了进攻的准备。起初双方舰队之间还隔着一片浅滩，即英吉利海峡中部的瓦恩沙洲

（Varne Bank）。当时布莱克正向西南方行驶，顺着浅滩往地面蔓延的方向朝邓杰内斯角（Dungeness Point）走，而荷兰海师则是朝着浅滩往海面延伸的方向行驶。正当布莱克行驶到浅滩尽头的时候，英格兰众船队纵列一下子暴露在特罗普船队的面前并被对方截断，随即布莱克的"主权"号也从这支羸弱的舰队中被隔离开来。由于靠邓杰内斯角太近，英格兰海军顿时被困得动弹不得。

此时的布莱克可谓作茧自缚，他突然发觉舰队中半数的船舰都已弃他而去，仍在坚持作战的船长们也对舰队司令的愚蠢计划愤懑不已。但布莱克并没有贸然加入战斗，他仍旧保持着清醒的头脑。尽管敌人在数量上多出太多，而且所处海面远比英军开阔，但他内心的战意丝毫没有动摇。眼前的形势如同曾经的莱姆之困和汤顿之困，是他渴望和期冀的战斗。他坚信上帝必会佑助，坚信不可摧折的勇武之心和狰狞的英格兰巨炮必能带他突破围困。

与此前肯特角之役中的荷军一样，这次英军也因为天色已晚而侥幸逃过一劫，全凭这一点英军才算没有覆没。待到夜幕彻底降临的时候，英军一共损失了 5 艘船，布莱克带着遍体鳞伤的幸存者们艰辛地回到唐斯暂避风头。英吉利海峡全部落入荷兰人手中。此时正是特罗普扩大战果的好时机。待安排好商船船队后，他就掉头来寻找布莱克残部，此时后者已经退到了泰晤士外河口的长沙滩滩头（Long Sands Head）。倘若特罗普这一次真能得手，那等待英格兰的可能就是史上最惨的败仗了。

在战争中，舰队司令往往都会选择风险最小的策略，因此特罗普没有进入处处暗藏杀机的泰晤士河水域。

英军慌了。包括布莱克哥哥在内的 4 名船长充当了替罪羊，布莱克则躲去了别的地方。此次大败暴露出布莱克在海战战略部署方面的缺陷，舰队中的船长们早已警告过布莱克他的做法会让己方不可避免地陷入苦战，必败无疑。布莱克不这样看，他认为自己之所以战败是因为这些船长们缺乏军人所必备的血勇之气，而且有迹象表明，海军的政治立场并非完全明朗，其中很有可能还潜藏着保皇党秘密分子以及亲荷势力。

针对海军的改革开始进行。据称，曾有 20 艘商船船长表示不希望雇主的资产遭遇危险，布莱克为此十分恼火。于是那些充当辅助力量的商船改由和商船没有任何利益关系的海军将官掌舵。军中颁布了全新的《海战律令》，此律重新明确了将官和士兵各自的职责，同时加强了布莱克掌控整支舰队的力度。他可以惩罚任何悖逆其命令的将官，把他们送上军事法庭。因抗命而依据条令判处死刑的案子达到 25 起。所有这些都旨在削弱军事会议的力量，实现舰队司令对军队的绝对掌控，与此同时新律还提高了将士们的饷银。而这背后最关键的变化在于，国家也竭力从越发高涨的课税里拿出更多的钱来支撑海军。

眼下的形势可谓危急，荷兰海军势头正旺，他们已经牢牢掌握了英吉利海峡，在里窝那之役（Battle of Leghorn）击败英格兰海军后，地中海也落入他们手中。整个冬天，英格兰政府都在加紧为海军舰队筹措弹药、食物和新船。海军新订购了 30 艘护卫舰，船坞得到扩建，而且新盖了能够加工存储大批量食物和啤酒的建筑。此外还有新起的面包房、屠宰场和啤酒酿造厂，医院在多佛和南安普敦落成。众人的薪资也提高了。国家还为舰队补充了 2 万人。

203 扩充后的行政骨干力量以临时拼凑出的新法子监督这一系列遽然增加的工程。1652 年，议会将税额从每月 9 万英镑升至 12 万英镑，海军获准从预期收入中借款。供应商还没拿到旧款就已经开始预先供应新的订单，可谓闻所未闻。不过考虑到新组海军部的巨大优势，它的还款速度实际上还是非常迅速的。

另外，海军还重新梳理并调整了战略部署。为实现此次改革新设立的层级制度，将整支舰队分为红、白、蓝三支中队。红队由总司令指挥，蓝队由副总司令指挥，白队由后卫司令指挥，各分队另外设有各自的副司令和后卫司令。

自 2 月起，英格兰海军沿英吉利海峡一线散布，静候即将到来的特罗普护航舰队，对方此时还正在雷岛集结队伍。只是布莱克百密一疏，竟忘了派出侦察船探察军情。当特罗普在 2 月 18 日行近波特兰半岛时，这位久经战阵的老将想必对眼前的景象感到奇怪，他的南边是带着零星几艘船的佩恩，东边的情形也差不多，而坐镇"主权"号的总司令布莱克和迪恩（Deane，Richard Deane）位于特罗普的西北面，也只领着很少几艘船舰。海军舰队的大部此时正由并无多少经验的第三司令乔治·蒙克（George Monck）率领，位于几英里开外的海面上。不仅特罗普惊讶，英军自己也意识到队伍实在散乱不堪。特罗普清楚摆在自己面前的是赢得一场大捷的绝佳战机。

特罗普分队直扑"主权"号而去，想为此前和布莱克的数次交锋做个彻底了结。其他荷兰船舰则位于布莱克和佩恩两204 队的中间，德·鲁伊特驶向佩恩的队伍，对英军"橡树"号（Oak）、"济援"号（Assistance）和"昌荣"号（Prosperous）

三艘战舰发起接舷战。在敌船的重重围困和狂轰滥炸之下，布莱克的座舰已然陷入绝境。

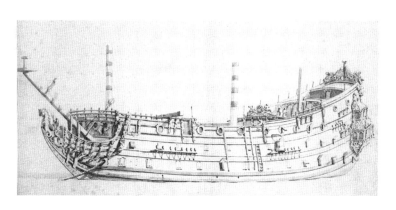

"主权"号，威廉·凡·德·维尔德（Willem van de Velde）绘。
第一次英荷战争中典型的英军战船。

是日之战惨烈异常，英军一艘战舰沉没，数艘遭受重创。"主权"号上有 80 人负伤和阵亡，其中就包括舰长罗伯特·布莱克。面对四面八方攒射而来的炮弹，两位最高司令官并肩而立。一枚弹片穿透迪恩的外套和裤子后击中了布莱克的大腿，布莱克丝毫不为所动，继续指挥战斗。英军舰队中那些卓越的舰长不是阵亡就是负伤，所有船舰的伤亡数字都高得令人黯然。特罗普正准备登上"主权"号，一举砍掉英格兰海军的龙头。

那一天，最终是红队副职司令约翰·劳森（John Lawson）率队挽救了处于垂危覆灭之际的英军。本来他可以直接去支援布莱克，但那样会把自己也拖入混战。他选择了右航抢风行驶，从战场南端穿过，抵达战场西侧后再改左线抢风行驶，终于在存亡关头从西南角乘着顺风切入战场。登临三艘英军战船的荷兰士兵皆被击退，"主权"号重重围困的荷兰战舰亦被逼散。劳森的"费尔法克斯"号上超过百人伤亡，舰身损毁也非常严重，但劳森的战术预测可谓慧眼如炬——他的一连串行动展现了比最高司令更为高卓的战略素养。

劳森和司令官们不一样，他是名副其实的水兵。[1]他出身于东北部沿海，那里是英格兰所有海事地域中条件最艰苦严苛的一块。内战中，劳森曾任"百夫长"号舰长，他是这艘船的所有者之一，对当时的议会也有颇多贡献。在赫尔被保皇党围困的关键时刻，他运去了救急的补给；在截获敌船的行动中，他也有相当令人瞩目的出彩表现。其时，海军部出于政治原因驱逐了许多久经战阵的老将，劳森这样的人正是海军急需的航海者。同时，劳森还是信仰虔诚的教徒，有着坚定的共和派立场。而最重要的一点在于，他还是一员胆色过人的骁将。1650年荷兰人盗走斯卡伯勒（Scarborough）的一艘运煤船，他驾船行驶到易北河的河口，生生从格吕克斯塔特（Glückstadt）要塞的炮口下夺回了煤船。

为布莱克解围之后，佩恩和劳森率队向西重击荷军。战役开始阶段，蒙克在一片血肉横飞中带领英格兰舰队大部向西突进。他花了几个小时才抵达主战场。队中军舰主动迎击约翰·埃弗森（Johan Evertsen）所率分队，同时护卫舰迅速冲向荷军的商船护航队。

特罗普只得前去支援护航队。匆忙之间，他将遭受重创的船只尽数抛于身后，结果舰队中4艘沉于海中，1艘被炸毁，2艘被俘。那天下午，轰隆隆的炮声一直笼罩着荷兰战舰，共有1名准将、12名舰长阵亡。英军俘获这些丧主战舰后如此描绘船上的情形："目光所到之处尽是淋漓鲜血，帆布和索具上沾满了脑浆、头发和碎骨渣；惨景森然可怖，不过也透射出我们艰难取胜的辉煌，有如恩善的主赐予吾国的荣光。"[2]

英格兰将这场战役命名为"波特兰之战"，不过荷兰人的说法更为贴切——英吉利海峡争夺战。翌日下午 1 点双方再次交手，此时特罗普正极力聚拢战船以列出偏于防守的新月阵形。他使出浑身解数，以期带领众船顺着英吉利海峡安然归国。英军护卫舰以惊人之姿加入战斗，后面跟着大型战舰。日落时分，荷兰海军再失 3 艘战舰，很多船舰连吃水线以上的船身都没了。德·鲁伊特的座舰断了主桅，靠其他船拖曳着才到达安全之处。荷兰战舰一边抵御英军，一边还要约束惊慌失措想逃往法国港口的商船。又过了一天，2 月 20 日，布莱克进攻荷兰海军已经跟砍瓜切菜一般。特罗普舰队进入全面溃散的状态，毫无还手之力。还能战斗的战舰仅剩 35 艘，而且这些船上的炮弹和火药也行将告竭。更糟糕的是，英格兰护卫舰包抄到了前头的多佛海峡。特罗普明白，一旦进入多佛海峡，自己的护航队就会遭到对方的持续攻击。四面楚歌的情况之下，他率领舰队进入了格里内角（Cap Gris Nez）沿岸的浅水区，此地位于布洛涅和加来的中间位置，他准备在这里等到天黑。

特罗普大军已然败得一干二净，只要布莱克再来一击它就将全军覆灭。

翌日，太阳终于升起的时候，欣喜异常的英军却惊讶地发现格里内角沿岸的浅海竟空空如也。困惑无奈之下，布莱克只得在这场战役开始后的第三天傍晚离开此地。他被伤口折磨得厉害，还发起了高烧。他本应找人代为统领，不过这绝对不是他的作风。前一天的晚上，吃水较浅的荷兰船舰在老练水手的驾驶下成功穿过了格里内角沿海的浅滩，这是一着险棋，不过也是特罗普逃出生天的最后一根救命稻草，他自己也不敢相信英军最终竟然没能消灭他。布莱克一共击沉荷兰战舰 17 艘，俘获商船 40 艘，不过又一次错过了斩草除根的致命一击。

206   英格兰重新夺回英吉利海峡，荷兰护航队被迫北上绕行。特罗普在海上为商船船队护航，布莱克正在疗养之中，由迪恩和蒙克暂代统领的英格兰舰队也不闲着，他们正在争夺北海的控制权，为英格兰建立彻底的海上霸权。

5 月，英格兰舰队行至阿伯丁（Aberdeen）沿岸，之后他们在海上四处游弋，上达设德兰，下行斯海尔德河口，还去了一趟索尔湾（Sole Bay）。终于在 6 月 1 日，司令官们获悉特罗普的具体位置。

加巴德（Gabbard）是位于哈里奇东部 30 英里的一片沙洲，于此发生的加巴德海战从 6 月 2 日延续至 6 月 3 日，此役是不列颠海战历史上最重要的战役之一。

两支舰队平行且呈方位线（Line of bearing）排列，均为三队编制。双方可能会有条不紊地拼战术，也可能顺势而为灵活厮杀，总之战斗一触即发。英军还没来得及重新部署阵形，海面上的风便停了。整支舰队首踵相接，排成了长长的一条直线。于是在如此阵形之下英舰舷炮连续轰击，重创荷军，对方的舰船受到重击，人员死伤惨重。荷军试图打乱英军排列的战线，无奈没有风他们根本动弹不了。在英军猛烈的火力压制之下，荷军利用小船竭力将战舰拖入战场，准备近身作战。可惜英军始终占据着微弱的风力优势，让荷军全然无法靠近自己。

荷兰人此时希望能冲进英军阵形里面，这样他们就可以孤立对方的巨型战舰，同时施展自身高超的驾船技术，近距离轰击敌军的船帆和索具，朝甲板上排击扫射。待英军船舰丧失行动能力之后，他们就可以开始登船了。

　　相对于布置精妙的战术，布莱克（其他海军将官亦是如此）更倾向于发挥一往无前的血勇之气。这种作战理念在 17 世纪非常普遍，那些船长和船员冲入战场的目的非常一致：俘获敌船，抢夺珍宝。每到舰长们杀得兴起且整个战场被笼罩在浓重的硝烟中之时，战术配合就会被他们忘得一干二净。让这帮组织松散、只知道各自为战去争夺战利品的悍徒变成号令严明、能够整体作战的舰队，这样的想法在当时根本无法实现。普利茅斯之战和邓杰内斯角之战的惨败，以及波特兰之战开战时的乱象，都是因为英军阵形零散不堪就冲上去战斗，任由荷兰人宰割。

　　不过 6 月 2 日这天，英军阵线却是异于往常的坚固，荷兰人不仅没能成功攻入英军阵中，反而感觉自己像碰上了一堵架满英格兰大炮的木堡城墙，单列阵形之下英舰舷炮的效用发挥到了最大，荷军完全无法实施穿插，因而也无法攻击到英舰防守薄弱的船首和船尾。同时因为无法接近英军，荷军也无法发动接舷战。

　　事实上，英军并没有用什么新式的纵队战术，而是布莱克和蒙克大力整顿军纪的努力终于奏效。邓杰内斯角的惨败迫使布莱克和海军委员会推进海军改革进程，完善海军组织架构并集中指挥权。英军最后虽然赢得了波特兰之战，不过那场仗的开头充分暴露了英军在驾船技术上的硬伤，所以战后布莱克和蒙克立即颁布了新的《航行及作战章程》（*Sailing and Fighting Instructions*）。其中就包括一套新编制的旗语，旨在更有效地传达战斗指令。此外还包括一些条例，使舰队在遭遇风暴、强风或在夜间航行时依旧能保持队形。舰队变换航向时，

207

军衔最高者的座舰先转上风，其他舰长按军衔由高到低依序跟行。这条规则执行得非常严格。以前越是速度快的船，越争着往前。现在一旦哪个舰长提前越级转向就会被罚没一个月的饷银，再犯则罚没四个月的饷银，第三次即刻革职。

颁行新章程旨在让海军将领更简单有效地指挥舰队。一旦总司令座舰的后桅升起代表战斗的红旗，各分队可自行与"离自己最近的"敌人交战，但每艘船舰都应"竭力"和所属分队的司令官站在同一阵线上。

这些新条令的目的并不是要让海军操练纵队战术。布莱克和蒙克的初衷是希望所有舰长都能全力协助自己的上级。英勇好战的舰长往往会不顾周围的人，直接冲上前去和敌舰一对一单挑。同时也有很多舰长在混战时暗中徘徊游荡于战场边缘，在硝烟的遮掩下消极避战。现在不论是哪一种舰长——肾上腺素无限燃烧的勇者或是偷奸耍滑的懦夫——都必须紧跟分队司令的步调，随时准备协助周遭的战友。这样，英格兰舰队就能在战斗时各自组合成极具凝聚力的分组。新章程从未要求整支舰队排成单一纵队。

1653 年 6 月 2 日，英格兰舰队最终排成漫长的单一纵列并非有意为之，完全是当时的风向变化使然。各舰长依新章程行事，牢牢地跟在各自的分队舰长后面，成功牵制住了荷兰舰队。大型战舰轰击敌军时，精悍敏捷的护卫舰一直都隐而不动，直到第二天荷军撤退逃散的时候才一涌而出。近两天的轰炸中英军一共消耗了 6000 桶炸药，狂风骤雨般的炮弹打得荷军船舰奄奄一息，护卫舰在他们中间肆意穿行，荷兰船或俘或沉，英军则屡建功勋。

特罗普带着 74 艘战船全力逃向泰瑟尔（Texel）寻求庇

护，途中 11 艘战舰和 2 艘近岸小船被俘，6 艘战舰沉海，2 艘被炸毁，还有 1 艘意外覆亡。荷军具体的伤亡人数不详，不过应当有几千人。战斗数周之后，"数不清的手臂、腿和破碎的躯干随着潮水一波波"[3]涌到萨福克的海岸上。这当中鲜有英军士兵：英军仅 236 人受伤，126 人阵亡。最先捐躯的一批将士中有舰队总司令理查德·迪恩，他被炮弹击中的时候身边正站着同为司令官的乔治·蒙克。蒙克沉默冷静地为死去的袍泽披上自己的战袍，然后继续指挥战斗。英军士气并未因司令官罹难而低沉沮丧，他们在战斗时严守秩序，令出必行。这是一次重大飞跃，而且事实证明这一点极为有效。

舰队总司令乔治·蒙克曾随 1625 年征战加的斯的查理一世舰队一同出海，还曾在雷岛服役，参加过 1628 年未能成功支援拉罗谢尔的舰队行动。蒙克虽是以普通士兵的身份经历了那些惨败，但他目睹了指挥混乱、毫无秩序对海军会有怎样的影响。1652 年 11 月接掌舰队总司令帅印时，时年 45 岁的蒙克已是戎马多年且战绩非凡的老将。他和布莱克一样也是鞠躬尽瘁的陆军将领，但不同的是，统率炮兵的战阵经验让他积累了丰富的关于正面战场的战术打法。

这在加巴德之战中便体现了出来，舰队当时的阵形部署正适合英格兰大炮和船舰展现自身优势。迪恩阵亡后，有运用炮火专长的蒙克成为唯一的最高指挥官。战列线或许是因为天气原因偶然"出现"的，但也正是这个机会完美阐释了它的潜在威能。加巴德之战后，战列线成了正统战术，战斗的胜负往往取决于哪一方能始终保持住纵列队形，然后猛攻对手，将其轰得支离破碎。这听起来似乎轻巧，但在风帆时代这是一件非常复杂的事情。船与船之间性能差异很大，相互距离太近时极易发生冲撞。有时万般小心之下才将战线排好，结果一阵风、一个海浪就让战线变了形，再经过一番混战就彻底散了。

尽管如此，加巴德一战后战列线仍然被人们奉为海战战术的最高圣典。在当时，一支舰队的总司令或许在战斗前尚能很好地号令整支舰队，但一旦进入酣战阶段就再也无力约束了。而通过战列线，司令官便可以掌控整个战场的兵力部署和走向。同时这种战术也依赖于一种新型战舰——风帆战列舰，它能够在战斗中牢牢稳住自己的位置，同时凶悍地杀伤敌人。

加巴德之战的立竿见影之效是对尼德兰的全面封锁和荷兰共和国经济的崩溃，阿姆斯特丹曾经车水马龙的热闹街道竟已野草丛生。7 月 24 日，特罗普率领舰队出击，企图打破封锁，共和国的生死存亡均系此一举。

另一边，英格兰海军由蒙克接任总司令，佩恩指挥白队，劳森指挥蓝队。7 月 30 日夜，特罗普试图全力赶到英军的上风位，后者当时正停驻于斯赫维宁根小镇附近。翌日天刚亮，蒙克率先发难。他奋力冲向荷军舰队，打算撕开对方阵形抢占上风位。于是整场战斗成了蒙克和特罗普二人间的对决：前者想尽一切办法摆出加巴德之战那样的阵形，而后者则拼死阻拦英军得逞。

战斗可谓异常惨烈。英军战舰还和往常一样全力施展火力优势，大炮一刻不停地轰击敌军。众多荷兰海员因之丧命，其中就包括上将特罗普。麾下将士视特罗普为英雄伟人，他被英军神枪手一击身亡后全军士气立刻消沉下去。德·维特接掌了帅位，但在对方凶残的火炮之下他已无力回天。据英军提供的数据，他们一共击沉了 20 ~ 30 艘荷军船舰。

当时岸上有成千上万名荷兰市民观战。场面凄恻万分，海面上四处散落着船体的残骸和落水将死的将士，人们只能从呛鼻的硝烟里隐隐约约看到战舰的身影。全程最震撼的场景应当是熊熊燃烧的火船冲入战场那一幕。英舰"橡树"号因荷军火船冲击而沉没，"伍斯特"号、"凯旋"号因之遭受重创。"凯旋"号是当日红队副司令詹姆斯·皮科克（James Peacock）的旗舰，这艘悍勇战舰着火后，他为了扑灭烈火，终因持续灼烧而死。英军总计阵亡 250 人，其中包括 5 名舰长和 2 名舰队司令。但和他们带给荷军的损失比起来，这只能说是微乎其微，而且这已经是一年当中第三次出现这种情况了。值得一提的是，英军没有俘获一艘荷军战舰，因为新章程中明令禁止在战斗中抢夺战利品。在过去，舰队阵形往往因为众人各自忙着拖曳战利品而化为乌有。但现在，战列线成了不惜一切代价也要维持的重中之重，也就是说，所有敌舰只杀不擒。斯赫维宁根一役，有 1300 名荷军被俘，其中绝大部分是从海里捞上来的。

荷兰人再无一战之力。对尼德兰的封锁由劳森继续。德·维特向共和国议院进言，英格兰已然是海上霸主，本国唯有乞和。这边克伦威尔（Cromwell）则冲着荷兰大使大念埃德加时代所宣扬的那一套英格兰主宰群海之煌煌高论。 210

英格兰在战事末期取得了一系列重大战役的胜利，但并没有为自己开辟出和平局面。恰恰是克伦威尔本人在实际谈判的时候向荷兰人让步了。荷兰同意遵守《航海条例》，同时承诺此后见到英格兰旗帜时会行礼致意——一场谈判就这么点要求，他们何乐而不为呢？

或许英格兰海军确实在狭海完胜荷兰海军，不过荷兰在其他所有地方仍旧处于优势地位。英格兰海军在地中海战败，波斯湾和远东的英格兰贸易商也举步维艰。而是否将英格兰逐出波罗的海更是全看荷兰人的心情。

对国家来说，这场战事可能是一场花费高昂的冒险，不过海军获得了一次巨大的飞跃。斯赫维宁根大捷之后的英格兰海军已经全然不同于肯特角战役时的景况。经过布莱克整肃之后整支舰队建立起严格的秩序，蒙克则以此为基础不断改良战术。

曾几何时，他们被压制得狼狈不堪，多番磨砺之后，终于开始阔步向前。

注释

1. 关于劳森生平及其海军生涯的更多详细内容，详见 Capp，*Cromwell's Navy*，以及 J. Binns，'Lawson，Sir John'，*ODNB*
2. Gardiner and Atkinson（eds），*Papers*，vol. IV，p. 111
3. Capp，p. 81

第20章

报国（1653～1660 年）

> 难道掌舵我们英联邦这艘破船的不是别人，竟是一支
> 士兵粗野难训、争吵不休的军队？[1]
>
> ——奥利弗·海伍德牧师

> 吾辈无须介怀国事，唯全力御房平敌、立我国威
> 而已。[2]
>
> ——罗伯特·布莱克

奥利弗·克伦威尔见识了由 160 艘船组成的英格兰舰队在海上的壮观景象后感慨道："上帝让我们降临这个世界，就是为了检验我们能在这个世界做些什么。"[3]

舰载 80 门大炮的"内斯比"号是英格兰海军最新式、最庞大的战舰，船首像绘的是立于马背的克伦威尔正在其征服的六个国家——尼德兰、爱尔兰、苏格兰、西班牙、法国和英格兰巡视。它沿用了"主权"号船首的寓意——埃德加巡行附属王国的画面。

对荷战争期间英格兰政府发生了两次变更。1653 年，波特兰之战和加巴德之战之间，尾闾议会因克伦威尔领导的陆军政变而被解散，随后"小议会"（Barebones Parliament）成立，

其成员均由克伦威尔从陆军成员或清教信奉者当中选任。

1648 年，海军差点就让陆军的图谋覆没。1653 年的海军远胜往昔，它是否会容忍陆军的跋扈气焰仍然是个问题。

克伦威尔可以仰仗的是迪恩、蒙克和布莱克等个人对自己的忠诚。政变后不久他们就曾征询过海军高级将领们的意见，一众舰长的意思是，战局先于政治。

12 月克伦威尔再进一步，受封"护国公"（Lord Protector）。此时海面上的战事已近尾声，舰队当中出现了严重分歧，各派各自效忠不同的势力。布莱克、蒙克等人表示十分赞成克伦威尔的集权式做法，更多人选择勉强忍受。不过还有一帮数量可观的海员持有一种和许多国人一样的态度，认为护国公是新一任暴君。斯皮特黑德的现役水手们递呈了他们自己写的请愿书，恳求议会站出来为生而自由的英格兰人夺回自由。英吉利海峡分队的后卫司令约翰·劳森就鼓动手下出来表达他们自己的意见。"自由"思想的"毒素"随后蔓延至整个舰队。"内斯比"号船首的克伦威尔像还被人割掉了鼻子。

一支懈怠涣散的舰队将会是巨大祸患。毕竟克伦威尔是一心想要提振英格兰国威的野心家。接连大捷的英格兰海军正是他将英格兰推向世界强国的助力。1655 年，布莱克连同一支战力雄强的舰队被派遣到地中海，这里错综复杂的政治局势立刻因英格兰舰队的到来而起了波澜。托斯卡纳公爵（duke of Tuscany）惊惧不已，生怕因为自己在里窝那战役中没有向英军施以援手而招致布莱克的报复。威尼斯方面也暗中心焦，觉得布莱克可能会在这里设立一处海事基地。连教皇也担心克伦威尔这个狂热分子是不是准备洗劫罗马教廷。

西班牙和意大利两国朝堂上上下下都试图宴请威扬四海的

英格兰舰队司令，可惜这位沙场老卒还是跟往常一样让人捉摸不透，仍在粗陋的舱室起居，对天主教那些王侯贵胄们双手奉上的满目奢华一眼也没有多瞧。与此同时，清澈和丽的海面上正静静地停泊着整装待发、火力慑人的共和国战舰，想必很多人因为它们而心惊肉跳。更让人头疼的地方还在于：船上都是信奉清教的暴徒，他们在天主教教徒的想象中乃是悖逆传统教义的万恶之徒。

　　不过布莱克此行另有所图。在詹姆斯一世和查理一世两朝曾严重威胁英格兰人性命和海上贸易的巴巴里海盗又现抬头之势，布莱克来这里就是为了威慑北非的摄政者们，逼迫他们将掳获的人口和船舰全部归还，而且还得另付赔款。其间他遭到突尼斯总督（Dey of Tunis）的抵抗，后者虽臣服于奥斯曼帝国（Ottoman Empire）苏丹，但他也是一位独掌大权的摄政者。布莱克宣称突尼斯人破坏协议，扣押了他们一艘名为"公主"号（Princess）的商船。突尼斯总督则说这艘船之所以会被扣押，是因为它的英格兰船长曾订下合约，要用这艘船将土耳其士兵运送至士麦那（Smyrna），结果他却把士兵们当奴隶卖了。

　　僵持之下布莱克决定全力施展英格兰海军的战力。当时 9 艘奥斯曼帝国战舰和"公主"号正停泊在突尼斯附近的法里纳港（Porto Farina）海湾中，那是一处全靠近岸炮台守卫的浅湾。

　　无论在军事还是道德方面，这场战事的正邪双方都如黑白一样分明，这样的战斗也正是布莱克所理解并崇尚的，他将义无反顾地迎着加农大炮向对方冲去。惩办突尼斯总督还只是次要的，他的最终目的是摧毁奥斯曼帝国战船，阻止它们从威尼

213

斯手中夺取克里特岛（Crete）。这一切都将是为上帝而战。

布莱克的第一步是把队伍开到西西里岛，随后他又转回身来和对方继续商谈，接着又一次离开。总督为此自鸣得意，觉得布莱克根本没实力动他，自己的船舰停在牢不可破的法里纳港里就足保无虞。4月4日凌晨4点整，布莱克乘着清晨海面上的微风率队驶向法里纳港，然后突然停止前进并抛下船锚。抛锚后他们松开锚绳继续向海湾中驶去，走在最前面的是护卫舰和小型船舰，大型战舰猛烈轰击近岸炮台，为它们提供掩护。

英军的连续炮击重创岸上的炮兵部队，同时英舰也被弥漫的重重硝烟遮掩起来，令对方的反击失去了准头。一船船的英军水手和士兵朝着敌船奔去，登船人员都接到严令，不得抢夺战利品、不得拖延，只管放火烧船，然后迅速撤回。英军这么做也是有风险的，他们很有可能堵成一团、行动迟滞，无法逆风驶出海湾。而在撤退途中还有一重风险，战舰停止轰击炮台之后，护卫舰就暴露在了对方炮台的炮口之下，且一旦硝烟散去，奥斯曼火枪手也将开始发威。但布莱克的人马丝毫没有留恋战利品，英军回撤出港的速度之快令对手愕然。他们全力推动绞盘，只见紧绷着的锚绳以迅雷不及掩耳之势把运兵船都拖了回来。

整个行动计划得环环入扣，将士们也执行得一丝不苟，将英格兰海军的严整和强悍展现得淋漓尽致。整个欧洲为之侧目。

布莱克的下一个任务是赶赴加的斯沿岸。英格兰和西班牙还维持着和平关系，不过克伦威尔正准备挑起战端的流言已四处蔓延。布莱克还在地中海的时候，海军上将威廉·佩恩率领着一支 38 艘船的舰队赶向加勒比海。舰队载着由罗伯特·维纳布尔斯（Robert Venables）上校统领的 3000 名士兵，他们此行的目标是拿下海地岛。

布莱克接到的命令是阻止西班牙舰队回援，这让他有些进退失据，双方还没有宣战，因此无论如何都不能过早跨入西班牙船舰的控制范围。两个月后，他在加的斯沿海差点就和一支西班牙舰队交手了。他和对方在拉各斯（Lagos）附近海面上已然比肩而行，正当他准备拉起后桅上的红旗宣布开战时，下层炮台甲板却出现了状况——海面的浪头越发高急，低层火炮已经无法开炮。等到第二天重新准备好开战时，他却在宣战前的最后一刻意识到对面那些西班牙船舰是准备去护送"黄金船队"回国的。他觉得攻击"黄金船队"已经完全偏离了自己所接到的命令。1655 年 10 月，布莱克回到了唐斯。

佩恩已于一个月前率西印度远征军回国，此番出征彻底失败。维纳布尔斯和佩恩在战略部署上未能达成一致。登陆海地岛后，陆军因为疫病蔓延而人员锐减，被一支临时拼凑起来的西班牙义勇兵击退。他们也曾试图夺取牙买加（Jamaica），结果发现这个岛屿并没有什么价值。连番碰壁之下佩恩只得掉头回国，后来被关进了伦敦塔以示惩戒。尽管克伦威尔对未能摧毁西班牙舰队一事颇为失望，但布莱克最终仍免于责罚。

冬天的时候布莱克又组建了一支舰队，并于 1656 年 3 月驶往西班牙海岸。就在它准备出航时，国内政坛再现动荡。劳森以远征时机不成熟为由辞去了舰队副司令一职，但那只是一个托词，根源是政治原因。新政府永远不可能把劳森当自己人，更糟糕的是，时年 31 岁的克伦威尔宠臣爱德华·蒙塔古（Edward Montagu）成为和布莱克共掌舰队的优先人选，这让

214

后者愈加警觉起来。

之后，不少海军军官因发表消极避战的看法被捕。他们认为和西班牙开战是没有任何依据的，不仅抵御西班牙武力入侵的借口无法为其正名，甚至连保护本国商业的说辞也没有根据，伦敦城认为整件事只会对欧洲经济造成毁灭性的打击。许多将士都觉得眼前的战斗不过是为了满足克伦威尔一人的虚荣心而已。劳森试图阻止这场战事，不过没能成功。随后布莱克和蒙塔古对海军进行了又一次整肃。整支舰队军容雄壮，指挥有序，只是它再度陷入了没有明确征战目标的境地。政客们希望布莱克和蒙塔古能俘获"黄金船队"。但历史一再告诉我们，此事说起来轻松做起来难。

实际上运宝船船队早就返回了西班牙。布莱克和蒙塔古准备封锁加的斯等待下一趟护宝船队，不过显而易见的问题是他们没有一个转送供给的基地。后来葡萄牙国王若昂四世（King João）被迫签订条约，难题得以破解。依据条约，英格兰商船可以自由出入巴西，而且葡萄牙同意英格兰战船使用本国港口，后一条对战局的推动可谓至关重要。

尽管有大西洋风暴肆虐，封锁还是持续了整个春夏两季，想必所有参与这项漫长行动的人都郁积了满腹恶气。8月，布莱克将舰队一分为三，一队以布莱克为统帅在圣维森特角沿海区域巡弋，蒙塔古带领二队前往的黎波里（Tripoli）和萨莱商谈条约，三队继续留守加的斯海湾，由上尉理查德·斯泰纳（Richard Stayner）掌管，队中囊括了整支舰队最精良的 8 艘护卫舰。不久布莱克离开一队前往萨莱为蒙塔古助阵。斯泰纳所处之地位于西风口的下风岸，当地风力十分猛烈，为避免遭遇险情，这支分队被迫于 9 月 8 日从陆地退回海上。

从加的斯望去，英军似乎已然放弃封锁，至少"黄金船队"的舰队司令对此深信不疑，于是他率队向加的斯驶去。当看到英军外形矮小的护卫舰时他还以为是渔船。但突然间斯泰纳一轮舷炮轰向了对面前方船舰，其貌不扬的护卫舰瞬间露出狰狞面目，"黄金船队"舰队司令这才大惊失色。西班牙舰队被俘 3 艘，被焚毁 1 艘，还有 2 艘被迫靠岸。

一百多年来有关西印度群岛财富的传说犹如雾中之花，让英格兰人倾心而不可得，今日他们终于擒获了这支传说中的"黄金船队"。

奈何局势又来了个 180 度大转弯。有一艘小型舰没被英军当回事就放过了，实际上它装载了整支舰队的绝大部分珍宝。载货量居全队第二位的舰被焚烧。俘获的舰中有一艘确实载有珍宝，但其他的舰只都只装了一些少得可怜的贵重金属，甚至有一艘装的全是皮革。看似风光无限的大捷，实际收益却寥寥无几——远不足以抵消这场战事的开销。蒙塔古就带着这么点战利品返航了，而布莱克还滞留在圣维森特角附近的海面上忍受酷寒的煎熬。他大腿上因波特兰之战留下的旧伤发作，疼得钻心剜骨，肾结石和水肿更是让病情雪上加霜。他只能靠吃肉冻、喝肉汤过活。

直到第二年春天布莱克才接到"黄金船队"出海的情报，舰队上沉闷困顿的氛围终于开始活跃起来。斯泰纳和其他一些舰长都赞成立刻出发，布莱克坚决不同意这么做，他还不打算发起封锁。舰长们只得依照命令重新回到枯燥乏味的岗位上。两个月后，4 月 12 日，布莱克苦苦等待的消息终于来了。"黄金船队"正停靠在特内里费（Tenerife），他们已经被吓破了胆，生怕一出海又会碰上英格兰海军。同时布莱克知悉停在加的斯的西班牙船舰尚未做好出海准备。

1657 年 4 月 14 日，布莱克离开了自己严密监视一年之久的地方。4 月 18 日他看到了特内里费，第二天舰队抵达圣克鲁斯 - 德特内里费沿岸。

森严的圣克鲁斯港是世界上最令劫掠者们畏惧的港口之一。港口海岸是一片峻险的嶙峋石滩，外来者无法从海上直接登陆。海湾呈月牙形，由圣菲利普要塞负责拱卫。从圣菲利普要塞到镇子北端一线，以及圣胡安要塞到镇子南端一线均设立了海岸炮台。港内所有防御工事又通过三条土木工事构筑的防线连为一体，土木防线后面还驻守着火枪兵。海港入口被 7 艘首尾相连的巨型盖伦帆船牢牢封住，船舷的炮口一致朝向海216　面。此外岸边还部署了 9 艘形制小一些的武装船舰。当真是铜墙铁壁，坚不可摧。

不过布莱克并不这么觉得。法里纳港一战可算小试身手，这一次他依旧严令手下人马不得夺取任何战利品。当"黄金船队"就在眼前的时候，那个时代没有哪个舰队司令还会下达这样的命令——因为即便下了这样的命令也不会得到执行。但布莱克对金钱没有丝毫的贪念，而且他麾下的舰长们也没人敢勾动他处于临界点的怒火，更何况病痛的折磨早就让他积了满腹的火气。

护卫舰在斯泰纳的带领下进入战场，他站在"宣扬"号（Speaker）的艉楼上指挥着这艘旗舰绕过重重障碍向海港里面进发。他只向其他各护卫舰舰长下达了一个口头命令：跟在自己后面，自己怎么走他们就怎么走。作为此次闪电式袭击的先锋，这也是唯一的办法。斯泰纳是海军中冉冉升起的新星，他自孩童时就随纽芬兰渔队出海，1649 年第一次在海军中担任指挥官，时年 24 岁；第一次对荷战争中他已经能够成功指挥护卫舰作战。此刻他很清楚布莱克接下来要做什么，因为他也参与了法里纳港之战。

斯泰纳在艄楼上看准机会，率队从体积最庞大的两艘西班牙盖伦帆船之间的缝隙中穿了过去，所有这些部署都是在一片出奇的寂静中完成的。布莱克有严令，必须等各部抵达指定位置后才能开火，因为一旦开火，硝烟弥漫之下船舰将无法再做出高精度的动作。顶着大盖伦帆船的轮番齐射，英军护卫舰跟在斯泰纳身后钻过缝隙。9 点整，护卫舰终于紧贴盖伦帆船停稳。接下来就轮到他们开炮了。

与此同时，英军大型战舰狂风骤雨般的轰击打得岸上堡垒毫无还手之力，对方的炮手被吓得四散逃窜。海岸炮台也没发挥多少作用，布莱克事先已经预料到停泊在内港的运宝船会挡住炮弹。火枪手们则被裹挟着硝烟的海风吹糊了眼，无法清晰地瞄准英军登舰部队。后者把小船划到西班牙大船下面之后攀缘而上，在一片迷蒙烟雾的掩护下，英方水手肆意出击。大型战舰驶进海港彻底解决了盖伦帆船。下午 2 点整，西班牙舰队司令的旗舰和副司令的座舰接连发生爆炸。

每当一艘西班牙船舰沉没，近岸炮台就会多出一片向英军瞄准开炮的视野，所以越到后来战事变得越发激烈。一些英军将领因为不停歇的轰炸而被狂热战意冲昏了头脑。舰队副司令伯恩、舰队后卫司令斯泰纳和其他三名舰长试图保住擒获的敌船。若不及时停手，整场作战尤其是最为关键的撤退环节都有可能被扰乱。布莱克将撤退的命令重复发了三次，众人才终于开始执行。于是英军船舰由绞船牵着，像法里纳港之战一样迅速退出了港口。

217

斯泰纳的"宣扬"号在早上 8 点整率先发动进攻，至晚上 7 点整才拖着残骸地最后一个退出战场，当时该船船舱积水已达 9 英尺，桅杆全部毁坏，靠缆绳拖着才得以安然返回。是役，布莱克一艘船舰都没有折损。由于没有俘获财宝，或许让此等战功无法显于人前，不过他凭借足可忽略不计的损失摧毁了整支"黄金船队"，而英军仅伤亡 50 人。布莱克往西班牙帝国最敏感的地域狠狠捅了一刀。此役最重要的影响还在于，西班牙正急需这批财宝来支撑自己在佛兰德斯的战事，结果它们却被布莱克死死困在圣克鲁斯港动弹不得。

英格兰海军的超卓战力引起欧洲各方势力的纷纷议论。"前前后后都让人匪夷所思，但凡熟悉那地方的人都知道，再有胆色的人也不会糊涂到去捅那个马蜂窝。"克拉伦登伯爵如是写道，紧接着他又说，西班牙人一致认为这帮来生事的不是人类而是魔鬼。威尼斯大使认为，这是英格兰自击败无敌舰队后最了不起的一场大捷，因此也值得好好庆贺一番。

7 月，布莱克起帆回国，只留下一支小规模分队继续封锁行动。他盼望着能在人生最后的日子里再次踏上英格兰国土。抵达普利茅斯港时他下了一生中最后一道军令：必须给留守在加的斯沿海的船舰继续输送补给。1657 年 8 月 7 日，旗舰"乔治"号刚刚驶进普利茅斯港，布莱克就离世了。

纵观布莱克的戎马生涯，他从未参与过保卫国家的防御战，这可能就是他声名不显于后世的原因。确实，在他一系列的重大战功中，英格兰扮演的都是侵略者的角色，不过他的贡献不当因此而被低估。布莱克以铁血手腕整肃军队的纪律与建制，在海军的成长中留下了不可磨灭的印记，没有堪与比肩者。他可能在舰队交战时的战术运用上表现不佳，不过他极擅长应付劣势局面，使不可能成为可能。还需说明的是，海军能从漫长的封锁作战中撑下来，离不开布莱克非凡的忍耐力和领军才能，那种为达目标不受任何困苦动摇的坚毅品质值得后人永远传承。比如法里纳港战役和圣克鲁斯战役之前，动辄就要花上数月、数年的时间等待战机，但当中的间隙时段又屡见令人心神为之一震的大胆出击，这些都源于平时细致严谨的谋划和观察。整个欧洲都震慑于他的威名。克拉伦登谈及克伦威尔时说道："护国公在海外威名四起，远甚于国内。"罗伯特·布莱克是最大的功臣。

1657 年 9 月 4 日，布莱克葬于威斯敏斯特大教堂（Westminster Abbey）。364 天后克伦威尔离世。布莱克时期，海军在动荡局势中仍旧延续中立的政治立场，"空位期"（Interregnum）的英格兰政坛频换王旗，其间海军作为在野者虽略有微词，不过从未插手政坛更迭之事，而这种局面即将改变。 ₂₁₈

克伦威尔的儿子理查（Richard）是一个性情随和的人。他继承了父亲"护国公"的位子，议会和枢密院均是他的支持者。不过陆军认为此子未建寸功，是个孱弱不堪的"女王面首"。军中高级将领均不认同由他坐主帅的位子，况且眼下局势也透着一股不妙的意味，国家财政混乱无序，薪水都拖着没发，得靠削减军费开支来解决这些问题。如若不然，政坛上由陆军一家独大的局面将会瓦解。

海军站在理查一边。其中一部分要归功于海军总司令爱德华·蒙塔古，他是新任"护国公"的坚定拥护者。海陆两军龃龉难合，海军总司令和陆军将军们频频斗法。1659 年 3 月，蒙塔古带领一支 40 艘船的舰队前往丹麦湾（Sound of Denmark），陆军趁此发难，他们废黜了理查，重组尾闾议会。

陆军对蒙塔古心怀忌惮，深信此人会支持查理·斯图亚特复位。此前一直赋闲的海军上将约翰·劳森被任命为英吉利海峡舰队司令。劳森是毫不动摇的共和党人，与布莱克和其他将领不同，他断然做不到睁一只眼闭一只眼地拥护自己所厌恶憎恨的政权。因为敢于身先士卒，敢于和克伦威尔对着干，他也深受手下将士们的爱戴。起用劳森旨在将海军分而治之，一旦蒙塔古对新政权产生威胁，劳森就会出手。

蒙塔古被迫隐退，不过尾闾议会的危机并未彻底消除，海陆两军积压的怨念已然沸腾。将士们的饷银拖欠了好几个月，甚至还有拖欠好几年的。10 月，士兵们封锁了所有出入威斯敏斯特宫（Palace of Westminster）① 的门径，并有部队在其四周驻扎。陆军由此成为英格兰的掌控者。

历史上第一次也是唯一一次，海军发动了政变。11 月 13 日，劳森的 22 艘船舰开进泰晤士河。曾经由陆军发源而来的海军现在反而扼住了前者的咽喉。时值寒冬，伦敦城被围困，市区人心惶惶，人们不仅挨饿，还要受冻——运煤船被拦在泰晤士河上进不来。圣诞节那天城中的将军们举起了白旗，尾闾议会重新上台。

此时舰队总司令成了英格兰政坛的仲裁人。[4]伦敦城要求查理·斯图亚特重登王位，劳森自然不会同意，他的巨舰大炮不仅瞄准军政府，也会指向伦敦城和保皇党。

但不久海军就丧失了这份举足轻重的影响力。仅仅一周之后，乔治·蒙克将军率领部队跨过特威德河（Tweed）迈入英

---

① 又称议会大厦（Houses of Parliament），是英国议会（包括上议院和下议院）的所在地。——译者注

格兰。进军伦敦途中他一路观察揣摩着国内的民心向背，人们早已受够了连绵不断的动乱，都盼求着再次举行议会选举。其间，曾于 1648 年被肃清的议员们再度回归议会。

局势走向不容劳森乐观。回归的议员们均为保守派人士，如果解散议会重新选举就又给了保皇党可乘之机。身居舰队司令之位的劳森也有其他选择，他可以凭借手中的舰队联合其他立场坚定的共和党人，发动内战险一搏。当然他也可以割舍自己的政治理想，与蒙克联手保住眼前的稳定局面。最终劳森选择了后者，他退到一旁，由蒙克和蒙塔古担任海军的海上总司令。只是海军上下的意识形态早就被其政治领袖们彻底改造，许多将领都拒绝像舰队总司令那样妥协。

1660 年 3 月 23 日，塞缪尔·佩皮斯（Samuel Pepys）从伦敦塔胆战心惊地登上了"雨燕"号（Swiftsure）。[5] 他是蒙塔古的秘书，蒙塔古此时正指挥海军进行夏季巡航。"雨燕"号扬帆下行往蒂尔伯里（Tilbury）驶去，佩皮斯要去那里会见劳森。

劳森和蒙塔古也有过一段过往。加的斯远航的前夜，劳森曾试图说服这位年轻将领放弃此次行动。蒙塔古也明白自己是掉进毒蛇窝了。这一趟佩皮斯想必听到不少流言蜚语，说以前在劳森手下效力的将官们不会听命于蒙塔古。同时国内正在进行议会选举，以此决定英格兰未来的出路。民众公开谈论查理·斯图亚特归国复辟的事情。蒙克和蒙塔古正秘密和流亡在外的这位斯图亚特王族接触，就如何与众人周旋协商其归国就位的事情出谋划策。

在方方面面的谋划之中，海军都是不可或缺的重要角色，没人能肯定它究竟会如何行动。

　　蒙塔古和佩皮斯换乘"内斯比"号后继续向唐斯进发。进入锚地之后佩皮斯留意到了沉船的残骸和被海浪摧折的桅杆直直戳出水面。这片浅滩暗礁密布，很是险恶，曾经夭折于此的航船已经成了后来者们的水路标志。他们一路前行，最终和驻守在迪尔城堡（Deal Castle）的夏季巡戍军余部会合。两军鸣炮致礼，阵仗十分浩大，硝烟弥漫，以致佩皮斯不仅看不到对面的船舰，连自己甲板上的人都看不清。

220　　佩皮斯在战舰上待得还是比较惬意的，经常和军官们觥筹交错。他渐渐对船舰有了初步的了解并能依此出海航行，文官中很少有人像他那么热衷于海上航行。他还和蒙塔古、军官以及其他船员们一起玩九柱戏（ninepin）作赌。船上时常有人奏乐唱歌，多为讽刺当时政府的曲子。同时他也和众多海员一样，焦灼地思念着自己的妻子，倦怠于单调乏味的海上生活。有天晚上他下船散心，先去迪尔的几处酒馆逛了逛，深夜喝醉之后和一帮年纪比自己小的军官打成一片。"这之后，"他在日记中写道，"很晚才上床睡觉——酒已经喝到了嗓子眼。"

　　整个 4 月舰队都停驻在唐斯。蒙塔古自 3 月就开始着手整肃手下的将官，停留唐斯期间没有丝毫停歇，他以庖丁解牛般的微妙手段把舰队层层分离。佩皮斯手中情报标示了将官们各自所属的阵营，其中尤为激进者被派到了岸上，剩下的人有些被调出执行护航任务，有些则没了座舰——他们的船被直接买断了。不过蒙塔古还是不放心舰长们是否真的和自己一条心，他为此十分忧虑，因为他正利用唐斯的地理位置与海对面身处荷兰的斯图亚特家族的人进行秘密谈判。"内斯比"号上英格兰方面、尼德兰方面的信使和权贵来去匆匆，各舰对此都一览无遗，毫无秘密可言。

目见耳闻之下舰长们心中颇为不满，但他们缺一个领头人。劳森已经被保皇党拉拢了——一边是要为海军掌好舵，一边是眼下凶吉莫测的自身命运，掂量之后他决定不再阻挠国王回国复辟。

1660 年 5 月 1 日，在数周的谈判之后，流亡英王发表了《布雷达宣言》（Declaration of Breda）并在其中阐明了自己所愿做的让步。上议院听闻之后第二天就给出回应，声明君主制才是英格兰本就应该实行的政体。5 月 3 日，蒙塔古把麾下所有将官召集到"内斯比"号上开了一次军事会议，并向众人公示了以上两份声明。气氛突然间凝重起来，不过他们完全没机会议论。佩皮斯早就为他们拟好了统一声明。"在座者均无异议，"佩皮斯写道，"虽然我明白他们许多人心中都是极力反对的。"⁶

不过之后甲板上的情形和他的想法全然迥异。将官们在后甲板上站定，佩皮斯向船员们大声宣读了《布雷达宣言》，"我辈大幸！"他们轰然响应，"上帝保佑查理国王！"佩皮斯随后一艘艘船挨着宣读过去，听闻消息的船员们纷纷把帽子抛向空中，"一艘接着一艘的船上响起了震天响的'国王万岁'（Vive le Roy）"。

或许舰长们丝毫没有假以辞色，不愿和王朝复辟扯上任何关系，毕竟他们曾被训练得对政治领袖绝对服从，而且参军报国的很大一部分原因就是让保皇党永不踏足英格兰。结果现在的形势不仅要他们默认君主制死灰复燃，还要他们仍由国王驱使。他们的指挥权变得沉浮不定。不过船员们的想法和国内民众一致，迫切希望局势能稳定下来。但不论政治立场为何，他们都是出于同样的原因结队于此，唯有稳定的政府才能给他们

221

发放饷银，所以他们为国王欢呼毫不奇怪。和军官们不一样，他们是失无可失。每位水手都得到一品脱葡萄酒作为赏赐，于是所有潜在的抵抗都消弭于无形。

5月13日，舰队就是在这样的氛围下抵达斯赫维宁根沿海的。"内斯比"号上的克伦威尔巨像已被移除，船舰绘上了皇家徽章，旗帜上的英联邦竖琴标志被裁了下来，代以匆忙间用黄布剪出的王冠和字母 CR——Carolus（Charles）Rex（查理国王）。保皇党让舰队继续闲置着，蒙塔古和佩皮斯就靠玩九柱戏打发时间。5月22日，英格兰海军总司令、约克公爵、国王的兄弟詹姆斯·斯图亚特（James Stuart）前来巡视。他自4岁起就获封这些爵位官衔，直到现在27岁时它们才真正发挥效用。翌日，国王登临"内斯比"号，并即刻将其易名为"皇家查理"号。

舰队载着王室成员返航多佛，一路鸣炮以示庆祝。查理讲述了不少他于1651年逃离英联邦军队追捕时的逸事，为身边拥簇的众人助兴，佩皮斯听得尤为入神。海军再次冠上了皇家之名。

海军让英格兰赢得全世界的敬畏。它此时所取得的成就远远超越了曾经击败无敌舰队时的战绩。海军在这段时期的历史事迹不为今人所熟知，不过18世纪很长一段时间里人们都将其视为黄金时代。经历了共和政府时期和克伦威尔摄政时期后，海军终于走向成熟。

军政府以严苛手段向英格兰民众强征暴敛，以此堆砌出了雄强的海军。金钱是行政系统的润滑剂，使其以空前的效率高速运转。金钱让海军舰队的规模从40艘攀升至130艘，而且之前的40艘主要都是巨型战舰，之后既有悍勇无匹的第一流战舰，也包含不可或缺的护卫舰。金钱为舰队招兵买马，当其充裕时更维系了他们的忠诚度。"金钱，金钱，金钱"——1628 年它就被奉为海军的第一推动力。不过随着税收渐告枯竭，1660 年，海军债务已逾 125 万英镑。

如此情形之下，新近复辟的君主政体似乎变得岌岌可危。以历史眼光来看，传统君主制那一套征税机制和行政体系已经老朽不堪，倘若新政府仍旧如此行事，海军的光辉将只是昙花一现，海军也将离历史的轨迹越来越远。

但事实上斯图亚特王朝复辟并未中断海军改革的大势，反而成为强劲助力。

注释

1. Rev. Oliver Heywood, *The Whole Works of the Rev. Oliver Heywood*, *B. A.* (5 vols, 1827), vol. I, p. 58

2. Dixon, p. 249

3. Capp, p. 86. 这里笔者要再次感谢 Capp 的著作 *Cromwell's Navy*

4. 1659~1660 年政坛危机中海军所扮演的角色，Capp 的著作中有最为上佳的论述

5. 现代人对佩皮与皇家海军之间的关系的叙述，见 Knighton, *Pepys and the Navy*

6. Pepys, *Diary*, 3 May 1660

第 7 部分

海之子

第 21 章

地中海俱乐部

痛饮美酒的时刻，水手们以为自己身处天堂。

——约翰·巴尔萨尔佩（John Baltharpe）

加的斯、丹吉尔（Tangier）、马拉加（Malaga）、阿利坎特（Alicante）、热那亚、里窝那、那不勒斯、墨西拿（Messina）、加利波利（Gallipoli）、赞特岛（Zante）、君士坦丁堡、士麦那、斯堪德罗恩（Scanderoon），光听这一连串充满异域风情的地名，英格兰水手们的心就骚动不已，想要前去一探究竟。每当有航船进入地中海的海港，载满妓女的小船就会上前招呼，令众人不由得要去纵情享乐一番。"船还没停稳，海军中许多家伙就先快活了一回。"[1]

水手们离船登岸的时候可以暂时摆脱千篇一律、单调乏味的海上生活。到了镇上，他们痛饮大醉，纵情喧闹，不论在英格兰还是其他地方，他们都会急不可耐地往当地的烟花巷里钻。一名居住在里窝那的土耳其人，因为亲眼看见了英格兰水手们狂浪放逸的行径，从信奉基督重新变回伊斯兰教信仰。据说一名水手能在几个小时里就把整年的薪水挥霍个精光。他们甚至到生命的最后一刻都对这些乐子念念不忘。随船牧师亨利·泰昂格（Henry Teonge）乘坐战舰从英格兰出发前往地中海，他在日记中记载了离开本国海域前的最后一夜里船员们和各自的女伴是如何度过的："眼前场景会让人觉得匪夷所思，一男一女钻进吊床，女人的双腿悬在吊床两侧抑或伸出床尾。有些鸳鸯们躺在箱子上酣睡，还有的紧紧拥抱着接吻；他们大多意识迷离，不是半醉就是半睡。"

夏初离港时，海军的每艘船舰上差不多都是这样的情形。[2]离港后他们将会前往不同的目的地。1680 年，有 6 艘船驻扎于英吉利海峡西面入口的桑丁斯（Soundings）。驻守期间，若有商船要向南去往丹吉尔、比斯开沿岸、葡萄牙、加那利群岛、马拉加或是要向北去往冰岛，都会由他们随行护航。2 艘战舰随捕鱼船队前往纽芬兰并在回程时护送他们穿行大西洋，目标是伊比利亚半岛和意大利半岛两地利润丰厚的渔业市场；2 艘战舰开往地中海东部，负责守卫黎凡特公司的船队；2 艘战舰负责捕鱼季的海上巡弋，以保证在雅茅斯（Yarmouth）沿海作业的鲱鱼船队能够安全作业，并在作业结束后护送船队前往地中海。另外还有 2 艘负责护送商船前往伊比利亚半岛和意大利半岛进行贸易。不那么走运的人（共 2 艘船）被调去了爱尔兰海域执行巡防，各有 1 艘船被派往泽西岛（Jersey）、格恩西岛（Guernsey）、朴次茅斯、希尔内斯、背风群岛、巴巴多斯和牙买加负责守卫。10 艘船负责巡逻直布罗陀海峡，还有 1 艘驻防英格兰海军基地丹吉尔。查理二世娶了一位葡萄牙新娘，丹吉尔和孟买是她的嫁妆。

前述最后一组船队是英格兰地中海海上力量的核心，即地中海分舰队。其规模并不固定。1679 年，阿尔及利亚海盗尤为猖獗，直布罗陀海峡上巡防的英格兰船舰达到 35 艘。他们

225

的首要任务是对付私掠船，在敌方沿岸海面上驻防或是四处巡航，搜寻那些虎视眈眈、不怀好意之辈。但航行海上期间，这些船舰也可能会被调到英格兰海域和斯堪德罗恩（即当今土耳其的伊斯肯德伦 [Iskenderun]）之间的任何一处海域为商船护航。船舰需要维修或补给时会前往里窝那。

泰昂格日记中那些出海前夜和自己男人欢好的女人们会随船从泰晤士河口一直到唐斯，然后在那里下船返岸。离别之时，悲戚含泪，男人们会在小号声中唱起那首经久流传的水手民谣——《终须一别》（Loath to Depart）。

皇家海军士官约翰·巴尔萨尔佩曾于 17 世纪 70 年代随"圣大卫"号（St David）远航地中海，"圣大卫"号舰载 46 门炮，船员 240 人，是地中海最庞大的护卫舰之一。他为此番远航写了一首长篇打油诗。诗中有大量的细节描写了船员们身处艰苦巡航岁月时的想法和情感，其中性和饮酒方面的内容尤为丰富。他如此讲述自己的离乡出海："月光下，我站在甲板上/眼前空茫茫一片，空茫茫如那晚英格兰从视线中消失一样/永别了，美丽的英格兰，永别了。"

这帮水手离开英格兰时泣涕涟涟，不过一到异国的港口，他们就急忙冲向岸上的妓院或直接登船的烟花女子。1661 年"蒙塔古"号离开里斯本时，船上 300 人中有 37 人要接受性病治疗。乘着小船出来迎接英格兰船的窑姐们，必然生意兴隆。

还有其他人也在候着那些船。地中海港口是水手们暂时歇脚的地方，当中许多人都希望能在船上谋个铺位，他们或远行，或回英格兰。海军每年要给 20 ~ 40 艘船招募 3000 ~ 4000 人，其中绝大部分人属于四级、五级、六级战舰，一小部分归属三级战舰。*和平时期人手不成问题。没有战事的时候地中海就是英格兰海军诸多行动的核心区域。

一般而言，在战舰上工作仅仅是海客们在波涛里讨生活的一条门路而已，还有其他选择摆在他们面前。水手爱德华·考克希尔（Edward Coxere）曾于海上颠沛流离，因此能流利地说四国语言。内战期间他曾效力过数位主子，之后他加入西班牙人的队伍对付法国人，之后又投入荷兰人的阵营对抗英格兰人。这之后再帮着英格兰人打荷兰人，后来成了巴巴里私掠势力的俘虏，被逼着不分国别袭击所有船只。再后来他被救了出来，被安置到一艘英格兰战舰上和西班牙交战。西班牙人俘虏了他，他逃出囹圄后回国，出海往纽芬兰去了。

并不是所有水手都像考克希尔这样坎坷地飘来荡去，但他们绝大部分也都是在商船和海军战舰之间来回漂泊，挣一份辛苦钱然后寻找下一家。对许多水手来说，参加海军是一个过渡而非一份志业，是今后谋求巨财的敲门砖。这帮人的一身皮骨足以熬过海上那野蛮残酷、且夕莫测的日子。在雅茅斯或里窝那、朴次茅斯或墨西拿登上国王的船舰时，他们早已明白自己

---

* 等级	火炮数量（座）	船员人数（人）	1660 年 战舰数量（艘）	1688 年 战舰数量（艘）
一级战舰	86 ~ 100	430 ~ 815	4	9
二级战舰	54 ~ 90	270 ~ 660	11	11
三级战舰	52 ~ 74	210 ~ 470	15	39
四级战舰	32 ~ 26	115 ~ 280	45	43
五级战舰	26 ~ 32	80 ~ 135	35	12
六级战舰	4 ~ 18	18 ~ 85	20	8
			130	122

227 跨入的是怎样一个世界，其中什么事都要照着规矩来。

　　船上每个整点都会有铃声报时。每 4 小时会有 8 声铃响，这是在提示值岗警戒人员该换班了，航程中这项常例雷打不动。船上有右舷和左舷两处警戒，水手登船后会被分到其中一处执行值岗任务。一个警戒处会值勤 4 小时，其他轮班处的人睡觉或者休息。8 声铃响一过，没值岗的人即刻离开吊床，打起精神接手分配给自己的岗位。特别年轻且手脚敏捷的船员大多在高空执勤，被称作"瞭望人"（topman），他们待在高高的尖桅横杆上，负责调整船帆、监视远处动静和修补大段大段的帆绳。无力再在高空执勤的老水手会降至船腰甲板上，叫"船身工"（waisters）。他们经验丰富，负责协助水手长（boatswain）控制前帆或者参与其他特殊任务。最没经验的普通海员有时在船腰或后甲板和船身工一起警戒，有时作为值勤水手牵拉缆绳，干的都是不需要技术和灵巧但很耗力气的体力活。瞭望人、船身工和普通水手值勤的 4 小时当中，工作艰辛繁重而又千篇一律——船行海上时的每项行动指令都得靠几十号人齐心协力、累折了腰才能实现。

　　也有人不用参加严苛的轮班值勤，他们夜里睡觉、白天干活，所以叫作"常员"。这些人都是专业人员和工匠，明显有别于值勤警戒的"水手"（seamen）。船上有木匠、制帆工、炮手、铁匠以及不参与普通行船事宜但负责重要日常工作的其他船员，常员做的就是这些需要技术的活。有些时候，比如航船要抢风换向、抵御风暴或发现敌船时，就需要紧急调动所有船员——包括常员和休勤人员——的力量。17 世纪 60 年代到 70 年代，英格兰水手在地中海时经常要参与应对这样的突发状况，因为护卫舰上配置的人手要比战列舰少一些。

年满 20 岁且有 5 年海上经验的水手会被列为一等水兵（able seaman），可以"负责船舵、铅锤（Lead）①、桅顶和帆桁"，即掌舵、测量水深和高空作业。一等水兵每月有 24 先令的薪水。普通水兵（ordinary seaman）需要干更多的粗活，且薪水要低于一等水兵。除了一等水兵、普通水兵以及常员之外，船上还有一些其他人。每艘船都配有号兵，他们负责将命令传达至船上的每一个角落。此外还有为数众多的男童，他们大多为将官们在船上的侍从，同时也出于熟悉海事的目的登船。还有些男童会充当随船外科医生的助手。年纪最小的瞭望人在顶上的帆桁处干活，那里的船帆要轻一些。1659 年，一位名叫爱德华·巴洛（Edward Barlow）的普雷斯特维奇（Prestwich）男孩以航海长（chief master）学徒的身份加入了"纳斯比"号。1661 ~ 1662 年他去了地中海。我们对"复辟海军"（Restoration Navy）日常事宜的了解大多是从他的日记中获取的。

爱德华·巴洛在日记中详尽记录了皇家海军中惊险屡现但有时又十分平淡的生活。日记中写道，有一次他和同伴们才睡了半个小时就被叫了起来：

> 我们在半睡半醒之间就被催促着上主桅楼和前桅楼去把顶帆收起来，时间紧迫以致我连鞋子也只穿了一只。我们经常和衣而睡以便待命应召。要是遇上暴风雨，只感觉船身跌跌撞撞打着转，如同巨大无匹的磨石沿着山壁滚上滚下，我们只能紧紧拽着细绳，费尽心力才不致摔落甲

---

① 测量海水深度的工具。——译者注

228 板。攀上桅楼升降帆布，将其系紧拴牢时周围什么都看不清，唯有头顶的乌云和脚下的海水，狂风巨浪之中似乎随便一个浪头就能将我们吞噬：很多时候夜里太黑、风太大，到了彼此间看不清、听不见的地步。

一艘船要维持良好的状态，得有大帮人手来完成日常事务。

还有一些并非日常性的主要工作。用绞盘升起大锚、回收大船上的小艇都需要众人苦干数个小时。数周的海上航行以及与海盗交战之后，船员还得修补漏水的地方和加农炮炮弹造成的破损，修缮摧折的桅杆和帆桁。此外大船还得倾侧休整——先把船拖上海滩，倾侧船身，然后开始对吃水线以下的船体进行修补，并把吸附在船体上的甲壳动物和海草铲掉——最后还要涂上动物油脂作防水之用。

航海时要做的事情主要就是这些。巴尔萨尔佩如此描写瞭望人们在高高的帆桁上干活时的闲聊：内容不外乎"说些莺肥燕瘦的下流话打发时间"，议论军需官是否捞了油水，讲讲对军官的牢骚抱怨。航行久了，听到航船即将停靠友方港口的传闻，聊天的话题可能又变成了在里窝那、马拉加抑或其他地方等待着他们的美酒和女人。

8声铃响之后，他们从岗位上撤下，退回自己在火炮甲板上的餐舍里休息。每个餐舍容纳4~8人不等，其中一半在右舷值勤，一半在左舷值勤，从而可以让值勤的人不在时，其余人有更宽敞的地方休憩和睡觉。军中伙食在两门火炮之间的一张桌子上提供。水手能有的休息之处和私人空间都在这里了，其中存放着寥寥无几的私人物品。这里还是水手们放置吊床和白镴餐盘的地方。没有任何自然光线能透过火炮甲板，加之航行的时候炮口完全封闭，这里面的空气远谈不上清洁新鲜。

每晚 7 点，船员们拿着自己的餐盘来到设在艉楼的厨房，打好食物再回到餐舍的桌子旁就餐。按条例规定，船上每天须供应船员鱼、猪肉、牛肉和一加仑啤酒。一天中这个时候最为惬意，众人讲谈逸闻，哼曲唱歌，玩赌钱的游戏。许多记录17 世纪航船生活的作品都提到，跳舞和吵闹的淫秽曲子受到普遍欢迎。巴尔萨尔佩曾说，和他一道的船员顺着小提琴的调子就能跳起舞来，有时候他们就只是"瞎蹦跶"而已。"空位期"时，布尔斯特罗德·怀特洛克（Bulstrode Whitelocke）曾以大使身份前往瑞典，途中他和水手们谈天说地，还和他们一起在甲板上肆意打闹，"时不时从脖子往里灌水、开个玩笑……这些举动很受那帮人的欢迎"。[3]

而其他时间，船员们会用陶管抽烟。这毫不为奇，因为在木质航船上明火是十分危险的东西，须时时警惕，规章条例对此也有严苛要求。艉楼那里有一个盛水的木桶，在其周围才可以抽烟。至于物质需求方面，便池设在上层甲板，粪便都从船首的出口倾泻到汹涌的大海里去了。

人们常说水手"百毒不侵"，他得长着"一个无坚不摧的胃，吃下什么都能照单全收，就是铁块都能给消化了"。[4]出海后，能供应新鲜食物和啤酒的光景并不长久，之后船员只能仰靠贮藏食品过活，当中有一些已经放置了数年之久。新鲜食物的短缺使得疾病成为必然，其中坏血病尤剧。拜黄热病这样的热带疾病所赐，西印度群岛成了名副其实的坟场墓地。斑疹伤寒在环境不卫生、众人长期聚集的地方横行肆虐。痢疾对船员的身体状况也是一大威胁。大冷天里艰苦的重复劳动让水手们饱受疝气、风湿病、溃疡和呼吸道疾病的折磨。

229

地中海分舰队航船的出勤期也很长。一艘护卫舰需要 5 周的时间护送纽芬兰捕鱼船队横贯大西洋，接着要等上数周乃至数月，待捕捞完成后再驶往地中海及其周边地区，这段航程可能得走上半年。随着航行时间的拉长，储存的食物和啤酒还会变质，每人的定额配给也受到严格限制。疫病开始蔓延，航船也亟待维修，水手们也会遭遇"配给限制"——也就是说原本四个人的配给份额要分给六个人。

所有航船都会遇到这类艰难处境，而且海军船舰提供的补给比绝大多数商船还要宽裕。当一艘航船抵达地中海港口，意味着船员们可以稍微远离一下船上的伙食——发黑的面包、已经有年头的腌牛肉和腌猪肉（被戏称为"又臭又硬的咸肉干"）。巴尔萨尔佩生动描绘了大伙儿抵达墨西拿时的雀跃情景，水手们到市集上采购食物，买了麦芽酒、卷心菜、胡萝卜、芜菁（turnip）、坚果、鸡蛋、柠檬、橙子和无花果带回船上。不过西西里红酒和白兰地这样的杯中物更受水手们青睐。巴洛回想年轻时第一次远航地中海时说，阿利坎特当地出售的商品让他非常吃惊，有无花果、橙子、柠檬、石榴及其他水果和杏仁，其中绝大部分都是在争相前来迎接护卫舰的小贩船上购买的。

如果手头上没钱，水手们会用自己的衣物换酒，等回到船上的时候，他们的"外套没了，脑子也不好使了"。军需官向水手们出售"罩衫"，也就是耐穿耐磨的工作服，费用从他们的薪水里扣。船员没有统一服装，不过大多数水手都会戴一顶红色蒙茅斯帽（Monmouth cap），身着蓝色或者白色汗衫，系白色头巾，披着皮夹克和蓝色马甲。水手们先赊账，拿了衣服去换食物和酒。他们买的东西越多，最后能拿到手的钱就越少。

"得欢当作乐，何来明日忧！"这是英格兰水手的人生准则。据考克希尔回忆，他们拿俘获一艘西班牙海船得来的钱在陆上购置了许多东西，结果接下来那段航程中他和同伴们"吃得滋润，还时常有酒喝"。与其省着钱为未来打算，还不如当下先过得舒服些。

船上补给时常不足，或者吃的东西十分无味。长官们比较体恤手下们的心情，希望船上是一片和谐平静的氛围而不是弥漫着深重的怨气。不过他们对下层的关怀和休戚与共也就到这个程度了。爱德华·巴洛认为水手生来命路粗粝、性情顽劣乖张，就得被压着才会好好干活。到了 17 世纪下半叶，这种想法越发普遍。

1661 年，旨在"整顿完善国王陛下的海军政务"而颁布的《海军纪律条令》（*Naval Discipline Act*）含有 35 项条款，1663 年又加入 10 项规定。条令规定，凡出现辱骂、争吵和酒醉等情状，当罚没犯事者一日薪水或罚以监禁。有鸡奸、谋杀、偷盗、侵吞公款、值勤时睡觉、攻击长官、哗变和擅离职守等罪状者可处以死刑。1663 年新添的规定允许船长从轻处罚值勤时睡觉和偷盗等情况。

船长们多半不会动用死刑解决问题，最常见的处罚形式是鞭刑。首次记录在案的、在整个舰队当中对歹徒施以鞭刑的例子来自 1654 年的一支地中海中队，一名水手因对船长动手在每艘舰上都挨了 5 下鞭刑，两名水手因醉酒闹事和偷盗在每艘舰上挨了 3 下。斯图亚特王朝复辟之后，鞭刑变得越发普遍且严苛。1675 年，一名水手因唆使他人攻击长官而在 6 艘船上受了 19 下鞭打，又在旗舰上受了 31 下。刑罚记录中没有因同性恋罪名而受罚的记载。对之后的英格兰历史产生重大影响的泰特斯·奥茨（Titus Oates）当时还是一名海军随船牧师，他因鸡奸罪名被解雇。

其他一些罪名以羞辱和皮肉之苦的方式处罚，由长官们裁夺如何判刑。泰昂格那艘船上，有辱骂行为的水手会受到嘴里硬塞着铁笔（Marlinspike）① 罚站一个小时的处罚。还有一项悠久的传统，就是周一那天第一个撒谎被抓住的人会被押到主桅处，一路上其他船员会大喊"骗子！骗子！骗子！"接下来的一周中这个人要负责刷洗船头正下方的船身和铁索。实际上清理粪便的人就被称为"骗子"。那些曾经偷牛肉吃的水手被抓住后，人们会在他脖子上挂起牛肉然后把他绑在主桅上，接着同伴们排着队一个一个把生牛肉扯下来塞进他的嘴里。其他惩处方式还有锁上铁脚镣、把陆上回来晚了的人从帆桁顶端丢进水里。

上述惩戒进行得非常正式，以儆效尤，而平常日子里，船上违背纪律的行为会立即得到惩罚。刑罚力度因各船、各长官而异。冷不丁突然抽来一鞭子，或者水手长的粗棍猛一下就挥过来，这些事每天都会发生。"空位期"时，海军部官员会接到普通海员的申诉，有时还会为他们撑腰。王朝复辟之后任何越过船长向上发声的尝试最终都落得被狠狠抽一鞭子的下场。

纪律准则的严苛必须要和其他因素达成平衡。心中满怀怨怼的船员就如同随时会爆炸的火药桶。大多数长官是靠与船员相互合作、用说服而非前述之惩戒的方式来领导船员的。另外船员们心里也清楚，一艘船如果纪律混乱将会非常危险，服从命令、相互间和谐友好事关整艘船的生死存亡以及获得战利品

---

① 船上用于结绳和打结的工具，呈长锥形，前端或球状或扁平。——译者注

后个人能分利多少。

　　船员们的生活质量如何取决于长官们的性格和才干。水手们对自己信任的长官会非常卖力地工作。常设官是海上生活的核心所在——水手长、炮手、木匠、军需官和厨子。不同于舰上其他人，他们隶属于自己所在的船，无论是出海还是船被拖上岸闲置的时候都待在这艘船上——船长和船员们来来往往时常会换人，连接这些新旧之人的便是常设官。

　　和自己统管的人一样，常设官也会在不同的商船或战舰上工作以提升自身资历。[5]他们的晋升是有衔级序列的，经过一段时间服役并取得资历后，他们会拿到证明自身技能和可胜任何种职务的资质证明。他们可以从海军高级官员——造船厂官员、船长、海军将官——那里求得推荐信，然后接受海军委员会的考评，适用者的名字会报到海军部。成功通过的人会进入官方候补名单。一旦哪艘船上出现空缺就会有人打破脑袋往里挤。成为常设官的人会收到海军部的委任书。

　　对水手而言，水手长是平日里干杂活、值勤时始终绕不开的人物。他和他的助手负责管理甲板和帆桁上所有的活儿。水手长是所有船员的头儿。许多最日常的事情他都会监督：绳索、帆、锚的修护保养。在甲板以上部分他的话分量最重，桅顶上的行动也由他指挥，他脖子上挂着一只银哨子，手里握着鞭子，以此号令所有船员。

　　炮手掌管的地方是封闭严实的火药舱和位于吃水线以下的弹舱。火炮、炮弹和火药必须时常检查，严防任何明火，并时刻做好应战的准备。交战时火炮需要不断填充火药，炮手为了避免发生爆炸会将炸药小批小批分送至火炮甲板。这件关系重大的差事须找一个经验丰富、谨慎仔细的人，一次微小的差

232

错，比如不小心把火药撒在明火附近，就有可能酿成大祸，到时弹舱一起爆炸，刹那间就会给船体造成严重破坏，船员伤亡将十分惨重。护卫舰和北非海盗船之间的单舰对决迅疾猛烈，火炮必须连番快射且不能失了准头。能否获胜，就要看炮手将自己的手下训练得如何，以及船上的军火库是否可以随时支援战斗；能否安全无虞，则要看火药是否被区隔成很多小份，以杜绝意外爆炸发生。

木匠的角色至关重要，而且一直都有活儿要干，因为帆船总有地方等着修整：维持抽水泵正常工作、检查是否有漏水的缺口并把它们堵上、更换因为恶劣天气而裂开的船柱、检视堵缝的填塞物、保养船舵，这些都是木匠要负责的事情。而且保养工作似乎永无休止，如此才能保证船在航行时可以劈波斩浪、无惧风暴。他每天得向船长报告船身漏水达到多少。这些木匠对航船的上上下下了如指掌。

军需官也是不可或缺的角色，只是船上其他人都厌恶他。他负责采购补给，再分配给船员；给船员发放薪水、赊账。要是船上的食物补给跟不上，他的常设官官衔就会被船员们扯下来。许多军需官为饱私囊，把破破烂烂的罩衫以高价卖给绝望的水手，后者需要用这些罩衫到外国港口换食物、酒和女人。

常设官中位阶最低的是厨子，通常这一职务会委任负伤的水手以奖励其耿耿忠心。厨子管辖的区域是位于艏楼里面的厨房。

海上世界熙攘变幻，常设官却是其中长久固定的职位，有地位而且工作稳定。作为常设官助手的海军士官包括职责各不
233 相同的大副以及衔级低一些的士官。虽然比不上常设官稳定，但他们的重要性不遑多让。他们的能力足以让其代理航海长、

水手长、木匠和炮手的职位，协助长官处理日常事务。同一衔级的还有制帆手、箍桶匠、军械工、军需官手下的管事、舵手和其他各种工匠与助手。船员队伍中还有些人虽可以发号施令但并没有正式官衔，比如每处桅顶和每门火炮都有一位"领头人"，监督平日里的事务以及在战时负责督战。海军士官的人选由上级长官决定，整个远航结束以后，他们再去别处找活儿干。

士官可谓皇家海军的骨干力量。一艘船要想确保安全无虞、行动成功，每个环节就都必须运作得像钟表一样精准。它要靠许多不同的队伍通力合作方能运转，犹如一台由众多齿轮紧密咬合而成的机械装置。士官就是带领和管理这些队伍的人，让甲板下面的各项事宜进行得有条不紊，他们是船上刻板的等级制度之中的沟通管道。所以士官责任重大。这当中表现出色的能升为大副，进而升为委任官（warrant officer）。

任何一名常设官获得晋升之后都会转到另一艘等级更高的船上，或者也可能去岸上的船工厂做维护人员的头儿，负责看护停驻待用的战列舰。木匠可以转为造船长，军需官不必再深陷于海军在岸上的那些官僚事务，运气好的日后还能成为海军部或者海军委员会中的资深秘书。偶尔也会有人从委任官爬到金字塔塔尖。比如约翰·贝里（John Berry），他还是个孩子的时候就在纽芬兰捕鱼船队待过；25 岁左右时在一艘停驻于西印度群岛的皇家海军海船上当水手长。两年之后，他成了那艘船的船长。最终他的军衔升到了后卫司令。

不少人愿意自降身份到战舰上服役，即使获得的职位比自己原来的要低。做到了候补军官的海员经验极为丰富，他们是靠自己的努力一步步爬到目前的位置的，正盼着有一天能拿到委任书。但有些候补军官走的路子是反的：他们以前是水手长、炮兵、航海长，甚至还有人当过船长，结果反过来成为别人的手下。一旦哪位常设官因身体原因离开职位，候补军官随时可以将退任者手中的职责接管过来，并凭借他们的能力维系船舰的正常运行。

以单次远航为职务期限的还有非常设委任官。随船军医经过"理发师兼外科医生中心"（Barber-Surgeon's Hall）① 考察通过后由海军委员会向其颁发委任书。随船牧师在1665年以前均由船长选定，1665年以后由坎特伯雷大主教（Archbishop of Canterbury）选定，1677年以后决定权又转到伦敦主教（Bishop of London）手中。

委任官有几项特权，其中非常重要的就是他们在哪儿睡觉和上厕所——这两件事情和吃饭一样，是所有海上航行的人都极为看重的事情。水手长和木匠的舱室位于后甲板舱壁，从那里到甲板上十分方便，以便于他们处理紧急情况。主甲板尾部是船长及其副官的起居室，如果地方宽裕的话其他委任官也可以在这儿分到一个舱室。有特定地位的人才可以享受在起居室单独吃饭和睡觉的特权。火炮甲板最后面一块是用帆布隔出来的炮室，也可以供一小部分委任官、候补军官和大副安置他们的吊床。绝大部分士官都睡在前甲板下的水手舱。住起居室的军官可以在艉楼两侧的边室从容地上厕所。其他军官和高级士官可以到船头两个专属的小圆屋里解决一下内急。亨利·泰昂格很幸运，他费尽力气弄到一个用得很旧的便壶。以上这些真不是小事儿。

---

① 在中世纪欧洲，理发师还兼有外科医师的功能。——译者注

航海长是所有委任官当中地位最受人尊崇、最需要技术含量的职位。航海路线、掌舵还有调节船帆的事情都需要他负责，他的命令下达给水手长、舵手和负责实际操控船舰航行的士官们。航海长一职不在常设委任官之列，因为他们熟悉的是特定地点的具体地理情况，所以他们参与的是某次远航，而非固定在某一艘船上任职。与试者在通过领港公会（Trinity House）严苛的测试之后，才能拿到航海长的资质证明。获得航海长资质要对深海航行的所有大小事务以及沿岸航行和引航事宜都了如指掌。资质证明标明了航海长可率领的船的级别，以及他积累经验时所在的海域。如果因为指挥失误而导致航船失踪或损毁，责任就得由航海长担着。

长官们对食物和酒的痴迷丝毫不逊于普通船员。泰昂格记录了70多种不同的食物，包括外国水果、鱼、奶酪、各式沙拉和小牛肉。他写道，光景好的时候，一名长官在地中海的生活比在国内要滋润，"我们在这里吃的是上等的肉，喝的是上好的酒，还能享受不少乐子，日子过得无忧无虑"。圣诞节可以吃到牛肉、葡萄布丁、碎肉馅饼，国王诞辰日那天有小牛肉、鲭鱼、龙虾、沙拉和鸡蛋。一众停驻马耳他沿海的船长们的食谱是这样的："一份丰盛的烤布丁"；整猪腿配花椰菜；用猪蹄、两头烤乳猪、一只火鸡、一个肥猪头和三只鸭做成的一道菜；用塞浦路斯（Cyprus）飞禽做的一道菜；然后是开心果和枣子；此外还有"足量的美酒佳酿"用来佐餐。

酒是不可或缺的。泰昂格记录了从马盖特麦酒到巧克力的21种不同饮料，吃饭时喝的有葡萄酒、雪利酒（sherry）、拉基酒（raki）、苹果酒（cider）和麦芽酒。当时有一个风气， 235
每逢周六长官们就以向妻子和远方的朋友祝酒之名纵情狂

饮。"潘趣酒（punch）和白兰地"，泰昂格写道，"……拿来当水喝"。长官们还喜欢弹曲、听曲和唱歌，他们有些人会带乐器上船，或者身边的侍从会弹奏乐器。此外还有阅读，他们当中许多人把休勤的时间用来学习航海路线、地理和海军历史等方面的知识。有时一艘船的整体氛围会因为船长而变得随和活跃。据佩皮斯说，一位叫约翰·哈曼的爵士（Sir John Harman）因为和船员们彻夜狂饮以致第二天在议会上还是一副宿醉的模样。格拉夫顿公爵是一位很受欢迎的船长，据说他和属下们混得很熟，也会亲身参与底下人那些"激烈粗犷的运动"。6

对所有参与者而言，船上的生活都是艰苦而又危险的。和巴巴里海盗的战斗残酷凶险。有一回，一轮交锋后，"鲁珀特"号上从船长到大副的所有长官尽皆战死。不过至少长官们的待遇要更舒适一些，海军中熙攘来去的水手们才是最惨的。一次从泰晤士河到斯堪德罗恩的远航途中，亨利·泰昂格就曾在旅途间隙为那些丧命于意外事故和疾病的同伴们举行葬礼，戚伤满怀。

查理二世时期，驻留地中海是英格兰水手最有可能的出路。这个现象背后既有海军方面的历史原因，也有英格兰整个国家的历史原因。当时，英格兰已经从一个在欧洲经济中扮演小角色的羊毛和布匹出口国蜕变为主要贸易国家。1660 年英格兰海船总吨位是 16.2 万吨，1686 年飙升到 34 万吨。这意味着造船匠越来越多，各处港口愈加繁荣兴旺，另外非常关键的一点是水手人数剧增。地中海贸易成为支撑英格兰贸易急速繁荣的有力基石。从那时起一直到 20 世纪 50 年代，这片海域对皇家海军而言都是战略要地，后来皇家海军众多影响深远的胜仗有一部分就发生在这里。随着英格兰海上贸易的大踏步发展，海军自身也开始大力扩张，同时地中海区域的财政收入撑起了庞大的海上常设力量。从丹吉尔到叙利亚的各处港口中，成千上万名英格兰水手的身影就是这一显著进步的明证。尽管有种种困苦，但皇家海军的服役环境不比平民船舰和私掠船差，甚至很多情况下要更好。巴洛曾抱怨连乞丐都比皇家海军水手过得好，但这明显是一种夸张：穷得叮当响的人可不是每隔一段时间就能吃到丰盛的水果，或者有机会和地中海的女人们幽会欢好的。不列颠水手伙食好，可能比他们在陆地上的亲朋有更多肉吃；他们平时的工作也很繁重，不过在 17 世纪的英格兰很多人都是这样。与其他地方的水手相比，在海军里面任职还是不错的：伙食要好一些，干活要轻松一些，因为和商船相比战舰上的人员配置更充裕。

虽然充满危险和困苦，海上生涯还是让人心向往之。当满腹牢骚的巴洛真有机会可以从自己的地中海首航提前脱身回国的时候，他却换到了另一艘船上继续未尽的旅程。他"总是寻思着要见识更多奇异的国度和风土人情"。海上服役途中，人们可能会见到烟雾升腾的火山，会经历地震，会成为第一批观览那些名称仿佛取自《圣经》和古语的地方的人。异国风情的诱惑、从战利品中分得一笔可观钱财的机遇，使海军船舰上的铺位总是被憧憬于此的人们挤得满满的。一个半世纪之后，英格兰水手对旅行的癖好几乎丝毫未变："我们这些人如此醉心于漫步海上，"[7]纳尔逊（Nelson）写道，"我甚至相信，就算从天堂坠入地狱也要实现这一心愿。"

这就是和平时期的海军，但到了战时就全然是另一副模样了。

236

注释

1. Charles Shadwell，*The Fair Quaker of Deal*；*or the humours of the navy*，*a comedy* Act II. Shadwell 曾在海军任职，1726 年逝世

2. 在此期间皇家海军在地中海的活动，Hornstein，*The Restoration Navy* 一书有相当精彩的描述

3. Capp，p. 246

4. 同上书，p. 244

5. Capp，pp. 204ff

6. J. R. Jones，'Fitzroy，Henry，1st Duke of Grafton'，*ODNB*

7. Sugden，*Nelson*：*the sword of Albion*，p. 710

第 22 章

海战舰队

海军能从全军覆灭的厄运中幸存，是因为战舰自身学
会了如何在危急关头避开险难。

——安德鲁·马维尔

"以前，我们是为纸票而战；现在，我们为真金白银而
战！"[1]1667 年，英格兰水手在梅德韦如是呐喊。经年累月，他
们拿到的都是承诺日后发放工资的纸票。而现在，他们口袋里
有了实实在在的钱币。只不过问题是，他们此时的身份是在荷
兰船舰上服役的战俘。

荷兰人侵袭梅德韦是英格兰海军最惨痛的一段历史。6 月
10 日，荷兰人抵达谢佩岛附近，希望能找到一艘护卫舰看守
英格兰最重要的一处河口。接着舰队一路驶达梅德韦，与英军
在吉林厄姆（Gillingham）临时拼凑起来的守军不期而遇。出
身造船业豪门的彼得·佩特当时是查塔姆的海军督察员，他事
先将十几艘船在铁索防线前凿沉以阻敌前进。

先行探路的荷兰护卫舰移开了这些沉船，为后续大军清理出
一条通道。然后一艘火船越过水下的铁索，船上的工兵捣毁了拉
扯铁链的栈桥，将铁链沉入海底后让大船行驶进来。之后，英军
"团结"号（Unity）被俘，"查理五世"号（Charles V）和"马

提亚"号（Matthias）被焚。但最惨痛的损失还是"皇家查理"号被擒——这艘巨舰是舰队司令的座舰。此番失利迫使阿尔伯马尔公爵（Duke of Albemarle，共和制时期也有此头衔的乔治·蒙克）下令停驻吉列姆浅滩（Gilliam Reach）的英格兰舰队余部紧急撤退。

翌日，荷兰人一边用护卫舰轰击阿普诺城堡（Upnor Castle），一边开着火船冲向皇家海军的主要战船，被轰得遍布孔洞的战舰此时已动弹不得。人手严重短缺、火力弱得可怜，英军面对直扑而来的熊熊烈焰束手无策。"忠诚伦敦"号（Loyal London，92*）最先被焚，随后"皇家詹姆斯"号（Royal James）和"皇家橡树"号（Royal Oak）上也相继燃起冲天大火。第三天，这支破坏力惊人的荷兰舰队绕过船身一半都已没入水中的英军船舰驶出了战场。荷军整体撤退之后开始劫掠英格兰东海岸。整个英格兰都开始传播骇人的传闻，人们惊恐不已。塞缪尔·佩皮斯写道："到处都是荷兰舰队的大型中队，此前听说还在哈里奇，前一阵又说到了朴次茅斯，最新的消息又说是在普利茅斯，而且眼下已经开往达特茅斯，意图摧毁我们的海峡舰队……各处汇报荷军踪迹的消息令人应接不暇，以致威廉·巴顿爵士在席间哀号，上帝啊……我想荷兰人肯定是得到了恶魔的帮助。"[2]

今天人们在阿姆斯特丹国立博物馆（Rijksmuseum）还能看到当年从"皇家查理"号横梁上摘下来的巨型盾徽。该舰一度被改造成旅游景观供无聊的游人打发时间，1672年作为废品被拍卖。** 此役皇家海军5艘旗舰陨落了4艘。它还在战

---

* 本书中船舰名后面括号中的数字为舰载火炮门数。

** 荷军还俘获了四级战舰"团结"号，或者更准确地说，是夺回此舰，1665年被俘获后她就留在了英军阵中。

略要地吉林厄姆海岸遭到敌人的致命一击，当时海军作战舰队的大部分舰只正停在岸上。

梅德韦奇袭残酷地终结了一场本属于英格兰的辉煌光荣之战。通过重新回顾 1663 年宫廷中发生的一场与荷兰人的争执，或许可以一探后日之果的发因。新任海军总司令——约克公爵詹姆斯，17 世纪 50 年代时正值年少，却把时光耗费在了流亡路上，当时他一心想要建立军功，是一位彻彻底底的战士。

詹姆斯一直渴望能有机会率领自己的舰队。他之所以和荷兰人誓不两立，有个人、国家和政治等多方面原因。在政治方面，大议长约翰·德·维德（Johan de Witt）所领导的荷兰共和党人曾在英格兰共和派危难时施以援手。在国家方面，荷兰在世界贸易中处于垄断地位。在那个时代，人们认为世界范围内的商品总量是有限的，而荷兰人吞了其中一大块。个人方面则是政治和国家两方面的综合体现，即詹姆斯憎恶荷兰共和国的加尔文教派，他自己在贸易和殖民地事业中也涉足颇深。

詹姆斯与他在宫廷中的追随者们成立了"皇家探险者非洲贸易公司"（Company of Royal Adventurers Trading into Africa），由罗伯特·福尔摩斯（Robert Holmes）爵士率领前往西非海岸寻找黄金和奴隶。这项行动触怒了独霸西非的荷兰人。

荷兰议会马上出手反击，派遣米歇尔·德·鲁伊特前往几内亚，把皇家探险者非洲贸易公司设置在那里的贸易站全部肃清。随后鲁伊特劫掠了西印度群岛，袭击了纽芬兰捕鱼船队。作为回击，地中海总司令托马斯·阿林爵士（Sir Thomas Allin）袭击了返航途中的荷兰－士麦那护航舰队。在大西洋的另一侧，船长理查德·尼科尔斯（Richard Nicholls）领着 4 艘驱逐舰逼入新阿姆斯特丹港（New Amsterdam）并成功逼迫此港投降，

239

英方由此获得北美东海岸自弗吉尼亚至缅因一线的控制权。为纪念海军上将约克公爵，此地改名为纽约（New York）。

和平时期最多配置 4000 名水手的队伍现在瞬间扩张成拥有 3 万人、100 艘战舰的海战舰队。[3] 地中海舰队以及在世界各处执行护航任务的船舰被全部召回。英格兰的贸易活动失去保护。船舰召回之后船上的水手们不仅没有拿到工资，还先被"移交"，即转到另一艘战舰上。薪水延迟至最终解散下船时发放，而那可能是数年之后的事情了。

他们被安置到巨大的水上堡垒——一级、二级和三级风帆战列舰上，眼下只能把它们从储备处拖出来为投入战斗做准备。巨桅竖起，火炮登舰，不过去哪儿找上万名愿意服役的海员让海军当局十分头疼——这也是整个海事界的艰难时刻。成为海员要面对凶残且复杂难料的海战，面对疫病的威胁，食物供给也极不稳定，而且能不能拿到工资还要看运气，敢于承受如此种种风险的人并不多。

但仍旧有人自告奋勇。受人信任、履历漂亮的长官会吸引熟识他的人前来应征。特许公司①、渔民和泰晤士河上的船夫都被摊派了固定的水手名额，但他们通常都找些借口逃避义务或者派出一些根本不适合出海的人——老人和孩子。许多水手自愿参加海战舰队的原因很简单：要真打起仗来，在战舰上服役比不服役的自由人要好，后者可惨多了。

可能一艘从遥远的贸易海路回来的商船正准备结束航行，船员们或许也已经看到了英格兰海岸线，经过数月的海上漂行

---

① chatered company，在 16～18 世纪，由国家发放许可证、群商筹资建立的公司，用于贸易、探险、殖民，例如上文提及的"皇家探险者非洲贸易公司"。——译者注

之后心里正盘算着这次能在国内待多久，结果他们却被一艘小船接走并移交到一艘战舰上。从纽芬兰归国的渔夫、鲱鱼船队成员、往来东海岸的运煤船上的劳力以及外国水手尽皆落入海军部的大网之中。

当打仗的传言终于真切起来，水手们纷纷从临海地区的河巷水道逃往内陆。谷仓和树林成了这些人的临时居所，他们拿起铁锹扶起犁——干什么都行，只要能掩盖自己的真实身份。这些人正在极力躲避无情的威压。

任何职业水手都有义务在战时为英王陛下的海军服役。临海地区的教区治安官受令招募固定名额的海员。征兵吏员们在朴次茅斯、普利茅斯、哈里奇和雅茅斯等镇上大肆行动，四处搜查民居、客栈和船舰，寻找水手。这一过程中往往会有争执打斗——不仅是吏员和水手之间，有时水手们的妻子也会参与进来。

爱德华·科克希尔很擅长躲避征兵吏员。有一次他所乘的航船取道纽芬兰前往马拉加时遭到征兵吏员的搜查。科克希尔躲了起来，之后随船偷渡上岸。他钻入罗瑟希德（Rotherhithe）的偏僻巷道，藏在一家啤酒馆里，又借了些衣物穿上。然后他一路躲着征兵的人到了多佛，那样他就能把自己的工资交到父母手里。科克希尔躲在父母的房子里，不过最后还是露面并且自愿入伍了，因为他受不了像犯人一样把自己关在家里。在海上漂过的人逃不过征兵长的法眼。漂行海上会影响一个人的走路姿势，罗圈腿、摇晃的走路姿态就让人暴露无遗，更不用提恶劣气候下吹晒出的黝黑脸皮和身上的刺青了。

佩皮斯一路押着打上了印记的伦敦监狱囚犯前往舰队，这些强征来的旱鸭子列队前行的惨淡景象令他忧心忡忡，他们的

240

命运吉凶难料。治安官们以次充好，迫不及待地把教区里的棘手人物转移到海军手中，这让海军官员很是反感。

一个不幸的家伙会发现，自己到了完全陌生的地方，他从没出过海，此时却身处战列舰的木质船身里——这些海上猛兽一般的巨舰能在战列对阵时稳住阵脚，直面敌人的致命猛攻。但此时已没有和平时代下游弋于地中海的护卫舰给他们护航了，像"皇家查理"号这样的巨舰上往往有几百名甚至上千名水手。除了童话式的壮美外形，这些巨舰实则就是漂行着的军火库，旨在正面交锋时连续轰击敌人并承受敌人的连续猛轰。只有经历过第一次英荷战争（First Anglo-Dutch War）的老兵们才清楚等待着他们的是怎样的凶残屠戮。

开战前，二级战舰"伦敦"号因一次弹药库事故在泰晤士河爆炸。船上有 300 ~ 400 人，几乎全部殒命，仅 23 名男性和 1 名女性幸存。此事隐约暗示了此后战事的走向。

双方在 3 月正式开战。4 月初海战舰队停驻哈里奇，100 艘战舰整装待战。国王驾驶小快艇的技术十分老到，他在巨舰之间来回巡视，在海平面上检阅自己的海军。4 月 28 日，舰队前去封锁荷兰海岸，但 5 月初因为缺少食物又回来了。最终，6 月 1 日，荷兰人出现在绍斯沃尔德（Southwold）沿海。

荷兰人此番出海旨与英格兰人对阵交手，解除海上封锁的威胁。他们的统帅名叫雅各·范·瓦瑟讷尔·奥布丹（Jacob van Wassenaer Obdam），此人能够崛起和荷兰海军高层没有丝毫关系。他有许多关于舰队作战的理论，但实际经验匮乏。相反，詹姆斯舰队的统领们经历过克伦威尔时期的诸多战事，是久经沙场的老将，如约翰·劳森、三明治伯爵（蒙塔古）、乔治·艾斯丘爵士、阿尔伯马尔公爵（乔治·蒙克）和其他响彻一时的名字。尤其是他最为倚重的威廉·佩恩——那个时代最伟大的海上勇士，詹姆斯任命他为舰队副司令。

奥布丹并不认为自己的舰队能胜任击败英格兰的重任。不过他接到了与英军开战的严令。他打算在下风向找一处适合防御的位置，将英军压制在海湾里，这样他就能在时机合适时逃离战场——既让那黩武好战的当权者满意，又能保全自己的舰队。

之后两天里双方舰队使出浑身解数，都想占得优势位置。奥布丹一度抢得先机，却不知为何没能主动发起攻击，这令英国人觉得十分怪异。荷兰舰队总司令因为作战时的犹疑不定被人戏称为"雾蒙蒙的奥布丹"。战役最终在洛斯托夫特打响。詹姆斯对布莱克与蒙克的战术以及《海军作战章程》早已有过仔细研究。公爵心中的首要之事就是仿效加巴德战役与斯赫维宁根战役摆出战列线。更新后的 1664 年版《海军作战章程》为舰队司令增设了一项指挥信号，让舰队排成一线以左右摆动的阵形抢风前进。他还要求船长们靠近敌人身边时再开火。1665 年开战前夕，詹姆斯又增设了几项新的指挥信号来维持使用战列线时的行动纪律。不过最具开创性的还是他带领舰队进行炮术和阵形演练，使得舰队进入良好的备战状态。

对于即将到来的诸多战役，詹姆斯的战术和目标都很清晰：他将位居阵形中央号令全军，而且他希望每一位船长都能严守他定下的纪律。整支舰队按战列线紧密排列并以舷炮近距离轰击敌人，直至把对方战列线阵形打出裂缝。未来由他指挥的战役将是按照教科书进行的正规战。

按战列线排成一条直线的两支舰队远远地照了个面。随即詹姆斯下令舰队规整队形，然后向敌人发起近距离攻击。从整

个海战史来看，战斗过程中用来传递作战命令的旗语在这时尚未发展成熟。司令舰没有把握好令旗升起的时机，所以没有给
242 詹姆斯留下他想要的充裕的时间。两支舰队隔着不远不近的距离又鱼贯而过了两回，虽然各自开炮齐射但没什么实际效果。

上万名水手或在干活，或在火炮边待命，于升腾的硝烟中向外窥视，他们可能对这些形式上的交锋并没有什么感觉。部分舰长也觉得不解，他们发现几乎无法像詹姆斯希望的那样规整队形。虽然阵形有一定的攒聚变形，但英军的战列线大致还是稳住了。荷军的情形要糟糕得多，整支舰队散乱不堪。这时又刮起了西南风，把荷军朝英军中路和前锋大军吹去。由三明治伯爵率领的英方后路大军离开战列线阵形驶往荷军后方，这就断绝了荷军逃离回国的后路。

英方中路以及部分前路大军正与荷军鏖战。荷军陷入包围，战列线阵形溃散后变成盲目混战，独立中队各自与敌人激烈对决。海战史上没有哪次战斗动用过如此之多的重炮。如果说在战争之初把巨型战舰排成战列线阵形就已经非常艰难，那么现在此举更是难如登天。

在海德公园都能听到洛斯托夫特战役中的隆隆炮声。船上被炮弹击碎的木头足以致命，咝咝飞过的链弹划断索具，轰鸣声咆哮得越发狰狞，到处弥漫着滚滚黑烟，舰队阵形已荡然无存。第一轮舷炮之后火炮甲板里就全是烟雾，挥汗干活的炮手们甚至无法看清身边的同伴。这个时候船员们的经验和训练变得至关重要，因为在狭窄漆黑的火炮甲板里船员们只能摸黑工作，加之四周的炮鸣声、大炮发射量过载造成的骇人热量，他们的各项感官也变得紊乱模糊。某种意义上这也算幸运，他们听不到火炮甲板上垂死之人的哀号、看不见四处散落的内脏。

战役结束后，不论哪个官阶的幸存者们都会在数天时间内听不到任何声音，人也被硝烟熏得黑漆漆的。昏暗的光线里，加农炮炮弹穿过橡木船身后还会在甲板上弹跳，碎人头颅、断人四肢。火炮脱离固定锁链的情况时有发生，脱离锁链的大炮四处乱撞，严重破坏甲板并且造成伤亡。比这些还要糟糕的是火炮发生意外爆炸，这瞬间就会让船员们尽皆殒命。

　　一轮舷炮如果指挥得好，力量就如同一次地震：后坐力让整艘船猛然一颤，排炮重重叠叠的轰鸣声似乎无休无止，与此同时成吨的铁制炮弹射来，一片撕裂、撞击、木刺四溅的声音。水手长与木匠正在顶层甲板和船桅上匆忙来去、爬上爬下，修补破损的地方，他们赤裸裸地暴露在雨点一般倾泻而来的加农炮炮弹、小铁弹、火枪子弹之下，此外还有断裂下坠的帆桁和船柱，能不能躲开全看运气。冰雹似的链弹像镰刀一样割断索具、撕破船帆，把船桅扯得粉碎。

243

　　成千上万名将士杀红了眼，尤其是舰长们，他们还得严格遵守命令统领自己的战舰杀入混乱的战场。想要维持战列线阵形并居于阵形中央进行调度（如詹姆斯所预想的一样）已经行不通了。战斗伊始，百艘雄伟战舰摆出的战列线尤为巨大，许多将官和舰长只能看到相邻船舰，其他什么都看不见。战斗中，红、白、蓝各中队尚能各自稳住队形，但整体的战列线阵形早已四散瓦解。英格兰巨舰的舷炮朝荷军轰击了整整一个小时。和上一回与布莱克、蒙克对垒时相比，此次奥布丹率领的荷军舰队增添了体积更大、性能更好的战舰，这就使得眼下的激战异常血腥惨烈。荷军战舰"奥兰治"号（Oranje）犹如复仇女神降临一般猛攻三明治的蓝色中队。全力冲向奥布丹旗舰"协和"号（Eendracht）的三明治被荷兰战舰团团围住。为救出伯爵，詹姆斯驶入混乱的战场。

"皇家查理"号直切战场中心，双方旗舰直接交锋。已是沙场老将的威廉·佩恩站在"皇家查理"号后甲板上，铠甲披挂全身。这确为明智之举。因为甲板和绳索都遭到链弹横扫，近旁侍从们的脑浆和鲜血溅了詹姆斯一身，吧嗒吧嗒地往下滴。

海战的真实面目便是如此。震耳欲聋的轰鸣声无休无止，辛辣的烟雾久久不散，木刺碎片横飞四射，还有炮弹四处乱窜，远非人们想象中瑰丽浪漫的样子。据说奥布丹被一艘加农炮炮弹从甲板上击飞到了海里，但真实情形无从得知，因为目击者无一幸存："协和"号弹药库被击中后爆炸，大块大块的焦黑木块溅射整个战场，所有船员瞬间罹难。

群龙无首的荷军这时已被打垮了。英军对剩余战舰痛下杀手，还放出火船准备将它们彻底消灭，荷军将士战意全无。不屈不挠苦战了一整天的"奥兰治"号这时掉头直扑詹姆斯的旗舰。只是"奥兰治"号已经被轰得惨不忍睹，400名船员牺牲了一半。舰长英勇战斗直至最后一刻，成为战俘后不到一个小时他就死了，破残不堪的战舰也被英军付之一炬。荷军"终于掉头狂奔逃散"。

英格兰方面约有300人阵亡，"玛丽"号占了其中三分之一，这是该船服役以来损失最惨重的一次*，战斗中她像护盾一样罩住詹姆斯的旗舰，抵御荷军登船部队。"玛丽"号的长官们几乎全部罹难，唯有副官、航海长和舰长耶利米·史密斯

----

* "玛丽"号皇家海军战舰（HMS Mary）经常遭到敌人的猛烈轰击：共和政府时期她被命名为"宣扬"号，斯泰纳就是以她为座舰带领布莱克的小型中队在圣克鲁斯作战的，西班牙人反攻时她承受了敌人的主要火力。

（Jeremiah Smith）活了下来。史密斯因英勇作战受封爵士，还和其他舰队司令一起被列入彼得·莱利爵士的"洛斯托夫特勇将"（*Flagmen of Lowestoft*）系列纪念画作。约瑟夫·乔丹（Joseph Jordan）是该系列中除史密斯以外的唯一一位非将官成员，他在劳森重伤之后接手指挥"皇家橡树"号。当时乔丹发现船身受损严重，秩序一片混乱，舰长奄奄一息，航海长阵亡。据佩皮斯所言，他带领"橡树"号重新投入战斗并且"十分勇武"。皇家海军只有 1 艘战舰损毁，而荷军有 17 艘损毁，9 艘被俘。海上战斗的阵亡人数一般是持平的。英军许多侍从官身首异处，包括马尔伯勒（Marlborough）伯爵在内的数名舰长被杀，另外还有 2 名将官被杀；荷军死伤人数约为5000 人，且 2000 人被俘。

即便英军的阵形没能经受住实战的考验，但它的战舰和将士们做到了。原本詹姆斯有大好机会来消灭正处于一片混乱之中的荷兰舰队，彻底结束与荷兰的战事。但白天的苦战令詹姆斯和佩恩十分疲惫，他们留下旗舰舰长约翰·哈曼接管舰队，自己回舱室休息去了。午夜时分，一个名为亨利·布朗克（Henry Brouncker）的侍臣下令松开船帆。第二天早晨詹姆斯醒来时惊恐地发现，荷军正朝自己进逼过来。

布朗克为什么会那么做，至今是一个谜。据说他是受了约克公爵夫人的命令为保她丈夫安全才这么做的。可能他还没从白天战斗的炮弹休克症里缓过来，一心想着让亲王远离近距离密集炮火的无情屠戮。

尽管如此，詹姆斯仍称得上一名英勇的战士，在满是脑浆和鲜血的后甲板上还依旧保持镇定。不过对一位王位继承人而言，身处如此凶险的地方实在太不安全了，所以查理把他调离了实际指挥的位置。

洛斯托夫特一役之后数月，形势对英格兰而言不容乐观。一艘满载财货的荷兰东印度公司舰队逃过了皇家海军贪婪掠夺的魔爪。荷兰人开始修建战舰，规模和火力与英格兰二级战舰相仿。而且最值得警觉的是法国人参战了。据不完全可靠的情报显示，地中海的法国海军正试图与德·鲁伊特会合。5 月 29 日，海战舰队分为两股，鲁珀特亲王率领 20 艘战舰向西拦截法军，阿尔伯马尔公爵率领 56 艘战舰留守唐斯。31 日，他离开唐斯——后来他发现此时动身正是时候，因为当时德·鲁伊特大军已经就位，准备把英军困在锚地中。查理派遣信使，令鲁珀特亲王回归主舰队。但信使直到 6 月 1 日才到——正是在这一天，阿尔伯马尔公爵决定不再等待援军，直接向德·鲁伊特发起进攻。

开战第一天，双方还是以战列线对阵，一场血战之后荷军俘获 4 艘战舰。夜里，后卫司令哈曼的座舰"亨利"号遭到 2 艘火船袭击，船舷和船帆被烧。惊慌之中船员们开始跳海，但哈曼拔出佩剑镇住了他们并强令他们继续留在船上。"亨利"号两根船桅被毁，其中一根的翼梁还在落下的时候砸伤了哈曼的腿。荷军副司令科内利斯·厄弗仙（Cornelis Evertsen）逼上前来，喊话让英军投降。"门儿都没有！"哈曼这般吼了回去。他击退了 3 艘荷军火船，逼散对方主力舰并从中冲了过去。"亨利"号离开的时候，厄弗仙被她的一发加农炮炮弹削成两半。"亨利"号退回哈里奇接受维修，并在第二天和阿尔伯马尔公爵一道重回战场。

6 月 2 日，英军沿着敌军战列线阵形并排而行，到了可以近距离射击的时候开始摆出战列线。英军稳住了阵形，洛斯托夫特之战没能做到的事情这次做到了。双方舰队来回穿插并不断对轰，持续了整整 10 小时。

战斗第三日伊始，数个小时的凶猛轰击、保持战列阵形的操控调度让两军精疲力竭。英军的情势显然更为严峻。最初参战时阿尔伯马尔公爵有 56 艘战舰，第二天开战时变为 50 艘，到了第三天只有 28 艘。只有很少几艘完全毁坏或被俘，绝大多数船舰是因为炮轰而失去了作战能力。其中"羚羊"号副官如此描述他的战舰："我们船上遍布骇人的裂痕，指挥官被炮弹削去一条胳膊，有 55 人阵亡，受伤人数也超过以往任何一次，我们的船桅、船帆和索具全都被扯烂了，鲜血染红了甲板，惨烈如屠宰场一般！"[4] 阿尔伯马尔让 15 艘比较结实的战舰组成战列线掩护全军撤退。英军得以获救，全靠他们稳住了战列线并能协调统一地行动。"英军良好的秩序和纪律无人可比。"[5] 一个法国人赞叹地写道。

下午，重围之中的公爵看到了曙光：鲁珀特亲王带着舰队余部到了。

两支舰队都加速向对方驶去，不过一个暗藏的危险阻碍了他们的会合。盖乐普浅滩（Galloper Shoal）处——位于克拉克顿海滨城（Clacton-on-Sea）的正东方——正在退潮。"皇家查理"号、"皇家凯瑟琳"号（Royal Katherine）和"皇太子"号搁浅，同时荷军正往这边逼近。前面两艘船很快重获自由，不过"皇太子"号却被紧紧地卡住了，她顽强地从詹姆斯一世时期幸存下来，还是海军第二大战舰。以"皇太子"号为旗舰的乔治·艾斯丘真是倒霉透了，他命令船员稳住心神，等着海水来帮战船解围。但船员们已经慌了，船舵也坏了。艾斯丘成了同衔级中唯一一个投降的英格兰舰队司令，这可不是什么光彩的名号。第一次英荷战争时他曾败在舰队司令德·鲁伊特手下，后者毫无疑问是当时最强的舰队司令；现在他再次成为荷军的阶下囚。德·鲁伊特下令焚毁"皇太子"号。这一损失令英格兰的声望大受打击，同时也让战列线残缺了一块。

第四天开战的时候，英军有 52 艘战舰，荷军有 69 艘。鲁珀特和阿尔伯马尔双双击破荷军战列线，不过又被对方的回击给逼退了。英军队伍仍旧严整，不过弹药已经告罄，而且士气低落。4 天的杀戮之后，他们一共损失了 10 艘船、3 位舰队司令、10 名舰长和超过 20% 的水手（共有 4250 人阵亡、受伤、被俘）。德·鲁伊特竭力击断了鲁珀特亲王"皇家詹姆斯"号的船桅，迫使她只能在亲王分队的护卫下被拖出战场。并且他一直盯着阿尔伯马尔的旗舰和英军剩余船舰猛攻，后者已经苦战了 4 天。

英军在浓雾的掩护下逃离战场。他们的航海技术和旗语指挥系统不如荷军，曾经的远程炮火优势也不复存在，皇家海军全靠严明的舰队纪律才没有完败。约翰·伊夫林（John Evelyn）在希尔内斯"目睹了那里的悲惨景象，曾经保卫王国的伟岸堡垒，此时四分五裂，大部分已经算不得一艘完整的船，只剩下遍布海草的残破船身，冷血无情的荷兰人狠揍了我们一顿"。[6]

发生于 1666 年 6 月 1 日至 4 日的"四日海战"（Four Days Battle）确为"最惨烈、最顽强和最血腥的海上战争"。[7]

此时德·维特做好了"致命一击"的准备。英国人已经战败，他现在可以独自带领荷军舰队进入梅德韦河，捣毁皇家海军所有余部。7 月，德·鲁伊特带领一支庞大舰队出海，船上载的是准备登上英格兰陆地的士兵。

但令人惊奇的是，英格兰居然做好了继续战斗的准备。以"羚羊"号为例，"四日海战"结束的时候，她的右舷犹如筛子一般，左舷的大窟窿"甚至能容一辆四轮马车通过"；12 门炮被毁，所有船桅、帆桁、绳索以及两组船帆全都报废。可经过几个星期的修缮，她又能重新战斗了。7 月 22 日，鲁珀特亲王和阿尔伯马尔率领舰队出海，摆出的战列线共有 87 艘战舰，绵延 10 英里长，而荷军只有 72 艘。25 日"圣詹姆斯日"（St James's Day）这天，两军刚好在盖乐普浅滩东面相遇。

荷军战列线遭到英军战列线的狂轰滥炸。包括 4 名海军上将在内的 7000 名荷军阵亡，英军仅损失 300 人。7 月 26 日，德·鲁伊特组织大军撤退。

此时海上控制权落到了英军手里。如何获得最大战果？阿尔伯马尔和鲁珀特决定袭击一处荷兰港口。不过这也不是一件简单的事，因为作为入侵者很难接近荷兰港口。最诱人的阿姆斯特丹港深深隐藏在狭长的须德海（Zuyderzee）末端，船舰、大炮和浅滩保卫着它不受敌人侵袭。有一处可以下手的目标，即用作商船锚地的弗里兰河（Vlie）——弗里兰岛（Vlieland）和泰尔斯海灵岛（Terschelling）之间的一条入海河。不列颠海战舰队开到荷兰沿海，红色中队的后卫司令罗伯特·福尔摩斯爵士率领一支由护卫舰和火船组成的小分队驶入弗里兰河。

他进入入海河后看到了 150 艘商船。英军火船摧毁了荷方充当护卫的护卫舰，之后共有约 130 艘战舰和商船燃起了熊熊大火。第二天，英军焚毁了泰尔斯海灵岛西侧的镇子。整个英格兰都点起篝火为"福尔摩斯的篝火"庆功。

没过几周发生了一场更严重的大火。"伦敦大火"的浓烟遮蔽了 1666 年发生的其他所有事情。它对皇家海军造成了毁灭性的影响。敌人凶狠残暴，战事绵延不止，公共财政因此承受着巨大压力；"伦敦大火"和瘟疫让国内经济脱轨。海军再也无力支付水手的薪水，有些地方的水手甚至连饭都吃不上了。随着局势的恶化，船员们不再服从上级命令。海战舰队被迫进入待命状态，海员们只领到些糊弄人的纸票就被遣散了。

荷兰人对泰尔斯海灵岛遭到野蛮破坏一事一直耿耿于怀，梅德韦突袭就是为了报仇雪恨。部分英格兰人认为"福尔摩斯的篝火"只是无谓的挑衅而非胜利。在佩皮斯看来，与荷兰人没有洗劫吉林厄姆这件事上表现出的自我节制相比，英格兰人在泰尔斯海灵岛的所作所为着实不光彩。实际上英格兰士兵赶到梅德韦时荷兰人早就离开了，是英军大肆劫掠了这座已经被毁的城镇。

驶过这条陌生的河流、攻破防守并直接端掉皇家海军的老窝，荷军完全有能力做到这些。皇家海军总算可以庆幸这场灾难没有继续恶化，因为至少查塔姆的船坞未遭毒手。但实际上荷兰给英格兰带来的挫败和羞辱远不止于俘获和毁坏那些战列舰。英格兰因为这场战事耗费了无数钱财，回报却微乎其微。即便吃了败仗，荷兰仍有钱建造新船，修缮受损的战船，给码头工和水手发工资。正如此前巴顿所说，荷兰战舰确实得到了恶魔的眷顾。英格兰就做不到，即便是打了大胜仗或像"四日海战"那样反败为胜也不行。1666 年下半年，他们已经无力再为舰队招募人手、补充物资和增设装备了。

英格兰水手听闻梅德韦战败后显得漠不关心。他们当初就是被强行赶到舰队上，从凶残的战役中幸存后又像犯人一样被困住——而且还是没法吃饱饭的犯人。他们的家庭一贫如洗。"皇家查理"号被俘之后，叛变的英格兰水手们挥舞着纸票，宣称他们已经收到了报酬。这是经年累月承受苦难后的报复。"确实,"佩皮斯特意写道,"海员们的忠心和情感都已背离而去,在沃平的大街上,妻子们大声哭喊,'你们不给我们的丈夫发饷,这就是报应!'"[8]

注释

1. Pepys, *Diary*, 1667 年 6 月 14 日

2. 同上来源, 1667 年 7 月 19 日

3. 关于媒体报道的具体内容, 详见 Capp, pp. 262ff; Davies, *Gentlemen and Tarpaulins*, pp. 71ff 以及 Rodger, *Command*, pp. 57ff and 126ff

4. Ingram (ed.), p. 49

5. Corbett, *Fighting Instructions*, pp. 118 – 119

6. John Evelyn, *Diary*, 1666 年 6 月 17 日

7. Ingram (ed.), p. 48

8. Pepys, *Diary*, 1667 年 6 月 14 日

第 23 章

"丹吉尔人"

若不是上帝恩赐我们这样通晓海事的国王和公爵，这个国家早就一败涂地了。

——塞缪尔·佩皮斯

1676 年 1 月 14 日，地中海舰队正停驻的黎波里沿海。当晚，所有战舰的舰载小艇都下了水，小艇上是携带了武器和炸药的船员。

这次行动由 HMS "哈里奇"号（Harwich）的副官克劳兹利·肖维尔（Cloudesley Shovell）计划并实施。那天夜里特别黑，小艇悄悄溜进港口，对方负责警戒的小艇尚未察觉就被拿下了。英军爬上大船后烧毁了 4 艘海盗船，一兵未损返回了舰队。此番行动进行得冷静、迅速、老练。肖维尔在国内赢得声名，还获得金钱和一枚查理二世颁与的金质勋章作为奖励。一年后，他开始了自己的第一次带兵，时年 27 岁。

克劳兹利·肖维尔是伴随"复辟海军"一同成长起来的新一代海军军官，而且是其中的佼佼者。[1]他自 1663 年服役时起就功勋斐然，直至 1707 年在一次船舰失事中遇难。我们可以透过他的从军生涯了解海军在 17 世纪下半叶和 18 世纪伊始所发生的根本性变化。

　　肖维尔的巨大福运源于他的出生地考克索普（Cockthorpe），这里是诺福克郡的一个小村庄，是克里斯托弗·明格斯（Christopher Myngs）的家乡。明格斯是村里鞋匠的儿子，后来成为英联邦海军的一名舰长。他的早期资历来自地中海和斯赫维宁根战役。但他在执掌船舰和执行伊丽莎白式劫掠等方面的熟稔，还是得益于他在西印度群岛执行《航海条例》、掳掠"西班牙大陆"（Spanish Main）① 的经历。尽管顶着宗教激进分子的帽子，复辟之后明格斯还是被留用了。另一个考克索普出来的男孩——约翰·纳伯勒（John Narborough）成了明格斯的侍童，并随他一起在地中海服役。1663 年，纳伯勒成为明格斯的副官，13 岁的克劳兹利·肖维尔被选为新侍童。

　　有许多像纳伯勒和肖维尔这样的男孩，因为同乡和亲族关系踏上了升迁的第一步，他们以后可能会成为副官，运气好的还可能做到舰长。不过斯图亚特王朝时期还有其他很多路径通往海军上层。

　　一如往常，这些路径都高度政治化。1660 年，"克伦威尔派–共和派"海军不得不变换门庭，即便不成为"保皇党"海军也得是"皇家"海军。这当中的麻烦在于军中经验最丰富的长官们都是经历过对荷战争的老将，因此与共和派以及克伦威尔有着十分紧密的联系。保皇党（Cavalier）中有资历的寥寥无几。流亡中的斯图亚特王室有一支小规模的海军队伍，1648 年叛离英格兰的海上中队就是由这支队伍组成的，由鲁珀特亲王和一帮四处流窜的私掠船船长统领。1660 年，托马斯·阿林被任命为皇家"多佛"号（HMS Dover）舰长。1650

① 15 世纪到 19 世纪西班牙在美洲殖民地的统称。——译者注

250

年阿林执掌的一艘保皇党船舰曾在卡塔赫纳沿海被布莱克击沉。罗伯特·福尔摩斯也曾在鲁珀特中队待过，之后做起了私掠船船长；1660 年他成为新一代保皇党舰长的一员。这些追随过鲁珀特的老部下一步步走上了将官的位置。威廉·巴顿爵士成了海军船舰监造官，1648 年他曾带领部分议会党海军叛逃至斯图亚特王室阵营。

但他们还是别无选择地要与另外一些舰队司令和舰长共事，这些人曾经击沉过他们的船舰，有十多年时间一直追捕他们。17 世纪 50 年代早期，威廉·佩恩和约翰·劳森曾在地中海对保皇党私掠船穷追猛打，现在他们仍是舰队司令。17 世纪 60 年代的绝大部分舰长都曾是"空位期"海军的长官。因此士绅和贵族在海军中的升迁问题让国王和海军大臣备感压力。

对查理二世和他的弟弟约克公爵来说这是一个两难的问题。据佩皮斯所言，詹姆斯"察觉到很可能出现老一辈舰长们打江山，新一辈舰长们毁江山的局面"。[2]未登上王位时，詹姆斯与专业的海军军官建立了紧密的工作关系，尤其是劳森和佩恩二人，他们身上都有一种"油帆布"军官（'tarpaulin' officer）的特质。这个说法源自职业水手们身上那种涂了保护油层的帆布布料。正如字面表达的意思，这类军官在孩童时期就已经上了船，实打实地一级级往上爬、习练统率船舰的本领。佩皮斯称他们为"海之子"。

"油帆布"和商业海运有着稳固紧密的联系。约翰·劳森爵士的父亲是斯卡伯勒一名商船船长，他自己曾是当地海运界的重要成员，内战期间加入了"议会海军"。来自入海口小镇利镇（Leigh-on-Sea）的舰长理查德·哈多克爵士（Richard

Haddock），其祖上从事航海和海军的历史可以一直追溯到1327 年。复辟前后他曾做过商船和海军船舰的舰长，当过三明治伯爵和鲁珀特亲王的旗舰舰长，后来升任海军审计官并成为舰队司令。他的儿子理查德·哈多克和尼古拉斯·哈多克（Nicholas Haddock）分别成为海军审计官（1733 ~ 1749 年）和 18 世纪 30 年代后期英国在地中海的总司令。圣克鲁斯之战的英雄理查德·斯泰纳爵士，其海上生涯发轫于纽芬兰捕鱼船队，最后以护送舰队副司令的身份死在了护送查理二世的新娘从葡萄牙到英格兰的路上；他还身负攻占丹吉尔的使命。整个 17 世纪 50 年代，不断有"油帆布"被升任至统领位置，领导正处于扩张期的海军。舰长人选也逐渐从长期服役的委任官和士官中产生。这些人既具备实际航海经验又经历过第一次英荷战争，是海军的骨干力量。所以为什么不干脆把他们留住呢？

由于詹姆斯对"油帆布"之流的青睐，此时已经加封三明治伯爵的爱德华·蒙塔古认为必须在留住资历丰富的军官和尊重政治现实之间达到平衡。国家的政治支持对海军而言不可或缺。海军不能被视为共和时代的遗物，作为顽固不化的叛乱者的天堂而存在。在许多人看来，世袭将门尊崇荣耀且无条件支持君主制，由他们统领军队是完全正确和符合情理的。以此观点，实际经验的考量还排在尚武精神和天生的领袖能力之后。换句话说，若非如此，将有违天道。

无论如何，没有经验资历的三明治伯爵因为他在宫廷的位置而被推上了海军最高统帅的高位——只是他所在的是护国公克伦威尔的宫廷。很久以前开始，舰队司令就由贵族子弟和宫廷侍臣担任，实战经验方面则需仰赖资深的旗舰舰长。"空位期"时情形变了，有相应资质证明的人即使没有经验也可以受任指挥官职位，而且很受青睐——布莱克和蒙克就是明例。所以现在颇待思量的是如何将贵族和士绅引入海军，同时不对海军实力造成任何影响。

对士绅阶层的年轻人而言，成为副官是通往舰长的一条捷径。17 世纪 60 年代早期，许多如此打算的年轻士绅就以副官身份空降到船上。1664 年，罗伯特·福尔摩斯时年 24 岁的弟弟约翰成了一艘船的副官。一年后，他受任舰长，不到十年即升为将官。1661 年，时年 21 岁的罗杰·斯特里克兰（Roger Strickland）受任"蓝宝石"号副官，他的父亲、保皇党沃尔特·斯特里克兰（Walter Strickland）还因此得到一笔赏金。此后五年中罗杰先后做过另外四艘船的副官，再之后他做了一艘被俘船舰的临时指挥官，这是他人生的第一个指挥官职务。1668 年他成为一艘海军战舰的舰长。

大量士绅子弟在各方面条件还未成熟时就被派到船上任职。弗雷舍维尔·霍利斯爵士（Sir Frescheville Holles）只在自己的私掠船上待过一小段时间就被任命为"羚羊"号舰长，时年 23 岁。1666 年奥索雷伯爵（earl of Ossory）成为舰长之前没有任何航海经历，尽管对航海技术一窍不通，他还是在1673 年被擢升为蓝色中队司令。乔治·莱格（George Legge），即日后的达特茅斯爵士，就任"彭布罗克"号（Pembroke）舰长时年仅 20 岁。约克公爵还特别注明莱格"此前仅仅只有一回出海远航的经历，他也不知道此人是如何坐上舰长位置的"。[3] 莱格的任命别有原因：他身为朝臣的父亲和鲁珀特亲王过从十分亲密。不到一个月，"彭布罗克"号与"费尔法克斯"号在托贝相撞而沉。

"士绅"和"油帆布"两派舰长之间的嫌隙最明显地体现在 17 世纪 60 年代以及战时,当时宫廷侍臣极力要求获得军中指挥权。詹姆斯和查理深知这当中的难处,要想整顿海军,必得先革其旧命。革命带来的创伤可以用时间去弥合。查理二世明言:"我并不是简单地招选有才干的人,除能力之外,他们自身也要渴望融入其中,我想这样的人应当和其他人一样得到鼓励。"[4]

新一代职业军官正茁壮成长。1661 年起,"国王信童"(king's letter boy)加入船舰之中。他们是士绅子弟,年龄上限在 1676 年被正式定为 16 岁。他们被送出海学习航海和驾船技术,并从此踏上晋升之路。扎姆斯和查理希望"士绅"军官能像"油帆布"军官一样去思考和行动。17 世纪 70 年代后期,老一辈共和政府的"油帆布"军官和保皇党的"士绅"军官或亡或退,他们的位置开始转由复辟后进入海军的军官接手,此时新一代军官的身躯上已经留下属于他们自己的战痕。

至此又要说回克劳兹利·肖维尔了。他加入海军以后,最开始是在西印度群岛跟随明格斯及其副官纳伯勒,那里是海军各处驻地中最折磨人的一处。明格斯的任务是阻止西班牙人重新占领牙买加。他劫掠了古巴圣地亚哥(Santiago de Cuba),针对英格兰殖民地的破坏行动就是由此而来的;另外他还捣毁了西班牙人的要塞和堡垒。不过真正铸就他后世功名的还是第二次英荷战争。1664 年战事伊始,他被任命为白队副司令。1666 年的四日海战中,他阵亡于红队副司令任上。

那时纳伯勒和肖维尔已经从一位航海长那里获得了航海方面知识的启蒙。明格斯是德雷克和霍金斯那种风格的海军军官,他与部下忠诚无间,偷偷和他们分享自己从加勒比海弄到

253

的战利品。在明格斯的葬礼上，生前他手下的一帮水手找到佩皮斯，请求佩皮斯把他们调到火船上执行危险的任务，"要讨回这血债，纪念我们死去的司令官"。

约翰·纳伯勒接管明格斯的"胜利"号时四日海战打得正酣。他的表现十分出色，并被升任为舰长。克劳兹利·肖维尔成了他的随身侍从，1667 年随纳伯勒一同返回加勒比海，加入约翰·哈曼爵士和约翰·贝里领导的中队。他们的中队在尼维斯（Nevis）附近击败法荷联合舰队，在马提尼克岛（Martinique）歼灭法军一支大型中队，并占领了法属圭亚那（French Guiana）的卡宴（Cayenne）和荷属苏里南（Dutch Surinam）的帕拉马里博（Paramaribo）。两年后，肖维尔加入纳伯勒前往南太平洋远航的队伍，这番经历所积累的航海经验相当宝贵。到了第三次英荷战争的时候，这一批军官对皇家海军的胜利起到了至关重要的作用。纳伯勒被调遣到詹姆斯的旗舰"皇太子"号上做副官，肖维尔作为见习生随同前往。

1670 年，查理二世和法国签订秘密条约，两国将结成反荷同盟。当时皇家海军正全力重建和修补梅德韦突袭中毁坏和损伤的船舰。查理的钱足够支撑一场短期战事，他计划先由英法海军击败荷兰海军，然后护送陆军登陆尼德兰。法国陆军也会同时向荷兰共和国发起进攻。

荷兰共和国岌岌可危，敌人在海、陆上的兵力都远胜于它。堪以告慰的是，荷兰人有米歇尔·阿德里安松·德·鲁伊特做他们的海军统帅，他以卓越战术力挫英法联合海军于索尔湾（Solebay）、斯库内维尔德（Schooneveld，两次）和特塞尔。詹姆斯称德·鲁伊特为那个时代最伟大的海军将领，其原因不难看出。* 1672～1673 年的 4 场大战中，他以非凡的领航技术、旗语系统和战术战法把敌人原本十分可观的阵容和炮火优势消弭于无形。德·鲁伊特在敌人数量明显占优的情况下向索尔湾的英法联合舰队发起突袭。这个做法非常大胆，虽没有带来大胜，但本来此次行动的意图就是不给敌军任何从近海入侵共和国的机会。

德·鲁伊特发展出一套斩首打法：一旦英军舰队司令被击杀，整支舰队随即呈现疲态。索尔湾之战开始阶段，詹姆斯的旗舰就被 5 艘敌舰盯着打了 4 小时。因为海上一丝风都没有，舰队余部也无法向这位王位继承者施以援手。那是令人非常绝望的时刻。旗舰舰长约翰·考克斯（John Cox）爵士阵亡，后来约翰·纳伯勒接管了他的位子。雄伟的"皇太子"号惨遭荷军大炮的摧残，包括詹姆斯家眷在内有 200 名船员殒命。顶桅从高空坠落时弄坏了主帆，砸到甲板上之后令许多火炮无法继续射击。

荷军放出火船准备彻底终结"皇太子"号，倘若他们真能成功杀死那位英格兰和苏格兰王位的继承人，历史的轨迹将会大不一样。但纳伯勒迅速做出反应。他让小艇一直牵住船头，直到船帆捕捉到了一丝微风。这样费了很大力气之后，"皇太子"号终于开始移动了。就在她刚刚驶进舰队的安全范围时，荷军击落了她前桅顶帆的帆桁，身形庞大的旗舰再也动弹不了了。詹姆斯及时逃了下来。他把令旗转移到了"圣迈

254

---

* 2004 年，德·鲁伊特在"历史上最伟大的荷兰人"（De Grootste Nederlander）的投票中排第七位，领先于安妮·弗兰克（Anne Frank）、伦勃朗（Rembrandt）和梵·高（van Gogh）。尼德兰皇家海军有 6 艘船舰以"德·鲁伊特"命名，有 7 艘船舰以他的旗舰"七省"号命名。

克尔"号上，等这艘船被轰得支离破碎之后，令旗又被转到了"伦敦"号上。

载着英军司令的船舰没有一艘是安全的。舰载 100 门炮的"皇家詹姆斯"号是三明治伯爵的旗舰，也一样被荷军战舰和火船重点关照。尽管船头下方就有一艘敌舰，但她还是和"皇太子"号一样，凭借船上的火力令荷军无法攻上前来。后来"皇家詹姆斯"号挣脱重围逃了出来，不过因为船身连续遭受重击，她已经开始下沉了，从骇人的炮火屠戮中幸存下来的船员也没几个。最终她被一艘火船钩住，烧了起来。到了正午，除三明治伯爵外的所有英格兰船员都弃船而去。伯爵肢体严重残缺，人们从海上找回遗体时已经认不出他的面目了，全靠身上的嘉德勋章（Order of the Garter）才得以断定身份。尸体没有烧焦的痕迹，这在一定程度上表明伯爵就是那个最后弃船的人，他是弃船之后才牺牲的。

眼前旗舰所遭受的野蛮攻击又一次提醒人们海上战争冷酷无情的一面。"皇家詹姆斯"号除舰长哈多克以外的所有军官全部阵亡。"亨利"号舰长和大部分军官殒命。和相当数量的舰长一起阵亡的还有许多出身高贵的廷臣，当中很多人是站在詹姆斯近旁时瞬间失去了生命的。大型旗舰犹如磁石一样吸引着敌人的加农炮炮弹，被驱赶到这些船上的水手们实属不幸。詹姆斯是躲过了惨死的命运，但只要哪艘船舰飘起代表他皇室身份的十字旗，那艘船就会血光四起，被轰得支离破碎。

不过亲王亲临战斗最前线的做法——他和周围所有人遭受着同样的死亡威胁——对皇家海军而言有非同寻常的历史意义。查理和詹姆斯都是技艺娴熟的帆船手，他们深切关注皇家海军的发展，而且二人身为亲王还懂得帆艺、航海术和引航术，这在过去的几百年中还是第一次见。艰难岁月里，海军因为他们的鼎力支持而受到国民的拥护，成为国策的重要部分。一位亲王亲自在海上战斗，不可避免地会带动贵族、廷臣和士绅随他一起追逐荣耀。入伍海军成为贵族也热衷的事情。此事意义深远，原本这些阶层的人勉为其难地为海军交税，现在却已经亲自参与到海军之中，甚至以此开创职业生涯。

詹姆斯十分希望将自己树立为一个完美的 17 世纪海军大将形象。纳伯勒描绘了他在索尔湾与敌人猛烈交战时的情景：

> 殿下在船首和船尾间来回奔走，砥砺士气，着实令将士们感怀不已。他总觉得自己离敌人不够近……此时约翰·考克斯爵士已经被杀，战舰由我统领。我绝对不相信，这个世界上还会有其他亲王能像殿下这样勇敢坚决地和敌人战斗，而且他渊博的航海知识和精湛的海航指挥能力令所有海军将领都相形见绌。[5]

如果不是对一位亲王来说，学习航海术和行船技术，或者是激励水手士气有失其高贵身份，那么这些话足以吸引陆地上那些王侯富绅把自家子弟送到海上和帆布缆绳打交道，希望有朝一日挣得功名。海军如今成了光荣的职业。

海军虽然未能赢得对荷战争，但在查理和詹姆斯的关怀呵护下，它还是作为一个专门机构繁盛起来。他们招揽佩皮斯这样的才干之士入主海军部，使其变得空前鼎盛。不过他们留给后世最伟大的遗产还要数创立了一个专业化的军官队伍。

肖维尔就是从中成长起来的一名军官。当时外人和海军军官自己都喜欢用"士绅"和"油帆布"来区分阵营，那么肖 256

维尔属于哪个阵营呢？他出身地主家庭而非海商家庭，他是靠关系进入海军的，不过他里里外外都是个货真价实的水手。像肖维尔这样的年轻军官，在 17 世纪 60 年代还是个孩子时就开始在海军服役，"士绅"和"油帆布"的鲜明区分在他们身上渐渐模糊起来。此当归功于查理和詹姆斯的改革。

战争是军官快速晋升衔级的好机会。索尔湾战役之后，纳伯勒受命指挥三级战舰"费尔法克斯"号，护送商船前往地中海，肖维尔是大副。第三次英荷战争临近尾声时，纳伯勒晋升奥索雷伯爵旗舰舰长，任蓝色中队第三司令。之后他又以红色中队第三司令的身份在皇家战舰"亨丽埃塔"号（50）上升起了自己的将旗，肖维尔随其任第二副将。

海战舰队在北海的征战也将武官们大大磨砺了一番，不过地中海才是英格兰海军武官真正的成长摇篮。1674 年，纳伯勒被擢升为地中海舰队司令，于"哈里奇"号升起自己的将旗。肖维尔任该舰副将，此时他已经历了 10 年海上生涯的磨炼，参与过西印度群岛、太平洋、地中海的数次远航以及本国海域的战列线海战厮杀，加之明格斯和纳伯勒的言传身教，作为明日将星的肖维尔正冉冉升起。

纳伯勒舰队可谓地中海舰队中很壮观的一支了。最多时有 35 艘船，这还不包括当时部分正在直布罗陀海峡执行护航任务的战舰。纳伯勒所建功勋之一便是收买了突尼斯人。之后他以里窝那和马耳他为大本营肃清了的黎波里的海盗船。肖维尔可能已经跃跃欲试地在他师父的巨型舰队里做过几次舰长，不过绝大多数时候纳伯勒还是把这位徒弟随身带在"哈里奇"号上。这个做法还是很明智的。肖维尔领导了对的黎波里海盗的袭击。两个月后对方又在海上损失了 4 艘船，当时他也正待在纳伯勒身边。英军的一系列行动迫使的黎波里总督与之签订了和平条约。年末时萨莱方面也和英方达成了同样的协议。此时唯一的威胁就剩阿尔及利亚了,纳伯勒舰队也可以到里窝那、梅诺卡岛(Minorca)和加的斯以外的区域活动了。

现在"蓝宝石"号(32)归肖维尔指挥。他执掌过不少四级战舰,但显然最偏爱"蓝宝石"号,曾两度担任该舰舰长。1681年,他受命指挥"詹姆斯帆桨"号(James Galley,30),之后5年他都是驾着这艘战舰在海上巡视,为商船保驾护航的。与此同时,亚瑟·赫伯特(Arthur Herbert)接掌了纳伯勒在地区司令的位置。肖维尔战绩斐然,击败并俘获了两艘阿尔及利亚巨型船舰,它们后来被编入海军服役。赫伯特是历任地中海舰队司令中最成功的一位。1682年他迫使阿尔及尔与本国签订条约,之后的历史证明该条约产生了持久深远的影响。战争在赫伯特的身上也留下了痕迹。有一次和2艘阿尔及利亚海盗船交手的时候他挨了一枪,尽管当时子弹还陷在右眼窝下面,他仍然向另外10艘敌船发起了进攻。1678年他曾和一艘海盗船有过恶战,一条挎在肩上的子弹带当场爆炸,他后背上的衣服被烧光,眼睛还暂时性失明了好几个星期。此外,赫伯特还有些花花公子的狼藉声名,经常混迹于烟花柳巷。

后来肖维尔接替了赫伯特直布罗陀海峡总司令的职位。由于英方已经成功迫使阿尔及尔、突尼斯和的黎波里与自己签订条约,肖维尔手下的船舰数量比赫伯特时大大削减。肖维尔集中力量来对付萨莱,那里是最后一个海盗盘踞的大本营。

肖维尔成长于护卫舰——可以说是海军中任劳任怨的苦役船种——又在本国海域的战列舰上接受战阵的磨砺与考验。和北非海盗的长期交锋锻炼了他的战斗技术和独立指挥

257

能力。海军还从没有在离本国如此遥远的地方连续待这么长时间。

驾驶护卫舰执行护航任务要有高度的专业素养。[6]白天，护卫舰要行驶在队伍的上风向；天黑之后，队伍首尾各有一艘护卫舰游弋警戒。行动时要能准确判断、占得先手。有时候需要护卫的商船数量非常庞大，1680 年，两支护航队离开纽芬兰渔场的时候各自带着 60 ~ 70 艘船，前往欧洲南部市场。1677 年一支护航队从里窝那启程回国，出发时共有 2 艘护卫舰和 25 艘商船，其中还有几艘是黎凡特公司的，上面满载财货；等他们抵达马略卡岛（Majorca）时，队伍已经包括了 4 艘战舰和 37 艘商船；到阿利坎特时多了 50 艘船；在加的斯又有另外 92 艘船加入他们，一同前往终点唐斯。所以说护航之责干系重大。舰长们要能灵活地和商船的船老大们商量好靠岸与离岸的时间安排。他们得熟悉人情世故，让那些自以为是、缺乏经验的商船船长们听从指挥，维持整支航队的秩序，另外还要和前来抢东西的船舰交手，保护航队不受侵袭。除了以上种种，他们还得在他国港口获得补给、招募人手以及修护船舰使其正常运转，更不要说一艘船从英格兰穿过大西洋到纽芬兰，同时往来地中海并聚拢庞大的航队回国了，这件事本身就是相当了不起的。

击退掠夺者和与舰队作战非常不同，前者是对航海术、领导力和独立判断的综合要求。和海盗船单挑往往会让武官声名大振。比如舰长约翰·肯普索恩（John Kempthorne），1669 年他和 7 艘阿尔及利亚海盗船连战两天，最终让航队安全回国。1681 年，他的儿子摩根·肯普索恩（Morgan Kempthorne）更胜一筹，用了 12 小时击退 7 艘阿尔及利亚海盗船。战斗中共有 8 人阵亡，摩根亦在其中。

舰长在海外是代表着国王的。1675 年，约翰·贝里爵士任纽芬兰护航队统帅，他受命驱赶纽芬兰的居住者们迁去别的殖民地。[7]这些居民和英方有渔业上的利益冲突，伦敦方面认定这些人会对捕鱼业造成不利。贝里是在纽芬兰渔船上长大的，他在调查了实际情况后选择站在当地居住者这一边。他没有驱逐这些人，而是向国内递回一份报告。此番介入为存留纽芬兰殖民地起到了积极作用。

两年后贝里从地中海调到弗吉尼亚，去缓和当地紧张的政治局势，那里发生了一场最终未能成功的叛乱。1680 ~ 1681年，他再次到地中海执行护航任务。有一个 18 岁的男孩正在船上历练海事，他是格拉夫顿公爵、国王的私生子。要想学习海上生活所需的技艺，参与护航任务是个极佳的办法。这番远航贝里和格拉夫顿从英格兰出发，经丹吉尔到士麦那，然后沿阿利坎特、马拉加、唐斯一路折回。两年后公爵成为英格兰海军中将，任狭海总司令。

地中海成了舰长们争相前往服役的地方，因为海军总部设在丹吉尔，他们也由此得名"丹吉尔人"。官员们醉心于那里的美食、风光、商品和女人。舰长们为了各自桌子的品质争相攀比。欢愉享乐的气氛弥漫丹吉尔，许多官员无论是买是租都有自己的房子，并且保持着有声有色的社交生活。不过军官们青睐地中海的最主要原因还是这里有谋求晋升、荣誉和暴利的机会。17 世纪 60 年代至 80 年代抗击海盗的同时，新一代舰长们也在纳伯勒、赫伯特和肖维尔座下拜师学艺，当中许多人成长为海军司令，在 18 世纪头几十年里引领英格兰海军前行。1683 年，随着丹吉尔殖民地和海军总部的撤离，"丹吉尔人"

的这个小世界亦宣告终结。

曾经，海军屡屡在和平年景变得衰败消沉；现在，海军需要在世界上不同地方执行任务，这就保证了海军建设的连续性，它会时常得到操练。海军正在向一个职业化兵种转化。

259　　岸上也同样有这种势头。经过刚开始的沉潜期后，塞缪尔·佩皮斯在海军行政方面做出了卓越成绩。[8]他反复拆解和拼装船舰模型，还和"皇家詹姆斯"号的大副聊天，大大小小方方面面的内容都有，这让他在战舰的技术知识方面获益匪浅。佩皮斯还从大副那里学习了基础的数学知识，于1662年7月学会了乘法表。以此为基础，这位海军大臣最终掌握了高级会计的技能。同时，一位数学家还传授计量船用木板的秘诀给他。佩皮斯手持算尺，以所学的知识质问那帮把持木板、铁器交易的商家和制帆商。凭借数学、会记技能和经验，佩皮斯洞悉了供货商玩弄的伎俩，将一些困扰海军当局的腐败行为彻底清除。他十分尽心地侍奉国王，善于在极细微处发现波澜；他对海军的见解之全面，亦是时人所难以企及的。正如其所自称的，他虽不是"海军的拯救者"，不过他为行政工作树立起一套准则与规范。其成就在很大程度上得益于詹姆斯与查理打造一支强大海军的热情。

1677年，他的努力得到国王的正式认可。从那以后，副官必须通过考核方能就任。此举可谓颇具革命性，海军部在查理二世亲自施压之下才极不情愿地实行了这一举措。之前本章引用过查理关于海军服役的话，其中出现过"交易"一词。他说的是实话。纵观英格兰的历史，领导和统率海军的一直都是出身于世袭将门的精英阶层。正如字面词义所表达的，世袭将门的子弟无须通过考试就能任职。

这项决策引领海军往专业化方向迈进，成为英格兰海军史上一个重要节点。陆军在这方面落后了一大截。海军在 18 世纪所表现出的高度专业化和精湛技艺，便始于考核制度的设立。

这是查理兄弟二人留给海军的珍贵遗产，他们向海军倾注了大量的心血。海军变革始于共和政府时期，在复辟之后仍继续前行。

注释

1. 关于斯图亚特王朝时期军官团的发展状况，尤须参考以下著作 Davies，*Gentlemen and Tarpaulins*

2. Rodger，*Command*，p. 114

3. Pepys，*Diary*，28 January 1668

4. Davis，*Gentlemen and Tarpaulins*

5. Anderson（ed.），pp. 96ff

6. 护航任务中船长所担负职责内容，详见 Hornstein，*The Restoration Navy*

7. Sir John Berry，*Dictionary of Canadian Biography Online*，http：// www. biographi. ca/009004119. 01e. php? &id_ nbr = 59

8. Knighton，*Pepys and the Navy*，pp. 30ff

第 24 章

急不可耐（1677～1694 年）

> 英格兰对任何兴起于海上的地区或国家都理所当然地
> 心怀嫉妒，世界上罕有与其比肩者。
>
> ——沙夫茨伯里伯爵（The earl of Shaftesbury）

英军一边以护卫舰轰炸法军防线，一边以火船和小艇冲入拉和岬（La Hogue），他们捣毁了 12 艘风帆战列舰，当着敌方大军的面干掉了他们的运兵船，詹姆斯看着眼前的场面十分兴奋和痛快。拉和岬之役当天，另有 3 艘敌方战舰在瑟堡（Cherbourg）被焚毁。

"啊！"看着吞噬拉和岬法国船舰的巨焰，詹姆斯豪情高喊，"唯我英勇无畏之英格兰人，才敢如此英勇作战。"[1]

当时他身旁的法国官员们想必十分不自在，他们的海军和运兵船受命入侵英格兰，扶助詹姆斯二世夺回他于 1688 年失去的王位，却被强大的英荷联合舰队击败。

尽管这支海军在摧毁着他的梦想，但詹姆斯对"自己的"海军如此满意并不奇怪。很少有哪个君主将自己和海军如此紧密地联系在一起。他有个早夭的儿子曾被他取名为埃德加。尽管詹姆斯只参加过两次海战——洛斯托夫特之战和索尔湾之战——但这些英勇战斗的经历让他对海军极具认同感。曾经由他塑造、磨砺并训练出来的英格兰海军又迅速取得另一场胜利，一股自豪感抑制不住地从他心里生发出来。

在重振皇家海军方面，詹姆斯和国人可谓同心同德，不过两者在其他很多方面有着致命的不协调。1673 年一项新的立法——《宣誓法》（Test Act）——要求受雇于英王的所有官员都放弃天主教信仰。这对詹姆斯而言是个大问题。大约从 17 世纪 60 年代后期开始，他从新教改信天主教。虽然贵为亲王，他还是得遵从法律，于是极不情愿地放弃了海军大臣一职。由鲁珀特亲王领头的一个委员会接手海军。

17 世纪英格兰的天主教教徒处境非常艰难，即便是王位继承人也是一样——实际上此事还激化了事态。天主教信仰被认为是非英格兰之物，而且象征着暴君和专制。1666 年的伦敦大火也被认为是多个国家的天主教教徒共同策划的一起阴谋，旨在拼死一搏破坏圣公会（Anglican Church），让自由的英格兰重回专制政府的统治。自 1661 年开始，路易十四（Louis XIV，天主教教徒）一心要在欧洲建立"普世君主国"（Universal Monarchy），即法国霸权。1677 年，一位名为提图斯·奥兹（Titus Oates）的海军牧师干了件极不光彩的事，他向全世界宣称天主教教徒正密谋刺杀查理二世，旨在让詹姆斯登上王位。此事纯属子虚乌有，却在议会中掀起一股狂潮，人们想尽办法要把詹姆斯排除出王位继承序列。"我认为，"一位议员说道，"天主教教徒们正谋划着要将我们的信仰赶尽杀绝，其用心已如正午的太阳一般昭昭在目……他们的武器已经架到了我们脖子上，我们绝不能沉默，要奋起保卫自己，要尽一切可能逃出他们血腥残忍的魔爪。让一个天主教教徒登上王位，我们将万劫不复。"[2]

刀锋是向着斯图亚特王朝去的，不过更换继承序列会削弱君主权威，查理断然拒绝。他采取了中庸的做法，将海军大权拱手让与议会。自查理登位以来，议会就一直在争夺海军的控制权。第二次英荷战争中英方损失十分惨重，为此议会组织了一个战事纠察委员会（Committee for Miscarriages），彻查所有舰队司令和海军委员会的每项行政指令和行动决策。还有一个名为布鲁克众议院委员会（Brooke House Commission）的议会组织对海军财务进行了审查。现在，海军控制权终于到了议员们手中。

不过议员们也没有控制海军多久。查理临死前重新夺回对海军的控制，并且擢升塞缪尔·佩皮斯担任一个独特的职务——海军部事务书记官（Secretary for the Affairs of the Admiralty）。1685 年，詹姆斯登基。

乍看之下，海军待遇之优超过了以往任何时候。佩皮斯获得一年 40 万英镑的预算，还有一个特别委员会负责海军改革事宜。1688 年，舰队的船舰数量达到 168 艘。

1688 年，国王向自己倾心呵护的皇家海军寻求帮助。登基没多久，他就把臣属们都得罪遍了。詹姆斯肃清地方政府，组建了一个不会自己发声的议会，结果连这个赤胆忠心的议会都开始批评他。于是他解散议会，把所有权力都揽到自己手中。他宽容对待天主教教徒，为与自己持相同信仰之人在陆军、海军和大学中安排位置。更糟糕的是，他建立了一支驻扎在豪恩斯洛荒地（Hounslow Heath）的常备军，其用心昭然若揭。英国人视之为独裁暴政的明证。他们恐惧是有理由的。1685 年，路易十四废除了保护法国新教徒不受迫害的南特赦令（Edict of Nantes）。数千人逃到英格兰避难，向这里的人们讲述新教徒在法国所受的残忍迫害。与此同时，路易正和德、荷两国的新教徒交战。尽管英格兰没有明确支持路易的对荷战争，詹姆斯还是很小心地"保持中立，束手作壁上观，只以旁观者的身份静观法国国王在欧洲战场上掀动血雨腥风"。[3]在新教生死存亡的关头，他冷漠旁观的态度令整个国家蒙羞，也削弱了英格兰参与欧洲大陆事务的影响力。路易十四加诸本国新教徒的血腥武力，似乎在向人们暗示詹姆斯也将在英格兰步其后尘。

尽管如此，英格兰人和苏格兰人还是打算继续忍受一个天主教教徒做他们的国王。他的王位继承人是玛丽（Mary），其丈夫是奥兰治王朝的威廉三世（William Ⅲ）、荷兰共和国执政，而且，是新教的忠实信徒。

海军上将亚瑟·赫伯特拒绝对詹姆斯的亲天主教政策持默许态度。赫伯特和詹姆斯关系深厚。1666 年诸多战役中，年纪轻轻的军官赫伯特给许多人留下了不错的印象。詹姆斯对赫伯特的前途颇为关切，后者也曾在地中海服役，参与过第三次英荷战争。1679 年，赫伯特升任地中海总司令，并在任期中成长为一名杰出的海军将领。后来查理二世任命他为英格兰海军少将，詹姆斯二世又任命他为司服官（Master of the Robes）。

赫伯特是从詹姆斯海军中走出来的，是在詹姆斯的提挈之下功成名就的。他个人生活浪荡不羁，声名狼藉，在政治和宗教立场上也没什么是非心。不过他是第一个基于原则而放弃支持詹姆斯政权的海军高官。被解除官职后，他开始和其他同样心怀不满之人沟通联系。爱德华·罗素（Edward Russell）是这些人中分量最重的一位。他也和赫伯特一样，受詹姆斯的提携才从海军一步步爬上来，在宫廷中获得自己的地位。

　　罗素出身贵族，其家族一直是绝对王权的反对者。叛逆、虚荣、粗暴，是他与生俱来的东西。1687年，辉格党领导层和威廉之间的秘密协商就是由他做中间人牵线搭桥的。罗素把赫伯特招募来参与此事。

　　1688年7月，赫伯特披着水手常穿的油帆布溜到一艘开往尼德兰的船上。他身上秘密携带了一份颇具煽动性的文件。赫伯特带着它直呈威廉，这封信上面有英格兰要人的署名，其内容是邀请荷兰执政介入英格兰国政。事因是英格兰国内局势在1688年发生了戏剧性的转折——詹姆斯第二任妻子婚后一直没有生育，这时却生了一个男婴，从而一下子就断了玛丽和威廉继承王位的机会。许多人怀疑这是天主教教徒的又一项阴谋：狡猾的耶稣会士将婴儿藏在脚炉里，再偷带到皇后床上。天主教国王不会就此完结，他的子子孙孙都将是天主教国王。把婴儿归结为假冒顶替的说法颇有效用，这样英格兰的显贵们就能名正言顺地邀请威廉来解决难题了，而且继承王位对威廉个人而言也关系重大。

　　威廉需要借助英格兰来维持欧洲各势力的平衡，以免荷兰共和国覆灭于法国之手。他需要靠自己的妻子登上英格兰王位。此时他得动用武力保证王位能够顺利继承。亚瑟·赫伯特受任鹿特丹海军上将（Luitenant Admiraal Generaal of Rotterdam）。

　　威廉的入侵之势已然一清二楚，于是詹姆斯开始动用自己倾力打造的海上大军。英格兰海军在达特茅斯伯爵的率领之下，受命前往哈里奇沿海的汞弗李特（Gunfleet）锚地。

　　詹姆斯或许是一位糟糕的政治家，不过他的勇敢果决是毋庸置疑的，即便是最冷酷的敌人也不怀疑这一点。然而到了1688年，他的这些品质已然消散无存。他总是犹疑不定和自我怀疑，尽显憔悴疲软之态。呈送詹姆斯和佩皮斯的情报显示，威廉正在召集一支阵容庞大的入侵舰队。虽然达特茅斯伯爵不是衔级最高的舰队司令，但他至少已经有了行动计划：由他带领英格兰海战舰队前往荷兰海岸重创敌人，或者对其实施封锁。可是詹姆斯认为要谨慎行事。他知道敌人要想成功入侵必须先击败皇家海军。汞弗李特是个理想的停驻之地，海军可以以此地据守泰晤士河口和东海岸，还能向北海或英吉利海峡西南方向进发。

詹姆斯很是信任自己的海军。不过，达特茅斯伯爵却清楚有军官暗中结党。较之天主教主人，他们更支持新教徒威廉。例如伯爵曾控诉舰长——斯特拉顿（Stratton）的伯克利爵士在"海员和指挥官中散播古怪观念"，不过并没有对他采取进一步的处罚，只是把他的船调到靠近达特茅斯伯爵座舰的位置，以便自己能随时盯着他。

准备好要叛变的舰长只有 8 人，但他们职位很高，麾下人马众多。他们都是"丹吉尔人"。克劳兹利·肖维尔与罗素暗通款曲。舰队第三司令约翰·贝里爵士正和格拉夫顿公爵密谋挟持达特茅斯伯爵，并带领舰队向威廉投诚。

一旦詹姆斯露怯，威廉立马就会发起雷霆攻势。詹姆斯是专业的海军指挥官，他没有把入侵的威胁太当回事。夏天已经结束，海上狂风连连。确实，整个 10 月，威廉的入侵舰队都因风暴的阻隔而未能出航，荷兰人错过了开战时机。"我相信，"詹姆斯告诉达特茅斯伯爵，"是全能的上帝一直在庇佑我等，又一次刮起了西风。"[4]

詹姆斯言之早矣。

11 月 3 日，荷兰船舰出现在英格兰旗舰的视野之中，风向变了，敌人正乘风西进。不过长沙滩滩头和肯特角浅滩水路太过危险，达特茅斯伯爵无法冒险穿越。第二天皇家海军启程时，赫伯特和荷兰舰队正畅通无阻地往英吉利海峡南部驶去。第三天风向突然转变，威廉的船舰被西南风吹进了托贝，正好在比切峭壁（Beachy Head）截住了皇家海军的去路。

"是他们运气太差了，怪不得我"，当达特茅斯伯爵意识到搞定敌军有多么容易时，他如此叹息道。威廉和赫伯特的行动罔顾任何航海常识，他们从未考虑过在海上和英军交手。463 艘船，4 万名士兵，一路闪避海军直扑英格兰，这是他们出发时的打算。仅有 49 艘战舰负责保护整支舰队。

达特茅斯称他们的行军"急不可耐"，不过这回受到眷顾的正是这群勇猛之人。威廉的时间非常紧迫，无暇在此逗留。法国陆军紧扼莱茵兰（Rhineland，亦称莱茵河左岸地带），路易十四正在地中海以海军威逼教皇就范。稍有耽误，法军就可能从陆上攻入荷兰共和国，而且会让他们的海军支援皇家海军。对荷兰执政而言，此刻生死存亡系于一线。

1588 年，"新教之风"（Protestant Wind）吹走了西班牙无敌舰队，于英格兰将亡之际出手相救。1688 年，"新教之风"将威廉船队吹出托贝，将詹姆斯海军吹得狼狈不堪，挽救了圣公会与英格兰的自由。总之，当时的宣传是这样的。早已投诚威廉的英格兰主教吉尔伯特·伯内特（Gilbert Burnet）说道："有上帝之手相助，我们不费一枪一炮就称霸海上。"[5] 威廉登陆这一天，即 11 月 5 日，后来成为英格兰新教徒每年都要庆祝的节日。

"他曾是一位伟大的国王，有勇武的陆军，有庞大的舰队，有无数的财宝，有强大的盟友，现在却轰然跌倒，曾经拥

有的一切犹如蛛网一般，轻轻一碰便彻底毁坏。他的判断力丧
失殆尽，即便他像蜘蛛一样吐一整天的丝也补不回来。"[6] 在那   265
两场著名的战役里，詹姆斯于震耳欲聋的轰鸣声中仍旧巍然立
于后甲板上，即便衣服上溅满身边同伴的脑浆也丝毫不为所
动。现在，几乎一声枪响就能把他吓得畏缩起来。

他面黄肌瘦，时常流鼻血，自信心也日渐萎靡。他的二女
儿安妮公主（Anne）和他最看重的陆军将领约翰·丘吉尔
（John Churchill）也倒向了威廉阵营。后来英王逃亡法国。他原
本打算，等英格兰的臣民们意识到他们毁掉了古老的执政体系，
并且发现敞开国门后迎来的是荷兰入侵军队时，他会重返英格兰。
只是旁人并不这么想。支持威廉的海军舰长们派出一位名为乔
治·宾（George Byng）的副官前往舍伯恩（Sherbourne）拜见威
廉和罗素。宾将威廉的一封信带给达特茅斯伯爵，威廉在信中承
诺，如果伯爵带领舰队投诚奥兰治王朝，就能保住自己在军中的
高位。马修·艾尔默（Matthew Aylmer）是赫伯特的徒弟，也是
舰队中亲威廉的 8 名舰长之一。他将此信偷偷带上旗舰，然后把
它放进了达特茅斯伯爵的盥洗室。伯爵看到这封信，当即同意带
领舰队向威廉投降。詹姆斯选择离开本国实属下策，他离开之后，
连达特茅斯伯爵这样最忠诚的支持者也只能举起白旗投降了。

威廉要做的事还没完。他明言，除非他随自己的妻子一道
登上英格兰王位，否则他将任由英格兰的局势恶化。匆忙组建
起来的"非常国会"（Convention Parliament）在巨大的威压之
下，宣布威廉和玛丽为英国共主。

威廉三世性格比较冷漠，不与人亲近，做事十分专注。他
一心扑在奥兰治王室的事业上，矢志保卫荷兰共和国不受路易
十四的蛮横掠夺，他入侵英格兰的唯一目的就是这个。君主制

的显赫外衣对他没什么吸引力，他对英格兰本身也没有特别的兴趣。在他看来，他是英格兰的拯救者。

英格兰在欧洲的"骇人惨剧"中将不再保持"中立"态度，它将亲身参与这场风暴。冲在最前面的，是世界上未曾有过的最强海军。皇家海军与荷兰海军相互间征战无数，彼此都在其间得到锤炼。现在，他们由敌对变成了联合。联合后船队的船舰多数是英格兰的，相应的，高层职位也全由英方把控。这样的安排令荷兰海军将领们十分恼火，他们认为自己比英格兰老对手们经验更为丰富。这也是威廉的典型作风，他对政治以及国家荣誉并不关心：只要实际效果好，他都没有意见。

海军的战略部署必须全部重来。查理、詹姆斯和佩皮斯执掌海军的时候，海战舰队瞄准的是狭海。现在敌人换成了法国人，所以重心要向西转移。这并不容易。海军在英格兰西境一个海事基地都没有。身形庞大、火力强劲的海军船舰是按与荷军在狭海交战的预想设计的，而现在部署地点变成了英吉利海峡西部和大西洋。比如"君主"号，在它服役的半个世纪里从未越过怀特岛以西。

路易则打造了一支正适合与英荷海军争锋的舰队。他的宰相让－巴普蒂斯特·科尔伯特（Jean-Baptiste Colbert）天赋卓然，长期担任法国国王的财务大臣和海军国务大臣。1661 年法国舰队只有 16 艘战舰，由他经手后，1783 年已有 276 艘，其中 125 艘是超大型战列舰。1689 年 3 月，詹姆斯乘着法国船舰向爱尔兰进发，开始他夺回王位的大业。

英法双方第一次交战是在 1689 年 5 月的班特里湾（Bantry Bay）。赫伯特遭遇法国舰队时对方的部队正在登岸。从某种程度上说，这是一次散漫的战斗。法国人抢得先机，把赫伯特的船赶到了海上。英军寡不敌众，机动性也被压制，他们的船舰被大大惩戒了一番。但整个过程中无一人阵亡，法军司令还因放走了赫伯特而被批评。不过赫伯特必须赶去朴次茅斯修补船只，法军因此牢牢控制住了登陆爱尔兰的主动权。詹姆斯向法国海将们夸耀说，这是他们第一次胜过自己的皇家海军，之所以能赢也完全是因为"他的水手"还忠诚于他。

英格兰小败一场。尽管如此，威廉知道必须让英格兰民众继续相信本国在海上拥有绝对控制权。失利被伪饰成凯旋。赫伯特受封为托灵顿伯爵（earl of Torrington）。班特里湾的战斗中克劳兹利·肖维尔负责指挥舰载 70 门炮的"埃德加"号，他也被封了爵。

因为海事方面的有力支撑，詹姆斯有能力搅乱威廉的所有计划，但后来法国海军把主动权拱手让给了英军。路易舰队一直驻扎在本国水域，托灵顿受命把舰队开到了不列颠群岛西面的"西海路"（Western Approaches）。1690 年，路易海军各部终于开始联合行动。地中海舰队与布雷斯特舰队会合后驶入了英吉利海峡。在托灵顿面前的是由法国海军上将图维尔率领的由 75 艘战舰排成的战列线。托灵顿并不打算与对方交手。他只有 55 艘船，确信如果开战自己肯定会输："很多人害怕法国人要入侵，但我从来不这么想。正如我一直所说的，只要我们还保有现存舰队，他们就不敢贸然进犯。"[7]

托灵顿的"存在舰队"（fleet in being）理念后来写进了海军教科书。一支海军不必与对方开战，其存在本身就足以形成威慑力。照托灵顿的想法，如果皇家海军一直没被击败，那么法军就一直无法入侵。此时敌人的势力优于自身，直接进攻十分冒险。托灵顿的军事参谋会议表示同意，不过白金汉宫方面的国务大臣诺丁汉爵士和海军部大臣爱德华·罗素认为赫伯特消极避战、怀有二心。玛丽女王直接向赫伯特下令，命他出击图维尔。

尽管自己的想法才是上策，且英军数量逊于敌军，托灵顿还是向比切峭壁沿岸的图维尔舰队发起了进攻。托灵顿只得承担起这项吃力不讨好的差事。英荷舰队阵容远逊于法军，很可能会被对方包围。他按照命令向敌军进攻，不过并不准备靠近法军阵线。结果荷军前锋急匆匆冲入战场，遭到敌人猛烈轰击，托灵顿只得率领舰队余部助其脱身。当时托灵顿做了一件在后世广为流传的事：船帆未降，但他下令所有船舰同时抛锚。法军目瞪口呆，只能眼睁睁看着自己的舰队被汹涌的潮水带离英军。

托灵顿凭借此举逃到了汞弗李特，他损失了 7 艘船。法军掌控了英吉利海峡。

双方谁都不觉得自己赢了。法国陆军尚未准备就绪，空有海上优势却不能借此入侵英格兰。双方似乎都找不到着力点来打一场海战。诺丁汉很上心，但才不堪大用；国王、女王和议会都不再支持托灵顿；一身"虚荣傲慢"之气的罗素也对托灵顿心怀憎恶。

结果，法军在英吉利海峡横行无忌，威廉和玛丽的王位摇摇欲坠。海军少将克劳兹利·肖维尔正驻守爱尔兰海，手下船舰少得可怜。他心里很清楚——詹姆斯也一样——只要来一支像样的法国中队就能把他一锅端了，威廉的补给线也会被切断。不过并没有法国船舰支援詹姆斯二世党人（Jacobite）。比切峭壁之战后没几天，詹姆斯败于博因河（Boyne），逃到了爱尔兰。图维尔原本有大好机会摧毁英荷联合海军，却白白错过了。比切峭壁一战后，托灵顿和图维尔都被削了职，前者是看到别人将自己的舰队置于险境，为拯救舰队而被撤下，后者是因为打了胜仗却没能继续扩大战果而让法王不快。

威廉和玛丽似乎四面楚歌。一些大人物开始和旧王暗通款曲，海军大臣罗素就是其中之一，他是光荣革命的元老，也是新任总司令。海军似乎隐约也想重回老主人的怀抱。詹姆斯确信时机已然成熟，他劝说路易发动入侵。

法军舰队还是由图维尔率领，并于 1692 年 5 月开进了英吉利海峡。舰队有 44 艘大型战舰，一路为入侵大军扫清障碍。图维尔估计英格兰舰队的规模与自己大致相当，且士气低落，有投诚的可能。英方统帅罗素当时和威廉闹翻了，正与詹姆斯二世党人眉来眼去。5 月 19 日黎明，巴夫勒尔海角（Cape Barfleur）附近的法军在一片海雾中发现了队形不整的敌人，他们于 11 点整向英军发起进攻。肖维尔事后说，他还从没有在和敌舰相距那么近的时候才开火的经历。"转瞬间，"时人写道，"我军就淹没在敌人的炮火和硝烟之下，我方回击亦是一样猛烈，其势之汹涌，以致我们都顾不得看或者想其他人在做什么。"[8]

图维尔意识到英荷舰队规模几乎是自己的两倍时已经太晚了，但法军并非全无生机。上风位在法军这边，他们抓住机会率先发难，压着对方打。图维尔的白色中队正在战场中央和罗素交手，这里双方兵力均等。他最担心的就是己方战线被英荷联军前后夹击甚至包围。为避免这种局面，他命令战列线最前面的先锋部队咬住荷军先锋，牵制住对方但不交手。联军最后面的一支中队由约翰·阿什比爵士（John Ashby）率领，因为没有风，他们离战场有些距离。因此图维尔命令自己的先锋部队冲着主战场北面散开队形，占住上风位，阻止阿什比夹击自己的战列线。战场中心成了决定战局走向的地方，此处双方势均力敌。

两个小时的战斗中，对阵双方一直维持着各自的战列线，以近距离猛烈轰击、相互试探。图维尔的"皇家之首"号（Soleil Royal，104）和罗素的"布列塔尼亚"号（Britannia，100）以舷炮互射。当时世界上最大的船都参加了这次战斗。"君主"号被编在罗素的分队，随之一起的还有她的衍生战舰：崭新的"布列塔尼亚"号、"皇太子"号（此时改称"皇家威廉"号，Royal William）以及部分皇家海军最厉害的二、三级战舰。"皇家之首"号是当时世界上舰载火炮门数最多的战舰，其装饰之华美甚至超过了"君主"号。

法军数艘船舰遭到毁灭性的轰炸，不过仍旧极力维持阵形的完整。联军也好不到哪里去，数艘二、三级战舰被迫退出战列线修整。等到 13 点整海上起了微风。红色中队第三司令肖维尔以"皇家威廉"号破了法军阵线。

这一招使得非常漂亮，尤其考虑到当时起了微风，将领得在可能性极为渺茫的情况下果断做出决定。"三明治"号（90）、"牛津"号（54）、"剑桥"号（70）和"红宝石"号（Ruby，50）依次排在肖维尔身后。他前面的"肯特"号（Kent，70）和"圣·奥尔本斯"号（St Albans，50）明白肖维尔的意图后也跟了上去。所有这些动作都是在四处轰鸣的混乱局面下完成的。"牛津"号舰长甚至还没明白发生了什么就看到法军突然出现在他旁边。至此图维尔发觉自己的战列线腹背受敌，更糟糕的是荷军先锋截断了法军纵队的首部，迫使法军战列线弯成了鱼钩状。肖维尔说"到了那个时候，他们

（法军）开始逃了"。⁹

直到 16 点风停雾起，法军才有了喘息之机。罗素下发手写军令："现在没风，动用一切办法拖动你们的战舰，排出战列线阵形。"¹⁰他隐约感觉到一场压倒性的胜利即将出现——一场足以拯救英格兰的胜利。17 点左右，微风再起，吹走了迷雾。图尔维尔试图借风逃出生天，罗素试图借风继续战斗。不过很快风又停了，海面再度雾气弥漫。整场战斗的天气状况都不理想。船只在无风时无法行动，军官们也无法看清战场情况。英军蓝色分队必须靠小舟拖拽才能行动，阿什比没能努力夹击敌军战线，反而错误地冲向了战场中央。

18 点，开始涨潮了。法军维持风帆布置不变，降下船锚，重演赫伯特在比切峭壁的计策。罗素还是中招了：海面一丝微风都没有，汹涌的潮水裹挟着他们与敌军擦肩而过。另一边，肖维尔迅速察觉到潮水的流向并命令船舰等他命令降锚。"三明治"号动作慢了，结果被潮水推着一路从法军阵线旁边平行而过，敌军狂轰滥炸之下，舰长和许多船员阵亡。19 点，阿什比的蓝色分队终于加入战斗，不过他没有和其他人一道完成对整支法军舰队的包围，而是冲着被围困的法军中军去了。需要补充的是，肖维尔所率船舰被潮水强行调转了方向，所以只有舰尾炮能用。20 点，肖维尔放出火船，它们顺着潮水往法军而去，不过未能建功。肖维尔只得再次从法军战线当中穿行而过，因为图维尔整支舰队往开阔海面的路上的唯一障碍物就是他的小型分队——一旦开始退潮，法军舰队将从他们身上蜂拥而过。图维尔在当晚潮水转向时下令切断缆绳。法军利用退潮逃到了海上。

令人惊讶的是，在一场持续了 12 小时的战斗中，没有一

270

艘船被毁或被俘。大型舰队作战时要想彻底胜利几乎是不可能的，这从英荷战争中就能看出来。不过两军都可以说自己胜了——说英方胜了是因为他们成功逼迫法军出手了，说法方胜了是因为战斗开始时他们处于劣势，最终却没有损失任何船舰。罗素算是海军将领中运气最差的了，这么说有一定道理。大雾、无风还有潮水将一场伟大胜利从他手中偷偷带走，而这是一场原本足以永载史册、挽救英格兰的胜利。此言不虚，巴夫勒尔战役在后世很少被人提起。

罗素和其他海军将领决心继续扩大他们的现有优势，于是几天之后，英方原本模棱两可的胜利终于演变成一场大捷。瑟堡的两栖行动和著名的拉和岬之战——由乔治·鲁克（George Rooke）指挥——证明他们的决定是果断而正确的。詹姆斯发觉自己重登英格兰王位的希望已然破灭。路易将驻扎布列塔尼的军队转移到了佛兰德斯。隐退后的詹姆斯在冥思和懊悔中度过了余生。

英格兰一片欢欣鼓舞地庆祝这场大捷。直到一个世纪后，它的光辉才被其他更恢宏的胜利所掩盖。毕竟，这场胜利在一个满是非决定性的战斗及畏首畏尾的海军统帅的时代是极为罕见的。悬在威廉和玛丽头上的致命威胁终于少了一样。他们的王位从来没坐踏实过，在最为风雨飘摇的 1692 年，是海军拯救了他们。

皇家海军有了新的敌人，而且和曾经的荷兰一样难以对付。不过一段时间内都不会再有大型舰队发起海战试探他们的实力了。巴夫勒尔－拉和岬海战之后，法国的海事战略改成了游击战（guerre de course），也就是老一套的商业劫掠。

威廉三世对补给、食物和其他琐碎事务不怎么关心，也因

此给自己省去不少麻烦。1693 年，他命令乔治·鲁克护送 400
艘商船从英格兰前往黎凡特，舰队将会经过布雷斯特的法军基
地，之后继续前行到达伊比利亚半岛再折回。由于威廉不怎么
关注这方面的琐事，所以事情匆匆忙忙就定了，舰队所带补给
也不足，于是护航队经过布雷斯特后又返回英格兰。正当鲁克
浩浩荡荡的护航队在圣文森特角的时候，他们遭到了图维尔的
埋伏。鲁克面对路易的大西洋与地中海海军舰队毫无还手之
力，英方损失了 90 多艘商船。对伦敦城来说，其灾难性后果
不亚于之前那场大火。威廉也因此遭遇政治危机。乔治·鲁克
提及那场灾祸时说："参与这趟不幸的远航并非出于我自愿，　271
而是国王有命，我不得不从。"

　　之后几年里法国私掠船活动于圣马洛和敦刻尔克的外围区
域，劫掠英、荷商船航队。1694～1695 年，东印度公司因在
本国海域内遭劫掠而损失了 150 万英镑。这种事英格兰一点也
不陌生，只不过这一回他们自己成了受害方。

　　自 1649 年起，皇家海军实力不断增强，并成为国家政治
生活的核心部分。历经 17 世纪 70 年代至 90 年代的政治革命，
议会在海军的战略部署上有越来越多的话语权。它设定了新式
战列舰的大小和武器装备，舰队所需海员数量由其投票决定。
1694 年下议院有一项财政法案明确规定，主舰队将增设 43 艘
护卫舰，专门用于商船护航和剿灭海盗，费用由陆上征收的税
款支付。

　　17 世纪 90 年代，英格兰已经成为重要贸易国家。海军承
担着在世界各地为本国贸易商们提供保护以及守卫国家安全的
重任。它已经成为众人心之所系的国家机构，是英格兰经济能
否快速扩张的重要影响因素。如果说海军在 17 世纪 50 年代步

入成年期的话，那么 17 世纪的最后 10 年就是它的成熟期。一场它从未经历过的战事即将到来。

注释

1. Aubrey，p. 121
2. *Cobbett's Parliamentary History of England*，vol. IV，p. 1189
3. Anon，*The Designs of France Against England and Holland Discovered*，载于 *The Harleian Miscellany*，vol. IX，p. 164
4. Speck，p. 75
5. Burnet，*History*，vol. III，p. 1264
6. 同上书，p. 1025
7. Ehrman，p. 350
8. Aubrey，pp. 95 – 96
9. 同上书，p. 97
10. 同上书，p. 99

第 8 部分

主宰吧！大不列颠

第 25 章

联合行动（1694~1713 年）

　　……钱袋子最厚实的人，手里的剑才最锋利。[1]

——《监视者》（*Monitor*），1755 年 9 月

　　1707 年 10 月 21 日，克劳兹利·肖维尔爵士的舰队驶入英吉利海峡。天气有些糟糕，肖维尔的航海长发现很难确定他们所在的方位。第二天夜里，形势急转直下。航海长和肖维尔确信舰队正位于韦桑岛西面、英吉利海峡的布雷顿这一侧。22 点，正当夜色渐深、雨水倾注时，一片礁石突然出现在众人视线里。瞭望人竭力嘶吼，船上的人疯狂发射火炮给其他船舰示警。舰队 21 艘大船有 19 艘竭力躲过一劫。肖维尔的旗舰、舰载 90 门炮的"联合"号（Association）撞上了外吉尔斯通礁石（Outer Gilstone Rock）。"圣乔治"号（90）跟在"联合"号后面，第二个触礁，之后又有"凤凰"号（Phoenix）、"飞火"号（Firebrand）两艘火船触礁。"雄鹰"号（Eagle，70）触礁于罪恶岩（Crim Rocks），"罗姆尼"号（Romney，50）触礁于主教岩（Bishop Rock）。

　　这些礁石把守着的是锡利群岛西端：此时舰队离韦桑岛还远着呢。

　　事后据"圣乔治"号上的人说，"联合"号在三四分钟内

就整个沉没。此次事故中约有 2000 人丧生，是不列颠海军史上最严重的非战斗伤亡之一。这场悲剧促使议会于 1714 年通过了《经度法案》（Longitude Act），如何在海上测定经度的竞争由此开始。

第二天，人们找到了肖维尔的遗体。他和约翰·本博（John Benbow）及鲁克同为皇家海军艰难时期里的杰出海将。这一时期没有让人功成名就的战役，因此赢得荣耀十分艰难。肖维尔所处的时代正是海军至关重要的一段发展期。从太平洋到北海，他都航行过，海军的所有战事他也都亲身参与。在士兵、同僚和女王的眼中，他是个"魁梧壮硕、光明正大的人"，"与人说话亲切坦诚"。众人都为他的遇难哀叹惋惜。他的遗骨葬于威斯敏斯特大教堂。

275

就在几个月前，威斯敏斯特大教堂举行了一场庆典，庆祝英格兰和苏格兰颁布《联合法案》（Act of Union）。安妮女王没有任何子嗣，她的直接继承人都是天主教教徒，这些人统统被排除在继承序列之外，而一个信奉新教的远房表亲从天而降。根据议会制定的法案，王位将由汉诺威选帝侯（Electress of Hanover）索菲娅公主（Sophia）继承，并由她的儿子乔治·路德维希（Georg Ludwig）承袭。* 不过这只是威斯敏斯特议会的决定，无人能挡的詹姆斯·斯图尔特还是登上了苏格兰王位，成为詹姆斯八世（James Ⅷ），他还向英格兰北部边境发兵施压。

肖维尔以侍童身份进入海军时，英格兰还是个贫穷、分裂

---

* 索菲亚公主是詹姆斯一世的曾孙女。她还没等到可以继承王位就去世了，所以继承权转到了她儿子乔治·路德维希手中，即后世所知的不列颠乔治一世（George Ⅰ）。

的国家，被欧洲各大势力排挤到边缘位置。等肖维尔成了军中老人，英格兰已经崛起为一个大国。

英格兰崛起的速度可谓惊人，这主要归功于《联合法案》。全新的大不列颠联合王国（United Kingdom of Great Britain）是个强有力的实体。自埃德加之后，国王与女王就一直倾心于不列颠群岛的统一大业。英格兰本土帝国的建立为日后的全球帝国奠定了基础。

不过威廉三世拖着不情愿的英格兰臣民所进行的两场战争也在英格兰的崛起中起到了重要作用。其中第一场"九年战争"（Nine Years War）也被称为"法荷战争"（Dutch War），因为人们认为这场战争维护的只是国王自己祖国的利益——英格兰被迫自掏腰包、出人出力，与路易十四独霸天下的野心相抗争。1709 年，陆军人数达到 69095 人，这对一个海事国家来说是个高得令人无法接受的数字。部分海军司令官和托利党认为，威廉赢得陆上战争的正途是采用海上战略。

不过法军舰队在拉和岬之战遭受惨重损失之后，大规模舰队作战对战局走向已不再具有决定性作用。法国正对联军商船大肆出击，让大型海战舰队使不上力。与国王意见相左的人认可的打法是，英格兰海军对敌人实施出其不意的闪电战，同时其他联军部队在陆上实施攻坚战。海军将领们没有按照威廉的想法发起战斗，他们于 1694 年策划并攻击了法国在布雷斯特的太平洋海事基地。此番进攻搞得一团糟，很不理想，不过阻止法国人继续在海上作乱的策略远远没有停止。

1693 年，由新型海军战船——轰炸船和"恶魔机器"——组成的英方作战小队袭击圣马洛，大肆摧毁英荷商船的私掠船势力就盘踞在这个港口。轰炸船为双桅纵帆设计，装载攻城臼炮，对港口城镇的破坏力极强；"恶魔机器"是一种深海渔船，里面填满了炸药、炸弹、玻璃碎片和弹片。这些武器需要使用者具备高超的专业技巧和精湛的航海技术。皇家兵工厂的技师队伍与海军最顶尖的引航员约翰·本博一起合作。袭击圣马洛的行动中，引航员本博领着护卫舰和轰炸船越过无数礁石、浅滩和戒备森严的岛屿，成功进入重重防守之下的港口。轰炸持续了三天，结束时英军放出点燃的"维苏威火山"号（Vesuvius）火船朝小镇海堤冲了过去。本来是打算用这艘船把镇子夷为平地的，不过它中途搁浅，离目标太远而没能如愿。它爆炸时犹如地震一般，镇上所有的窗户都被震碎，不少房屋的屋顶也塌陷了。

1696 年，精简之后的英吉利海峡中队被专门用来轰炸布列塔尼附近的小镇子和岛屿。袭击圣马洛、加来和迪耶普的结果不尽如人意。不过新出现的海军作战手段得到了很好的演练。海面轰炸将成为不列颠不可或缺的一项利器。

在威廉看来，唯有在佛兰德斯才能将法国彻底击败，那里用不到海军。剩下的战场在西班牙和意大利两地。海军在那里尚有用武之地——只不过国王认为配合地面部队行动才是海军的最佳用途。在这个问题上他和海军将领以及众多政客的看法大相径庭。他对海军的实际运转和管理毫不关心，而且态度十分傲慢。他的具体计划是利用海军阻止法国人入侵加泰罗尼亚（Catalonia）并占取巴塞罗那，进而继续封锁法国海军在地中海的基地土伦（Toulon）。一向蔑视皇权的爱德华·罗素同舰队一起被调往地中海。罗素知道这次出行不过是糊弄人的：当时已是秋末，用不了多久他又得领军回国。可威廉竟然命令他在加的斯过冬。

罗素大为光火。在离祖国如此遥远的地方，让一支 63 艘船舰的英格兰舰队如何独自支撑过整个冬天？他试图把加的斯改造成一处适合过冬的临时海军基地，结果新来的命令让他彻底愤怒了，国王让他和舰队在地中海一直驻留到 1695 年 10 月。对威廉来说，自己的舰队就如同棋盘上的棋子一样可以任意驱遣；但对罗素来说，这是刻意刁难，是一场严酷的考验。这还是英格兰主力舰队第一次在国外过冬。第二年冬天，鲁克和 30 艘战舰继续留守加的斯。

277　　此项部署并不能带来什么战功，却对战局有着重大影响。威廉需要萨伏依（Savoy）成为"大同盟"（Grand Alliance）的一员，因为萨伏依可以切断阿尔卑斯山中通向法国的小路，但此邦力量贫弱，无意与法国对抗。皇家海军到来之后，萨伏依弃离法国，加入"大同盟"。至此，威廉达成了反法战略的重要一步：全面包围法国。作为整体海上布局的一环，一支海军中队被部署到贝尔托姆（Bertheaume）和卡马雷海湾的一处安全锚地，此举是要将法国的大西洋舰队遏制在布雷斯特。

这种威慑手段必须有足够的军费支撑才行。法军被挡在巴塞罗那外面，庇护之下的萨伏依也没有被报复。1696 年，一起意图刺杀国王的事件引发了人们对外敌入侵的恐慌，鲁克中队被紧急召回，至此对土伦的监视宣告结束。法军趁机占领了巴塞罗那。萨伏依被迫单方面与法国维持和平。只是这个时候战事已然进入尾声，两方的联盟均告破裂。

或许"九年战争"和所有战争一样不得人心，令人失望，不过这件事给海军带来了正面的影响。1689 年皇家海军拥有各类船舰 173 艘，到 1697 年《里斯维克和约》（Treaty of Ryswick）签署以结束战事的时候，船舰数量已经攀升至 323

艘。这意味着船舰建造已经达到工业化生产规模。1691 年，耗费巨资建造的石制干船坞在普利茅斯落成，可以容纳一级战舰，朴次茅斯也建成了一座石制干船坞。1695 年，海军服役人员已达 48000 人。

和平并未持续多久。1701 年，路易违背条约支持菲利普五世（Philip Ⅴ）登上西班牙帝国的王位。菲利普是"太阳王"（Sun King）的孙子，若他真能夺得王位，则法国和西班牙的统一将指日可待。届时法兰西帝国的疆土将从直布罗陀一直延伸至敦刻尔克，其中还包括意大利的大片区域，整个欧洲都将为之战栗。此外，地中海西部、美洲和菲律宾的大部分地区也将被法国控制。西属尼德兰的法国军队已然对荷兰共和国形成威胁。欧洲大陆诸邦国，还有英格兰，都已被驱逐出西班牙帝国的势力范围。

英格兰又一次卷入了欧洲大陆的战事，而且与荷兰、德国、奥地利结为同盟。西班牙王位继承战争中的海战部分集中于地中海西部，盟军意图将西班牙与意大利、南美银矿和甘蔗种植园的贸易路线一并切断。阔别半个世纪之后，海军又来到了这片熟悉的水域。只是这一次，西班牙运宝船是由法国战舰一路护航的。

舰队司令约翰·本博被调往加勒比海，奉命破坏法西联合护航队。鲁克在 1702 年 10 月带领舰队驶往加的斯，此行计划是占领该港口并将其转变为英方基地，以便海军封锁西班牙，控制地中海。德雷克、白金汉侯爵和布莱克都曾有过这样的雄谋，对地中海有着全盘谋划的威廉三世也做此选择。先前的战事表明，加的斯乃战略要冲，依此为据点可以打开地中海的门户，抵御法国人。现在盟军离直布罗陀海峡最近的海事基地远

278

在朴次茅斯。

只是计划还没开始实施，威廉就去世了，他的小姨子安妮登上了王位。鲁克依然选择对王权绝对服从。肖维尔与一支中队留在韦桑岛附近，负责监视敌军停驻在布雷斯特的海战舰队并寻找"黄金船队"的蛛丝马迹。鲁克则带着 50 艘战舰和装载 14000 名士兵的 110 艘运兵船前往伊比利亚半岛。

此次加的斯行动与之前别无二致。到了那儿以后，众人趁机狂饮作乐、洗劫财物、亵渎教堂。不过回国途中，鲁克接到运宝舰队正停在维哥的情报。

维哥湾设有水栅、岸边炮台、碉堡，还有法国战舰驻守。绝大部分珍宝已经卸船了，不过鲁克和手下将领们还是决心要俘获或者摧毁法国战舰。1702 年 10 月 23 日清晨，"托贝"号（Torbay，80）撞毁水栅。同一时间，盟军的榴弹兵团向着岸上的工事一阵猛轰。船舰和火船紧随"托贝"号而入。法国水手把自己的船点着以后向岸上逃窜而去。英格兰对手则紧赶着从熊熊烈火中抢出战利品。最后，15 艘法国战列舰中 10 艘被俘，余者尽毁。

这是盟军的一场重大胜利。葡萄牙国王对大西洋的新霸主们心存畏惧，因而从西班牙那边转投盟军阵营。葡萄牙海外帝国商业中的很大一部分落入英格兰与荷兰之手。长远来看，英格兰经济将因此而获得巨大收益；短期来说，英格兰海军获得了里斯本的使用权。

肖维尔和鲁克就是在这里开展地中海行动的。里斯本并不是理想之所，相比于朴次茅斯，它虽然离直布罗陀海峡更近，不过离加的斯仍有 350 英里。威廉早有训示，法国被彻底包围之时，便是它战败之日。等到法军军队四面出击时，盟军在巴

伐利亚（Bavaria）和莱茵河——这场战事的核心区——的胜　279
利将指日可待。盟军需要在伊比利亚半岛和意大利开辟战场与
路易对阵。而这一切又必须仰赖海军能成功进入地中海，支撑
盟军实施进攻作战。

要实现这些目标还有一段漫长而又艰难的路要走。法国海
军主宰着地中海西部，如果法国地中海舰队与大西洋舰队成功
会合，盟军海军将会面临巨大压力。自 1702 年至 1704 年，皇
家海军埋头苦干，为入侵此地做准备。1703 年，肖维尔率领
舰队开进地中海，萨伏依又一次背弃路易投入盟军阵营。

1704 年，鲁克舰队占领直布罗陀。同年英格兰还获得了一
场更为瞩目的胜利——马尔伯勒公爵在布莱尼姆（Blenheim）
大胜法国 – 巴伐利亚联军。

直布罗陀看上去对战局并没有什么助益。它的防御能力尚
待提升，本身也没有足够的空间供一支舰队驻扎。即便如此，
海军还是受命发动强攻。这是一次成功的两栖作战。一边是轰
炸船的炮弹对着城镇倾泻而出，一边是登岸士兵抢占海岸礁
石。行动刚结束不久就有一支包括 50 艘战舰的法国舰队从土
伦出发，与大西洋舰队成功会合。鲁克和肖维尔担心了很久的
糟糕情形终于发生。双方于马拉加遭遇之后各自摆出战列线交
手。和当时众多海战一样，双方拼杀虽然凶猛但并未彻底决出
胜负。

倘若法军压得再狠一些，或许英格兰海军就被赶出直布罗
陀了，因为鲁克舰队在进攻直布罗陀后剩余弹药已经不足。据
肖维尔的记述，他前锋中队的部分船舰就剩 10 发加农炮炮弹
了。但法军没打算拼到你死我活的程度，他们在小胜之后便退
回土伦和布雷斯特了。

　　翌年，法国和西班牙于海陆围困直布罗陀。英格兰驻里斯本海军总司令约翰·利克爵士（Sir John Leake）向法军包围圈发起进攻，摧毁了对方 5 艘战列舰，任由敌军在海浪中挣扎毙命——着实残忍，无数法军水手葬身鱼腹——这为直布罗陀解了围。年末，克劳兹利·肖维尔爵士在海上打了一场胜仗，将巴塞罗那收入囊中。1706 年，一支法军舰队试图夺回这座城市，利克倾力驱逐。正值天有异象，天狗吞日。这对"太阳王"路易十四来说是一个不祥的征兆。赶走敌军之后，利克继续扩大战果，一路上接连占领了数处西班牙港口：卡塔赫纳、阿利坎特、伊比萨（Ibiza）和马略卡。同样是这一年，马尔伯勒于拉米伊（Ramillies）击溃路易大军，将法国人逐出西属尼德兰。

　　西班牙王位继承战争的决定性战役均发生在陆地上。相比之下海上稍显平静，皇家海军步步为营，重新成为地中海霸主，恢复往日荣光。有此战功得益于海陆两栖作战的成功运用，得益于战列舰、轰炸船和水军的娴熟配合。之后捍卫战果就容易多了——直接以战列舰轰退敌人。

　　在这场战事中，海军的贡献在于巩固盟军在当地的控制权，并进而为陆军提供支援：向战区和围城的地方输送士兵、参与联合行动以及切断敌人补给线。1704 年，一支新增的5000 人步兵队伍随舰队一起行动，不过这并非要补充战舰兵力，放他们在船上是"为了在合适的地方威慑敌军"。

　　海军还得有一处可以过冬的基地才能巩固住地中海的战果。已经占领的区域里没有足以供一支舰队停驻的港口。然而有一处港口倒是非常适合。1707 年，他们正式决定拿下法国地中海舰队的大本营——土伦。两栖作战又一次派上了用场。萨伏依的欧根亲王（Prince Eugene of Savoy）率陆军进攻此城，肖维尔指挥海军支援。地面进攻未尽全力，但还是摧毁了对方几处海岸防御工事，这正好给了肖维尔可乘之机。英荷联军的轰炸船紧贴岸边，隔着一座山岭向对方发射炮弹。他们本来是看不见在山的另一边的法军舰队的，但海军的火炮依据山上信号员发出的信号隔山向法军舰队发射炮弹，漫天弹雨持续了18 小时。2 艘法军战列舰起火被毁，其他 46 艘船四散逃开，唯恐被大火殃及。本来这些召集起来的船舰是准备在海岸线附近没有敌人时接受修补的，不过直到战事结束也再没有人过问它们。因为这些船根本无法修整再用了。

但肖维尔在土伦的成就反被认为是一次失败的行动，他自己对这场行动也并不满意。不过，这场战斗的影响却是十分重要的。此后盟军成为地中海的掌控者，法国失去了自己的海上战力。英国海军寻找基地的事情又蹉跎了一年。直到 1708 年，利克夺取了梅诺卡岛的马翁港（Port Mahon）。梅诺卡岛奠定了不列颠此后近百年的地中海霸主地位。

托利党对不列颠参与海外战事甚为痛恨。辉格党认为低地国家一向都是不列颠的第一道屏障，不能让法国人越过它，必须与日耳曼王族以及地中海的区域势力联手拦住他们。托利党却认为不列颠应当成为海上强国，通过扩张新世界殖民地与欧洲列强抗衡。

1710 年托利党掌权。一年后，不列颠在其主导下单方面退出战事，盟军大受震动。抽身而出的不列颠收获颇丰：直布罗陀海峡、梅诺卡岛、在北美占据强势位置的圣基茨（St Kitts）以及"阿西恩托"（Asiento）——西属殖民地的奴隶贸易中心。西班牙帝国四分五裂：萨伏依夺了西西里岛；奥地利夺了西属尼德兰、那不勒斯和撒丁岛（Sardinia）；葡萄牙在新世界亦有斩获。

大不列颠依靠一连串军事胜利逐渐成为强国。在英格兰，许多人觉得威廉是以挥霍英格兰人的资源与生命为代价帮助荷兰共和国的。托利、辉格两党都对国王十分不信任，因此他们在钱款和政务方面刻意为难，争吵不休。为了换得他们对战事的支持，威廉授权议会审查政府账目。1697 年，议会争得了控制海陆两军税收增收和经费支出的大权。

此时议会掌控了公共财政大权，它在欧洲大陆事务上展现出前所未有的慷慨大方。仅"九年战争"就耗费了 49320145 英镑。"西班牙王位继承战争"耗费 93644560 英镑。战时海军势力的巅峰达到 228 艘船舰、9800 门舰载火炮和 52393 名雇员。

不过最重要的还是财政改革。改革大量参考了荷兰的做法，因在比切峭壁一役后被法国海军所震撼而开始正式施行。1694 年，英格兰银行（Bank of England）成立。银行以未来税收收入为抵押筹资 120 万英镑借贷给皇室，其中一半以上用于海军。公共财政大权牢牢在握，又有民意的认可，从此国家政府可按优惠利率借贷巨款。这是不列颠成为财政 - 军事型国家的开始，它将这个国家变成了一台战争机器。实际上，这套模式才刚运行没多久，威廉和安妮就从海陆与法国交战，硝烟遍及北欧、地中海、大西洋和美洲，1689 ~ 1711 年仅有少数几年没有发生战事。

这样的打法前所未有。原因是不列颠有能力在军费投入上超过法国——虽然当时法国人口为 2000 万，英国只有 600 万。另外，声名不显的维哥湾之捷为不列颠贸易商打开了葡萄牙帝国的大门。海外贸易方面的财政收入急剧膨胀。1652 ~ 1672

年对荷战争期间英军表现颇佳，但比它小的荷兰共和国最后在 282
军费投入上超过了它，建造了数量更多的船舰。现在英格兰由一
位荷兰人统治着，它也学会了这当中的种种手段。财政收入涨幅
十分骇人。可以说，现在是英格兰船舰得到了恶魔的眷顾。

　　"我们此任君王最光荣的成就"——此任君王即安妮女
王——就是《联合法案》。当然还有其他光荣的成就，而且都
价格不菲。安妮很注意给自己在欧洲大陆的战事披上一层爱国
主义的外衣，这方面威廉拍马不及。她向臣属们讲得很清楚，
与法国开战是为了增强英格兰的荣耀与繁荣。"我清楚地知
道，我是个彻彻底底的英格兰人，"她如此向议会说道，"我
所做之事无不为了英格兰的安宁与繁荣，此言绝无虚假。"她
宣说这些爱国情感时，身上还穿着依照伊丽莎白肖像画仿制的
衣饰。在雷恩（Wren）新建的圣保罗大教堂，人们按照伊丽
莎白式的庆功盛典庆祝马尔伯勒从前线传来的捷报。

　　在"西班牙王位继承战争"中，英格兰海上力量上升为
欧洲第一。它的大部分对手或被消灭或转为中立。荷兰舍弃海
军以求陆地防御；法国元气大伤，实力退回至 17 世纪 60 年代
水平；伊比利亚半岛和地中海的各处势力已如死火山一般沉寂。

　　不列颠的情形则大不一样，皇家海军成为受人敬仰爱戴的
国家机构。有些评价认为，国家财政是否健康取决于海军。当
时不列颠的经济、海外贸易、银行业和公共财政都经历了高度
发展，转变可谓重大，所以建设一支大型常设海军不仅可以实
现，而且也必须实现，它的存在至关重要。议会预备继续向海
军投入资金，即便在和平时期也是如此。1694 年，下议院以
一项《土地税法案》（Land Tax Bill）征收的税款为海军配给
了 43 艘船，专门用于保护本国贸易事业。1708 年，又有了

《海上巡逻及护航法案》（Cruizersand Convoys Act）。议院希望创建一支完全用于保护不列颠贸易的专设武装力量。建设海军不仅是为了打胜仗，它还肩负着至关重要的经济职能。

公众也希望向海军投资。海军自 1714 年开始运行自己的公共信贷系统。投资者可以购买海军军票（Navy Bill），然后在证券交易所自由交易，投资者可获得 6% 的收益。国家财政亦与之同步，政府通过发行政府债券可使支出超过当年的税收收入。

皇家海军现在自行筹集资金的能力可谓独一无二，无论是和他国海军还是和曾经的皇家海军相比都是如此。海军自行决定钱花在什么地方，不受国库的节制和议会的审查。凭借这些条件海军迈入繁盛期。

1699 年，在白厅路落成的海军部大楼成为海军迅猛扩张的标志。1725 年，海军部在原址重建大楼，这幢楼留存至今（即里普利大楼［Ripley Building］，现为内阁总部）。里面的会议厅、大厅办公室和套间均让人印象深刻。大楼展现了海军部发生的重要变化。1699 年以前海军部并没有自己的总部，其地点都是跟随每一任海军大臣个人及其家眷的住处不断变换的。1709 年开始设置海军大臣办公室（1826～1827 年例外，因为当时克拉伦斯公爵殿下［duke of Clarence］上任后长期不能到岗）。1709 年以后，海军委员会的首脑——第一海务大臣（First Lord），成为整个海军最重要的人。

此时的海军委员会有常设的官僚体制、文献记录以及最重要的一项——位处权力中心的总部。海军部的主要职责是任命和管理海军官员。海军部大楼成为全球各项纵横交错的业务的枢纽所在。同时海军部也是海军委员会的高级成员，以它为中心围绕着海军委员会、海军后勤委员会（Victualling Office）和海军伤残委员会（Sick and Wounded Board）。低级委员会此前要求自主权（大多会争取到），现在则不满意海军部的政治影响力。第一海务大臣同时担任内阁成员，因此可以在重大战略上施加影响。战时，海军部的命令传达给海军各个分散自制的行政体统。它不负责海军的运行，而只负责制定决策和下达命令。实际运行部分由其他人完成。

18 世纪头 10 年里，海军部的资历和权力都在增加。没有哪一个国家海军的核心部分能如此稳定和一贯地延续。1714～1742 年，担任第一海务大臣的分别是 4 名老资历海军将领，而非毫无经验的政客或者王公。海军委员会成员的任职时间都很长，由此保证了该委员会的经验和延续性。

直至年景太平的 1730 年，更多的人在船坞劳作而非在安妮女王的战场上拼杀。这表明，即便长期没有战事，不列颠的政界和公众都决意要保持本国的海军实力。海军本可能在波澜不惊的日子里逐渐衰颓下去，但实际上并没有。正因如此，此时的皇家海军走到了历史的分水岭。

如果大不列颠还算不上无尽波涛的统治者，那么也称得上 284 头号霸主了。威廉和安妮的战争让整体状态良好且还算成功的皇家海军变成了运转顺畅的国家核心机构。以克劳兹利·肖维尔为代表的众多职业化军官正引领着它前行。他们不像前辈们那样光彩夺目，但他们把事情做到了实处。1694～1713 年，海军规模扩张，赢得一系列胜利。这些胜利既不惊世骇俗，也谈不上多值得纪念。他们在伊比利亚半岛沿海以及地中海西部进行的实验性作战行动成功保住了重要基地，将当地势力拉拢到自己的阵营中，并为陆军部队提供支援。随主力舰队执行任务的机动巡逻船舰打退了敌军私掠船势力。法兰西脖子上的绞绳已渐渐拉紧，她变得脆弱不堪，只等大军将其攻破。这就是赢得一场现代战争所需要的东西——富有耐心、组织性强以及悄无声息而又极富专业精神的行事作风。

　　海军在整个国家中所受的尊崇史无前例。国家经济的增长空前迅猛，与此同时，海军也走到了国家生命的最前沿，可以说是祸福相依。不列颠人将所有的希望都寄托于海军，希望实现不可能实现的梦想，人们认为海军是无敌的存在。克劳兹利·肖维尔曾说："视自己高人一等，是吾国之不幸与陋习，我想这也是为什么我们在实施自己的谋划时，总没有与之相称的力量。"[2]肖维尔直言揭露的这份过度自信，即将显现无遗。

注释

1. Black, *America or Europe?*, p. 126
2. *Calendar of State Papers Domestic*, 1702 ~ 1703, p. 190

第 26 章

秉承天命（1713～1744 年）

我们天生就注定要成为海上强国。无数实践证明……
当我们全力施展海上实力，整个世界都会畏惧；到了陆地
上，整个世界都将臣服。[1]

——老威廉·皮特（William Pitt the Elder）

克利夫登庄园（Cliveden House）坐落在泰晤士河河边林
木葱郁的山上，与周围的景色十分相宜，1740 年 8 月 1 日，
《主宰吧！大不列颠!》于此首演。这是假面剧《阿尔弗雷德》
（后来改编为戏剧）中的一幕，此剧将阿尔弗雷德战胜维京人
的传说和不列颠当时的世界海事霸权糅合在一起，以此曲纪念
克利夫登庄园主人、威尔士亲王弗雷德里克（Frederick），它
传入民间后曾风靡一时。

剧本原文为："主宰吧！大不列颠！汪洋之主不列颠，永
远不要为人奴役。"自首演之后一直到今天，戏文就已和原文
不同，"主宰吧！大不列颠！大不列颠统御诸海：永世、永
世、永世不为奴"。后者听上去更像在陈述一个事实，原文则
像是激励的话语。

1740 年的不列颠并没有统御诸海，不过有一个信念深深
植根于人们心中——不列颠秉承上帝的旨意，必然要成为海洋

霸主。海军是她自由政权——在 1688～1689 年被视为来之不易的胜利——的全部依赖。"万邦之中汝最为圣,"《主宰吧!大不列颠!》的歌词如此言道,"余者暴君终要崩散",而不列颠将"繁荣昌盛,永保自由/让暴君们畏惧妒恨"。

不列颠人来去自由,邻国却困缚不得脱,时论将此归功于不列颠的海军。历史和经验告诉人们,保有常备军会使国家不可避免地走向专制。看一看克伦威尔时期的英格兰和当时的欧洲就一清二楚,依靠军队支撑的帝国必将堕落为腐败的专制政体。不列颠却很幸运,这个帝国是一个商业和贸易帝国——重心在海上而非陆上。守卫她的是绵延环绕的水栅,不是反对自由的陆军。而且海军不同于陆军,它可以自给自足:以贸易收入支付船坞、枪炮和水手的开销。

这样的未来是部分政客、舆论宣传者和王公乐于看到的。但现实要比愿望缩水不少——腐败的政客们要为缩水的部分负责。如果主政者确乎贤良,或许有一天不列颠真可以成为"秉承天命"的主宰。而这样的愿景中不列颠获得的所有美好与自由都要归功于海军。受此渲染,海事力量成了医治所有政治痼疾的灵丹妙药。在 1725～1750 年,英格兰急切需要海战大捷。

不过在 1740 年,当被举国狂热裹挟着的不列颠正和西班牙交战时,首相罗伯特·沃波尔 (Robert Walpole) 却对此忧心忡忡。如果英方真如众人所愿取得伊丽莎白时代那样的海战大捷,沃波尔的腐败政府会被立刻赶下台,整个国家的面貌也将焕然一新。

毫无疑问,弗雷德里克亲王及其政坛朋党——大唱反调、被称为"爱国党"的辉格党以及托利党——所青睐的,正是发生在加勒比海和太平洋等地的海战。这位王位继承人做事过于急躁，被父王乔治二世（George Ⅱ）禁止参与政事，并被清除出继承人序列。弗雷德里克将此归咎于沃波尔，并转投托利党和爱国党阵营。他所投入的这些阵营都有一个深信不疑的观念，即参与欧洲大陆的战争是绝对邪恶之事。正是它们滋生出暴政、常备军、高额征税以及和欧洲诸国的纠葛纷扰。

反对派辉格党的主要领导人威廉·普尔特尼（William Pulteney）道出了他们的心声："我们的舰队足以维系海洋霸权，任何邦国的商业都要仰其鼻息。"[2]他还说，如果不列颠继续维持"她天然的海上优势"，将"她的荣誉之旗插遍各地"，那么不论面对友邻还是敌国、内陆国家还是海洋国家，她都具备足够的影响力。这样就无须设立常备军或与他国结盟，不列颠在全球商业主中的主宰地位就是纵横全欧各方势力的强大利器，保证本国不受任何势力入侵。

因此，海战上升为意识形态层面的需求。欧洲战场上的胜利似乎只让不列颠的盟友们受惠，而只有海战的收获对本国而言才是实实在在的。"和其他两栖动物一样，我们也要时不时地到岸上去，"托利党政治家博林布鲁克爵士（Bolingbroke）写道，"不过我们更适合待在水里，水里是我们最安全的地方，也是我们可以彻底施展手脚的地方。"[3]

这么说就罔顾"西班牙王位继承战争"中他们打败法国人的经验了，英军是靠海军、大陆盟友和陆地胜仗的合力击败法国的，不过这在人们的记忆中似乎已是很久远的事了。从 1713 年到 1739 年，欧洲没发生过什么大的战事。不列颠海军是地中海唯一成规模的海军，依照《乌得勒支和约》（Treaty of Utrecht）的条款内容巡视监督。威猛的战舰、纪律严明的士

287

兵和直布罗陀与梅诺卡岛的战略基地是其实力所在。

　　1718 年，西班牙试图夺回西西里岛，其舰队在墨西拿沿海的帕萨罗角之战（Cape Passaro）中遭英方海军司令乔治·宾爵士重创，不列颠的主宰地位更为稳固。交战时，宾没打算以正规战列线打法击败西班牙人；他下令舰队全方位出击，任由己方船舰向对方战列线的任意一边发动进攻，双方尽力驰航，场面颇为戏剧化。13 艘西班牙船舰被俘、3 艘被焚的事实证明这种战术并非没有道理。西西里岛平安无事，欧洲的和平没有被打破。不列颠式的自信与战术的临场发挥铸就了一场扬名四海的胜利。

　　1719~1726 年，不列颠海军 4 次出兵波罗的海，守卫联合王国不让其他国家支持詹姆斯派作乱的企图得逞。1726 年，国务大臣汤森德（Townshend）得意扬扬地夸耀道，[4]波罗的海部署了一支舰队以遏制快速崛起的沙俄，另有一支舰队正向奥属尼德兰施压，还有第三支舰队封锁巴拿马的波多贝罗，阻止金银流出。

　　还要补充一点，在上述 3 支舰队之外，从冰岛到西非海岸、从波罗的海到美洲以及从直布罗陀到叙利亚（Syria），也都设有巡航船和护航队，以保护不列颠日益扩张的贸易事业。第一海务大臣向国王进言，不列颠不仅仅强于位居第二的对手，而且比第二、第三强国家的海事力量联合起来都要强。"海洋霸主"的信念滋养了一代不列颠人。

　　1726 年封锁波多贝罗的行动乃是出于稳定欧洲格局的需要。西班牙和奥地利正在联合，意图挽回他们在乌得勒支的损失。尤其是西班牙，要一雪不列颠占领直布罗陀和梅诺卡岛的耻辱。不列颠海军部署在直布罗陀和西印度群岛的中队向西班

牙基地发动攻击。英格兰豪言拥有海洋霸权，不过他们在加勒
比海的行动暴露了这背后的一个隐忧。英军虽然成功保持了封
锁圈，却有 4000 名水手和将士死于黄热病，这当中包括 50 名
副官、10 名舰长、第三司令、副司令以及总司令弗朗西斯·
霍西尔（Francis Hosier）。付出巨大代价的波多贝罗之围宣告
中断。此役没能阻止敌方财宝流出，不过还是迫使西班牙和奥
地利向不列颠妥协了。

288

　　加勒比海一直都是英格兰海员的噩梦，霍西尔中队的悲惨
命运提醒着人们，在这片海域实施联合行动绝非易事。无数生
命会被疾病掠走，船体中的船蛆（Teredo navalis）凿木而居，
可以长到两英尺长。但是，海军要一直在这里守着他们的
位置。

　　有一样东西值得人们忍受黄热病和船蛆的折磨：蔗糖。蔗
糖是 17～18 世纪的重要商品，它改变了欧洲的经济形态，为
伦敦城带来巨额财富。加勒比海是大不列颠的利益攸关之地。
18 世纪 20 年代，不列颠在牙买加皇家港（Port Royal）、安提
瓜（Antigua）的英吉利港（English Harbour）修建了带有宽阔
码头和仓库的海军基地。

　　在西班牙人眼中，西班牙帝国疆域里的不列颠贸易商们都
是走私犯和海盗。因此守护西班牙海岸的"海岸防卫艇"有
时会突然袭击不列颠的船舰和货物。

　　可为何位居世界海军力量第一的不列颠会容忍西班牙的干
扰呢？整个 18 世纪 30 年代，海上大战的乌云不断积压。出版
商们一本接一本地发行详述西英之间几百年宿仇的书籍，罗伯
特·布莱克的传记越来越多地出现，西班牙人残忍对待不列颠
无辜水手的故事登遍了报纸，最骇人听闻的是舰长罗伯特·詹

金斯（Robert Jenkins）的故事，1731 年"海岸护卫舰"割下了他的一只耳朵。商人们纷纷抱怨贸易遭受惨重损失。

议会和报纸上充斥着关于不列颠自由和无敌于海上的政治话语。不列颠海上力量的神话——尤其是关于伊丽莎白时代的传说——又开始在耳际回响，和这届自 1721 年起由罗伯特·沃波尔领导的政府形成鲜明对照。庞大的不列颠海军看上去已现疲态，不列颠人在海外被其他国家拒之门外。这该怪谁呢？

人们指责沃波尔内阁腐败至极。沃波尔被起了个绰号叫"堂·罗伯托"（Don Roberto）；对西班牙发动的海战不仅可以重振不列颠的海外声誉，它也会是一场针对首相的战争。另一个需要对此负责的是君主政体。乔治二世是不列颠国王，但同时也是汉诺威选帝侯，许多不列颠"深海"战略的拥护者据此认为国王正将国家推往另一个方向。不列颠人希望远离欧洲大陆的事务，而本国和汉诺威王朝的这层关系却使之难以实现。人们十分怀疑乔治二世和沃波尔正在缓和法国的情绪，以期保护这位汉诺威选帝侯免遭攻击。托利党和辉格党认为这会更严重地抑制不列颠海上力量。"有目共睹，可鄙的汉诺威选帝侯只是把这个伟大、强大、令人畏惧的王国视为自己的一个行省"，爱国党领导人物威廉·皮特如此喊话。他喊出了很多人的心声。

照这样的观点，海战成了不列颠人恢复自由，辉格党政客执掌权力、重振民族精神的出路。博林布鲁克爵士宣称，从地理、历史和秉性来看，不列颠适合向贸易国家的方向发展。掌握海洋优势是国家兴盛的根基，每个心怀祖国的政治家都应把力量倾注到本国贸易发展以及海上主权的维系上。而博林布鲁克厉声直言实际情况已违背了这一初衷。"18 年来，欧洲最卑劣的海上强国从未中断过对我们的劫掠，而我们只是温顺地听之任之，那个国家就是西班牙。"[5]

爱国者们"海军至上"的吵嚷声愈喊愈烈。沃波尔和他的阁臣们经年累月地与西班牙方面谈判，因为他们认为不列颠的利益维系于和欧洲国家间的联盟。现在有一股力量推着国家发动战争，不列颠会因此受到欧洲国家的抵制，不过辉格党对此全无顾虑。相反，这愈加刺激他们。他们觉得，在遥远的大西洋彼岸发动海战恰能避开欧洲大陆那一堆蝇营狗苟的纠葛，反倒是一件好事。

这样的海战有诸多好处：不列颠不用徒劳地与整个欧洲，尤其是汉诺威交涉；不用召集阻碍海军自由的陆军就可以取得胜利；资金上可以做到自给自足。不列颠会像"英明女王"时代的英格兰一样：独立、富有、无所畏惧。

无数人缅怀和向往伊丽莎白时代。可所有人都忘了伊丽莎白与欧洲大陆国家结盟付出多少艰辛，忘了相比之下，德雷克和霍金斯的功绩只是相形见绌的小插曲，这些都会让海军的神话破灭。沃波尔别无选择，只能开战。

事情的走向有利于爱国党。刚开战没多久皇家海军中就出现了一位堪比德雷克的英雄。他不是个投机者。早在 1700 年，爱德华·弗农（Edward Vernon）就以克劳兹利·肖维尔爵士门徒的身份开始了他的海军生涯。他随军遍历世界各地，其中担任加勒比海总司令的那段时间最为人瞩目。在他看来，西班牙海军懦弱无能，整个帝国犹如熟透的果实待人采摘。1739年，弗农离开海军已经十多载，正在当议员，他以激越而又带有恫吓意味的雄辞让下议院众人信服：统治海洋是不列颠的天命。尤值一提的是他对霍西尔封锁波多贝罗行动的抨击。这个

290

镇子是海防大本营，是"秘鲁与欧洲之间唯一一处商业中心，所有运出财富的必经之地"，他狂放地宣布只需 6 艘船和 300 人就能夺下它。对不列颠自由政体与海上强国深信不疑、孜孜不倦地抨击沃波尔的海军上将弗农成了辉格党的宠儿。他结束了在萨福克愉快的退休生活，被派到前线阵地。他打算攻占一连串西班牙殖民地，巩固不列颠的海洋主宰地位。

1739 年 11 月，弗农占领了波多贝罗。跟之前说的一样，他只动用了 6 艘船。

1740 年 3 月，消息传到伦敦。举国上下还有海外殖民地都热烈庆祝。[6]多条街道被命名为"波多贝罗"。包括酒吧在内的许多地方和事物都以"弗农"命名，其中最值得一提的就是弗吉尼亚的弗农山（Mount Vernon）——乔治·华盛顿（George Washington）的家乡。从华盛顿住地被命名"弗农"一事可以看出，不列颠帝国疆域日广，因弗农大捷而激荡起的爱国热潮不仅出现在不列颠本土，在美洲殖民地亦是同样热烈。大量的不列颠商品上都描绘了这场胜利，其中陶瓷制品尤甚。民谣和歌曲处处传唱，人们写下激情洋溢的诗歌并将之搬上舞台。每逢弗农的生日，众人涌到街上、咖啡屋和公共场所为其庆贺生辰。他的这场胜仗也跻身于历史上最伟大的胜利之列。拿下波多贝罗后，他关于沃波尔政权胆怯懦弱、没有爱国心的言论越发显得言之有据。

刀已经明晃晃地向首相挥去。弗农被歌颂为自由的捍卫者，他拯救了祖国，是斩向暴君们的复仇利刃。身为海军将领，他敢于直面沃波尔和西班牙帝国，而两者都被视为自由政体的敌人。

辉格党早就在宣扬不列颠的海军优势，允诺海军能轻而易举地取得胜利，眼下有了明证。波多贝罗行动成为海陆联合作战的经典实例。"主宰吧！大不列颠！"，不列颠的海上辉煌确乎触手可及。

弗农继续攻城略地，伊丽莎白时代的先辈们也曾熟知这些地方：卡塔赫纳、巴拿马和古巴。另一支伊丽莎白式的军队由乔治·安森上尉（Captain George Anson）率领，前往太平洋劫掠西班牙在南美洲的殖民地，夺取返航途中的马尼拉桨帆船，并在巴拿马与弗农会合。攻占西班牙殖民地的海陆两栖作战正一步步由梦想变为现实。

从海军作战角度来讲，卡塔赫纳、古巴圣地亚哥和巴拿马三处进行得很顺利，弗农的船舰出色完成了击溃海岸防御、运送陆军上岸的任务。不过海军上将霍西尔的幽灵回来找弗农麻烦了。雨季时分，士兵刚上岸就遭遇热带疾病的袭击。弗农率领的由 1 万人组成的队伍中有 7000 人丧生。西班牙在卡塔赫纳的防御力量超出众人预期。弗农像指挥海上行动那样以经验丰富、刚愎自用的姿态全权指挥陆地行动——实际上他并不够资格。如此种种之下，自"西班牙王位继承战争"之后成为皇家海军鲜明特色的联合作战已然无法施行。

与此同时，安森的远航队情况也不容乐观。他带着"百夫长"号（60）、"格洛斯特"号（Gloucester，50）、"塞文"号（Severn，50）、"珍珠"号（Pearl，40）、"赌注"号（Wager，28）、"垂奥"号（Tryal，8）和 2 艘军需船于 1740 年 9 月出航。筹备工作马虎潦草，筹集的多为陈旧老朽之物，因此这支中队到了一年中很晚的时候才出发。舰队准备在冬季恶劣的天气下绕行合恩角（Cape Horn）。狂风巨浪拍打在船上，雨雪不断，此外他们还要在麦哲伦海峡和一股强大的东行洋流对抗。

291

大风从帆桁上卷走了船帆，船身遍布裂痕。"赌注"号没能挺过这一关，"塞文"号和"珍珠"号掉头返航。剩余的 2 艘战舰在从英格兰出发时共有 961 名船员，等他们向着太平洋艰难行进了 3 个月并在胡安 - 费尔南德斯群岛（Juan Fernández Islands）会合的时候，只有 335 人——"百夫长"号单艘船的额定船员数量都要高于这个数字——熬过了坏血病、饥饿和曝晒得以幸存。

安森不肯放弃。他是一个四十出头、沉默寡言的硬汉。18 世纪的许多军官都出身士绅阶层，安森就是其中的代表人物。1712 年西班牙王位继承战争临近尾声时，他借势加入海军：他的叔叔是王座庭庭长（Lord Chief Justice），日后又出任大法官（Lord Chancellor）。那时安森还是一个十五岁出头的男孩。乔治时代早期，任何人都不可能轻轻松松就伪造出一份海军军官履历。衔级、名声和财富只能在战时获得。在和平年代，服役船舰的数量被降到最低，而上一场战争中提拔起来的人到老也还占着位置，所以海军军官在当时并不是什么好差事。海军体制出现老龄化。安森曾随约翰·诺里斯爵士（Sir John Norris）在波罗的海服役，后来又在乔治·宾爵士麾下升任副官。1710 ~ 1739 年，战事十分稀少，但安森在帕萨罗角战役中流过血。宾依靠经验和勇气拿下的那场胜利给这个男孩留下了深刻印象。

安森的第一次指挥经历是驾着史鲁普船巡逻北海。1724 ~ 1730 年、1732 ~ 1735 年，他在一艘驻扎于南卡罗来纳（South Carolina）的护卫舰上任舰长。他在那里练出了惊人的酒量，还凭借娴熟的牌技多了一个财务上的进项。殖民地的环境也许看上去非常惬意，不过在海军看来这里完全就是穷乡僻壤。还算平静的 27 年服役生涯之后，1737 年情况开始有所改观，他奉命指挥"百夫长"号，在接下来的两年负责巡逻西非海岸线，保护英格兰的奴隶船和贸易船。

所以当海军部正在寻找可带兵前往太平洋劫掠西班牙帝国的人选时，他们发现安森是一个不错的选择。他大部分职业生涯都花在了对付遥远海域的海盗，并为殖民地中一些小争执做调解。同时代的许多富家子弟都是在靠近本国海域的舰队服役，安森不同，他没有分配到什么神气的指挥职务。在没有上级直接监督的遥远角落里任职正磨炼并彰显了他身上那份不可或缺的毅力，而这正是在地球的另一边带兵行动的司令官所需的品质。

进入太平洋后，他发现已经没几个目标可以实现了。之前绝大部分士兵和火炮都在"赌注"号上。不过安森还是决意继续战斗下去。破破漏漏、人手不足的"百夫长"号和"格洛斯特"号夺得一些战利品，并劫掠了岸上的聚居地。他们和当年的德雷克遭遇差不多，只能环行世界一圈后回到本国。两艘战舰在太平洋中一路向西。

这趟远航犹如黑暗到无以复加的噩梦。"格洛斯特"号发生火灾，没了主桅和绝大部分索具，而且船身还裂开一条缝。"百夫长"号也没好到哪里去，她的前桅断折，船身也有一条严重的裂缝，以致安森本人也要加入轮流抽水的队伍里。数月之后，漂浮海上的破船陷入绝境。战舰上每天都有 8～10 个人死于坏血病。

再回到加勒比海，情况变得对弗农更加不利。不列颠在没有任何欧洲盟友的情况下已经宣布开战。1742 年 10 月，弗农在加勒比海留下一支分队后返回。不过之后再也不会有海陆两栖行动了。不列颠现在成了守方。

她一心要在这场战争中显示自己海上主宰的身份，进而就能将影响力延伸到美洲、非洲、亚洲、太平洋和欧洲南部。但黄热病、坏血病、船蛆、风暴还有饥饿已经表明，这是一个多么虚幻无力的主张。

293　人们的期待已经到了歇斯底里的程度，现实却给了重重一击。不过遭受指责的并非海军——甚至也不是海战的鼓吹者。相反，政客和公众认为海军之所以失败，责任全在政府支援不力。相互间的责骂越来越多，群情汹涌，1742 年 2 月，罗伯特·沃波尔倒台。

他从一开始就极力避免不列颠的对外冲突。不列颠在这场战争中一无所获，而且随着欧洲逐步卷入战争，不列颠进一步变得孤立而衰弱。法国开始进军，西班牙在地中海的力量越来越强大。"去年，旧世界似乎要在新世界开战，"哈德威克爵士（Lord Hardwicke）说道，"不过现在情况完全倒过来了。"[7]

这话说得保守了。不列颠正面临重重危机。法国和西班牙对奥地利开战，德国和尼德兰要面对法国的施压，意大利则要面对西班牙的压力。不列颠只得加入战争。首先面临危险的就是汉诺威王朝。

军务大臣威廉·扬爵士（Sir William Yonge）指出了一个更严重的威胁。[8]他说，不列颠确实拥有一支强大海军，但同时它也是一个岛国，它的所有战略构想都应以后者为基础。或许不列颠人觉得自己很幸运，大海如同护城河一般，他们只要躲在后面便可保无虞，就能无视欧洲的存在进而把目光放到全世界了。不过人们忘记了一件事情：不列颠能统御海上完全是倚靠她在欧洲的地位。扬断言，一旦法国在陆地上获得胜利且重新占领尼德兰，"就会倾力扩张海上势力"。如果法国成为海上强国，在英吉利海峡、大西洋和地中海设立自己的基地，那么不列颠不受入侵威胁的优势将荡然无存，更遑论她在殖民地和商业上的雄心了。卡特里特爵士（Lord Carteret）说得更直率：如果法国成功入侵尼德兰，"我国商业将迅速走向末路。海上控制权，连带着所有的殖民地和定居点，也将不复存在，我们只能被困在这座岛上"。[9]

简言之，海上霸权的根基在于欧洲中心区域的陆地上。

和西班牙在海上开战后，不列颠发现自己在欧洲拥有极少的话语权。1742 年，不列颠必须抓紧恢复在 1689～1711 年时自己的优势地位，那是她能成为强国的根基所在。她必须和日耳曼各邦国结盟，支援奥地利，保住尼德兰，击退法国。

1744 年，不列颠再度将大量士兵部署到欧洲大陆上。此举引来众多非议。大多数人希望参战仅限海上，并且认为这场新的战争是乔治二世为挽救汉诺威王朝而设计的阴谋。为什么不让荷兰、德国和奥地利负责地面作战，同时不列颠负责海上呢？众人的态度不出所料，且不列颠的潜在盟友对此难以接受。举国上下都坚持认为英格兰的命运在海上，这是政局中很强的一股力量。然而政府清楚地知道，欧洲大陆战事是不列颠取得海上胜利的必备因素，这是不列颠成为世界强国所必须付出的代价。

不过 1744 年的不列颠看上去并不像一个世界强国，她正四处受挫。

"皇家海军伟大战役"的名单中通常只会提及胜仗，让人误以为海军的伟大是因为一次又一次凯旋，实际上最具深远意义的通常都是海军遭遇的败仗。

1744 年 2 月 10 日，西班牙舰队突破了舰队司令托马斯·马修斯（Thomas Mathews）的封锁，冲出了土伦。法国海军一路为西班牙人保驾护航。这是个信号，法国参战了。海浪汹涌，风力微弱，不列颠人难以组织起战列线。马修斯发信号让属下船舰抛锚过夜。他以为前后两军会自行向中军靠拢，第二天清晨就可以排出战列线向敌人进攻了。但这两件事都没有如愿。

2 月 11 日，战役当天的清晨，不列颠的队形延伸成长长的一条线，理查德·莱斯托克（Richard Lestock）指挥的后卫分队落在队伍后面很远的地方。马修斯发出信号让莱斯托克升起所有船帆全力赶上队伍，结果莱斯托克把速度放得更慢了。马修斯清楚自己不能再等，决定撇开莱斯托克直接开战。要想获胜就只有舍弃战列线阵形，在最短的时间内向敌人发起进攻。就像 1718 年帕萨罗角战役中宾临时起意的打法，让每名舰长以自己的判断去攻击法西联合舰队。

不过那场战斗中，宾麾下的舰长们在开战前就已经知晓了作战计划，马修斯这边的情形并不是这样。更糟糕的是，他发出的信号与其实际意图并不相符，他想示意立刻进攻，结果还一直挂着保持战列线前进的令旗。等到马修斯率领自己的分队离开战线，准备把西班牙船舰从法军那里隔离出来的时候，一众舰长看着他打出的信号旗不知该优先执行哪个号令。许多人完全糊涂了，僵在原地不知所措。"鲁珀特"号（60）舰长约翰·安布罗斯（John Ambrose）因为没有敌舰可以交手而在后甲板上大发脾气。"就算因为破坏战列阵形被骂，也好过等在这儿找不到敌人交手"，[10] 他一边跺着脚，一边唾沫横飞地破口大骂。但是他的属下警告他，脱离战列线是要受罚的——或者说，表现出这样的意愿也不行。整场战斗中安布罗斯都因主将的犹豫不定而痛苦不已。

相比之下，"贝里克"号（Berwick，70）舰长爱德华·霍克（Edward Hawke）就不一样。他冒着上军事法庭的风险向西班牙战舰"波德尔"号（Poder，64）冲了过去。他一直等到进入手枪射击范围（20 码）后才向对方开炮。近距离轰炸的破坏力非常大，"波德尔"号上 200 人丧命，"贝里克"仅 6 人牺牲。这艘西班牙战舰彻底被霍克压制住了。依据自己判断行动的舰长不止他一个，另有 3 名本可以什么都不做的舰长，也拉开距离以防止不列颠战列线被法军中队夹击。

与此同时，莱斯托克正试图靠近战斗区域。敌军战列线后段有 4 艘西班牙战舰被英军团团围住，可他放着这些船不去打，却像一只帽贝紧抓着海船一样，牢牢按照旗语作战条令行事。他没有插手双方的战斗，只是远远地停着，敷衍地开了几炮，没起到任何实际效果。西班牙人逃出包围圈，"波德尔"号被法军救下。

土伦之战打得一团糟，对一个渴望主宰海洋的国家而言这是一次羞辱。如果马修斯和莱斯托克彼此没有交恶，这场战事可能就不会是这个下场。马修斯拒绝和副总指挥商量战术，莱斯托克也丝毫没有加入战斗的想法，甚至乐于看到这个令他憎恶的长官陷入麻烦。倘若马修斯事先和下属们研究过战术运用，并且信号传达得明白无误的话，或许这场仗还是能打赢的。结果马修斯麾下绝大部分舰长或者因为怕惹麻烦没敢主动行事，或者因为过于刻板而没能明白司令官的意图，甚至在战友陷入困境的时候他们也没有上去支援。

战斗结束没多久，纷至沓来的军事法庭和议会的问询把海军弄得四分五裂。作伪证、背信弃义、同行相妒、争权夺利、政治腐败，这些事务破坏了问询流程。依据自己的判断阻止法军包围本军战列线的 3 名舰长被判定违反作战命令并革职，其他如安布罗斯那样的舰长因为没有参加战斗而被逐出海军，莱斯托克被指控消极避战。

莱斯托克为自己声辩说，马修斯在战列线没有排好的时候就发动进攻，严重背离了海军的作战惯例和作战理念。他声称自己是严格按照海军部作战章程行事的，似乎是海军作战条令阻止了他合理判断战场局势并果断采取行动。一本亲莱斯托克的小册子中说："战列线是所有海战守则的根基和构成内容"，[11] 自一代又一代的海军司令官传承下来，其"纯正精粹，不容更改"的原则是经历了时间考验的。整个处理过程显得荒诞而又自相矛盾。部分舰长因为刻板地遵守条令而遭到惩罚，另外一部分因为心思活络、行动敏捷而被驱逐。或许有人提议副司令莱斯托克的过错最为严重，应当承受和他们一样的命运，但他的政界友人权势煊赫，莱斯托克躲过了这一劫，而马修斯则被开除。

这场战役后来成为海军集体回忆中羞愧和耻辱的一页。它暴露了海军战术水平的倒退（似乎退回了布莱克、三明治和詹姆斯二世那个年代）、积极进取的热忱消减和内斗的严重程度。一段时间之后，因为这场战役以及之后令人愤慨的军事审判的推动，海军将会进入现代世界。不过在那之前，局面将变得愈发恶劣。

296

注释

1. M. Peters, 'Pitt, William, first Earl of Chatham', *ODNB*

2. Cobbett, *Parliamentary History*, vol. XII, pp. 178ff

3. Bolingbroke, pp. 120 – 122

4. *BND*, pp. 323 – 324

5. Bolingbroke, pp. 115 – 117

6. Wilson, 'Empire, Trade and Popular Politics'

7. Black, *British Foreign Policy*, p. 21

8. Simms, p. 307

9. 同上书, p. 302

10. Willis, *Fighting at Sea*, p. 92

11. Tunstall, p. 90

第27章

衰落与复兴（1744～1748年）

1744年2月，厚厚的阴云笼罩着海军。土伦之战暴露了海军保守陈旧和不思进取的弊病。回看国内，英吉利海峡舰队人手不足，舰队中的大型战舰因战备不足无法行动，舰队统帅还是一个84岁的老人。

就是这样一支海军，突然遭遇了闯入英吉利海峡的法国大西洋舰队。无人知晓后者的意图。不过很快事实就表明，他们是为了支援陆军从敦刻尔克发动入侵的。

当时皇家海军因遭遇英吉利海峡的暴风而受损，但对方的入侵行动也同样因此而停止。不列颠逃过一劫，不过这并不值得庆祝。1744年的海军呈现一片乱象。"诺森伯兰"号（Northumberland，64）在比斯开湾向两艘法国战舰投降，"索尔湾"号（Solebay）在圣文森特角附近还没交战就被俘虏。蓦然间，海军似乎变得摇摇欲坠——舰长们畏缩犹豫，司令官们老不堪用。此番危机在政坛上刮起一场大风暴，并最终导致政府解散。敌国入侵的利剑一直在不列颠的头顶悬着。为了巩固本土防御，船舰从世界各地被召回。

种种危机让民族的自信心严重受挫。直到"百夫长"号抵达斯皮特黑德海峡后人们的情绪才多少提振了一些，当时船上有安森和188名原载船员。这艘船在太平洋上经历重重劫难后总算幸存下来。有一次船员们眼看就要饿死了，船也快散架了，后来众人拼尽全力停靠在一个小岛边。人们在岛上可以吃到新鲜的鱼和水果，安森和麾下军官们帮着船员们上了岸，他自己等到最后一批才上岸。这趟远航犹如噩梦，就在这时他在海滩上看到了最恐怖的一幕。"百夫长"号被风吹着往海上漂去，最后消失在视野中，漂进了太平洋，只有很少一部分船员还在船上。在合恩角和太平洋历经种种磨难的幸存者们现在又陷入孤立无援的境地。

漫长的十九天过去之后，安森等人激动地看到"百夫长"号重新出现在视野中。是留在船上的伙计们把船开了回来，他们非常了不起。数月后，安森想方设法来到广东，船上仅剩下一小撮船员，其中有些已经"变疯变傻"了。他极力说服中国政府允许他在那里修船并招募新的海员。尽管如此，船上的补给量也只达到正常水平的三分之一。然后安森又带着"百夫长"号进行了另一个任务：寻找并俘获马尼拉桨帆船。这件事他干得非常漂亮。桨帆船从南美出发时装满了黄金和白银，正要去东亚交换珍贵货物。安森四下搜寻，穷追不舍。安森说，她"是人们最渴望获得的战利品，可能会在世界上任何一个地方出现"。船上载有 1313843 枚八里亚尔和 35682 盎司白银。安森带着"百夫长"号横渡印度洋，抵达大西洋后北上进入英吉利海峡，结果发现自家后院竟然处在法国的威胁之下。

不列颠人最钟爱的就是从极端艰难的险境中幸存下来的故事，安森充满英雄气概的领军事迹正是编写传奇故事的好材料。他激励垂死的船员们重新振作，让自己的船一直在广袤无垠的太平洋上漂流，甚至还用她战斗。国人对大海的热衷与这类逆境下的远航探险息息相关。安森一夜成名。安森从 3 年船长的工作中获得 719 英镑的薪水，由俘获的战利品中分得 9.1 万英镑的赏金，无论按照什么标准，他都得到了一笔惊人的财富。桨帆船上缴获的财物被 32 辆马车载着在伦敦的大街上游行，为流年不利的海军提振了士气。

然而，第二年的状况却并不如意。1 月，四艘不列颠战舰在韦桑岛附近遭遇两艘法国战舰，结果不列颠舰长们没有发起任何攻势。这虽然只是一个小插曲，却是一个示例，说明局面已经很不对劲了。罪责最大的两名舰长因为有硬实的政治后台免受责罚。土伦之战中表现拙劣的海军军官们也是如此：海军中的懦弱之徒总能安然无事。海军军事法庭因为普通法法庭、议院和政坛显贵们的暗中干涉日渐颓靡，只得任凭海军纪律涣散。7 月，"美王子"查理（Bonnie Prince Charlie）乘船前往苏格兰发动詹姆斯党人起义，海军没能截住他。詹姆斯党的军队于普雷斯顿潘斯（Prestonpans）击败英格兰军队，一路往德比（Derby）杀去。

这还不是全部。一直以来，政府大臣们都清楚地知道法国想要占领奥斯坦德（Ostend）。倘若法国得手，不列颠将立刻面临入侵威胁。1745 年，噩梦成真。一边法国正在大批集结入侵军队，另一边"美王子"查理领着人马在英格兰作战，情况已经糟得不能再糟了。不列颠为拒绝设立大规模常设陆军而付出了巨大代价。国防的重担被分到了海军身上，这种办法是很好，不过进攻作战的任务也得由海军承担。富有远见的时论者曾指出，设立陆军是实现海上霸权的第一步。法国军事战略家们知道，一旦他们向低地国家施压，或者做出集结兵力准备入侵（名头可能不一定如此）的态势，不列颠势必要将散布于世界各处的船舰召回。

　　静观眼前的局势，不列颠 18 世纪上半叶的海上霸权已如梦幻泡影。与法国保持和平关系时，不列颠可以将船舰派往世界各地增进本国利益。而在眼下的 1744 年和 1745 年，船舰被迫在一片惊慌失措中受召回国。港口城镇随时可能遭到法西联军入侵，现有陆军完全不够用来驻防这些地方。

　　然而愁云惨淡之中，总算有些许阳光透下，副将彼得·沃伦（Peter Warren）帮助新英格兰地区的人（New Englanders）夺取了加拿大布雷顿角岛（Cape Breton Island）上的路易斯堡（Louisbourg）。这座堡垒所守卫的渔场具有在全世界首屈一指的价值——法国三分之一的海员都靠它养活。同时它也扼守着进入加拿大的水上通道，法国必然要夺回这个地方。不列颠——归功于一支殖民地军队和一位魄力过人的海军指挥官——也同样下定决心占领加拿大。

　　海军需要英雄出现，需要新思维的注入。幸运的是，有两名高级将领未在之前数年的混乱中沾染上污点。海军司令弗农掌管着不列颠部署在英吉利海峡的兵力，第一海务大臣贝德福德公爵（duke of Bedford）就战略问题向其征询意见。另一名海军委员会要员——三明治爵士找到了乔治·安森舰长，后者于 1745 年被擢升为少将，翌年又升为中将。

　　1745 年，弗农正统率着英吉利海峡舰队。他脾气火爆，经常发怒，对不列颠所秉承的海洋宿命深信不疑，对于海军中那些因为领导者胆怯懦弱和政客愚蠢无知而发生的令人心寒之事，他亦深以为耻。他屡屡将自己和上级之间的信件公布于众，以印刷机为武器推动其战略构想的实现，这是一个很危险的做法。他的另一个决心更危险，他竭力要求军事法庭和议会就此前数年所发生的避战事件进行问询，即便朋友因此成为调查焦点也在所不惜。安森也站在反对派一方，他不像弗农那么能言善辩，不过同样做好了直面海军现有弊端的准备。

300　　一项由弗农发展完善、安森付诸实施的构想将成为日后不列颠海事战略的核心基石，代代相传。[1]

　　这项构想的战略着眼点不是军队建制或者政治意愿。自德雷克以来，海军战略家们都十分看重在"西海路"部署一支海军中队。英方只要在法斯特耐特（Fastnet，冰岛最南端）至菲尼斯特雷之间的海面上部署船舰就可以监视任何敌军舰队的动向。这些船还可以为商船护航，防御范围也可覆盖爱尔兰。而且它们不仅有防御功能，也可用于进攻作战：一支西海路中队可以监视法国海军基地、袭击敌人的护航队，以及拦截新世界与亚洲之间往来的航船。这是不列颠本土防御乃至称霸海上的关键所在。由于法国人在英吉利海峡中没有能够停驻战列舰的海事基地，因此法西联军要想发动入侵就必须从西南方来。要想发动这样的浩大行动，布雷斯特是最理想的港口。

　　据弗农所言，不列颠海军力量不应该被护送商船穿行法国大西洋海岸线这种事情占用，而应该用西海路中队来威慑法国大西洋舰队，最好迫使它们一直待在布雷斯特不敢动弹。这个想法十分大胆。如果真能见效，既可保不列颠商船无虞，又能让皇家海军巡逻船对法国贸易商造成持续威胁。好处还不止于此。如果能在远海部署中队，以后不列颠海军就能占得本土防御的先机，封锁法国，不列颠将就此成为北美洲的主人。

　　上述种种在理论上都说得通，不过做起来困难重重，自德雷克以来一直没能真正实现。威廉·佩恩、克劳兹利·肖维尔、乔治·宾以及其他将领都曾在西海路带过中队，不过他们都遇到了同样的难题。大型战舰在这片海域上待不了多久就会由于天气原因遭受重创，船员也会陷于疾病和饥饿之中。海军在东面的主要基地离他们太远，而英格兰西境明显无法满足一支舰队的需求。在水手们看来，跟着西海路中队在海上巡逻几个星期比去一趟西印度群岛还摧折人，因为此行途中吃不到新鲜果蔬，必然会让人得坏血病。

1745 年，弗农向西调遣海军中队的请求被上级回绝了。眼见敌人入侵在即，他们不敢把大部海军力量调离本土水域。把不列颠的主体防御力量放到远海，是孤注一掷的冒险之举。法西联合舰队可能会躲过监视成功进入英吉利海峡，1588 年时人们也曾忧虑过这一点。1746 年，安森在这片海域巡逻时由于天气原因而受阻，法军私掠船和中立国船只向敌人告知了他的踪迹。他还发现，他无法依靠情报迅速做出应对措施。当时许多人认定这个战略构想是行不通的，海军的主要力量还是应该留在英吉利海峡。

安森意识到这一整套战略得靠情报、保密、纪律和补给才能实现。要想对法斯特耐特至菲尼斯特雷之间这 15 万平方英里的海域实施不间断巡视，并且还能在发现敌人后侦察其动向，他就得拥有一支由护卫舰和私掠船组成的大型海军力量。实际上他只能率领舰队在有限的时间段里巡视，因为舰队无法在这片海域获得补给，而且船舰损耗严重。就这样，安森开始着手构建情报网，让自己时刻知悉沿海地区敌军的活动。而西海路中队在接到情报后要能快速反应、出海行动，就需要普利茅斯提供可靠的补给系统，船坞中时刻要有待命出海的战舰。重中之重的是，这支舰队要有严明的纪律和一套更完善的信号传递系统。

安森有雄厚的政治资本。他是一位经受过考验的战斗英雄和手腕娴熟的政治活动家，财力雄厚，有稳固的政治靠山。在派系斗争严重、王公贵族把持国事的年代，一位海军司令要想行事，上述条件不可或缺。除此之外，他还有着非常卓越的组织才能。英国以前的海军分成多股力量由不同的人指挥，现在安森把他们都拢到了自己的掌控之下。他在海军部做工作，确保普利茅斯的船坞能够为他的中队提供补给。信号手册也得到更新，变得更适合巡逻舰队在西海路上使用。

安森是一个时常沉思、话语不多的海军司令。即便如此，他仍旧与副司令彼得·沃伦以及舰长之间通力协作，取得了令人惊叹的成果，其中副司令沃伦就是那位夺取路易斯堡的海军指挥官。他们一起制定了应对战时突发状况的策略，比如看不到舰队司令座舰或临执行前突然改换命令时应如何行动。司令每天指挥下属演习，操练各种远海作战场景。他让大家知道，不列颠战舰上的任何一门舰炮都必须等到快要和敌人帆碰帆的时候才能开火。舰长们首先要学会的就是如何排列正规战列线，安森明白这一点，但他同时也希望舰长们学会自主行事。那同样也需要纪律，不过依据的是另一套规则。

"我一直认为，"安森说，"在遇到特殊情况时，任何对司令官心存信任的人都可以而且应当撇开他已经下达的命令，按照常理行事。"[2]这是安森领导风格的独特之处。与此形成鲜明对照的是阻碍海军前进的陈旧形式主义观念，它已经阻碍了战术的进步与发展。最重要的是，安森的做法与支配土伦战役的那种战略精神截然不同。

等他完成上述种种准备的时候，西海路中队已是当时世界上组织最完善、纪律最严明的海上战斗力量。漫长而又悲惨的环球航行造就了海军司令安森，让他在极端情况下仍能带领众人前进；即便是陷入坏血病、饥饿和绝望情绪的困境，他还是能让队伍恪守纪律，并激励众人前行；他还在那趟远航中学会了如何节约使用资源。在决定抢夺马尼拉桨帆船之后，他要在地图上未做标示的广阔水域以及岛屿中找到对方，而且还得将自己的意图和行踪都隐匿起来。想做到这一点，他就得把每一条流向自己的情报以及身上每一丝机智巧诈都动用起来。他将所有这些辛苦磨炼出来的本领都教给了西海路中队。彼得·沃伦对自己的首长推崇备至："这是我服役生涯中最荣幸的一段经历，从没见过有人为了训练舰队吃这么多苦。只要我还有幸参与其中，我会一直以他为榜样，不管比之逊色多少也要像他那样去做事。和自己担任统帅相比，我更希望接受他的指挥。"[3]

沃伦还说，中队里的海军军官本都是良才，而跟随着安森他们会更臻完善。和历史上所有伟大的海军将领一样，乔治·安森知道一场战役的胜负早在开战前就决定了。

进言之，他也和所有一流将领一样清楚，只有将敌人彻底消灭的胜仗才是真正值得夸耀的——而这在海战中十分罕见。1747 年 5 月 3 日，检验他作战理论的时候到了。得益于自己的情报系统，他早就知悉有一支重要的法国护航队即将出海，又经负责侦查的护卫舰确认，敌方战舰护送的是西印度和东印度商船，数量庞大。

当时法军结成战列线掩护商船四散逃开。这支法军中队弱于己方，而且眼看快要到手的战利品正渐行渐远，沃伦准备立刻发动攻击，但安森坚持让船舰排成战列线。虽然耗费了一些时间，不过这个决定是明智的，因为法军中队虽然数量方面不占优，但船舰的战力十分可观。法军司令让战舰牢牢地稳住位置，争取时间让商船护航队先行撤离。等安森调转航向往法军战列线中央冲过去的时候，敌军顺风撤退。安森随即升起全面追击的令旗。双方舍弃常规战打法，开始比拼各自船舰的航行性能。安森曾在 18 岁时亲眼见证过这种积极灵活的指挥方式，被擢升为副官后又参与了帕萨罗角之战，现在他 50 岁，身份是海军司令。

303

遇到这种场面，舰长们必须自主行事，同时还要和大部队保持协调。行动敏捷的船舰先与法军队尾的船交战，把对方打弱打残之后继续往法军阵中进逼，交过手的敌船交给后面体积大、速度慢的船处理。他要求舰长们一路从敌人的后军打到前锋，中途不得和单个敌舰纠缠。

安森的舰队正和一支逃窜的敌方舰队进行追逐战，对方不能掉头回击，他们则一点一点地从后军到中军再到前锋将其蚕食吞没。追逐战（也被称为"滚动作战"）打起来可谓惊心动魄，安森向自己的舰队灌输了其中的关键所在：船技、炮术和意志力。不列颠领头船舰的速度和火力为追击作战提供了战术优势。率先交手的那批船舰一直要等到敌军进入手枪射程内时（20 码）才能开炮，所以在此之前免不了要承受对方的狂轰滥炸，在这一过程中它们的舰长和船员必须要非常冷静沉着才能继续投入战斗。法军一路狂奔，不敢放开手回击，和不列颠海军形成了鲜明对比。安森没有因此松懈和分心，而是迅速加入战斗。他从一个非常完美的位置扑向了敌军。这天结束的时候，英军擒获 6 艘战舰和 3 艘大商船。翌日，他们继续追捕和袭击商船，俘获了 33 艘中的 18 艘。第一次菲尼斯特雷角战役的收益极为可观，仅货物就为英国赚得 20 万英镑，安森一人净得战利品赏金 6.3 万英镑。部分精良的法国战舰被编入皇家海军扩充力量。安森获封贵族爵位。

安森的战术及其对军队的革新举措被证明是正确的，也被下属全部消化吸收。在安森的经营之下，西海路中队无须他亲自出战也照样运转无碍。10 月，因沃伦饱受坏血病折磨，中队交由第三司令爱德华·霍克指挥。霍克与安森、沃伦同属新一代舰长，都不满上级们沉闷呆板的行事方式。他也和当时很多海军军官一样心怀壮志，但他们的海军生涯因身处和平年代而阻滞不前。他和许多皇家海军的伟大领导者在一点上一样，就是曾在世界上遥远偏僻的地方于护卫舰上效力。护卫舰就像任劳任怨的耕马，不论是战时还是和平时期都要保护不列颠的贸易和殖民地。在西非、西印度群岛和北美等地服役时，他从候补军官一级级升到第三副官、第二副官、第一副官、航海长，最后在 1734 年以 29 岁的年纪担任舰长。

土伦战役时，多亏他大胆英勇地攻击"波德尔"号并将之俘获，否则后果不堪设想，他本人亦由此声名大振。之后他以准将身份统领成群的中队前往地中海。不过海军似乎并不打算重用这位能征善战的准将。在升任高层指挥官这件事上，政治关联至关重要，而霍克没有安森那样硬实的政治后台。1746 年，霍克似乎过不了几年就得在 47 岁提前退役，他的整个海军生涯除了仅有的一项成就似乎再无其他，且这仅有的一项成就也已被人们遗忘。海军准备象征性地升他为少将，当时那些全靠政治力量得以升迁的舰长正将霍克排挤到越来越边缘的位置。

不过之后有一个政治人物出人意料地力挺霍克，成了霍克的赞助人。乔治二世不同意让他退役。1747 年 7 月，霍克升任白队第三司令，掌管普利茅斯船坞。一个月后，海军上将沃伦突然出现在普利茅斯，当时他身体非常虚弱。许多年前，霍

304

克曾在沃伦指挥的护卫舰上任第三副官；现在，沃伦把西海路中队的指挥大权交给了他。这是一个很有眼光的决定。幸亏这个决定，霍克才得以在日后成为不列颠海军将领中仅次于纳尔逊（Nelson）的顶级人物。

霍克前往韦桑岛附近与西海路中队会合。现在，他将全权指挥一支不受上级牵制的王牌劲旅，这是每个海军将领都梦寐以求的事情。好事还不止于此，法国正在筹备一支护航队。爱德华·霍克带着手下的战列舰开到了广袤无垠的西海路上，他的首要任务就是从法国人视线中隐匿，同时监视法军的一举一动。数十艘过往船舰被强行拦下，把知晓的关于敌军的全部信息都交代清楚。霍克从这些人口中得知，一支巨型护航队正在拉罗谢尔沿海的巴斯克锚地（Basque Roads）集结，准备前往西印度群岛。霍克让自己的船躲开对方海岸线附近的巡逻船只——对方一旦发现英军踪迹，法国海军就会得到消息。同时为了进一步迷惑敌人，他做出前往菲尼斯特雷角的假象，让法军战舰和私掠船信以为真。霍克的诡计奏效了，麻痹大意的法国人真以为比斯开湾是安全的。护航队出发了。

法国人离开本国海岸线到了海上时便舒了一口气，觉得自己已经安全了。如果真有人要袭击他们，最可能动手的地方就是法国本土附近。法军全然不知猎捕他们的人正在深海潜伏着，对他们的一举一动都了如指掌。根据自己对风向转变和大西洋气候模式的了解，霍克已经敏锐精准地推测出了敌方护航队可能出现的位置。

10 月 25 日清晨，他们捕捉到了法国护航队的身影。霍克升起排成战列线前进的令旗。法国战舰迎风排出战列阵形，保护商船。随即霍克下令全面追击敌人。法军希望他一直照正规战的战术——也就是战列线阵形——来作战。霍克知道这样做就会给敌方护航队逃跑的机会。他有 14 艘战舰，法军虽只有 8 艘，但它们是当时世界上性能最精良的战舰。最大的一艘船上有 80 门炮，其余三艘有 74 门炮，一艘有 70 门炮。霍克只有两艘船拥有 70 门炮，舰队中的其他战舰则拥有 44 门到 64 门不等的大炮。霍克升起全面追击的令旗后，所有船舰猛冲上前。

照之前的约定，所有舰长直至把船开到手枪射击范围后才能开炮。最先对敌的是船型最小的两艘战舰——"雄狮"号（50）和"路易莎公主"号（Princess Louisa，60）。"雄狮"号遭到猛烈炮轰，人员伤亡惨重。"几分钟后"，"路易莎公主"号的舰长查尔斯·沃森（Charles Watson）写道，他"和敌军队伍最末一艘战舰的距离达到了手枪射程，对方舰载 70 门火炮"，[4] 他开始向敌舰开炮。紧跟在"路易莎公主"号后面的是"蒙茅斯"号（Monmouth，64），沃森继续写道："看到我军战舰陆续往这里赶来，我继续前进和其他敌舰交手。""蒙茅斯"号从法国人身旁经过时还抢到了上风位置，她不停地用舷炮和对方互射，一直攻到法军队伍的最前面。此时是上午 11 点半。下午 1 点半，行动缓慢、配置重火力的霍克旗舰"德文郡"号（Devonshire）成功逼迫法军阵尾的一艘战舰投降。随即她又向对方旗舰发动攻击，并成功让另外两艘战舰降旗投降。

这一战赢得非常漂亮。不列颠舰长在航行技术、船舰操控和炮火攻击方面都完胜法军。他们既能独立作战，又能在关键时刻互相支援。土伦之战中，沦于形式主义的战列阵形已显得古板拘制；现在的新式打法更为机动灵活。由于不列颠舰队一直开到手枪射程的范围内才开火，所以首轮交手时他们船上的伤亡率很高。不过这些船员没有白白牺牲。最后，6 艘法军战列舰帆桅全部摧折，成了不列颠的战利品。

贴上法军战舰之后再攻击，不列颠以这种方式赢得了最大程度的优势。法军习惯进入滑膛枪射程后开炮，瞄准对方的船桅、缆绳和船帆轰击。炮手自身的战力在战斗过程中消耗得非常快，所以发射速度下滑得非常厉害。不列颠先不开火，这样等他们开到敌军近旁时可以紧凑地发动数轮群射，此时他们的船员还精力充沛，敌人却已筋疲力尽了。那个时候开炮不需要什么准头。一轮紧接着一轮的舷炮从 20 码以内的距离射向敌方船身和船桅，敌军的火炮甲板被打得一片狼藉，火炮粉碎，海员们也吓得不轻。这样顶着炮火行驶需要船员们做到处乱不惊——舰长也是如此，肾上腺素陡然升高的时候他们总想提前下令与敌人交手。自 1745 年开始，每日的火炮操练成为不列颠战舰的常设项目。水手们开始习惯高速率的火炮发射。霍克的舰队中有一批高素质、高水平的年轻舰长。菲利普·德·索马里兹（Philip de Saumarez）、约翰·本特利（John Bentley）和查尔斯·桑德斯（Charles Saunders）曾跟随安森环游世界，经历过艰苦磨炼。其中乔治·布里奇斯·罗德尼（George Brydges Rodney）是个注定能成大事的人。训练良好的船员、积极主动的舰长、对总司令的计划充满信心，使一场漂亮的胜利顺理成章。

此役法军损失海员 4000 人，占了本国海事团体不小的比例。霍克向正在背风群岛的准将乔治·波科克（George Pocock）传话，一支无人护卫的法国护航队正往他那儿去。护航队中有 30 艘船被波科克俘获，之后另外 10 艘又被私掠船夺去。更重大的战果是，法国远洋海军经过菲尼斯特雷的两场战役后已然损毁殆尽。霍克的这场大捷被很奇怪地误称为"第二次菲尼斯特雷战役"，实际上战场和菲尼斯特雷角离得还是比较远的。霍克追击、拦截并击溃敌军的地方已经距海岸有 300 英里，在洛里昂（Lorient）的正西方。这在当时可谓闻所未闻，还从来没有哪场战斗发生在如此遥远的深海之中。

这两场胜利为不列颠带来一丝曙光，否则局面将完全是一片漆黑阴冷。1748 年，整体来说法国占据了战事的上风。佛兰德斯被它控制，这可谓不列颠的噩梦。《亚琛和约》（Treaty of Aix-la-Chapelle）迫使不列颠将她在新世界的诸多收益让给法国，以换取欧洲版图重回战前格局。布雷顿角（Cape Breton）被交还给法国，以交换法军撤出尼德兰。苦战赢来的海上临时控制权让不列颠在谈判桌上多少有了一些筹码，只是相比人们在战事之初的期待，这种优势是微不足道的。为了能让奥地利收回失地而舍弃本国海战赢得的胜利，被长期灌输海军至上主义的国民们对此自然心有不甘。不过切斯特菲尔德爵士坦言："我们自己的舰队确实可以留住布雷顿角，但这样的话恐怕我们和荷兰双方的陆军加起来也保不住佛兰德斯。"[5] 海军在美洲或者菲尼斯特雷沿海即使赢得再多胜利，法国都能用自己欧洲大陆的陆军部队将之化为乌有。

不列颠开战的初衷是夺得海上霸权，以此左右欧洲大陆的局势。战争结束时她只能勉强维持现状，保住 1739 年时的局面。即便是这一点，在一场损失惨重的战事之后也成了奢望。

"主宰吧！大不列颠"抓住了一个无可争辩的事实，它真实写出了 18 世纪 40 年代不列颠人渴望统御海洋的坚定信念。失败的打击也没能浇灭这团火焰。很多时候这种狂热是颇为危险的东西。政治人物、海军将领和行政当局背负上不可能实现的期待和重担。它会导致军事上的失误，把国家卷入必败无疑的战争。

不过，这却让海军拥有了某种不为其他国家所知的魔力。举国上下不惜一切代价支持海军。经过惨淡狼藉的 18 世纪 40 年代，这份狂热依旧没有消散，反而在土伦惨败之后愈加热烈。历史、传奇和神话交相掺杂在一起，成为一股强大的舆论力量拱卫着海军。

假面舞《阿尔弗雷德》中的"主宰吧！大不列颠"在克莱文登首演时，可能在泰晤士河附近的赛施岛上亦能听闻演奏的乐声。本书叙述之初曾提及阿尔弗雷德大帝修建的防御工事"山丘堡垒"，其所在地正是此岛。阿尔弗雷大帝的神话故事和刚刚崛起的英格兰海上力量，二者背后都隐含着一条同样的真理。阿尔弗雷德的防御策略被称为"纵深防御"，它始于位处本国正中心的陆地。海洋霸权必须要有坚实的基础作为支撑。只有先将不列颠群岛保卫好，不列颠才有成为世界大国的可能，这就是人们在 1744～1745 年得到的教训。进入现代世界，海军的成功取决于纪律、训练和高效的行政系统。

一个世纪以前，不列颠还处于贫穷、分裂的局面，海军也只是二流水平。1649～1660 年这段时间，它依凭庞大凶悍、纪律严明的海军成为欧洲大国。强大而又高度集权的政府无情地向人民征税，海军在其驱动之下开始壮大。于是不列颠取得了英荷战争的胜利，铸就了罗伯特·布莱克在地中海和大西洋的惊人成就。

斯图亚特王朝时期，军事改革持续进行，皇室和议会通力协作，一起为海军舰队输入资金。最重要的一点是，海军成为专业化军种。和平年代时，英格兰在欧洲以外的贸易事业迅猛发展，海军担负起为其保驾护航的重担。威廉三世在位期间，政府财政得以彻底改革，将前所未有的大量资金流输入海军。

1689～1711 年的泛欧战争连带着推动了不列颠贸易的迅猛增长，国家经济因此变革，向海军输入资金的能力愈加强劲。此外，这些战事也对海军有磨砺作用。海上行动要取得成功，后勤保障和组织工作不可或缺。17 世纪 20 年代，耗时数周突袭布列塔尼这样的行动就已经超出了海军的能力范围；而到 17 世纪末，海军已经可以连续数年在伊比利亚半岛沿海和地中海的西部海盆执行任务，并能够围合整个法国海岸线。

308

1603～1748 年海军史的主题之一，就是不列颠人对本国海军的深深迷恋。他们对海军的历史和成就津津乐道，酷爱不已。像不列颠这般拥护海军的国家找不出第二个。所以，皇家海军拥有雄厚的资金支持，被人们疯狂地赞美尊崇。这种信任有时也会误导人们，海军在很多事情上远没有实现人们对它的期待。

1747～1748 年，经历了数年深重灾难的海军重振雄风，维护了自己的威名。这是一个颇具韧性的国家机构。战事蹉跎，信心低迷，不列颠从失败中领悟到海上战争的全新思维。以海军司令安森和爱德华·霍克为代表的新一代海军领导者开始绽放光芒。

注释

1. Duffy,' Establishment'; Harding,' Vernon'; Rodger,' Sea Power'; Rodger,' Anson'
2. Gwynn, p. 131
3. 同上
4. Mackay,' Hawke'
5. Simms, p. 351